中央高校基本科研业务费专项资金资助
中央民族大学自主科研计划项目成果
（项目编号:MUC2011ZDKT03）

第①辑

# 博视

经济

主　编　刘永佶
副主编　刘云喜　张德政

中国社会科学出版社

## 图书在版编目（CIP）数据

博视经济. 第 1 辑/刘永佶主编. —北京：中国社会科学出版社，2016.10
ISBN 978 - 7 - 5161 - 9109 - 5

Ⅰ.①博… Ⅱ.①刘… Ⅲ.①中国经济—文集 Ⅳ.①F12 - 53

中国版本图书馆 CIP 数据核字（2016）第 252658 号

| | |
|---|---|
| 出 版 人 | 赵剑英 |
| 责任编辑 | 戴玉龙 |
| 责任校对 | 孙洪波 |
| 责任印制 | 王 超 |
| 出 版 | 中国社会科学出版社 |
| 社 址 | 北京鼓楼西大街甲 158 号 |
| 邮 编 | 100720 |
| 网 址 | http：//www.csspw.cn |
| 发 行 部 | 010 - 84083685 |
| 门 市 部 | 010 - 84029450 |
| 经 销 | 新华书店及其他书店 |
| 印 刷 | 北京君升印刷有限公司 |
| 装 订 | 廊坊市广阳区广增装订厂 |
| 版 次 | 2016 年 10 月第 1 版 |
| 印 次 | 2016 年 10 月第 1 次印刷 |
| 开 本 | 710×1000 1/16 |
| 印 张 | 23.5 |
| 插 页 | 2 |
| 字 数 | 336 千字 |
| 定 价 | 85.00 元 |

凡购买中国社会科学出版社图书，如有质量问题请与本社营销中心联系调换
电话：010 - 84083683
版权所有 侵权必究

## 《博视经济》第一辑
## 编 委 会

编委会主任　刘永佶
编委会副主任　张丽君　李克强
编委会委员　王文长　王玉玲　李　澜
　　　　　　杨思远　宋才发　罗　莉
　　　　　　黄健英　谢丽霜　樊胜岳
主　　编　刘永佶
副 主 编　刘云喜　张德政

# 序

中央民族大学经济学院于1998年获批中国少数民族经济博士学位授权点，经过十余年的发展，博士点的博士生导师制度和博士生培养系统已经基本成熟，在学科理论体系、专题研究和实用性研究中取得了显著成果。

本论文集是中央民族大学经济学院部分博士生导师和博士生研究成果的一次集体展示，共收录论文38篇，从理论探索、经济学方法论、产业经济、资源与环境、新城镇化、金融研究、国际经济、经济史八个方面展示了中央民族大学经济学院中国少数民族经济博士点的导师和博士生的学术视野，名之曰：《博视经济》。

本辑论文的作者为：

中央民族大学经济学院博导：刘永佶、谢丽霜、王玉玲、杨思远

中央民族大学经济学院11级博士生：刘江荣

中央民族大学经济学院13级博士生：董宁、赵佳、吴桂林、赵晓琳、聂莹、李丹、贾晓华、赵启伟、刘俊峰

中央民族大学经济学院14级博士生：黄涛、张德政、郭晶、高玉、李锐亨、熊壮、耿桂红、石勇、韩宗坡、任广斌、兰文娟

中央民族大学经济学院15级博士生：石越、刘廷兰、张明艳、刘春艳、包红霞、阿拉坦格日乐、高桃丽、李晶、李剑、莲花、顾元吉、褚继辉

中央民族大学经济学院2015年"西部之光"访问学者：马礼

《博视经济》第一辑编委会
2016年1月25日于中央民族大学

# 目　录

【理论探索】

黑格尔的时代与他对时代精神的思辨 ……………… 刘永佶（1）
对"唯生产力论"在中国演进的回顾与反思 ………… 石　越（25）
解决中国经济主要矛盾要提高国有企业核心
　　技术原始创新能力 ……………………………… 刘江荣（33）
中国现阶段不存在异化劳动 ………………………… 刘廷兰（39）
浅析从拉铁摩尔边疆学研究民族经济的几个问题 …… 黄　涛（48）
社会转型条件下民族地区嵌入型经济发展方式的
　　特点、成就与不足 ……………………………… 董　宁（55）
对我国民族地区农村内部贫富差距问题的思考 ……… 赵　佳（63）

【经济学方法论】

论现代西方主流经济学的实证描述法 ……………… 张德政（71）
新古典经济学基本理论框架中分析运用之批判 …… 张明艳（82）
人性假设理论的重构与中国经济学的创建 ………… 马　礼（91）
系统抽象法在我国政治经济学研究中的应用 ……… 吴桂林（101）
历史学派"历史的方法"对中国少数民族经济
　　研究的启示 …………………………………… 郭　晶（108）

【产业经济】

"一带一路"战略下东西部产业转移对接的机遇
　　与挑战 ………………………………………… 谢丽霜（115）
民族地区产业结构的特点及其发展 ………………… 赵晓琳（127）

产业援疆：新一轮对口援疆的路径选择 …………… 高　玉（135）
呼和浩特市赛罕区产业结构与经济增长关系的
　　模型分析 ……………………………………… 李锐亨（142）
内蒙古农牧业的主要风险及其风险管理体系构建 … 刘春艳（151）
基于政府职能视角下的湘西州旅游经济发展模式
　　研究 …………………………………………… 熊　壮（163）
兴边富民背景下内蒙古北部边境五旗市旅游业
　　发展成效研究 ………………………………… 耿桂红（171）
社区参与：草原旅游业发展的路径选择
　　——以内蒙古鄂尔多斯市布拉格嘎查为例 …… 包红霞（180）

【资源与环境】

论中央与民族地区财政关系视角的
　　资源税改革 ……………………… 王玉玲　江荣华（189）
基于行政范式演变的公共管理绩效评价方法探索 …… 聂　莹（210）
西部地区矿产资源开发中当地居民受益机制研究 …… 石　勇（219）
内蒙古矿产"资源诅咒"现象的成因、后果
　　与对策 ………………………………… 阿拉坦格日乐（227）
论生态功能红线划定对农户的影响与突破
　　——以中部某省为例 ………………………… 高桃丽（238）

【新城镇化】

城郊型村庄经济结构及其发展趋势 ……………… 杨思远（246）
民族地区新型城镇化路径研究 …………………… 李　丹（263）
内蒙古新型城镇化发展路径与对策 ……………… 贾晓华（271）
新型城镇化中政府协作机制的整体性治理视角
　　——以廊坊燕郊镇发展为例 ………………… 李　晶（280）
县域城乡一体化实施路径研究
　　——以北戴河区为例 ………………………… 赵启伟（288）

# 目 录

## 【金融研究】

作为货币本质的信用与货币形式的发展 …………… 韩宗坡（297）

关于民族地区自然资源开发融资模式的探析 ………… 刘俊峰（304）

新疆金融业发展问题与策略分析 …………………… 任广斌（314）

宁夏银行业金融机构的效率及影响因素研究 ………… 兰文娟（322）

## 【国际经济】

哈萨克斯坦在"一带一路"战略中的地位与中哈
  战略合作研究 ……………………………………… 李　剑（330）

中国与哈萨克斯坦的双边贸易关系研究 ……………… 莲　花（338）

## 【经济史】

民国时期（1912—1937）内蒙古地区的灾荒救济
  ——基于《大公报》报道的历史考察 …………… 顾元吉（346）

旅蒙商对外蒙古经济影响的探析 ……………………… 褚继辉（357）

【理论探索】

# 黑格尔的时代与他对时代精神的思辨

## 刘永佶

黑格尔是人类思想史上继孔丘、耶稣之后能够系统认知其时代精神，探讨社会变革道、法的思想家。他所处的是从封建领主制向集权专制，进而向资本雇佣劳动制过渡的时代，他继续从英、法两国开始的启蒙运动的大思路，以思辨辩证法论证了理性物质主义，进而提出了理性资本主义的设想。虽然资本的积累和扩展并不可能按他的设想行事，但他的设想却在一百多年后罗斯福和凯恩斯的市场经济体制中部分地实现。不过，唯利是图的资产阶级早就忘记了黑格尔的设想，他也不可能得到孔丘、耶稣的信徒那样两千多年的信奉。好在他的思辨辩证法启迪了马克思，并通过马克思影响了毛泽东，从而在新的时代精神的探讨和社会变革中存续。

## 一　资本的兴起与革命

黑格尔是有相当强烈时代感和使命感的哲学家，他在《精神现象学》的序言中写道：

我们这个时代是一个新时期的降生和过渡的时代。人的精神已经跟他旧日的生活与观念世界决裂，正使旧日的一切葬入于过去而着手进行他的自我改造。事实上，精神从来没有停止不动，它永远是在前进运动着。但是，犹如在母亲长期怀胎之后，第一次呼吸才把过去仅仅是逐渐增长的那种渐变性打断——一个质的飞跃——从而生出一个小孩来那样，成长着的精神也是慢慢地静悄悄地向着它新的形态发展，一块一块地拆除了它旧有的世界结构。只有通过个别的征象才预示着旧世界行将倒塌。现存世界里充满了的那种粗率和无聊，以及对某种未知的东西的那种模模糊糊若有所感，都在预示着有什么别的东西正在到来。可是这种逐渐的、并未改变整个面貌的颓毁败坏，突然为日出而中断，升起的太阳就如闪电般一下子建立起了新世界的形象。①

这个新生的"小孩"就是资本。

虽然黑格尔在他的著作中很少提到资本这个概念，但他的全部著作却都是围绕资本展开的——他以其思辨辩证法系统论证了资本的理性和理性的资本。

黑格尔生存的时代，正是欧洲历史上的大变革时期，经历了一千多年由上帝主义主导的封建领主制的部族联盟遭到双重挑战：一是素质技能有所提高的农奴要求废除对领主的人身依附，并不断起义进行斗争；二是诸侯国间的兼并和争霸，为了保住和扩大自己的统治地位，就必须增强军事和经济实力，强势而有作为的领主认识到，增强经济实力只能靠发展商业，首先在意大利，进而在葡萄牙、西班牙、荷兰、英吉利、法兰西、德意志竞相实行重商主义政策。这样就势必与封建的部族壁垒和上帝主义的教义、教皇、教会发生冲突。强势的领主与商人结成统一战线，在一些城市实行自治性特区，形成以商人为主的市民社会，逐步解放农奴以适应商业手工业发展，并缓解内部矛盾。随着经济实力的增长，不断兼并周边弱小部族，形成几个势力较强的大领主制王国，他们相互争霸，扩展势力范围。其形势与中国春秋时期相仿。政治、经济上的变革必然引起文化上的变革，文化变革又进一步导引政治、经济的深入变革。重商主义与文艺复兴、宗教改革汇成一股洪流，冲击并不断消蚀上帝主义主导的教会系统，以至封建领主制度。

---

① 黑格尔：《精神现象学》（上卷），商务印书馆1962年版，第7—8页。

这场变革的进一步演化导致民族国家的出现，大体从十五六世纪开始，几个大的王国相继废除了内部的封建领主制，建立了初级的集权官僚制。此时的欧洲类似中国的战国时期，几大王国都在努力发展工商业以壮大实力，在相互对抗的同时，又竞相利用其航海技术向全世界寻找市场和占领殖民地，由此进一步促进了资产阶级的发展。与前一段时间商人资本尚需国王保护，因而与国王结成统一战线不同，发展了的资产阶级越来越感到新建立的集权官僚制对其进一步发展的束缚，要求建立自己主导的新制度。资产阶级与国王代表的集权专制势力矛盾激化，导致不断冲突。而农民、手工业者也参与到资产阶级阵营，形成强大的反抗集权统治的社会势力。欧洲不成熟的集权官僚制只存在三四百年，与中国的战国时期差不多，但由于实行重商主义政策而导致的资产阶级与这个制度的矛盾，并没有沿着秦吞六国，建立大一统皇朝，进一步巩固集权官僚制的逻辑发展。① 欧洲各国内部的矛盾，导致资本所聚合并驱动的资产阶级以各种方式展开革命，以建立资本主义制度。标志性的革命，先是16世纪末17世纪初的尼德兰革命，继之是17世纪中期的英国革命、18世纪末的法国革命。

资产阶级的革命是以资本的迅速增殖、积累并从商业向工业转化、扩张为基础的。初期商人资本还不事生产，主要在流通领域活动，因而集权官僚制还可以为之提供必要条件，但作为工业资本，不仅要投资办企业，要雇佣工人，形成资本雇佣劳动关系，还需要自由竞争和扩大再生产，这些都是新型的生产关系，是与集权官僚制相冲突的。经济上的矛盾导致政治和文化的变革，资产阶级要求增加乃至掌控政治权利，以适应其日益增殖的资本发展的需要。与此同时，资产阶级的思想家则从经济、政治矛盾中探寻社会变革的根据和途径，形成了声势浩大、影响深广的启蒙运动。

启蒙运动是文艺复兴运动的继续和否定，是人类思想史上伟大的文化革命。文艺复兴的目的是以集权官僚制取代封建领主制，以国家

---

① 欧洲大一统逻辑后来在拿破仑那里得以继续，他的征战是以建立欧洲帝国为目标的，但由于法国资产阶级势力尚不足担此大任，而以失败告终。至于今天的欧盟，似乎有形成统一国家的趋势，但绝不是集权官僚制社会了。

民族取代部族联盟，在哲学上是以自然神论否定上帝主义。文艺复兴的使命基本实现，但自然神论是以改良的方式实现对上帝主义的否定，却不能为集权官僚制度提供坚实的哲学基础，远达不到中国天命主义的系统，而其仍保留的对上帝不同程度的承认，不仅是对封建势力的某种妥协，又导致其体系内在的矛盾：既然否定人格化的上帝，又何来上帝创造人与自然？上帝作为"第一动力"造出人与自然之后为什么要具体化于人与自然之中，而不是保持人格化存在？怎么能够证明上帝造人与自然，以及它又具体化于人与自然之中？世界的本体到底是上帝还是自然？这些矛盾是自然神论者所不能克服的。自然神论者还未来得及修正自己体系的缺陷，就在启蒙运动中被物质主义所取代。

物质主义是启蒙运动在哲学上的集中成就，也是资本主义启蒙运动进一步发展的基本观念。与自然神论者不同，物质主义者根本不承认上帝的存在，他们以经验知性方法论将人不可感知、经验的上帝驱逐出人类意识，把可感知、经验的所有物体（包括人）都称作物质，进而将物质规定为世界的本质和本体。他们认为，物质是自然形成的，自然界是物质的。自然规律支配着物质世界的运动，人生及社会关系是由自然规律体现的自然法决定的，人的自然权利是基本权利，任何特权和专制都是对自然法的违背，也是对个人自然权利的侵犯，必须废除封建特权和专制，在遵依自然法而确保个人的自然权利的基础上建立新的社会制度。从英国到法国再到德国，众多思想家从不同角度和层次对物质主义的基本观念、方法论乃至社会观、经济观、政治观、文化观进行连续研究，探讨资本的兴起及以资本为主体的革命的道、法，并形成了以哲学为主导的近代社会科学、自然科学体系。

以资本主义为旗帜的革命，在二三百年的时间里，从经济到政治到文化，形成一股浩大的洪流，荡涤着欧洲刚建立的集权官僚制和封建领主制的残余，创建了资本雇佣劳动制度。这是人类社会矛盾的新阶段，也正是这场大革命，为工业文明的发展扫清了道路。虽然资本雇佣制是保证资本对劳动的压榨和控制的制度，但它毕竟废除了封建特权和集权专制，使劳动者拥有了人身权和劳动力所有权，劳动者在提高素质技能的进程中，利用这些基本权利展开争取经济利益和政治权利的斗争。人性在资本的兴起和革命中得以升华。

黑格尔生存于资本兴起和革命的历史时期，这是他作为哲学家的幸运和机遇，他深切体会到了时代精神，在探讨时代精神的进程中，从思辨理性论证了资本的主义和方法论。

## 二 德国社会变革与黑格尔对变革的拥护

黑格尔是欧洲人，是欧洲的德国人。然而，他在世的时候，德意志还不是一个民族国家，部族联盟依然存在并阻抑了资本的发展，相比英、法等国，其落后是显而易见的。在邻国法国大革命的促动下，德国内部的变革势力被激发，社会变革成为德国能否发展，甚至能否存续的大课题。与已经建立初级集权官僚制的英、法两个民族国家不同，德国社会变革的目标不仅要建立资本主义制度，还要形成民族国家。这本应分两个阶段的变革目标要在同一变革进程中完成，是德国社会变革的特点，也是黑格尔等变革思想家必须解决的难题。黑格尔毕生都在思考这个难题，并形成了他将两个目标统一或折中的途径。而这也是人们对他的思想性质、观点、方法、体系产生不同理解的原因。

德意志，在黑格尔生存的年代还远未像英吉利、法兰西两国那样成为一个民族国家，而是由松散部族联盟所构成的地域名称，虽然号称"王国"，但国王的权利只在维系王国的称号。在几十个王、公、侯名义的部族内部又分成若干"容克"领主，以及大量骑士领地，由实行军事封建制的普鲁士王国为霸主。农奴仍是主要劳动者，他们分属于大大小小的领主，"承包"小块土地的使用权，不仅承担沉重的贡赋，还要向王、公纳税，并服兵役和劳役。直到1795年法国大革命波及德国，在法军占领的莱茵地区，才由拿破仑将其16个小部族组成莱茵联盟，开始废除一部分封建特权。1806年普鲁士与法国军队在耶拿战败后，普鲁士才被迫宣布废除农奴制，但并未切实改变封建领主制，直到1815年，反法联军战胜拿破仑，维也纳会议重构欧洲版图时，德意志联邦还是由34个封建小邦和4个自由市组成。德国对封建制度的变革，直到1848年革命后才有较大进展。而此时黑格尔已逝世十几年了。

封建领主制严重阻滞了德国工商业的发展和资本关系的形成。此时的英国，已经进入以蒸汽机为动力机的工业革命，法国及荷兰联省共和国等德国邻国的工业也有较大发展，而德国基本上还是以农业、手工业为主。各邦之间、邦与城市之间、城市与城市之间仍保持着关卡税，货币和度量衡也不统一，严重障碍着商业流通。而农业由于保留封建领主制，农奴的劳动积极性不高，生产力水平很低。虽有少数工商业资本家，但其中有的是从领主贵族转化而来，其经营带有浓重的封建色彩；出身平民者，则不能不依附于领主贵族，不能独立经营和自由竞争。这种情况使德国的经济支离破碎，既不能形成统一的国内市场，更无力与外国竞争。

英、法等国的民族统一与资本主义的发展，不仅威胁到德国的生存，更严重刺激了德国人的思想。自以为在文化上优越的德国思想家们不甘落后，甚至要超过英、法两国的思想家。这不是阿Q式的"精神胜利法"，以莱布尼茨、康德、黑格尔为代表的思想家群体，突出并强化思辨方法，在学习借鉴英、法、荷等国思想家从文艺复兴，特别是启蒙运动以来的研究成果，探求其中体现的社会变革之道、法，力求用德国人特有的方式更深入地把握时代精神，并以此来导引德国的统一和社会变革。

对于德国的思想家来说，他们的研究，不仅要受到当时封建制度和教会的限制，更由于德国自身矛盾远比已经否定了封建领主制步入集权官僚制的英、法两国复杂，而且他们又没有强大的资产阶级为支撑。康德、黑格尔或许已经认识到德国社会变革的目标，但他们都不能以直接、明快的论说表达其主张，因而将主要精力用以构造系统而细致、庞大的哲学体系。正是他们的体系，使德国思想纳入了时代轨道，并走在前列。从他们的体系中，更从当时德国的社会矛盾中，我们可以说，德国思想家和德国所要进行的变革，有统一的双重目标：一是削除部族分立，将松散的部族联盟转变为统一的民族国家，这在英、法等国已经完成的转变在德国依然还未展开；二是建立资本制度，英、法两国是在由集权官僚制取代封建领主制之后进行资本主义运动并将之制度化的，而德国则要在建立民族国家的同时实行资本制度，也可以说是将两个阶段的变革纳入同一个进程。

民族国家和资本制度在欧洲是相互关联的，资本制度是在一些大的王国为建立民族国家的过程中所推行的重商主义政策的基础上奠定的，但国王所要达到的集权专制又是与资本制度相冲突的。资产阶级势力的壮大要求废除集权专制，以实行以其为主体并主导的资本主义制度。但革命绝不是要废除民族国家，而是要进一步发展民族国家。民族国家作为人类社会存在的高级形式，不仅可以采取集权官僚制的制度，也可以采取资本制度。资本制度要充分利用民族国家来建立和巩固，民族国家在资本制度下进一步扩大和统一。

对于这样的历史大趋势，黑格尔是深切地认识到了，在他的青年时期，英国工业革命开始了，资本制度建立并巩固，法国资产阶级革命大爆发，二者都猛烈地冲击着德国，也强烈地震撼着黑格尔的思想。德国的落后，不仅面临着被拿破仑的征战所吞并的危险，更使黑格尔感到危机并激发了强烈的责任感。一方面，他从法国大革命看到了社会制度变革的必然性和一般性，他在《历史哲学》中谈到法国大革命时，还称拿破仑为骑在马背上的"世界精神"，即现代世界的一般精神。另一方面，他也在思考德国依然保持的封建领主制与法国大革命体现的"世界精神"的差距，以及资本制度应成为德国现实的选择和必要出路。黑格尔无疑是个爱国主义者，虽然当时名义上的德国还未成为一个民族国家，但他深切希望德国成为统一而强大的民族国家，他的爱国主义就是基于这种希望的。法国大革命为他的希望提供了依据，这就是自由的资本制度。作为一个学者，黑格尔从法国大革命中读到的最重要的理念就是自由，只有为个人自由创造条件的制度形式，才是凝聚德国各部族统一的内在要素。但对于法国大革命中雅各宾派的恐怖方式，他又是坚决反对的。

德国虽然在经济、政治上落后，但黑格尔作为日耳曼种族后裔，依然保持着思想上的优越感。在《哲学史讲演录》的开讲辞中，黑格尔还对他的学生们强调：欧洲其他国家有教养的人在以热烈和敬重的态度"钻研科学和理智"，但其对于哲学，"除了空名字外，却衰落了"，"只有在日耳曼民族里，哲学才被当作特殊的财产保持着。我们曾接受自然的较高的号召去做这个神圣火炬的保持者",而"普鲁士国家就是这种建构在理智上的国家"。为了克服现实社会的浅薄思想,就要"以日耳曼人的严肃和诚实性来工作,把哲学从它所陷入的孤寂境地中拯救出来——去从事这样的工作,我们可以认为是接受我们时代的较深精神的号召。让我们共同来欢迎这一个更美丽的时代的黎明"①。

黑格尔不是资本家,也不是政治家,他所能做的,就是从哲学来思辨他的时代和他的国家的精神,并以此来引导德国的统一和制度的变革。他的一生都在从事最抽象的哲学思辨,他思辨的对象和内容,却又都是现实的矛盾和对矛盾的解决。但由于当时恶劣的社会环境,他在最抽象层次的思辨成果以玄奥语言所做的表述,却很难让人理解他的本意,以至从当时的统治者到后来某些哲学史的作者,一直认为他是专制制度的拥护者,或是赞许或是批评,他们都歪曲了黑格尔所要表述的真实观点。不错,他在论证国家统一的必要性和必然性,并努力维护民族统一,但他从来没有颂扬过专制,而是从各个角度批判专制,包括对中国专制的批评和贬低。他理想的并加以论证的民族国家,是以资本制度为内容的,是以自由为内在原则的,是建立在个人所有权、社会契约、市民社会基础上的,是自由的实现形式和条件。这在《法哲学原理》中得以系统论证。至于德国削除其部族分立而建立的民族国家应称为"德意志",而不是以原有种族"日耳曼",或当时最强大部族联盟所组成的"普鲁士王国"来命名,则是一个历史的必然。而黑格尔未能认知种族与民族两个概念的差异,并不妨碍他对民族国家和资本制度统一的思辨。

也正是这种思辨,使黑格尔的思想与德国的社会变革统一起来,他对绝对精神的系统研究并据此对时代精神的探讨,切中了他那个时代和德国社会矛盾的实际,虽然他没有提出明确的社会变革主张,更没有领导社会变革的运动②,但他关于绝对精神和时代精神的研究,

---

① 黑格尔:《哲学史讲演录》(第一卷),商务印书馆1959年版,第3页。
② 近来有人考证说黑格尔曾参加过"共济会",虽然这一点很难考证,但"共济会"当时还是主张实行资本主义变革的组织,黑格尔及其他青年学者参与其活动是可能的。即使如此,他也只能是这个带有神秘帮会性质组织的外围分子。

却发现了当时的社会变革和以后社会变革之道、法的基本要素。

## 三 绝对精神是时代精神的根据和前提

　　黑格尔是个爱国主义者，他是从发展的意义来爱国的，是从爱国出发来思考现实矛盾、探讨矛盾的发展寻求德国统一和变革大趋势的。他认为德国经济和政治的落后和矛盾，就在于未能跟上时代精神的步伐，只有依循时代精神，才有德国的民族统一和发展。

　　那么，什么是时代精神？又依据什么来规定时代精神？黑格尔还不知道从社会主要矛盾来规定时代精神，但他在剧烈的社会变革中已初步形成了历史阶段性的认识。虽然他没有明确地划分历史阶段，但他清楚地认识到所要变革的制度和变革后建立的制度有质的不同。他所面临并思辨的时代精神，就体现于社会制度的矛盾变革中。英国已经建立的资本制度和法国的大革命，使黑格尔对时代精神的思辨有了实际的材料。德国远远落后于英、法两国，能否像英、法两国那样也进行变革，是黑格尔所要探讨和论证的。正是在这种探讨中他明确了人类社会是发展的，发展又是有阶段性的，历史的阶段性变革是发展的关键。时代精神不是某一种族、部族、民族所特有的，而是全人类共通的。德国不仅应该，而且必然也要依循时代精神进行社会变革。

　　时代精神是主导特定历史阶段社会变革和发展的，不同的历史阶段都有其特殊的时代精神，人类的历史就是不同时代精神的更替所主导的发展过程。时代精神是在否定中演进的。之所以有不同时代精神的否定和演进，根据就在于它们都是绝对精神，或者说是一般的、总体的精神的展开和体现。

　　因此，要规定时代精神，就必须规定绝对精神。黑格尔的思辨辩证法也就将绝对精神作为其基本观念，是他概念体系的核心。对于黑格尔的绝对精神概念及由它建立的概念体系，几乎所有哲学家都是持批评态度的。继续知性物质主义观念和方法的实证主义、实用主义、科学主义、技术主义等派别，以及谢林、叔本华、尼采等个人意志论者与现象学者，都从各自立场对黑格尔的绝对精神进行攻击。不过，这些派别在进行攻击的时候,几乎所有攻击者都未对黑格尔进行深入研究,甚至很少有人系统地读过黑格尔的书,他们对黑格尔曲解、贬低的目的,在于提高自己,并为自己的学说树立一个他们认为可以作为立论出发点的批判对象。

能够重视并研读黑格尔著作的,除西方国家少数"黑格尔学"的研究者外,大概只有苏联教科书代表的"辩证唯物主义"一派了。由于列宁将黑格尔哲学列为"马克思主义的来源"之一,苏联教科书派的哲学工作者都要了解黑格尔,这种了解,又都以恩格斯《路德维希·费尔巴哈和德国古典哲学的终结》的有关论断为依据。在这本小册子中,恩格斯将思维与存在、精神对自然界的关系说成是"哲学的最高问题",并根据对这个问题的基本观点分成唯心主义和唯物主义两大阵营。他在判定黑格尔主张比基督教还要荒唐得多的创世说之后写道:

> 在黑格尔那里,对这个问题的肯定回答是不言而喻的:我们在现实世界中所认识的,正是这个世界的思想内容,也就是那种使世界成为绝对观念的逐渐实现的东西,这个绝对观念是从来就存在的,是不依赖于世界并且先于世界而在某处存在的;但是思维能够认识那一开始就已经是思想内容的内容,这是十分明显的。①

恩格斯的这一说法,主导着苏联和中国哲学家对黑格尔哲学的认知。例如,一位中国学者这样写道:

> 他所谓的"绝对精神"不是别的,不过是用哲学装扮过的宗教中的"上帝"。宗教直截了当地说"上帝创造世界",黑格尔则说什么"绝对精神""外在化"为自然,说什么逻辑学是"灵魂",自然哲学和精神哲学是"应用逻辑学",等等。黑格尔这种

---

① 恩格斯:《路德维希·费尔巴哈和德国古典哲学的终结》,《马克思恩格斯选集》(第四卷),人民出版社1972年版,第220—221页。

唯心主义产生的认识论根源，就在于他把人的精神、思维夸大了，绝对化了。他把原来是由物质派生出来的精神、思维夸大和歪曲为一种实际上脱离物质、脱离人脑的独立存在的东西，并把它看成是自然和历史的创造主。[1]

我之所以要抄录上面两段引文，原因在于我最初就是接受了其对黑格尔绝对精神的界说。我是在20世纪60年代末读恩格斯的这本小册子（当时《马克思恩格斯选集》还未出版）时知道黑格尔的，也正是读此书的艰难（大概用了两个月，主要难解处就是有关黑格尔的论述），使我产生了一定要弄懂黑格尔哲学的欲求。到1975年春写《矛盾，然而是事实——黑格尔逻辑学批判》时，我基本上是依循恩格斯这本小册子（此时已出版《马克思恩格斯选集》）的观点，并参考苏联学者和中国学者（包括前引文作者）的有关著述。也正是在此书稿写作中形成的怀疑，四十年来一直困惑着我。这种困惑，集中于一点，就是对绝对精神的理解：如果绝对精神是像上帝那样先于世界而存在于世界之外的某处，并不知为什么会心血来潮想要创造出一个世界，进而主宰这个创造物的运行，而它又不像上帝那样是一个神，而仅仅是一个没有主体的思维形成的概念，是一团超脱物质世界的精神，黑格尔作为被绝对精神创造的人类中无数个体中的一个个体，是怎样认知并论证了这个创造者和主宰者的？难道是它下达指令，并赋予方法给黑格尔来做这件事的？如果是这样，黑格尔哲学作为"马克思主义哲学"的来源，不正是绝对精神的指令吗？难道马克思及"马克思主义者"也都是在执行这个指令？而我之所以要想这些问题，是不是在按绝对精神的指令行事？思路走到这一步，答案也相对清楚了，我知道自己的思维是自由的，想不想这个问题是由自己决定的，并没有执行什么绝对精神的指令。再进一步想，黑格尔也并不会那样蠢，他也知道自己的思想是自由的，进而，他的绝对精神概念不可能像恩格斯说的那样先于世界而存在于世界之外的某个地方，然后突然冒出个要创造世界的念头。如果绝对精神概念这么荒谬、怪异，它又

---

[1] 张世英：《论黑格尔的逻辑学》，中国人民大学出版社2010年版，第29页。

如何支撑一个近代哲学体系，而且这个体系启发了马克思去思考他的无产阶级解放的革命学说？

反复的思考和大量阅读，使我认识到：黑格尔不是基督教的经院哲学家，他生活在物质主义已经否定了上帝主义，英、法两国资产阶级革命已经创建资本制度，工业化的进程已经开始的时代，作为一个向往新制度，期望德意志民族国家统一发达的哲学家，他既不想维护封建领主制，也就不可能"用哲学装扮"一个概念来恢复上帝。他所努力探求的，是能够为他理想的社会变革提供导引的时代精神，为了规定这个时代精神，就要思辨其根据和一般原则。绝对精神概念就是他思辨的结果，也是建立体系的出发点。

绝对精神并不像后人说的那样神秘深奥或荒谬怪异，是这些人因不理解这个概念而形成的批评才使它神秘化了。当我们不去考虑这些批评时，绝对精神也就不难理解了。

绝对精神不是先验的，也不是黑格尔的凭空臆造，而是以感性确定性为根据的思维与其对象统一的过程的结晶。绝对精神概念的规定，是欧洲近代哲学从自然神论到物质主义对上帝主义否定的集中体现，是历史演进逻辑的矛盾的必然。

文艺复兴运动中形成的自然神论是对基督教上帝主义的初步否定，探讨变革封建领主制为集权官僚制之道、法，但由于欧洲这场变革是大领主国王与商人联盟主导的，因而自然神论虽然体现了这个联盟的利益，但不同学者又有所侧重。其中侧重代表商人利益的学者们对上帝主义的否定更为深入，如培根、笛卡尔和斯宾诺莎，他们在依据自然科学成果论证自然神论时，不仅形成了与上帝主义不同的观念，也因仍承认上帝而使自己的学说自相矛盾。随着资产阶级势力的增长及其与国王的集权专制矛盾逐渐激化，其新的思想代表在对自然神论矛盾的分析批判中提出了新的哲学观念，即彻底清除上帝而以物质为基本观念，形成了物质主义。物质主义克服了自然神论因资产阶级与国王结盟而导致的体系矛盾，明确世界，包括人类社会都是以物质为本体的，都是依循物质的自然规律运动的，上帝既不是人格化的神，也没有在创造世界之后制定了世界运行的规则，只是人们认识中产生的幻觉或意念经人为强制而形成的偶像。世界是物质的，物质是自然的这种哲学观念，集中体现了已从商业转向工业的资产阶级利益和意志，是资产阶级变革运动的主义和方法论，是新的时代精神和人性大升华之道、法。

然而，早期物质主义者的方法论是以对经验的知性归纳和演绎为主的，这种方法论明显带有武断性的缺陷，其所说的物质是世界本体与说上帝不是世界本体，都是以经验为依据，这就给上帝主义者的反击留下了缺口：既然你们用不能经验到上帝而否认上帝是世界本体，那么经验也不能证明"物质"的存在，因为"物质"也只是个抽象概念，人的感觉经验也不能证明"物质"的存在，存在的只是对个别具体事物的感觉，而感觉是心灵的活动，心灵则是上帝赋予人的。心灵的感知是唯一可以证明的存在，其根据就是上帝，而"物质"则因不可被感知而不存在。英国主教贝克莱由此而向早期物质主义进行质疑和挑战，使物质主义陷入困境。休谟努力探讨论证知性是人的基本属性，知性对感觉到的现象材料的思考是有限客体的真实反映。但他不能证明感觉所达不到的本体的物质性。康德进一步从人的主体性考察人的认识能力，强调感性认知的现象经知性思考可以规定其对象的本质。但他也认为人的思维不能认知"自在物"的本体。休谟和康德都在强调人的主体性的同时，排斥或者说放弃了本体论，他们承认人的感性认识所达到的现象是对客体对象物的反映，人的认识能力也局限于从这些现象概括其本质，但不承认感性经验之外的本体，不论它们是上帝还是物质概念，进而反对从所谓本体来推论世界的存在。

休谟和康德实质上是对物质主义进行了修正，使物质主义摆脱了因袭上帝主义的本体论传统而陷入的困境，使物质主义立足于主体认识能力所及的客体对象物。主体人是能动的，客体对象物是由人的认识来界定的，人的思维只能限于其经验所及的范围。这是物质主义的进步，但又留下明显的缺陷：由于将主体与客体对立，而他们所说的主体又是个体人，没有明确进一步从总体人来规定主体，进而探讨总体人的认识，从而使他们只能形成客体对象规律的相对认识，并不能确定其绝对真理性。这样修正了的物质主义并不能成为资本主义完整充分的哲学观念和方法论。

黑格尔是从克服康德体系的缺陷进一步充实物质主义，完善资本制度的主义和方法论展开他的研究的。他看到费希特和谢林从康德体系的缺陷出发，从主观认识否认物质存在，甚至主张超越主客体的"世界精神"的思想中所包含的退回上帝主义的危险性，继承康德关于感性和知性对现象的认识是客体对象真实反映的观点，批判了他将主体与客体对立的局限，从感性确定性出发，依次探讨了知觉和知性、自我意识、理性、精神、宗教、绝对知识，得出对绝对精神的规定。黑格尔认为，人的认识以感性为出发点，并以经验到的客体对象为范围，感性是主体人的基本属性，它是确定的，也是可靠的。从感觉开始，人的主观认识就已包含客体事物，或者说客体事物被纳入人的主观认识中。认识的深化和扩展，也就是对客体事物的现象的本质的不断规定。知性是本质规定的第一步，但还不够，必须进入理性环节。这是黑格尔比康德、休谟及早期物质主义者的一大进步，他们的认识大都止步于知性，康德虽然提出并论证了理性，但却将它与知性所思考的现象隔开，认为理性是对灵魂、世界、上帝等"现象界"之外的"自在之物"或"超验幻相"的思辨，他认为"超验幻相"是人主观必然性被视为物自身的规定的客观必然性，[①] 思辨理性就是要区别主观概念与客观的"物自身"。黑格尔批判了康德将主体与客体、知性与理性分隔的方法论，他认为理性是知性的继续和深化，二者之间以"自我意识"作为中介。理性是对自我意识的进一步思辨，并由自我意识扩展为总体意识，或民族的共同意识，理性上升为精神。精神是自我意识与总体意识的统一，每个人在进行理性思辨时，都不止是从个体出发的单独认知，而是总体性认识，是运用和展开总体意识所达到的概念对具体现象的规定，并由此充实总体意识。将人的个体与总体统一，是黑格尔在哲学史上的革命性贡献，也是他思辨辩证法的特点之一。从感性到精神这一系列认识，都是以感性的确定性，即感觉到的现象是事物的真实表现为依据和出发点的，而感性确定性又以自然的生命和自然精神——灵魂为基础。因而精神并不只是主观的，也是客观的。然而，主观精神在形成的历程中，也会出现脱离现象材料的情况，宗教就是在从感性开始的各个环节脱离实际材料而导

---

① 康德：《纯粹理性批判》，中国人民大学出版社2004年版，第273页。

致的主观精神的异化。由于当时社会条件的限制，黑格尔对宗教不可能直接否定，而是将它纳入精神现象演化的一个环节来说明其形成的原因，进而在绝对精神的规定中予以否定。

绝对精神是自由意识主导的与对象客体统一的精神现象演化过程的集合，是主观精神与客观精神的统一，也是排除了宗教这种精神的异化形态而进入的绝对知识。绝对精神之"绝对"，在于主观精神与客观精神的统一，而精神不仅是意识、思维活动，也是规律和规则，依循规律的意识、思维本身就包括客体对象，是对客体对象的认知，这种认知以感性为范围，逐步从感觉到知觉、知性，形成自我意识，进入理性，并扩展为总体性的精神，只要这些环节都是依循规律的，就可以达到对客体对象本质和规律的规定，为此也就要排除宗教这种异化状态。

绝对精神也就是思维与存在统一的一般规律，它是精神演化达到的最高的抽象概念，它是从具体到抽象概念运动的结果，也是从抽象到具体概念运动的发端；它是对自然界和人类社会的认识，也是自然界和人类社会运行的规律的体现。经过《逻辑学》对绝对精神的系统规定，绝对精神展开于《自然哲学》和《精神哲学》，在《精神哲学》的客观精神部分，以及其展开的《法哲学原理》和《历史哲学》（另译《世界史哲学讲演录》），黑格尔以绝对精神为根据和大前提，论证了他所处的那个时代的时代精神——理性资本主义。

## 四　黑格尔的时代精神——理性资本主义

生活于社会大变革时期的黑格尔是一个平民思想家，关注并拥护正在进行的变革，虽然他所生存的德国经济和政治都很落后，但富于哲学思想的文化环境促使黑格尔努力从法国大革命和英国资本主义经济制度来思辨他的时代，力求从哲学上规定人类在这个时代的发展规律，进而为德国的社会变革提供理性依据。他以特有的思辨辩证法的概念运动和语言论述了其思想成果，但思辨辩证法的玄奥冗繁体系和拼音符号的局限，以及为避开政府和教会双重审查所不得不采取的隐晦手法，使他的著作往往被人曲解或不解，甚至有人指责他是反对变革的，是在为政治专制和宗教进行辩护。当我们知道了黑格尔方法、概念体系、语言及社会条件等特点，就可以理解他从绝对精神对时代精神的思辨，这种思辨深刻而系统地把握他所处历史阶段的主要矛盾，他以时代精神这个概念所规定的，正是启蒙运动的核心观念——资本主义。不过，黑格尔认为以前思想家对资本主义的规定停留于知性程度，他要从理性对之发展，这就是理性资本主义——黑格尔的时代精神。

黑格尔认为，人与动物的区别在意识，人的本质就是意识高度发展所形成的精神。"精神——人之所以为人的本质——是自由的。"[1] 精神是人类的社会性意识，并不是单独主观的，而是主观与客观的统一，是认识的规律和认识到的规律的综合。精神的最高境界，是绝对精神，绝对精神在人类社会具体化为人类精神，人类精神的演进形成历史，历史分为四个阶段：东方世界、希腊世界、罗马世界、日耳曼世界。人类精神在这四个阶段分别体现为时代精神。

> 整个历史进程是精神的一种连贯进程，整个历史无非是精神的实现过程，而这种实现过程是由各个国家完成的；国家就是世界历史在尘世中的实现。真的东西必须一方面在纯粹的思想中，另一方面也在现实中作为客观的、得到发展的体系存在。[2]

精神的发展，以人的自由意识为标准和根据。精神是自由的，自由精神的实现过程就是历史。东方世界作为历史的第一个阶段，只承认"一个人"即皇帝或国王的自由，希腊和罗马世界知道"有些"人是自由的，日耳曼世界知道"全体"人是自由的。相应国家的政体为专制、民主、贵族和君主政体。

黑格尔对世界历史阶段的划分是有缺陷的，没有依据充分的资料，只是以当时他所能看到的材料作为他推论的论据，因而是演绎

---

[1] 黑格尔：《历史哲学》，上海世纪出版集团2006年版，第16页。
[2] 黑格尔：《世界史哲学讲演录》，商务印书馆2015年版，第449页。

的，不是归纳的，即从他的绝对精神概念推论人类精神，再从人类精神概念推论时代精神，历史只是时代精神的实现。虽然如此，但黑格尔毕竟认识到人类社会发展的规律，他的"人类精神"、"世界精神"、"时代精神"等概念，都是对这个规律的规定。与早期物质主义所说的"客观规律"、"自然规律"相比，"精神"并不仅是客观的、自然的，还是经人的感性界定范围，由理性进行思辨而达到的对规律的规定，理性思辨在适应对象的同时，也对对象进行了界定。精神是主客观的统一，而非一些人所指责的只是主观意识。

"日耳曼"是个种族的范畴，黑格尔的"日耳曼世界"是从日耳曼人打破罗马帝国建立欧洲的部族联盟开始的，有一千余年的时间，其间经历了部族联盟的封建领主制在部分国家向集权官僚制的转化，以及集权官僚制向资本雇佣劳动制的转化。这些内容，在黑格尔的历史哲学中都有描述，但他是依基督教的演化将"日耳曼世界"分为三个时期，他所说的时代精神，是宗教改革以后的第三个时期即现代的时代精神，其中又重点探讨18世纪末法国大革命以来所展现的时代精神。对于这个时期的时代精神，黑格尔用"精神开始知道它是自由"的来概括。

黑格尔认为，宗教改革导致以经验为基础的科学，进而引发启蒙运动和科学对迷信的克服，开创了一个新时代。

这些普遍性的概念都是建筑在现实的意识上——就是建筑在"自然的各种法则"和正与善的内容上——我们把它叫作理性。认识这些法则的合法性，我们叫作启蒙。启蒙运动从法兰西输入到日耳曼，创造了一个新思想、新观念的世界。"精神"自己的内容在自由的现实中被理解，便是绝对的标准——代替了宗教信仰和"权利"（特别是政治"权利"）的积极法则的一切权威。路德曾经获得了精神的自由和具体的"调和"：他胜利地决定了什么是人类永恒的命运，这种命运必须在他自身内发生。但是凡是必须在他自身内发生的东西的内容、凡是必须在他自身内成为活跃的真理——却被路德认为是一种已经定出的东西，一种已经宗教启示了的东西。现在这个原则已经定好，就是这种内容是一种现实的内容，必须是我能够获得一种内在的确信的内容，而且一切的东西必须可以带回到这个内在的基础。①

黑格尔重点考察了法国大革命，虽然黑格尔对"为什么只有法兰西人，没有日耳曼人"实行"实践的理性"这个问题，以启蒙运动对宗教的不同态度做了回答，但可以看出他感到时代精神首先体现在法兰西人而不是他所属的日耳曼人那里的遗憾，但他认为时代精神是人类精神，因而还是对法国大革命进行了理性评判。

黑格尔认为，法国大革命发起于"意志自由"的原则反抗现行的"权利"体系，虽然革命前已经削弱了贵族的权力，他们的特殊权利也被剥夺了，但他们同僧侣阶级仍然保持相当多的权利，比下层阶级有明显优势。这种状况完全违反了"思想"和"理性"，是一种完全不合理的局面，道德的腐败、精神的堕落已达于极致，是一个"没有公理"的帝国。压在人民肩上沉重的负担，以及政府"罗掘俱空、无法筹款"来供应国王和权贵的挥霍，是造成民众不满和反抗的第一个动机。新"精神"开始活动，政治压迫逼着人去从事研究探索，并把焦点集中于国家，依据"自由的概念"和"理性"批判专制政府、教会、贵族以及国会所享有并不愿弃的特权，而其对特权的固守又使渐进式改革不能展开，由此引发激烈的革命。

"公理"这个概念、这个思想突然伸张它的权威，旧的不公平的制度无力抗拒它的进攻。所以就有一个同"公理"概念相调和的宪法成立了，一切未来的法律都要根据着这个基础。自从太阳站在天空，星辰围绕着它，大家从来没有看见，人类把自己放在他的头脑、放在他的"思想"上面，而且依照思想，建筑现实。亚拿萨哥拉斯第一个说，理性统治世界；但是直到现在，人类才进而认识到这个原则，知道"思想"应该统治精神的现实。所以这是一个光辉灿烂的黎明，一切有思想的存在，都分享到了这个新纪元的欢欣。一种性质高尚的情绪激动着当时的人心；一

---

① 黑格尔：《历史哲学》，上海世纪出版集团2006年版，第412页。

种精神的热诚震撼着整个世界,仿佛"神圣的东西"和"世界"的调和现在首次完成了。①

法国大革命体现着时代精神,也正因此,它变成"世界历史"——向全世界扩展。虽然法国大革命有诸多缺陷和片面性并引发暴力和战乱,但它体现了时代精神的基本原则,黑格尔肯定和赞扬的就是这个基本原则,并探求它向世界扩张的进程及各国的特殊性,尤其是在德国如何既实践时代精神,又避免法国大革命的缺陷和片面性。

时代精神也体现于英国,但由于英国是新教为主导,因而它并没有像法国那样激烈的革命。黑格尔指出,英格兰民族欢迎法兰西的解放,但它"傲然信赖它自己的宪法和自由",不但不去模仿反而敌视法国。英国的宪法是若干纯粹特殊权利的复合物,政府本质上属于行政管理性质,即保护特殊阶层和阶级的利益。讲到私有权利和产业自由,英国是"令人不相信地落后",甚至还保持着长子继承权。议会统治着英国,但议员席位却可以通过购买而得到,而这"正是英国人的所谓自由。就是在这种完全矛盾和腐败的局面"中,英国却领先发展了工商业,对此,黑格尔给予肯定。

> 英国的物质生存建筑在工商业上,英国人担任了伟大的使命,在全世界中做文明的传播者;因为他们的商业精神驱使他们遍历四海五洲,同各野蛮民族接触,创造新的欲望,提供新的实业,而且是首先使各民族放弃不法横行的生涯,知道私产应当尊重,接待外人应当友善,成立了这些为商业所必要的条件。②

虽然法兰西的大军曾经踏遍了日耳曼,但并未引发革命,而是在法兰西的压迫下暴露了旧制度的许多缺点,本来名不副实的"帝国"消灭了,分裂为若干国家,各种封建义务都被废除,财产和生命自由

---

① 黑格尔:《历史哲学》,上海世纪出版集团2006年版,第417—418页。
② 同上书,第425页。

的原则被认为是基本原则，国家公职"开放给了一切人民"，全体官吏代表政府。既然有了确实规定法律的系统国家组织，君主亲自独裁的事件实质上已无足轻重了。对于日耳曼的评价，黑格尔是有许多忌讳的，虽然说了不少赞美言辞，但总体现着法国大革命的影响，并把他的理想作为现实来论说。透过这些言语，可以看出黑格尔的一个基本思路：日耳曼或德国也正在时代精神的导引下进行缓慢的变革，他不希望出现法国大革命那样的暴力和混乱，但希望能依循其自由的原则。

在历史哲学中黑格尔探讨了绝对精神展开于人类精神，进而具体化为各历史阶段的时代精神，并揭示了以法国大革命为代表的现代精神的自由原则；在法哲学的研究中，则依从自由原则，对他的时代精神进行了系统论证。

黑格尔是从人类总体，从国家民族来研究历史、揭示时代精神的。他的研究，不仅是对历史进程的探讨，同时也继承了从文艺复兴、宗教改革，尤其是启蒙运动以来进步思想家的思想。虽然启蒙运动的思想家们并未明确自己的主义为资本主义，但他们对自由、财产所有权、自由竞争、社会契约、市民社会、国家等概念的连续不断的探讨，实质上可以归结为资本主义，也即他们所寻求的社会变革之道。这种探讨是多层次的，不仅有哲学层次的抽象研究，还有经济、政治、文化层次的具体研究。在黑格尔之前，相关的研究成果已形成若干学说。正是这些学说，指导了英国的政治革命、工业革命和法国大革命。黑格尔是在继承前人已有成果的基础上，以思辨辩证法将资本主义提升到一个新阶段——理性资本主义。

黑格尔认为，启蒙运动所达到的成果，大体上说是处于知性阶段的。知性与理性是康德对思维两个阶段的划分，知性是对经验的思考，理性则是针对上帝、世界、精神本质的思考，因为没有经验基础，因而是不能得出真理性认识的。康德的用意在于将源于基督教经院哲学的上帝本体论与科学的哲学相区别，黑格尔接受了康德关于感性、知性、理性三阶段的区分，但反对将知性和理性隔离，这不仅是康德方法的问题，也是康德及康德之前的哲学家所达到的认识程度的体现。但他能将二者区分已是一个进步，成为黑格尔将二者统一的必要前提。黑格尔并不排斥知性，对于康德以前科学和哲学在知性阶段的成果也予以充分肯定。

> 具备自己的知识和规律的知性，有这样的方面，即它作为启蒙精神转而反对精神中的具体东西，即反对宗教信仰，因为它把自然性的存在当作原则，不论这种存在是具有物理本性的现存东西，还是具有精神本性的现存东西。知性把这个基础，特定的经验当作真的东西，当作一切应当有效的东西的试金石。知性的原则是连贯、同一和关联的原则，知性借助这个原则转而反对宗教，所以"知性"是启蒙精神。[①]

黑格尔认为，以知性原则展开的启蒙运动，在确立了自然规律的前提下，论证了人类社会的自然法和自然秩序，规定了人的生命权和所有权，以及人与人之间交往的契约关系，界定了国家的作用。这些认识是与基督教主导的封建主义和专制主义相对立的，自由精神发展到知性阶段必然引发革命。但由于知性的局限性，导致法国革命和英国变革中的缺陷；哲学必须在知性阶段达到的成果基础上进一步发展，才能充分认知时代精神，指导合理的社会变革和社会制度建设。这也是黑格尔给自己的定位，即突破康德关于个体与总体脱离、知性与理性隔离、主观与客观对立、各思维规定彼此对立的限制，从理性包容、概括知性和感性，形成系统的思辨辩证法，进而确立个体与总体、主观与客观、各思维范畴之间的内在统一，由此完善时代精神。

黑格尔对时代精神的探讨与论证，是对启蒙运动以来知性资本主义全部成果的进一步抽象，是以理性思辨将其中分立的各概念按从抽象到具体的运动统一起来，形成系统的理性资本主义体系。

资本主义是资产阶级意识的集中概括，是其基本观念，也是资产阶级变革、建立社会制度之道。资本主义萌芽于文艺复兴运动，兴盛于启蒙运动，由众多思想家经几百年时间规定了从基本哲学观念、方法论到社会观、经济观、政治观、文化观的各范畴，导引着资本主义

---

① 黑格尔：《世界史哲学讲演录》，商务印书馆2015年版，第445页。

运动，具体化于资本主义制度和社会生活。黑格尔和其他启蒙思想家一样，都在这大变革的时代探讨变革之道，即资本主义，他的整个体系，就是从哲学对资本主义的探讨与论证。

资本主义以自然和自由为基本概念，强调世界是自然的，自然的本质、本体是物质的；人是物质世界的一部分，也是自然的，是按自然规律而生存、活动的，因而是自由的。自由的人有其生命权和对物的所有权，以此规定人格和社会关系，形成社会契约、法律、阶级、阶层和国家。其中核心是财产所有权和为争取对财产的所有权而展开的竞争，以及保证财产所有权的法律和国家。财产所有权导致资本雇佣劳动的关系，并激发人们为扩大财产所有量的竞争，法律和国家就是对资本雇佣劳动关系的保证。黑格尔认同以前资本主义者所提出的基本原则，但认为必须克服其知性认识造成的局限，以理性思辨将其各概念统一，使资本主义上升到一个新阶段。

在《精神现象学》从精神的演进中形成绝对精神概念，将主观与客观统一、知性与理性贯通、个体与总体统一，并巧妙而合理地将上帝归入人意识的阶段性产物之后，黑格尔在《逻辑学》中系统规定了绝对精神概念，在《自然哲学》中将绝对精神概念具体化于对自然规律的认识，进而在《精神哲学》中探讨了绝对精神在人的主观精神和客观精神中的体现及其统一。他的理性资本主义集中于客观精神部分，对此，他又在《法哲学原理》和《历史哲学》中展开。其他部分，则可以看作对基本观念和必要前提条件的规定，而关于艺术、宗教、哲学史的论述则可以视为必要的补充。

所谓资本主义，就是围绕财产所有权来形成人与人的关系，以法律和国家政权保证财产向资本的转化与增值。资本主义的自由是所有和增值财产的自由，自由意志要求法律和国家作为自由实现的条件，以此为社会基本制度，系统和协调社会。黑格尔的理性资本主义与知性资本主义一样，都是由此基本原则进行探讨的。他指出：

> 法的基地一般说来是精神的东西，它的确定的地位和出发点是意志。意志是自由的，所以自由就构成法的实体和规定性。至于法的体系是实现了的自由的王国，是从精神自身产生出来的、

作为第二天性的那精神的世界。①

资本主义以自然的人的意志自由为基点,黑格尔认为,自由是法的实体和规定性,法是对人性中的动物属性的界定和改造,从而也就使人的自由与动物的冲动得以区别,在抑制冲动的同时保证自由的实现。《法哲学原理》由抽象法、道德、伦理三部分构成,抽象法的第一环节是所有权,进而是契约和不法,即所有权的展开和维护;道德是"主观意志的法",是人从主观上对法的认可与依循,其基础仍是所有权,对自己所有权的认知和对他人所有权的尊重,包括故意和责任、意图和福利、善和良心;伦理是抽象法和道德的综合,即现实的社会关系,"个人主观地规定为自由的权利,只有在个人属于伦理性的现实时,才能得到实现","也只有在伦理中个人才实际上占有他本身的实质和他内在的普遍性。"② 伦理从家庭到市民社会到国家,是个人自由和权利的展开与实现。其中对市民社会的规定,充分体现了资本主义原则和关系。与知性资本主义者将国家与市民社会对立,并排斥和尽可能压缩国家对资本关系和自由竞争的干预不同,黑格尔强调国家是法的理念的完美体现,也是以政治制度对市民社会的治理与协调,它使"整体的利益是在特殊目的中成为实在的",国家的现实性"是普遍性与特殊的统一",特殊性的利益和权利都包含在整体中,"只有在整体中才能得到维持。"③ 国家的首要权利是立法权,进而是行政权,由于黑格尔主张君主立宪,所以国家第三权利是王权。

激进的自由主义者攻击黑格尔的君主立宪观点,但这并不影响他对资本主义的理性思辨和论证,更不等于他思想的保守与反动。对于一个思想家来说,其新的思想体系必然要与旧的统治阶级意识形态相冲突,德国当时的政治专制是相当严苛的,如何避开教会和国王的封杀,是黑格尔一生随时都在考虑的问题。其中宗教和政体是最敏感的,黑格尔不得不用大量篇幅承认宗教,甚至说一些恭敬的言语,但

---

① 黑格尔:《法哲学原理》,商务印书馆1961年版,第10页。
② 同上书,第172页。
③ 同上书,第280页。

却用僧侣们看不懂的思辨逻辑将宗教纳入人的意识进程，把上帝概念化，成为一个哲学术语，而非人格化的神。对于国家政体，他不得不将青年时曾有的共和观点转化为君主立宪，否则他的理性资本主义就不能发表。但黑格尔相当明确地认为，他理想的国家最重要的是立法权及其规定的宪法，进而是由平民依能力而非贵族依特权来执掌行政权，保留君主的位子并不影响制度的本质。

  既然有了确实规定的法律和有条不紊的国家组织，那么，留待君主亲自独裁的事件在实质上也就无足轻重了。一个国家民族能够遭遇性格高尚的君主，固然是一件非常幸运的事情，但是对于一个伟大的国家，因为它的实力在于赋有的"理性"，所以国君的贤与不肖也就成为平淡无奇了。[①]

---

[①] 黑格尔：《历史哲学》，上海世纪出版集团 2006 年版，第 425 页。

# 对"唯生产力论"在中国演进的回顾与反思

石 越

夺取政权后的苏联为了巩固政权，否定了列宁对"唯生产力论"的批判，将发展生产力作为了社会主义的目的。新中国成立以来算是照搬"苏联模式"，"唯生产力论"自然也被引进过来，"苏联模式"被当作先进生产关系引入，这造成将先进生产关系与落后生产力之间的矛盾作为主要矛盾的论断。为了解决这一矛盾，也为了巩固新生政权，必须大力发展生产力，这在建国初期有其必要性和意义。但由于"苏联模式"的缺陷，忽视甚至排斥劳动者个人权利，导致苏联模式的社会主义建设出现了很多问题。解决问题的办法本是保证劳动者个人权利，改革完善公有制经济，但中国一些经济学家依照"唯生产力论"进行的改革却进一步损害了劳动者个人权利，并将苏联的"唯生产力论"与西方的普世价值相结合，转而论证私有化，形成了中国特有的"GDP主义"。

## 一 "唯生产力论"的哲学基础——唯物主义

中国理论界有一种声音认为，"唯生产力论"只是特定历史背景下的特定概念，只能理解为列宁所批判的主张因生产力水平不高而反对武装革命的伯恩斯坦等人，切不能将"唯生产力论"泛化。"唯生产力论"在不同的历史背景下确实有特殊的含义，但却有一个共同的主题：对物质财富的占有和竞争；并且有一个共同的哲学观念：唯物主义。

"唯物主义是资本主义的哲学观念"①。唯物主义的基本观点是：世界是物质的，物质是自然的，自然是有规律的，人的作用在于认识自然规律，并将其应用于人类社会；人是物质自然界的一部分，人像动物一样有喜怒哀乐有感觉，有趋利避害的本能，人的根本利益在于更大限度地占有物质财富，在于财产所有权，所以人是趋利避害的经济人。创造物质财富的能力是生产力，人的社会地位取决于在生产力中的作用，谁能占有更多物质财富谁的社会地位就高；对于社会来说，"生产力的发展水平决定一国的富强和文明程度，为此应该尽最大可能将一切资源，包括劳动、资本、土地及其他自然条件都用于发展生产力"，"一个国家的富强取决于生产力的发展，一个国家内个体的社会地位取决于他们在生产力发展中的作用"②，这种"唯生产力论"是唯物主义的经济观，是唯物主义社会观的基础和核心，也是资本主义政治经济学的基本理念。

恩格斯关于"思维和存在的关系是哲学的基本问题和最高问题"的论断以及由此产生的唯物主义和唯心主义两大阵营的对立，使得马克思的哲学被划归到唯物主义阵营。将社会主义的哲学观念规定为唯物主义，必定会演绎出"唯生产力论"，这就是本已被列宁批判过的"唯生产力论"会在苏联建国后重新被接受的原因所在。在唯物主义及其经济观唯生产力论的基础上，不论是苏联还是中国都把社会主义的本质及其优越性归结在比资本主义更有利于解放和发展生产力上，将发展生产力作为社会主义的目的。由于"苏联模式"继承恩格斯两大阵营的论断，坚持社会主义的哲学观念是唯物主义，依据"唯生产力论"认为只要能发展生产力的就是社会主义，也正是由于这一点，该模式下的苏联最终演变成官僚资本主义。"苏联模式"社会主义缺陷的根本就在于以唯物主义为哲学观念，中国照搬"苏联模式"开始了社会主义建设，不论是理论上还是实践中，都完全接受了唯物主义，也自然接受了唯物主义的经济观——"唯生产力论"。

---

① 刘永佶：《劳动主义》（上卷），中国经济出版社2011年版，第42页。
② 同上书，第119页。

## 二 "唯生产力论"在中国各个阶段的演变

从新中国成立初引入"苏联模式","唯生产力论"便开始了在中国的演进：新中国成立初的接受到"文化大革命"中的批判；"文化大革命"结束时的大讨论，到 20 世纪 80 年代对生产力的全面论证；以至发展到后来的"GDP 主义"。虽然在不同的历史时期对"唯生产力论"有不同的理解，中国官方教科书和文件上也从未认可"唯生产力论"，但实际上"唯生产力论"伴随了中国的建设道路。本文将"唯生产力论"在中国的演进基本划分为三个阶段：新中国成立初到"文化大革命"之前，以构建工业体系和发展生产力为巩固政权的手段和任务；"文化大革命"前后，对"唯生产力论"形成不同理解并进行批判和争论；20 世纪 80 年代以后，"唯生产力论"演变为"GDP 主义"。

### （一）新中国成立初到"文化大革命"之前：以发展生产力、构建工业体系为根本任务

新中国成立后的体制建设算是照搬"苏联模式"，在政治上不得不保留行政集权体制，以短期内实现工业化，巩固新生的社会主义政权。毛泽东虽然看到了这一模式的缺陷，但当时忙于抗美援朝，又没有成熟的社会主义建设理论可以借鉴，而中国长期的集权官僚制又使得中国特别容易接受"苏联模式","苏联模式"的中国社会主义建设道路于是展开。从理论上来说，由于错误地认为社会主义的哲学观念是唯物主义，必然坚持了唯物主义的经济观"唯生产力论"。从现实来说，由于新中国成立前后，中国长期的落后以及战乱，以美国为首的西方国家又对新中国进行经济封锁，历史使得中国必须全力发展生产力，建立自己的工业体系，行政集权体制是最有利于"集中力量办大事"的体制。并且，中共八大对当时的社会矛盾做出分析，得出的结论是：中国的基本矛盾是人民日益增长的物质文化需要和落后的社会生产力之间的矛盾。对矛盾的这一认识，使得中国将解决这个矛盾作为主要的任务，只有解放和发展生产力才能更好地解决这一矛

盾。发展生产力作为一项根本的任务成为新中国成立初历史和逻辑的必然。

《政治经济学教科书》作为中国唯一指定的政治经济学教科书，是对苏联社会主义建设的理论再现，能够反映中国"苏联模式"的建设思路，是"唯生产力论"在中国第一个阶段的表现。这部教科书分资本主义和社会主义两部分，其中社会主义部分论述了社会主义的生产方式，主张以行政集权体制和统制经济体制来发展生产力。

在从资本主义到社会主义的过渡时期，"无产阶级革命的任务是建立以生产资料公有制为基础的社会主义经济体系"[①]，而"社会主义经济形式又不能自发地发展"，所以要由"劳动群众的创造积极性产生"[②]，这样劳动者就成为服从生产力发展的"要素"。由于苏联和中国的社会主义革命都是在比较落后的情况下进行的，因此"社会主义的胜利和确立只有在城乡大机器生产的基础上才能得到保证"[③]，而要建立强大的工业基础就要优先发展重工业和军事工业，这在当时的中国和苏联都有其必要性。但将"在经济方面赶上并超过欧洲最发达的资本主义国家和美国"作为苏联的基本经济任务，将"社会主义在与资本主义进行经济竞赛时取得胜利"作为社会主义制度的优越性，将革命、无产阶级专政、公有制生产关系的确立都作为发展生产力的手段等，则远远超出了其合理性，偏离了社会主义的本质，由此必然造成对劳动者利益的忽视，人民生活水平长期不能得到提高。中国接受了苏联的上述观点，提出了"超英赶美"的经济口号，并几乎完全照搬了苏联建设社会主义的方式。

（二）"文化大革命"前后：对"唯生产力论"的批判和争论

新中国成立后重视生产力并将发展生产力作为首要任务，但目的很明确：将发展生产力作为巩固社会主义政权的手段。新政权的领导人保持着很高的革命热情，对于社会主义革命也有自己的理解，20世纪50年代末，毛泽东在读过《政治经济学教科书》后，曾发现许多

---

[①] 苏联科学院经济研究所：《政治经济学教科书》，人民出版社1959年版，第331页。
[②] 同上书，第332页。
[③] 同上书，第364页。

问题,并倡导编写中国的政治经济学教科书。到"文化大革命"期间,上海人民出版社和人民出版社分别出版教科书,以当时的"无产阶级专政下继续革命理论"为指导,对"唯生产力论"作出理论上的批判。

两本书都借用毛泽东《关于正确处理人民内部矛盾问题》中的论断将基本矛盾归结为"生产关系和生产力、上层建筑和经济基础之间的矛盾",这在社会主义改造之前表现明显,在社会主义改造之后,矛盾也没有消失,"社会主义生产关系和生产力之间又相适应又相矛盾",是因为"社会主义社会在一定时期内还存在非社会主义生产关系","社会主义制度还不够完善","剥削阶级的意识形态、资产阶级法权思想、旧社会习惯势力的存在、国家机构中某些不正之风的存在、国家制度中某些环节上缺陷的存在",这些都与社会主义经济基础相矛盾。并且"社会主义生产关系本身有一个从不完善到完善的发展过程",在这个过程中,"剥削阶级人还在,心不死","新的资产积极分子和代表人物有可能产生,资本主义有可能复辟"。因此,"社会主义社会的基本矛盾集中表现为阶级矛盾和阶级斗争","在整个社会主义历史阶段,无产阶级和资产阶级两个阶级、资本主义和社会主义两条道路的斗争是客观存在的","必须始终坚持无产阶级专政下继续革命理论","保护人民,彻底消灭一切剥削阶级,用马列主义、毛泽东思想武装人民,促进人们思想革命化","使共产主义因素不断增长,使资本主义的传统和痕迹不断清除",避免资本主义复辟。①②

由于党内出现了一批在生产力发展中谋取私利的既得利益集团,毛泽东选择用群众运动方式解决这一问题,北京本和上海本便出现在这种情况下,但由于没有形成制度和法律保证,并且对主要矛盾的判断出现一定偏差,将官僚资本主义误判为资本主义,因此轰轰烈烈的群众运动最终以混乱和失败告终。

"自然而然上去"理论是这个阶段"唯生产力论"的主要特征,强调只要确立了先进的生产关系,生产力自然就会发展起来。"文化

---

① 《社会主义政治经济学》,上海人民出版社1973年版,第13—25页。
② 《政治经济学》,人民出版社1975年版,第240—246页。

大革命"结束后,出现了对"批判'唯生产力论'"的批判,并出现一种"为'唯生产力论'正名"的倾向,这些观点认为对"唯生产力论"的批判是"背离历史唯物主义的历史唯心主义,是反作用决定论"①。论证"生产力是社会发展的决定力量,生产关系一定要适应生产力,无产阶级夺取政权后的主要任务就是发展生产力"② 逐渐成为社会和理论界的主流。

**(三) 20 世纪 80 年代以后:从"生产力标准"到"GDP 主义"**

经过 1976 年下半年开始的关于"唯生产力论"的讨论,理论界看起来得到了没有争议的结论:"唯生产力论"只是特定历史阶段的特定用语,专指第二国际以生产力落后为由反对暴力革命建立社会主义政权。之后,对"唯生产力论"的批判和讨论很少被提及。此后的政治经济学多主张生产力决定生产关系,生产关系必须适应生产力的规律。

"文化大革命"结束后,面对经济和社会建设的混乱局面,党和国家的任务转移到经济建设上。随着党的官方文件将"解放和发展生产力"作为社会主义的本质提出,理论界相应地对"生产力标准"进行了论证。

政治经济学教科书仍然延续苏联传统,划分资本主义和社会主义两部分,资本主义部分仍延续马克思关于资本主义的论述;社会主义部分除了苏联教科书的几大规律之外,又与时俱进地加入了中国共产党历次大会的重要论断和决定。政治经济学一直都没有走出政策注释的老路子。随着官方将生产力作为社会主义本质,政治经济学教科书除了注释之外,还要对官方文件进行理论论证,"唯生产力论"成为中国政治经济学教科书的基本点。

依据"唯生产力论"进行的改革主要有两点,一是由于公有制企业效率低、不利于发展生产力而对国企的私有化改革;二是由于劳动者在公有制企业的"铁饭碗"制效率低下而对劳动力进行的合同制改

---

① 林子力、有林:《批判"四人帮"对"唯生产力论"的批判》,广东人民出版社 1978 年版。
② 周永学:《为"唯生产力论"正名》,《黑龙江大学学报(哲学社会科学版)》1979 年 5 月 1 日。

革。与之相对应，私有资本和外国资本被大量引进，并被视为与公有制经济共同促进中国生产力发展的重要手段。国内改革是为了提高生产效率，生产出更多产品，然后出口国外，换取大量外汇。而换取外汇最多的无非是资源和廉价劳动力产品，于是为了增加外汇，大量出口资源，鼓励劳动力密集型产业发展。

到了20世纪90年代，"唯生产力论"更是发展成为"GDP主义"。GDP成为中国官员政绩考核和升迁的指标，这种"GDP主义"带来的后果至今已得到很高重视，但仍没有改变。西方进步的经营管理学家已形成突出职工地位和作用的思想，但没有实现这一思想的制度条件。中国的某些经济学家则为了将公有制"私有化"，极力主张虽有重大缺陷但已是公有制的经营管理退回"泰勒制"，甚至由"小买卖人"和"守财奴"们来经营管理"私有化"了的企业。

GDP主义对公有制的私有化改革除了政治经济学所注释的官方政策以外，也有它的理论依据，就是西方经济学的普世价值。西方主流经济学正是以"唯生产力论"为其基本点的。这也是原本坚持社会主义的政治经济学家能够迅速接受西方经济学的原因。至此，西方主流经济学成为中国经济学界的主流，政治经济学反倒被排挤到边缘学科的位置。这与政治经济学不能突破苏联体系、创建中国政治经济学有关，但对唯物主义和"唯生产力论"的认可却是社会主义政治经济学走向西方资本主义经济学的主要原因所在。

## 三 对"唯生产力论"的反思

不论是苏联政治经济学还是西方尤其是美国经济学，都是从国外引进的，都不是普世价值，中国的问题应该由中国的政治经济学解释和解决。创建中国政治经济学的一个重要任务就是批判唯物主义的经济观——"唯生产力论"。

总的来说，在20世纪50—70年代，"唯生产力论"的表现是将生产力作为任务，作为手段，强调先进生产关系对生产力的反作用，主张用生产关系变革带动生产力发展；20世纪80年代之后，对"唯生产力论"的论证转变为"生产力决定生产关系，生产关系必须适应生产力"，为此就要恢复私有制，恢复雇佣劳动制，将生产力作为社会主义改革和建设的标准；20世纪90年代以后，则只提生产力甚至GDP，不提生产关系和社会制度，有时会提及通过收入分配改革促进生产力发展。

  社会主义的中国当然要发展生产力，但绝不能本末倒置，将手段作为目的，社会主义的目的是实现自由人的联合体，实现劳动者的自由发展。如果将劳动者作为生产力发展的要素、资源，不仅是对社会主义的误解，更是一种倒退。以GDP为目标的"GDP主义"甚至对于发展生产力都无太大作用。GDP不是生产力，物质本身也无生产力可言，即使经劳动而生产出来的物质，如机器、设备、产品等也不是生产力，而仅仅是生产力的物质载体。生产关系与生产力不是被动适应关系，而是辩证地一致。将马克思的理论归于"生产力决定论"是对马克思的误解，将生产力和生产关系、经济基础和上层建筑分立为两种不同的系统，本身就与马克思的辩证法相对立。生产力的发展在于劳动者素质技能的提高与发挥，而这种提高与发挥又需要通过调整一定的生产关系、经济结构、经营管理等为之提供条件，"唯生产力论"恰恰忽视了劳动者主体地位和主动因素，最终会导致生产力的落后。

# 解决中国经济主要矛盾要提高国有企业核心技术原始创新能力

刘江荣

中国国有企业,是中华民族自强复兴共同理想的基石。国企强,则国家强;国企兴,则民族兴。从理论上说,国有企业不仅是初级劳动公有制经济的现实载体,而且是中国不断推进高新技术产业化的现实主导力量。国有企业自身的改革发展集中映现出中国经济主要矛盾的演化方向,不仅事关中国经济理论与实践自觉创造能力的交互提升,而且事关中国社会主义民主道路与制度的国际竞争力。

## 一 当前中国经济表现凸显中国经济主要矛盾

21世纪初,经受国际金融—经济危机持续冲击、资本主义政治经济学凯恩斯—哈耶克争论和社会主义苏联模式政治经济学教科书长期影响的中国社会总体上处于战略机遇期和矛盾凸显期叠加交织的历史发展阶段;中国经济更是呈现出增长速度换挡期、结构调整阵痛期和前期刺激政策消化期"三期"相叠加的阶段性特征。[①]

这些现象背后,隐匿着的是2008年国际金融—经济危机以来,中国经济矛盾的复杂演化。总括起来,主要有以下四点表现:第一,世界上绝无仅有的经常项目和资本项目"双顺差"国际收支格局致使

---

[①] 陈学慧、林火灿:《"三期"叠加是当前中国经济的阶段性特征》,《经济日报》2013年8月8日第1版。

中国劳动者经济利益长期遭受巨大损失。第二，世界上绝无仅有的房地产低技术产业链过度发展与土地财政拉动国内经济虚假增长相互嵌套，严重阻碍劳动者素质技能提升与高新技术产业发展步伐。第三，世界上绝无仅有的大规模、粗放式、老技术小农经济生产方式和世界上绝无仅有的粮食安全问题并存，农业部门高新技术研发及产业化力度的不足同农业的合作化生产、工业化改造与规模化经营进展迟缓并立。第四，资本主义发达国家在发展历程中相继经历的人口—资源—环境瓶颈问题在中国当前叠加出现，集中表现为单向度的GDP主义发展模式导致中国生态环境长期处于超负荷运行状态，经济社会发展与资源相对短缺的矛盾日益凸显，土地、水、矿产、大气、生物等资源无法满足可持续发展的战略要求。

上述种种问题相互嵌套的背后，是中国经济矛盾系统的主要矛盾根深蒂固，即公有制经济的异化形式——国内官僚资本，与官僚资本的裙带形式——中国私有资本，二者正在严重腐蚀着劳动公有制的根基，这不仅是制约中国劳动者创造力发挥的要因，也是牵制中国高新技术研发及其产业化迸发内生活力的桎梏。

## 二　解决主要矛盾应从提高国有企业核心技术原始创新能力着手

中国经济—社会—生态系统性矛盾的整体解构，特别是当下国企深化改革的成败，关键取决于国有企业核心技术原始创新能力、国家资本金融体系原始创新能力和国企民主制度原始创新能力的协同提升。

摘要而论，衡量一国新型工业化、智慧城镇化、共享信息化、生态现代化水准的内在尺度是劳动者的素质技能总体状况与内部结构，其外在表征是产业结构的高技术含量和新技术水平。国有企业深化改革不能胡子眉毛一把抓，而应单刀直入，从制约产业结构转型升级的根源——中国国有企业、混合所有制企业和私有企业自主原始创新能力不足下手，争取以一敌百的改革成效。我们知道，只有率先进行原理创新、原始创新、源头创新并且加快推进由其内生拓展而来的军民产业通用技术创新及其产业化，才能高山滚石，牢牢掌握产业升级的主动权，这是中国私有企业与混合所有制企业很难独立承担的战略任务，只能依靠自主创新型国有企业和国家研究机构主要承担。要以此为主体和主干，积极展开同国内外其他自主创新型企业及研发机构、大学、智库等的国际国内战略合作。可以说，由科技创新型国有企业主要担当，并由国家顶尖科研机构、公办一流大学和各类新型智库主要协同参与的重大核心技术原始创新能力提升及其初始产业化是决定国有企业深化改革成败的最终决定性力量。

自主原始创新是中华民族最鲜活的民族元气。走别人走过的路，说别人说过的话，不是自主原始创新，只有走别人没有走过的路，说别人没有说过的话，做别人没有做过的事，才是自主原始创新。随着中国国有企业市场化改革与混合所有制改革的不断推进，国有企业如何以更优的权利系统和委托—代理关系肩负加速中国军工和民用高新技术研发及初始产业化的时代重任，是一个尚待深入研究的理论问题。

事实上，工业文明自始至终都主要由创新驱动，高新技术研发及其产业化是工业文明低级阶段向高级阶段转化的历史主轴与现实主题；一言以蔽之，资源、能源、资本、金融和政策都应围绕以劳动者的素质技能提升为根本尺度的创新能力养成而动。必须指出，美欧已经走过的资本主义发展道路不是金科玉律，更不是必然规律，中国的社会主义新型工业化历史进程应当明确中国劳动者这个主体，摒弃要素价值论，坚持和发展劳动价值论，充分汲取资本雇佣劳动制度国家工业化的经验和教训，使劳动者素质技能结构、就业结构、产业结构与经济结构在相互优化中不断升级。超越供给学派全要素生产率假设中的创新概念，将劳动者素质技能作为创新模型构建的中心要素，将加速推进国有企业高新技术研发及其产业化作为中国金融服务的主业，才能防止国企深化改革剑走偏锋。

## 三 以核心技术原始创新能力增强为准绳，组建隶属国有企业的顶尖研发机构

随着中国以高新技术重工业化为内驱力的再工业化的深入发展，作为资本要素和技术要素密集型的高质量劳动主导型重工业的比重还将继续攀升，高度化的工业结构与高素质技能劳动者结构之间将呈现更加明显的正相关性，这意味着高新技术产业所属企业吸纳劳动者的质量提升的同时，吸纳劳动者的数量不会同比大幅上升，低素质技能的进城农民工就业问题可能会更加突出。同时，高等教育部门人才输出结构与高新技术化的工业人才需求结构不相适应的矛盾将更加尖锐。时势要求我们破旧立新，尝试开辟国有企业参与高等教育改革的新路——从源头上优化匹配人才输出结构与就业需求结构，使得人才培养既高能成又低能就，即通过国企参与大幅提升学生理论教育的同时大力强化实践训练。这不仅是密切产—学—研之间关系，构造新型社会协同体，推进协同创新的应有之义，而且是21世纪初社会主义新型工业化阶段高新技术产业化的新需要，更是解决大学生就业，提升农民工素质技能与社会地位，增强国有企业自主原始研发能力的新途径。

具体来说，中国应该积极扬弃私立大学与公立大学的资本主义工业文明初级阶段高等教育二元模式，创立国有企业直属高等协同创新研究院、创办国有企业直属具有人文学科基本素养的高新技术专精教育型大学、建立中国国有企业主导的全球创客联合研发平台，重新整合并优化配置已有高等教育机构，突破部门、行业、地域、学科区隔，组建国务院协同创新领导小组，综合协调各部委、各行业、各层级之间的关系（见图1）。

高新技术研发及其产业化重在劳动者高素质技能的协同创造性发挥。国有企业要想在中国高新技术研发及其产业化历史进程中发挥更大主导作用，就必须强化劳动思维，打破国企之间的组织壁垒，全国

·解决中国经济主要矛盾要提高国有企业核心技术原始创新能力·

```
                    ┌─────────────────────┐
                    │  国务院协同创新领导小组  │
                    └──────────┬──────────┘
            ┌──────────────────┼──────────────────┐
            ▼                  ▼                  ▼
  ┌──────────────────┐    ┌────────┐    ┌──────────────────────┐
  │ 高等协同创新研究院/ │    │ 自主   │    │ 高新技术专精教育型    │
  │     研发中心      │◄──►│ 创新型 │◄──►│     大学/职校        │
  └──────────────────┘    │ 国有   │    └──────────────────────┘
                          │ 企业   │
  ┌──────────────────┐    │        │    ┌──────────────────────┐
  │ 世界其他研究机构/  │◄──►└────────┘◄──►│ 世界其他大学/智库/创客 │
  │     平台          │                  └──────────────────────┘
  └──────────────────┘         │
                               ▼
                ┌──────────────────────────────┐
                │ 中国国有企业主导的全球创客联合研发平台 │
                └──────────────┬───────────────┘
                               ▼
                ┌──────────────────────────────┐
                │ 中国国有企业主导的高新技术产业孵化平台 │
                └──────────────────────────────┘
```

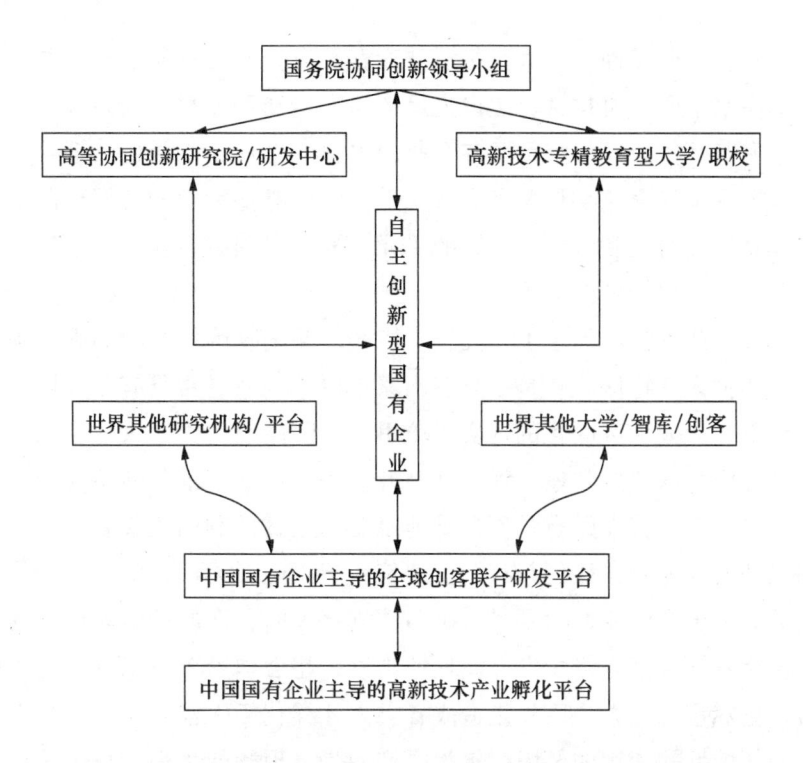

**图 1　中国国有企业创办大学、科研院所及创客研发平台路线**

一盘棋,以大数据分析集中力量,培养、聚合并组织更多高素质技能劳动者研发创造,发挥更大的协作力,进而以劳动者社会主体地位的提高驱动国企自主原始创新。不论是创办直属于国有企业但独立于市场的纯粹性高等协同创新研究院,还是创办直属于国有企业且具有人文学科基本素养的高新技术专精教育型大学;不论是科学原始创新,还是技术原始创新;抑或是建立中国国有企业主导的全球创客联合研发平台,都是为了破除组织壁垒,培养、塑造、提升和内化国有企业的自主核心技术能力。从现实出发,这均需国家创新体系内所有创新主体的全力协同参与,而不是白手起家、各自为政、从头开始;特别是要加强国有企业同现有一流大学、科研院所及高等职业教育部门的深度合作,改革其专业设置,面向国企实际需求分类定制高端人才、战略性储备特种人才,并为他们的后续研究、发明、创造、课题设置与申报等提供各种便利条件;系统整合国家创新体系及全社会中小型、重复性研发部门，大大拓展并充实国有企业已有研发部门并组建新的高水平研发机构，辅之以充足的研发经费和宽松的研发环境，让资本回归其本位——依凭国有企业民主制度将其还原成创造性劳动的一个要素，扬弃急功近利和金钱至上，借道尊重劳动的良好体制机制打通基础性研究和应用性研究的二元区隔，以国有企业为自主创新主体孕育重大原始创新成果。

改革开放曾经催生了一批经济特区，深化改革新的时期则亟须建立一大批人才特区。在是否具有国家单位编制和是否具有超大城市户籍双重二元人为区隔化的现实生境里，区隔高墙之内的人才往往忙于各种程序性的绩效考核，评职称，升职务，创新有劲却使不充分，大都寄希望于升官发财自觉不自觉地蜕变成精致的利己主义者；区隔高墙之外的人才则往往创新有劲没地使，想报国却无门，除了个别秉持正见的突出重围者，大都另谋出路，流落民间，素质技能因现实约束畸形化发挥或彻底终止发挥。理性论察，超强国家单位编制和超大城市户籍双重二元人为区隔是造成各类人才异化极大浪费、扭曲片面使用和扎堆低效使用的要因。更为糟糕的是，现行低水平的社会福利和社会保障并不能有效满足人才及其家庭的衣食住行基本所需，青年人才不得不盯住房市、车市和股市，甚至利用业余时间千方百计增加额外收入，加之出生在城市的青年人才多为独生子女，养老任务繁重；出生在农村的青年人才其父母更是多无稳定足够的养老金，这些作为儿女的人才与父母天各一方，根本无法心无旁骛地从事自主原始创新。回首毛泽东时代，社会主义中国根本没有必要这样自我区隔甚至异化。事实上，国有企业完全有能力以高新技术研发及其产业化创造高额公共价值，担负起以社会保障和公共服务高水平免费化为主要内涵的社会建设重任，解除城乡全体劳动者关于衣食住行的忧愁，让全中国劳动者因共同富裕而充满创新自信力。总之，"唱衰中国经济和中国经济崩溃"论调的灰飞烟灭，"矮化、肢解，甚至取消国企"言论的不攻自破，不能仅靠理论传媒阵营情绪激烈的"口水仗"，而要切实依靠国有企业在中国高新技术研发及其产业化历史进程中日益发挥显著主导作用的"持久战"。

# 中国现阶段不存在异化劳动

刘廷兰

社会主义新中国成立后,尤其是随着商品经济的快速发展,在经济生活和社会生活中呈现出一些类似"异化劳动"的现象,使得一部分人对中国特色社会主义的性质产生种种困惑。本文拟就中国现阶段到底是否存在异化劳动的问题展开深入探讨,以请教于大家。

## 一 异化劳动是对资本主义经济矛盾的揭示

"异化"是脱离、转让、转卖、受异己力量统治、被人支配的意思。欧洲近代哲学史认为,国家的产生意味着"公共权力"是个人"自然权力"的异化。后来马克思在批判地汲取黑格尔和费尔巴哈的思想之后,破天荒地提出了"异化劳动"学说。

"异化劳动"是对资本主义生产关系内在矛盾的揭示。马克思在《1848年经济学哲学手稿》里完成了"劳动异化"理论,用异化劳动来分析私有制度下劳动者与其劳动及劳动产品的关系。异化劳动具有如下四个本质特征:一是工人与自己的劳动产品相异化;二是劳动过程的自我异化;三是个人与人的类本质相异化;四是人与人之间关系相异化[1]。在资本主义社会里,工人付出劳动所得到的工资并不是劳动产品的价值,而是仅仅能够维持劳动者基本生存的费用;资本家付给工人工资是希望能够找到供他们继续充当劳动工具的工人。因此,属于工人自己的劳动就不再那么自由了,因为它已被烙上了一种统治

---

[1] 刘永佶:《政治经济学方法史大纲》,河北教育出版社2006年版,第250页。

与被统治的社会关系。工人被当成商品进行买卖，生产出来的产品不归工人所有，劳动产品与工人相分离，并且不断成为资本增值的物化力量，劳动者从此受其支配。正是这样一种资本与劳动的对立关系，形成了资产阶级与工人阶级的根本对立；也正是这种根本的、不可调和的阶级矛盾，最终导致资本主义走向灭亡。

"异化劳动"揭露了资本家对工人的剥削实质。马克思从资本主义商品经济的生产过程中发现并揭示"异化"劳动，阐明劳动者的劳动是价值的源泉，资本家却无偿地占有了全部剩余价值；马克思深刻地揭露了资产阶级对无产阶级的残酷剥削，指出资产阶级与无产阶级之间的斗争必将激化社会矛盾，资产阶级贪婪的本性，决定了它必然要由自由资本主义上升为垄断的和没落的资本主义，演变为不断发起掠夺财富战争的帝国主义；嬗变成为垂死的、腐朽的资本主义，成为无产阶级革命的前夜和社会主义的入口处。因而，资本主义的必然灭亡和社会主义的必然胜利是不可避免的。在这里共产主义是劳动者的主义，它宣告和预示着全人类得到解放，劳动者真正成为劳动的主人。

社会主义与"异化劳动"是根本对立的。马克思、恩格斯在研究资本主义私有制生产关系中提出的社会主义学说，是对资本主义的否定。社会主义在本质上是人类得以解放，不受压迫和剥削，推翻资产阶级政权而建立的一种崭新制度。列宁把社会主义社会称为共产主义的"第一阶段"或者"低级阶段"，并且对马克思、恩格斯的社会主义学说在俄国加以实践并发展。列宁指出："社会主义。这是什么？阶级的消灭。因而，农民的消灭，（工人阶级）工人的消灭。既无农民，也无工人，大家都是工作者。"[①] 斯大林也对社会主义进行了实践，1936年11月斯大林在《关于苏联宪法草案的报告》中，宣布苏联已经基本实现了社会主义，建立了社会主义制度。尽管这个结论在世界上引起了广泛的争论，但它确实是人类在20世纪的巨大变革。列宁和斯大林在实践中旗帜鲜明地提出，社会主义实行全民所有、按劳分配的社会主义原则。中国尽管是以苏联作为蓝本建设有中国特色

---

① 宋才发：《社会主义发展理论研究》，武汉出版社1993年版，第47—48页。

的社会主义制度,但中国特色社会主义是一个具有确定内涵的概念①。党的"十二大"提出建设有中国特色的社会主义这一概念,"十三大"系统地阐述了社会主义初级阶段理论。中国共产党人坚持实事求是的原则,探索中国社会经济发展的规律,并根据中国的国情实际不断发展这一理论,做出我国还处于社会主义初级阶段的论断,明确提出我们的任务就是要解放生产力、发展生产力,消灭剥削,消除两极分化,最终达到共同富裕②。显然,中国特色社会主义与资本主义是根本对立的,在中国根本不会也不可能存在异化劳动。

## 二 社会主义初级阶段的中国存在"类异化劳动"现象

社会主义初级阶段是中国的基本国情。初级阶段表现在我国的生产力水平比较低、物质生活产品不太丰富、社会主义制度还不完善等方面。正是由于处在这样的低级阶段,在中国经济建设实践中,商品交换、资金、资本对社会经济发展起着重要的作用,同时也产生了一些涉嫌异化劳动现象的疑问:(1)权力腐败是否属于异化劳动?(2)土地征收是否属于异化劳动?(3)财富积累是否属于异化劳动?这些疑问也使一部分人开始怀疑我们的国家,到底是姓"资"还是姓"社"?只有辩证地看待事物发展的过程,认清中国是社会主义性质的国家,认清我们所处的阶段,认清社会主要矛盾是人民日益增长的物质文化需要同落后的社会生产之间的矛盾,并且科学运用马克思的"异化劳动学说"和"剩余价值学说",解剖在建设中国特色社会主义道路上的"类异化"特征,才能从理论上和人们的思想认识上,彻底消除对我国社会主义初级阶段存在异化劳动的种种疑虑。

权力腐败是中国初级公有制和封建"官文化"的产物。中国的封

---

① 宋才发:《社会主义发展理论研究》,武汉出版社1993年版,第61页。
② 郑德荣、彭波:《从"破冰再行"到"乘风破浪"——邓小平南方谈话思想奠定全面深化改革的理论基础》,《东北师大学报(哲学社会科学版)》2015年第1期,第88—92页。

建残余思想长期影响着人们的意识，官文化至今仍然根植于人们的头脑或者潜意识中，同时中国社会主义公有制经济以国家所有为载体，行政集权制与官文化相结合，使得一部分人在行使其公职权力时，恰好钻了"国家所有"漏洞的空子，利用职务之便将公有资产窃为己有，有人为了从中捞取个人利益而"买官""跑官"；握有实权的一把手专横跋扈，官商勾结，结党营私，从而滋生了大面积的权力寻租现象。譬如，2014年全国纪检机关共接收信访举报272万件（次），其中立案贪污贿赂等职务犯罪5.5万人，审结一审贪污贿赂案件2.5万件，责任追究失职渎职行为2.1万人，审结一审渎职侵权案件5500件，处罚违纪违法干部1575人。① 根据《中国纪检监察报》显示，2014—2015年5月，中央纪委监察部网站纪律审查栏目至少公布了115名国企高管涉嫌违纪违法接受组织调查的信息，在115个落马的国企高管中，握有实权的一把手腐败占56%。② 这些问题是中国社会主义初级阶段充分暴露出来的矛盾，是中国制度不健全、不完善的产物，绝不能因此断定中国必然存在着异化劳动。因为社会主义社会的矛盾是非对抗性的矛盾，在这里劳动者不是处在受资本支配的地位，相反，劳动者是主体、主人，这与资本主义那种对抗性的矛盾是截然不同的。

中国土地征收不是资本原始积累的途径。土地征收是国家为了公共利益需要，依照法律规定的程序和权限将农民集体所有的土地转化为国有土地，并依法给予被征地的农村集体经济组织和被征地农民合理补偿和妥善安置的法律行为③。中国的农民享有农地承包经营权，2003年颁布《中华人民共和国土地承包法》，以法律的形式明确农民承包经营土地的权利。但是由于我国土地补偿条例尚未正式出台，已经暴露出来的失地农民权益的保障问题，主要表现在政府征地的补偿

---

① 《图解2014年反腐数据：中纪委也是蛮拼的》［EB/OL］，人民网-中国共产党新闻网，2015年1月30日。

② 张磊：《国企反腐——众多案例表明，有油水的地方最滑》，《中国纪检监察报》2015年5月16日。

③ 王湃：《我国农村土地征收的困境与解决思路——基于粮食安全与选择价值视角》，《理论月刊》2013年第7期，第176—180页。

费与通过招拍挂卖给开发商的价格相差太大,巨大的差价导致农民经济利益受损和官员滋生腐败。譬如,2013年至2014年11月,全国各地"村官"违纪违法案件171起。其中,涉案金额超过千万的案件有12起,涉案总金额高达22亿元①。在土地征收中出现的价格低、村官肆意腐败等问题,严格地说这是法律制度不完善的结果,这与资本主义原始积累过程中的土地掠夺是截然不同的。在资本主义原始积累过程中,劳动者同生产资料彻底分离,成为彻彻底底的自由劳动者,只能靠出卖自己的劳动为生,这样就为资本家剥削劳动阶级提供了有利条件,资本家可以理直气壮地对农民进行疯狂的掠夺。因此,中国现阶段的土地征收与资本主义原始积累过程中的土地运动,无疑存在着质的区别。

  中国的财富积累是通过提取公共价值的形式累积的。中国人民的财富是通过税收的形式提取公共价值进行积累的,而非转化为私有财产形式累积。资本主义社会的财富积累是靠资本家无偿占有劳动者创造的剩余价值方式实现的;社会主义是通过劳动者的协作劳动,以提取公共必要价值形成公共财政的形式积累,最终以财政手段分配给人民,造福人民。然而无论是在资本主义制度下,还是在社会主义制度下,要实现社会财富的积累,都需要靠劳动者与生产资料相结合,生产出产品并进行交换、分配、消费。所以,在社会主义市场经济发展过程中,也必然体现出某种劳动关系,体现出特定的工资形态,这是商品经济运行的必然结果,也是社会主义尚处于初级阶段的必然结果。由于中国现阶段存在着公司与雇员之间的雇佣劳动关系,所以有人质疑中国也存在异化劳动。他们认为中国财富的积累实质是公司老板私有财产的积累,在中国公司里的员工与老板之间就是资本主义那种雇佣关系;因为农民进城打工,获得较低水平的工资,农民工创造的价值远大于获得的工资水平,剩余价值被老板剥削了。的确,这些现象看起来与资本主义很相似。但是在资本主义社会关系的矛盾中,资本是主要矛盾一方。实际上,中国现阶段的工资形态与资本主义是

---

① 胡印斌:《"小村官大硕鼠"暴露农村治理困局》,《中国青年报》2014年11月7日第2版。

性质完全不同的两码事。从中国的工资原形看,中国是农业大国,旧时是工业附属于农业,工业大抵是传统手工业,"这种手工业则以三种方式从事经营:一是当作副业,或自家消费,或贩卖;二是当作本业兼作农业活动;三是当作专业,变为纯粹手工业经营。这纯粹的手工业因其保有工具及原料与否,而分为独立手工业与不够独立的'工资作业'。工资作业又分为'自宅的工资作业'和'外出工资作业','外出工资作业作为它雇佣劳动原基本形态……无法自立。无论他是等人招雇,抑或是找人招雇,时间、作业程序、作业范围都操之于人;一日没有工作,也许就一日没有饭吃。把这种种情形参酌较量起来,外出工资作业的报酬,已经是注定要降低许多的"①。社会主义初级阶段的工资关系,表现为工人拥有土地或拥有原料或拥有设备,工人不是必须与生产资料相分离的。另外,工人在雇主那里获得的报酬,除了能维持基本生存和繁衍后代的那部分外,还有一部富余,富余的部分不是被资本家无偿占有并用于扩大再生产,而是他们自己用于储蓄或购置其他生活用品。

综上所述,社会主义性质决定了中国现阶段所凸显的矛盾不是对抗性的矛盾。尽管在中国特色社会主义建设过程中凸显了上述类似异化劳动的现象,但在这一阶段表现出来的矛盾都是非对抗性的,是暂时的、阶段性的。只要中国坚定地走社会主义道路,大力发展生产力,初级阶段表现出来的类似异化劳动的现象,在社会主义的阳光普照下,必将随着共同富裕目标的实现而淡出人们的视野。

## 三 社会主义经济理论建设消除"异化劳动"质疑

必须注意在提高人民的物质文化生活水平的同时,防范和消除可能出现的两极分化,把政府建设成为马克思很早就论述过的廉洁政

---

① 王亚南:《中国经济原论》(竖排版),国光印书局承印1950年版,第130—131页。

府、阳光政府,异化劳动质疑就能消除,这就必然要求不断地丰富和完善中国特色社会主义经济理论。

建设中国特色社会主义经济理论是根本途径。社会主义初级阶段基本经济制度理论、收入分配理论、经济体制改革理论、社会主义发展理论等,构成了中国特色社会主义经济理论的体系,是社会主义经济、政治、文化有机统一的反映。中国特色社会主义经济理论对消除"异化劳动"质疑的作用表现在:(1)为民众树立正确的阶级立场。认为中国社会主义初级阶段存在"异化劳动",是尚未树立正确的阶级立场的表现。社会主义是劳动者的主义,目的就是要实现经济上的共同富裕和人的全面发展,固然要求以社会主义公有制为主体[①]。但是中国现阶段的生产力水平比较低,要求通过激发非公有制经济的活力来增加国民财富,以满足人民日益增长的物质文化需求。社会主义经济理论为帮助各市场行为主体,树立以劳动者作为自身的阶级立场,有助于在参与市场经济活动过程中,自觉地抵御权钱交易、跑官买官等腐朽思想的侵蚀。(2)为民众奠定认识收入分配现实问题的理论基础。中国现阶段的收入分配制度,是消除人们对社会主义社会就是搞"平均主义"误解的依据。中国现阶段存在异化劳动的质疑,大多产生于贫富差距较大、社会两极分化严重的社会现实。譬如,认为公司老板的财富是靠无偿占有工人剩余价值的方式实现的,拉大了公司老板与员工之间的贫富差距。其实这种认识存在的一个最大缺陷就是,从根本上忽视了在社会主义初级阶段,要素贡献在价值形成中的特殊作用。中国现阶段生产力水平比较低,不可能实现"无报酬的劳动",为了提高生产力水平和壮大公有制经济,必须积极鼓励非公有制经济参与市场经济活动,这就意味着只有按劳动的数量和质量进行分配,才能激发非公有制经济和劳动者的积极性。也就是说,只有深刻地认识中国社会主义初级阶段的收入分配理论,才能真正理解财富的积累方式。(3)为民众树立消除异化劳动质疑的价值观。在资本主义经济制度下,资本家对劳动者的残酷剥削是工人贫困的根源,这种剥削关系使其最终走向灭亡;在社会主义经济制度下,社会主义的最

---

① 宋才发:《社会主义发展理论研究》,武汉出版社1993年版,第68页。

终目标是实现共同富裕，但是在经济发展的过程中可能会出现暂时的、非对抗性的矛盾，而不是不可调和的、对抗性的矛盾。即是说社会主义经济理论是以广大人民的根本利益作为出发点和归宿点的，在满足人民日益增长的物质文化需要的经济实践中形成的理论。

完善社会主义经济法治是基本保障。社会主义市场经济就是社会主义法治经济，市场经济与法治是有机统一的，社会主义经济法治就是要依法治理经济，把中国政府建设成为廉洁政府。社会主义法治为社会主义市场经济的有效运行创造有利环境，中国现阶段呈现的资源分配不均、权力腐败、窃取公共价值等"类异化劳动"现象，是社会主义市场经济发展与社会主义法治滞后的结果，因而完善社会主义经济法治是消除异化劳动质疑的基本保障。这主要体现在两个方面：（1）为消除异化劳动的质疑提供法制环境。市场经济是商品经济的高级阶段，自由、平等的商品交换要求所有经济主体必须以法律为准则，以价值为基础，实行等价交换。由于私人劳动具有社会性，交换过程在"人们面前采取了物与物的关系的虚幻形式"①，交换表现为人与物的关系和物与物的关系，这就掩盖了人与人之间的关系。当法律制度不完善和人们的社会主义信念不坚定的时候，在社会主义法制与市场经济发展发生脱节的时候，极易滋生"类异化劳动"问题。因此，健全社会主义法律制度，形成一套适应市场经济发展需要的、完备的法律体系，使一切经济活动主体有法可依、有法必依，不仅可以抵制腐朽思想，而且可以保障市场经济活动主体的合法权益，保障市场经济有效运行。（2）为防止"类异化劳动"的产生提供行为规范。社会主义经济法治就是要规范市场经济主体的行为，保证市场经济的一切主体都能平等地参与市场经济活动，参与自由竞争，保证人民的参与能力。在中国经济体制改革的过程中，人民群众参与市场经济管理活动和社会监督的能力较弱，尤其是在当下的农村，农民群众参与民主讨论仅仅是形式，极易产生"类异化劳动"问题。譬如，在农村土地征收的过程中，农民处于信息不完全一方，土地征收价格与市场上招拍挂卖形成巨大价差。劳动供养率较高的农户，会明显抵触"政

---

① 马克思：《资本论》（第一卷），人民出版社2004年版，第90页。

府有偿征收土地"和"承包地换养老保险"①。一旦农民的切身利益受到损害，农民极其不愿意被征地。倘若具备一套完备的法律体系，无论是政府还是土地开发商都严格依照法律办事，那么农民就可以主动地参与市场竞争，从而降低政府的成本和农民的经济利益损失。

加强中国特色市场经济执法力度是必要条件。法律制度的落实，关键在于执法。"类异化劳动"问题大抵产生于行政环节，要消除异化劳动质疑必须加大执法力度：（1）为防止"类异化劳动"的产生提供监督机制。中国现阶段呈现的权力腐败、行贿受贿、跑官买官、贪污腐败等问题，一般来讲不是普通老百姓不遵守法律制度的问题；而是行政官员利用职务之便，以权谋私、蔑视法律的问题。执法首先要求行政人员依法办事，杜绝权钱交易，以身作则，接受民众监督和自我监督，有法可依、有法必依、执法必严和违法必究，客观上要求对违反法律规定的行政人员，依法追究责任。因而加大执法力度，实际上就成为保障人民权益的必要条件。（2）为消除异化劳动的质疑奠定司法基础。加强执法力度，斩断司法腐败和权力腐败的源头，是消除异化劳动质疑的必要措施。譬如，十八大以来落马的50多名"大老虎"，并不因其身份和职务就"网开一面"，在法律面前人人平等，严格执法，对民众足以起警示作用；在农村基层，"小村庄，大硕鼠"现象却是执法力度不强的突出表现，只有加大执法力度，公正司法和秉公执法，人们才会自觉、自省，才能坚定劳动者阶级立场，才能相信政府所做的一切都是为了人民。

---

① 刘同山、牛立腾：《农户分化、土地退出意愿与农民的选择偏好》，《中国人口·资源与环境》2014年第6期，第120页。

# 浅析从拉铁摩尔边疆学研究民族经济的几个问题

黄 涛

从古到今，中国的内陆边疆地带蕴含着丰富的物质、精神资源，到处可见文化的交集，而非腹地和外部冲突的汇集地，它本身存在一种内部自洽，一种融合的文化达成的自洽。这种自洽，历经朝代的更替、制度的变迁，仍然焕发其生命力，在少数民族经济发展的进程中也显现其重要性。20世纪初，美国学者拉铁摩尔在中国的边疆地区开展考察，将穿越内陆亚洲腹地商业线路的经验与史学研究精妙结合，创出一条具有强烈人类学取向的研究路径。本文旨在通过回溯拉氏所做的边疆学研究，对少数民族经济特殊性，特别是其文化的特殊性、合理性试做一些讨论。

## 一 拉铁摩尔关于中国边疆学的相关研究

中国边疆地带在拉铁摩尔的《中国的亚洲内陆边疆》一书中从政治因素的角度被发掘出除文化、地理研究视角外的历史作用。他充分表述了长城及其周边地带作为边疆社会问题缩影所应有的重要地位。被其命名为"贮存地"的这一区域，作为北方游牧民族及中原力量持续争夺的对象，一直存在着狩猎、游牧及农耕三种不同的经济方式。

对边疆民族而言，其社会总体的实践是民族个体活动的集合，包括经济、政治、文化三大层次。经济是基础和最基本的层次。在政治层面，不同经济方式形成不同的社会制度。在文化层面，通过对存在

## 浅析从拉铁摩尔边疆学研究民族经济的几个问题

和社会关系的反映，表现出不同的思维方式。正因为这种经济、政治、文化等内在因素之间的矛盾，边疆地区成为部落、部落联盟等社会存在形式演化的重要内因，促进了历史进程中草原部落的联合与分离，促成了中国历史朝代的不断更替。拉铁摩尔推崇从亚洲内陆及中国两方面来看关于中国亚洲内陆边疆问题。因为作为整个中国社会的历史缩影，这一地区无疑是清晰认识并分析中国社会历史的重要切入点。

"长城边疆地区"是拉铁摩尔较为重要的研究范畴，他尤其注重这一地区的特殊性。在西方帝国主义的现代化观念输入之前，草原社会的特殊性使得该区域无法形成经济上兼具精耕及粗放、政治上兼具集权及分散的社会存在。可见，拉铁摩尔相关研究的局限体现在，他过于依托"西方中心化"，以"社会统合理论"为研究模本，而并未深入探究清代在边疆观方面的重大转变。他的解释框架倚重"长城"这一建筑形式上的"边疆"，却忽略了"东北（满洲）"这一支历史形态的"边疆"。此外，他对中华民族多元一体的发展格局也未真正理解，无视清代中原内部与边疆地区在政治、经济、文化意识层面的双向互动。[1]

拉铁摩尔的研究试图从人群交往，即以边疆地区社会关系中人的互动和依存为出发点，构造一套解释社会形成、演化及兴亡的理论。在其视野内，历史因为人类社会与自然环境的矛盾冲突而不断前行，并不存在偶然性，更不会沿着直线笔直发展。与马克思不同，他认为，狩猎与采集、游牧、农业之间不存在层层递进的关系。社会扩张，人类开拓到资源匮乏地区时，就要暂时放弃农耕，适应现实，选择游牧的生活方式。所以，游牧这种经济形态是人类在资源匮乏地区的变通选择，而非农业社会的必然前驱。对拉铁摩尔而言，农耕和游牧也就不是文明与野蛮的界限。基于该观点，拉铁摩尔曾强烈抨击国民政府在民族地区推行农耕的政策。[2]

---

[1] 袁剑：《拉铁摩尔及其中国边疆民族理论》，《中国民族报》2010年5月21日。

[2] 刘岩川：《拉铁摩尔与他的时代：怎样寻找一套理论解释社会的兴衰？》[EB/OL], http://cnpolitics.org/2015/02/lattimore/。

## 二 边疆地区民族经济结构自洽

研究边疆地区民族经济结构，可以通过拉氏关于边疆民族经济生活的论述，从中国少数民族经济史切入。少数民族生产方式包含着双重意义，它既是社会生产类型，又是劳动方式；既包括人与自然的关系，又包括人与人的关系。① 正像社会创造着作为人的人一样，人也借助主体之间的交往创造着社会。在谈到边疆地带融合的民族差异时，拉铁摩尔尤其强调少数民族群体生活对个人的影响。伴随着生活方式的差异，其种族、语言、宗教、政治及其他的区别就更加明显。他举例，一个在边疆沙漠中骑骆驼的游牧人的体态、语言、宗教信仰，都是由他是一个牧人而非长江流域水田中耕作的农夫的事实而决定的。甚至"种族"都是由饮食及其他日常生活方式来表现其差异。而各种"民族"的特征就更受社会因素的影响。② 人由于自身在生物学结构上的薄弱而用后天的、人为的"第二自然"来支撑自己的生存，那么这种人特有的、构成人的独特的类本质的活动就是马克思所说的实践。文化起源于人的类本质活动，它作为一种内在地包含自由和制约性构成的张力结构，具有自我超越和自我完善特征的相对稳定的生存方式。③ 边疆地区的经济结构内部自洽，体现于民族交往过程中，主流文化及弱势文化共同开展了创造性的活动，弥合了可能产生的冲突和隔阂。从文化涵化的心理范畴视角来看，在文化适应的过程中，边疆地区互相接触、影响的汉族与少数民族呈现在群体层面的文化变迁与个体层面的涵化格局。只有当主流文化群体在涵化中承认了处在弱势地位的少数民族的文化对等重要性时，少数民族文化群体才会采取整合的策略，达到和谐共处。④ 边疆地带在经历氏族、氏族联

---

① 杨思远：《中国少数民族经济史研究的几个理论问题》，《学习论坛》2013 年第 8 期。
② 拉铁摩尔：《中国的亚洲内陆边疆》，江苏人民出版社 2010 年版，第 18 页。
③ 衣俊卿：《文化哲学十五讲》，北京大学出版社 2014 年版，第 29 页。
④ 李丹、杨东萱：《如何促进民族地区少数民族教育的发展——文化涵化理论视角的分析》，《经济研究导刊》2013 年第 4 期。

浅析从拉铁摩尔边疆学研究民族经济的几个问题

盟、部族、部族联盟最终形成民族共同体的进程中,由于人的实践的超越性和创造性,形成了其独特的民族关系、行为规范及支撑起本区域内社会经济和政治运行的内在精神力量。这种历史性的传承具体体现在边疆地带民族个体活动及社会运动所构成的经济生活状况和民族发展程度,往往通过内在的文化精神和文化机理得以体现。

此外,拉铁摩尔在论述草原边缘地带在朝代更替中发挥的作用时,重点突出了中原及草原社会不能截然分开,两种社会的接触线不可避免地扩展成一个过渡地区,其中杂居的是不同程度上受中国影响的草原部落和同样不同程度上受草原影响的汉人。在战乱时期,该地区会变得狭窄,一部分边境草原居民退回草原,一部分汉人退回中国内地。经历长期稳定之后,该过渡地区则会扩大。随着它的扩大,其愈加具有独立社会秩序的地位,也就愈加重要。该地带又绝不会完全分裂,那里总有一些不适合定居生活的草原,以及其中国的特性不会受草原影响的精作农业区。不过,它可能对草原及中国内地产生影响,削弱这两种典型社会的结构的牢固性。[①] 拉氏在这里重点考虑了同一区域内民族间的经济关系。在内陆边疆区域,少数民族与汉族间的经济交往是其在这个区域形成更大经济共同体的基础和经济条件,进而为形成更大的民族共同体创造共同的经济基础。民族交往的过程就是当地劳动者通过作为人的本质活动和存在方式,即实践,创造和再创造出实践的主体和对象。结合拉氏的描述,即是形成适宜主体、由主体内在设定的生产方式。

除了研究人与人的类本质关系及人与自然的主客关系外,准确把握边疆地区少数民族文化及其在经济结构分析中表现出来的经济意识和经济思想,亦需要我们从经济系统的角度去理解。总的经济系统制约着每个孤立个体的行为,而经济的系统性是由经济矛盾的实在性展开而来的。理解实在性就要理解经济矛盾的主体性,客观的经济矛盾是不存在的,因为自然和物体本身没有意识,只有以人为主体才能理解这些矛盾。人的意识或者社会化了的文化是人本质的一个要素,也

---

① 拉铁摩尔:《中国的亚洲内陆边疆》,江苏人民出版社2010年版,第372页。

是劳动—生产的要素。以边疆地带西藏的"沟域经济"为例,藏地山沟相对独立的经济系统体现在其较为封闭的地理结构,少数民族群众依据自然禀赋维系着适宜的牧耕模式。只有人揭示到了大的系统性才能规定这个区域经济矛盾的规律。由此而生的生产布局及生产规模决定了当地特有的消费机构和消费水平。藏民在生产上尊崇自然法则去安排生产,在消费上偏好适配环境约束,并选择与资源承载力相适应的消费水平,最终形成"沟域经济"自然和谐的发展传统。①

## 三 边疆地带内部文化自洽与其经济特质

文化是满足人的需要而去创造价值的活动及价值体系。除了自然资源和生产方式的影响,少数民族常通过文化对人的基本需要进行限制,使少数民族群众形成了崇俭戒奢的消费观念。但人性中也同时存在着通过奢侈型消费来进行财富竞赛以赢得他人尊敬与自信的现象,该消费观念在边疆少数民族经济生活中同样普遍存在。酒的消费有着重要的社会意义,从满足人社会交往需要的角度,让人体会到远远优于生存的生活状态。宗教消费满足信教群众自我实现的需要,宗教消费兼顾了对个人需要及对"社会"需要的满足。积累是消费的另一面,为了消除资本积累对社会的破坏性,西南少数民族社会通过奢侈型消费和宗教消费消耗掉财富剩余,维持着社会经济的简单再生产。在其消费观念影响的基础上,西南少数民族社会成为一个不积累的社会。西南少数民族社会通过村社内部的互惠交换来保证对丰裕家庭的追求,通过节日盛典来展示丰裕的社会。丰裕社会的展示不仅局限于浪费物质,还在于享受闲暇,即实现物质上保有丰收、休闲上保有闲暇。闲暇比物质财富本身更具有富裕的象征意义。② 由于人生理本能上的孱弱,人要生存下去就必须依赖超自然的、人为的工具和手段来

---

① 樊胜岳、琭婧、韦环伟:《西藏地区沟域经济系统耦合模式研究》,《西南民族大学学报》(人文社科版),2009年第30期第1版。

② 张兴无:《西南少数民族财富观念研究》,中央民族大学出版社2009年版。

满足其基本生存需要，这就要求人的活动内含着自觉性、主动性、主观性的要素。① 边疆地带或是西部民族地区为我们提供了新的经济模式思考路径，在民族内部，存在一种自治的文化模式，即不断创造新的需求，不断丰富经济生活，超越生存需要层面，通过设计、改善实现手段来满足新的需求，以构建人的需要与满足需要的方式相互交织、螺旋上升的价值创造及价值认可体系。

结合边疆地带文化特性来看其表现出的少数民族经济特殊性：边疆作为过渡地带，混合了精耕农业与粗放式的草原游牧业，二者的生产方式高度专门化。二者共存于同一地区，本身不兼容。混合经济无法发展出如草原或农耕社会的极端模式。由于"贮存地"的角色，边疆地域作为中原和草原两个社会向对方领地发展的起点，容易出现能驾驭两个社会的强大王朝。这种边疆地域中农耕与草原社会的互动形成了这一地区少数民族的文化混合类型。不完全丧失其本来属性的过渡地区，才能不断接触融合。在中华民族形成的过程中，清朝前期，天子与"汗"的形象在该区域是重合的。而在整个中国农耕与游牧文化的互动中，发展形成了边疆少数民族居住的农耕—农牧文化地带。在不同民族心目中的"边疆"是信仰、语言、文化意义上的边疆。中国统一性的力量来自农、牧社会交错地带的混合势力。边疆地带动态变化的核心在于，"贮存地"可能只有汉人或者游牧民族为主体，但只兼具两种文化特色的势力才可能深入草原或内地。

探讨边疆地带民族经济特殊性对于我们把握当今中国少数民族经济特殊性也是有益的。刘永佶概括少数民族经济特色显著，在区位条件、人力资源条件、自然环境和自然资源条件、社会任务条件等诸多方面均体现出特殊性。融合共生，少数民族广泛分布。边疆，属内陆边缘；区位上，陆上边境线漫长，背靠亚洲贫困地，地缘环境恶劣，远离经济中心，可达性差。与发达地区联系不畅通、受发达地区的经济辐射很有限。倾斜性的区域政策大比例惠及少数民族人口，这些是积极因素的出现。五个自治区，在人口年龄结构上具有优势。

黄健英着重强调内部共同性、外部差异性。特殊性是研究少数民

---

① 衣俊卿：《文化哲学十五讲》，北京大学出版社2004年版，第37页。

族经济的出发点,既是由自然环境决定的生计方式或产业类型的特殊性,也可能是由发展阶段决定的发展水平的特殊性。随着经济发展、社会进步,经济发展方面的特殊性逐渐消失,共同性增多,差异性更多开始表现在企业文化层面。民族的共同性不仅表现在生产、生活方式的一致性和相似性,也表现在各民族不同的经济发展和利益的诉求、对本民族共同经济利益的认可。在特定时期或条件下,民族之间存在利益矛盾。

从特殊性出发,即便是成为统一中国版图一部分的边疆地区也因其非正式制度因素,即从其传统观念、民族传统文化两方面对该区域内的少数民族经济发展产生影响。类似于非制度因素或狭义的传统文化,边疆民族文化在其形成的过程中,逐渐积累起既促进民族经济发展又阻碍民族经济发展的意识形态、价值观念和风俗习惯。[1] 我们看到:一方面,随着自然对人的限制的逐渐退缩,人的社会性逐渐加强,人的自由在不断增长。生产方式的变革、生产力的发展势必对少数民族传统文化中基于自然经济的思维观念和行为模式提出了向现代化转化的时代要求。另一方面,经济运行中遇到的经济矛盾,在某些历史条件下,并不是具体的政治或经济问题,而是文化机制的问题。应对少数民族融合和经济发展,有时也需要从深层的文化模式、文化机理加以分析,为促进各民族的经济联合进而为民族融合奠定经济基础和理论基础。

---

[1] 黄健英:《论制度创新与民族经济发展》,《中央民族大学学报》(哲学社会科学版) 2003年第4期,第56—61页。

# 社会转型条件下民族地区嵌入型经济发展方式的特点、成就与不足

董 宁

新中国成立以来，我国民族地区经济发展方式经历了两个阶段：嵌入型发展阶段及其转型阶段。嵌入型发展方式在今天面临着转型，但这并非是要对其全盘否定，恰恰相反，新中国通过国家政权和统制经济体制推动民族地区走上嵌入型发展道路，在摆脱民族压迫和民族剥削关系以实现国内各民族平等关系方面具有巨大的历史意义。当前，要明确转型的目标，必须弄清嵌入型发展方式的特点，以及这种发展方式在社会转型条件下所遇到的困境。

## 一 民族地区嵌入型经济发展方式的含义

民族地区在较短时间内取得了较大的发展成就，与区域外部嵌入型发展方式有着密切联系。所谓嵌入型发展，就是以统制经济体制为支撑，以中央政府为主体，以国有企业为主要组织形式，以财政转移支付为手段，以东部尤其沿海地区为资金、技术、人才、设备主要来源地，以工业化为目标的"帮助型"的发展方式。嵌入型发展的主体、发展所需动力、发展的根据、发展目标的选择主要来自区域外部，而非源自自治地方主体民族的自主发展，发展任务的提出往往带有政治任务的色彩，而不是少数民族主动选择的结果。目标主要是追求民族地区 GDP 和财政收入的高增长。嵌入型发展方式不过是东、中部地区粗放型发展方式在民族地区的延伸和表现而已。

## 二 民族地区嵌入型经济发展方式的主要特点

**（一）以中央政府为发展主体**

民族地区经济发展主要受外力作用的影响，发展的主体为中央政府，发展方式具有一定的"客体性"。一是民族地区经济被纳入全国统一的发展规划中。在新中国自主自力发展工业化的背景下，之前处于边缘化的民族地区经济被纳入到全国统一的规划和构建之中，并与内地形成分工协作关系。二是民族地区经济发展被打上"防卫性"的烙印。为对抗美帝国主义的武力威胁和后来苏联的武力施压，不得已而为之的防卫性的经济发展侧重发展重工业尤其是军事工业，形成避开北部边疆和东部沿海的主干工业企业，在经济组织中注入军事防卫功能，保存并加重经济体制的半军事化性质。

**（二）以统制经济体制为支撑的"计划性"**

民族地区丰富的自然资源是其经济发展的重要基础和优势，从20世纪50年代开始，就是在统制经济体制下，通过国家意志广泛动员全国的人力资源和物质资源，开始了民族地区的工业化进程。这种在统制经济体制支配下实行的嵌入型经济发展方式，开发模式由中央政府主导，从开发方式、产业选择、经济运行机制到人力资源动员、利益分配方式等方面都贯彻了国家的意志和需要，资源所在地的微观主体甚至地方政府均缺乏参与开发的渠道和机制，往往都被排斥在开发过程之外。在中央与地方的利益协调方面，倡导地方利益服从国家利益，局部利益服从整体利益。

**（三）依靠国企等区域外部经济力量推动**

民族地区经济发展主要依赖不可再生的矿产资源开发拉动，经济增长主要依靠资本雄厚、技术先进的大型国有企业。以内蒙古呼伦贝尔市鄂温克族自治旗为例，旗域经济以国有煤电业为支柱产业，鄂温克旗经济的基本面就由国有煤电行业的起伏决定。从地区生产总值看，2011年仅华能伊敏煤电公司这一家国有企业完成的地区生产总值就占全旗地区生产总值的56.5%。从固定资产投资来看，国有煤电企业固定资产投资占全旗固定资产投资的63.2%。从税收贡献上看，仅10户重点税源企业收入就占全旗国税收入的97%；仅占全地税局纳税总户数4%的国有企业实现的税收收入就占全地税局税收收入的81%。[1]

### （四）劳动力主要来自区域外部

由于少数民族文化素质和技术水平较低，加上历史上形成的民族性格，一时难以适应现代工业技术劳动，不易接受高度组织约束的企业管理制度，民族地区大多数国有企业的职工主要来自内地。民族地区经济发展所依赖的一些大型国有企业，在体制上除了项目落地审批与地方有一定联系外，在项目建设、企业规划和运营、产业链形成、职工招聘、产品销售、收入分配上基本与当地的少数民族无涉。有些大型企业，害怕与当地民族搞不好关系，干脆也不愿意招收当地少数民族工人。

### （五）GDP追求比东部地区更强烈

民族地区对GDP的追求比东部地区更强烈。民族地区由于历史、文化、社会等原因，交通不便利，经济不发达，与东部发达地区的差距不断加大。民族地区各级地方政府与官员对GDP的追求格外强烈，都以经济增长作为首要目标，而在地方政府政绩考核中，往往侧重于对经济指标的考量，以GDP作为衡量政绩的首要标准，追求GDP增长几乎成为社会转型期民族地区政府的唯一的目标。从"十五"开始，内蒙古经济快速增长，社会发展稳定，2002年至2009年，经济增长速度连续8年全国领先，年均增长17.6%。

### （六）依靠粗放式资源开发

民族地区地域辽阔，矿产资源丰富。民族地区经济发展方式资源依赖型特征明显，如青海、宁夏、新疆、云南、内蒙古等省区，资源型产业在地区经济中占主导地位，采掘、原材料加工等传统产业占工业总产值的比重超过70%，且多集中于石油、煤炭、冶金等领域。从未来的经济发展趋势、民族地区资源禀赋、在全国地域分工格局中的

---

[1] 杨思远：《国企对民族地区经济发展的巨大贡献》，《国企》2012年第9期。

地位以及经济发展和工业化的阶段性特征来看，资源型产业仍是今后一个时期民族地区经济发展的主要推动力量。

## 三　民族地区嵌入型经济发展方式所取得的成就

区外力量推动下的民族地区的工业化发展迅速，由于获得了工业发展所需的大量资金、技术、人才、设备等支持，短期内民族地区确实完成了大量基础设施建设，加快了民族地区经济发展，推动了民族地区社会转型。

（一）加快了民族地区经济发展速度，实现了跨越式发展

改革开放以来，民族地区经济迅速发展。1978—1999年，民族地区人均GDP年平均增长速度分别高出全国平均水平1.64个百分点、东部地区2.04个百分点。[①] 实施西部大开发战略以来，国家加大对西部民族地区的投入力度，各类投资重点纷纷向西部地区倾斜。国家民委资料显示，截至2009年底，民族地区公路总里程达到88万公里，乡镇通公路比重达到98%，建制村通公路比重达到88%。青藏铁路、南疆铁路等一批重点工程相继建成并投入运营，新建铁路里程达到1万公里以上。[②] 国家大规模的投入，短期内帮助民族地区完成了大量基础设施建设，加快了民族地区经济发展速度，提高了地方政府财政收入。

（二）改善了民族地区经济结构，推动了民族地区工业化进程

西部大开发战略实施以来，区外力量的助推加快了民族地区的工业化进程，以丰富的自然资源为基础，资源型产业为载体，工业化水平迅速提高。在快速的工业化进程中，民族地区产业结构得到改善，

---

[①] 胡鞍钢、温军：《中国民族地区现代化追赶：效应、特征、成因及其后果》，《广西民族学院学报》（哲学社会科学版）2003年第25卷第1期。

[②] 国家民族事务委员会主任杨晶：《国务院关于加快少数民族和民族地区经济社会发展工作情况的报告》，2010年12月22日在第十一届全国人民代表大会常务委员会第十八次会议上的讲话。

三次产业的比重由2005年的19:42:39，调整为2009年的15:46:39，农牧业比重有所下降，工业和服务业比重有所上升。特色优势产业不断发展壮大，围绕能源加工、装备制造、农牧业等领域，形成了一批特色农产品加工业、优势矿产资源开发利用、重大装备制造和高新技术产业基地。

### （三）提高了民族地区城乡居民收入水平，民生领域得到改善

在民族地区跨越式的经济发展过程中，社会财富的"蛋糕"不断做大，社会民生事业得到了长足发展，人民生活水平明显提高。贫困人口数量大幅减少，民族8省区的农村贫困人口已从2001年的3076.8万人下降到2009年的1452万人。城乡居民收入稳步增长，西部地区2012年城镇居民人均可支配收入20600元，比2000年增长2.7倍，农村居民人均纯收入6027元，比2000年增长2.6倍。2000年到2011年，民族8省区城镇居民人均可支配收入除云南、西藏、新疆外，均增长3倍以上，农民人均纯收入除广西外均增长3倍以上。

### （四）推动了民族地区社会转型，改革开放和环境保护取得进展

随着市场化、工业化、城市化和全球化的发展，民族地区经济的快速发展也推动了少数民族地区从传统社会向现代社会的转型，实现了由传统农牧业社会向现代工业化社会、由相对封闭的自给型经济向市场经济、由乡村生活方式向城市生活方式的经济现代化转型。在区外力量关注和推动民族地区经济社会发展的同时，民族地区的各族人民也对外面的世界有了更多的了解与认知，从而进一步推动了民族地区的社会转型。西部民族地区重点领域和关键环节改革不断推进，对内对外开放格局初步形成。2012年进出口总额和利用外资分别为2364亿美元和99亿美元，分别是1999年的17.3倍和5.4倍。[①] 西部民族地区生态环境保护与治理成效显著，统筹城乡协调发展取得新成效。

---

① 国家发展和改革委员会主任徐绍史：《国务院关于深入实施西部大开发战略情况的报告》，2013年10月22日在第十二届全国人民代表大会常务委员会第五次会议上的讲话。

## 四 民族地区嵌入型经济发展方式的不足

当今全球经济是资本关系主导的工业化,在极大地增加物质产出的同时,加速了社会转型,导致整个经济社会发展体制的变革。民族地区正在经历着这种变革,工业化已经成为民族地区经济发展的普遍趋势,各民族自觉或不自觉地都被裹挟到这一进程之中。长期以来,我国民族地区实行的跨越式发展和加速发展战略,忽视了民族地区经济发展的内在要求。

### (一)嵌入型发展扭曲了内外因之间的辩证关系

民族地区嵌入型的经济发展方式主要通过外因在起作用。嵌入型发展的经济主体并非区内民族,而是由中央政府主导,主要依靠区外民族及大型国企等外来组织机构。嵌入型的经济发展过程中内因所起的作用不够。嵌入型发展过程中,在过度强调生产力发展的同时却忽视了民族地区劳动者的主体性问题,不致力于提高劳动者的素质技能,少数民族劳动者在经济现代化的转型中参与程度低,成果享受少,没有发挥自治地方的积极性和当地少数民族的积极性。

### (二)城乡差距扩大,民族差距扩大,不利于民族团结与边疆稳定

经济发展整体水平仍然滞后,与全国差距继续拉大。民族地区与全国特别是发达地区的发展差距仍然明显存在,并呈继续拉大趋势。据国家发改委资料,2012年,西部地区城镇居民人均可支配收入和农民人均纯收入分别相当于东部地区的71%和56%,相当于全国的84%和76%。2012年,按照年收入2300元的国家扶贫标准,全国共有9899万扶贫对象,其中5086万位于西部地区,约占全国扶贫对象总数的51.4%;贫困发生率达17.6%,高出全国7.4个百分点。[①] 西部民族地区各省(区、市)之间发展也不平衡,发展差距有拉大的趋

---

[①] 国家发展和改革委员会主任徐绍史:《国务院关于深入实施西部大开发战略情况的报告》,2013年10月22日在第十二届全国人民代表大会常务委员会第五次会议上的讲话。

势。省区工业化和城市化的快速发展并没有带动少数民族聚居地区的同步发展,农牧民收入提高的幅度低于地区生产总值和城市居民收入提高的幅度。

**(三) 民族地区内部发展不平衡,影响全面小康社会目标的实现**

自我发展能力不足是大部分少数民族存在的普遍现象,民族地区内部的不平衡,社会经济关系的多元化,收入差距扩大等,会在各民族中产生失落感和不满,影响了全面建成小康社会目标的实现。全面建成小康社会,"重点在农村,难点在农民"是长期以来达成的共识。诚然小康社会的建设需要建设社会主义新农村,消除城乡差距,但是民族差距同样不能忽视,中国真正贫困的群体主要在少数民族当中,民族差距的存在同样不能使小康社会的建设成为全面小康。加快民族经济发展具有极端重要性和现实紧迫性。可以说,实现全面建成小康社会奋斗目标,重点在民族地区,难点在少数民族。

**(四) 社会转型期民族地区嵌入型发展方式矛盾凸显**

民族地区嵌入型发展方式内在矛盾的凸显,与社会转型存在密切关系。社会转型以全球化、城市化、工业化、市场化为主要内容。社会转型期民族地区经济发展的国际环境以资本主导的全球化为主要特征。然而,民族地区背靠亚洲贫困带,经济社会发展的地缘环境比较恶劣,是亚洲政治、军事和文化冲突多发地带,影响了民族地区与周边国家经济交往的稳定性和持续性。现代化的一个重要内容就是城市化。随着我国城市化的快速发展,也出现了一些不容忽视的城乡矛盾。市场化改革也是民族地区发展方式转型的一个重要社会条件,我国政府在市场经济中存在很多"越位"、"缺位"、"错位"的问题,这种违反市场规律的行为使经济发展出现诸多问题,对于经济未来健康、可持续增长形成制约。工业化是中国实现现代化的重要内容和途径。西部民族地区"国进民退"现象尤其突出。西部地区私企自主创新体系尚未形成,发展基础薄弱,产品稳定性差,私企短期行为严重,对长远发展战略不够重视,导致其资信度等级相对较低,很难获得银行贷款。

## 五 结 论

"全国一盘棋"是中华民族建构共同经济利益的原则,也是国内"各民族的最高利益"[①],这一原则,并未否定国内各少数民族利益,而是后者的实现方式。单一制国家在中央统一领导下实行民族区域自治制度,正是这两个利益关系的制度形式。不同民族有自己的共同经济生活和民族经济利益,各地区也有着不同于全国的地方利益,如何处理好民族地区经济利益与全国经济利益的关系以及民族经济利益与民族地区经济利益的关系是当前亟须解决的理论问题和现实问题。民族地区的各民族有着发展本地经济和社会的迫切愿望,产生了"两个积极性"中的民族地方积极性。在社会转型条件下实现民族地区内生型经济发展方式转变,正是破解嵌入型经济发展矛盾、满足各民族人民实现自主发展的客观要求,也是实现各民族经济发展权的体现。

---

① 《中央民族工作会议暨国务院第六次全国民族团结进步表彰大会在北京举行》,《人民日报》2014年9月30日。

# 对我国民族地区农村内部贫富差距问题的思考

赵 佳

我国改革开放以来,统制经济体制向市场经济体制逐渐转变,GDP 增长成为经济发展的衡量标准和政府施政目标。经过 30 多年的经济建设,我国经济总量位居世界前列,人均收入显著提高,然而也出现了严重的贫富差距问题,地区、城乡、阶层、行业之间的贫富差距,早已引起了社会广泛关注。近些年,之前很少被关注的民族地区农村内部贫富差距问题也开始凸显。造成我国民族地区农村内部贫富差距的原因在于农户享有的社会资源不同,农户享受社会资源的多寡又是由其经济性质及在社会经济中所处地位决定的,农户劳动者素质技能差异是导致其社会地位差异的根本因素。缩小农村内部贫富差距,必须从提升农民社会地位,提高农民素质技能以及公平增加农村的社会资源量三个关键点入手采取措施。

## 一 我国民族地区农村内部贫富差距

我国民族地区一般指少数民族自治地区,目前有内蒙古、广西、西藏、宁夏、新疆 5 个省级民族自治区,30 个地市级民族自治州,120 个民族自治县以及众多民族自治乡村。我国少数民族地区主要分布在西北、西南地区,呈现大杂居、小聚居、相互交错居住的特点,广泛分布在农村地区。改革开放 30 多年来,全国人民生活水平普遍提高,然而因为地理、环境、历史等因素,少数民族农村地区的贫困现象仍然广泛存在,贫富差距相对严重。

根据国家民委调查数据统计，全国55个少数民族中90%以上的人口分布在贫困地区，约25%的少数民族村庄是贫困村，汉族村庄的比例是12%，仅是前者的二分之一。据国家统计局对31个省（自治区、直辖市）7.4万农村农户的抽样调查，按年人均收入2300元的国家农村扶贫标准测算，2014年民族8省区农村贫困人口为2205万人，占乡村人口的比重（贫困发生率）为14.7%，占全国农村贫困人口的31.4%。2011年至2014年，民族8省区农村贫困人口占全国的比重保持在30%以上，而同期民族8省区农村人口占全国的比重为17%左右。2014年，从贫困发生率来看，民族8省区高于全国7.5个百分点；从民族8省区农村贫困人口和乡村人口分别占全国比重来看，民族8省区农村贫困人口占全国的比重（31.4%）是其乡村人口占全国比重（约17%）的近两倍[1]。农村贫困比例的扩大，同时也意味着贫富差距的扩大。

华中师范大学中国农村研究院2012年发布了《中国农民经济状况报告》，该报告抽样调查了6000多户农村居民过去三年的现金收入。调查发现，2011年农村居民基尼系数为0.3949，收入差距相对合理，但正在逼近国际警戒线，收入最高的20%样本农户与收入最低的20%样本农户的人均收入差距有10倍之多。分区域来看，中部为7.16∶1，东部次之为7.71∶1，而西部农村地区的农户收入差距最大，为8.81∶1，在少数民族主要聚集的西部地区的农户最高与最低的收入差距达到10.19倍，收入差距往往决定了贫富差距。从少数民族集中的具体省区数据看，新疆农村基尼系数从1990年的0.3074到2011年的0.42一直保持稳步小幅上升的趋势[2]；按低、中低、中等、中高、高五等分收入组法统计，2004年内蒙古全区农村5个组人均纯收入分别为1242元、2180元、2827元、3641元、5429元，最高与最低收入比为4.3，而2009年这5个组人均纯收入分别为1823元、3454元、4705元、6326元、10752元，最高与最低比为5.9，差距增

---

[1] 国家民委经济发展司：《2014年少数民族地区农村贫困监测结果》2015年4月15日。

[2] 李国波、白金勇、程鑫：《对1990—2012年新疆基尼系数的再计算——以城乡划分》，《经济论坛》2014年第4期，第49页。

长显著①。一般基尼系数超过 0.4 就有可能引发社会的不稳定，而我国民族地区因为文化、政治、地理等因素，因贫富差距引发的经济、社会问题也更严重。

## 二 民族地区农村贫富差距形成的原因分析

当前我国一些学者对导致民族地区农村的贫富差距问题原因也都有所关注。周亚成、阿依登对新疆哈萨克族胡阿根村全体农户住房面积、牲畜、家电、农牧业收入等数据进行统计对比，认为因为疾病、观念、农户综合素质等因素造成该村贫困户与富裕户的财富差距较大。谭燕瑜、戚杰强对广西南宁、桂林、梧州等 8 个地、市民族地区农村抽样调查数据显示，广西农村高收入户与低收入户之间的贫富差距相对较大，最低收入户的人均纯收入低于全国农村的绝对贫困标准，不同收入层农户的收入增长也不平衡。杨栋会以云南布朗山乡农村的调研数据为基础，研究得出西南边疆少数民族农村内部收入严重不平等，而且对总体不平等的贡献程度大于村与村、民族与民族之间的特征差异，收入贫富差距问题严峻。他认为土地、生产资本、人力资本和民族特征的差异是造成西南少数民族农村贫富差距的最主要因素。李顺来对 2000 年至 2010 年间的贵州农户收入数据进行了变动趋势分析，结论显示贵州农村的贫富差距正在逐年扩大，主要影响因素是贵州农村居民的农业收入和非农业收入。谢红岭分析了呼伦贝尔市"四少民族"的农牧民收入差距现状，认为地理位置制约、生存环境恶化、社会发育滞后、经济活动落后是导致其贫富差距的主要原因②。

当前文献研究主要用统计数据分析民族地区农村财富差距扩大的现象，并以此为依据对民族地区农村贫富差距的原因进行宏观的归

---

① 王晓娟：《内蒙古地区城乡居民收入差距现状分析和对策研究》，博士学位论文，内蒙古大学，2014 年，第 17—18 页。
② 谢红岭：《呼伦贝尔市农牧民收入差距及影响因素研究》，博士学位论文，内蒙古农业大学，2013 年，第 96—107 页。

纳，提出的很多表层原因不分轻重，难以挖掘根本问题，因此必须拨开各类现象，深入挖掘，才能找到解决问题的主要矛盾。

**（一）收入决定财富，资源决定收入**

民族地区农村贫富差异主要由农户收入差异决定。改革开放之后，随着市场经济不断发展，政策不断放开，城乡二元体制以及工商业优先发展的政策，导致单纯依靠简单种植业已经不能满足很多农村农户的生活需求，一部分具备较高素质技能的成员，通过经营不同产业、外出务工等多种方式获得收入，非农收入不断增加，其所占农户总收入比例也不断增高，一些经营成功的农户，相比那些较低素质技能及单纯依靠种植业收入的农户相比，贫富差距明显。根据《中国农村住户调查年鉴》数据整理计算，我国西部地区农村家庭中，2002年高收入家庭和低收入家庭中非农收入比例均在30%左右，而到2011年，前者比例已达12%左右，而后者比例约为25%。如果算上收入数值，那么两者非农收入差距十分巨大，可以说是因为不同类型收入差距导致了民族地区贫富差距。

导致农户收入差异大的原因根本在于农户掌握社会资源的不同。社会资源是指一个社会在其运行、发展进程中，人们为了实现自身目的所需要具备或可资利用的一切条件的总称。农户掌握的社会资源一般指农户拥有的物力、财力、人力等各种物质要素，以及包括科学、政治权利、信息、制度法规等无形要素，这些要素资源可以直接或间接地为农户产生经济效益。影响民族地区农村农户收入的社会资源可以分为煤矿、山林、农田等自然资源；种植技术、养殖技术等技术资源；生产、销路信息等市场资源；获得信贷、投资支持等金融资源；政府行政管理支持、政策优惠等行政资源。农户如果具备比别人更多的社会资源，他就有机会从事更多类型的经济活动。通过笔者对多个民族地区农村走访结果分析，一个村中富裕农户收入往往以采矿业、特色农业、养殖业、手工业、服务业等产业为主，贫困农户则多从事简单的种植业，就算有如养殖、务工等其他收入，也只能自给自足。因此掌控资源的多寡是决定农村农户收入的根本原因。

**（二）社会地位决定资源分配，劳动素质技能决定社会地位**

从民族经济学角度分析，经济关系是一切社会关系的基础，生产资料和劳动力所有权的差异，以及在此基础上的社会地位差异，决定了不同社会主体经济实力，即掌握资源能力的区别。根据所有权划分，我国社会经济关系主体可以依次分为公有制经济、官僚资本、外国资本、私有资本、小农经济。我国政府作为公有制经济的主体，代表全体民众占用社会生产资料，依靠政治权力掌控土地、金融、政策等各类资源，通过行政垄断获得竞争优势；官僚资本、外国资本和私有资本，依靠自身较强的资本实力掌握生产资料所有权获得利润，而且比较容易与行政权力结合，优先获得政治资源、金融资源、土地资源的掌控权。小农经济相比其他经济主体，经济实力很弱，在市场体制中处于弱势地位，受到其他经济体的排挤与剥削，掌握资源的能力很低。

农户自身劳动素质技能是社会地位的基础，分为精神素质、身体素质、技能素质三部分，三者一体，相辅相成，共同构成农户人力资源。在市场经济条件下，一些农户的劳动素质技能较高，比如具有较强的市场意识，敢于承担风险的心理，掌握某类特色产业的专业技能，善于沟通人际关系的能力等，这使这些农户在资源获取中占据优势，如获得更多的土地、矿产、树林等自然资源；也更容易获得金融信贷支持，甚至能够获得如政策优惠、税收减免等政治资源积累财富，进而脱离小农经济转变为其他性质的经济；或者通过自身的专业知识、能力以打工者的方式直接进入其他经济。随着农户社会地位提高，社会资源扩大，收入也会大幅增加，形成资源与财富增长的良性循环。相比之下，素质技能水平偏低的农户，主要靠自身劳动力资源进行低水平的简单劳动，或依靠政府救助来维持生活，没有财富积累，也没有社会地位，所以资源掌控较少，甚至可以说不具备任何资源，很容易形成支大于收的财富逆循环。这种情况下，除非有农户成员有机会大幅度提升个人素质技能，争取提高社会地位，获得某种优势资源，否则贫困状态很难突然改变。

中央民族大学经济学院精选我国民族地区具有代表性的100多个村进行了"中国民族经济村庄调查"活动，根据对各村农户财产以及经营的调研情况，证明以上结论是符合实际的。同一村中，富裕农户劳动力素质普遍优于贫困农户，在身体素质方面，贫困农户中病人、未成年人、残疾人、老年人等比例高；技能素质方面，富裕农户成员往往具有与自身产业相关的专业知识，经营管理能力，较高的个人行业技能，贫困农户成员则知识水平较低；精神文化素质方面，富裕农户成员普遍具有如先进的市场理念、前瞻性思维、冒险精神、坚持创业毅力、灵活多变的经营思路等特点，而贫困户则相对短视、保守、封闭、顾虑较多。由于少数民族地区农户多受地理位置偏远、自然环境恶劣、经济水平落后、教育条件很差等不利因素影响，劳动素质技能普遍偏低，贫穷状况相对严重，而国家给予的各类优惠与扶持政策很多，因此具有较高素质技能的农户往往能够充分利用条件迅速致富，与较低素质技能的农户在收入方面拉开了差距。

## 三 现阶段缩小民族地区农村内部贫富差距的对策

### （一）以民族地区农村合作经济模式为主要改革方向

我国民族地区农村生产主要是以农户为单位分散经营的小农经济模式，在资源配置、生产效率、组织管理、技术信息等多方面都处于劣势，加之当前少数民族农户素质技能薄弱，当地基础设施落后，自然、经济环境发展水平偏低等不利条件，导致出现个别农户富裕，多数人非常贫穷的现状。大力发展少数民族农村合作经济是使社会资源合理利用、提高农村整体收入、缩小贫富差距的有效途径。民族地区农村合作经济模式，其本质是农户自愿合作建立一种自主经营管理、利益分享、风险共担的新型合作经济形式，在经济上具有先进性。民族地区农村合作经济是适应当前经济矛盾发展，自我制度变革的产物，是对"集体所有、分户经营"主要形式的小农经济的自我否定，是对改革开放前集体经济的否定之否定。农村合作经济将广大农户力量集合起来，同外资、私有经济共同参与市场竞争，增强农村经济的整体实力，公平地占用社会资源，同时改善农民社会地位，避免农户因劳动素质技能差异而在市场竞争中出现过大的贫富差距。未来农村合作经济如果扩展至全国，则可能成为社会主义市场竞争的主体。

**（二）以政府为主导提高农村劳动者素质技能，是建立合作制企业的基础**

具有一定劳动素质技能的村民是农村股份合作企业建立与发展的基础。在全国范围内普遍建立农村股份合作企业将是一个长期的过程，在未来相当长的时间内，农村农户主要还是以个体为单位参与市场经济。政府必须在以下几个方面发挥主要作用。第一，提高农民身体素质。各级政府需要不断深化农民合作医疗保险改革和社会养老保险制度，多渠道筹资，提高资金投入，因地制宜地提升保障水平，防止农村农户因病、因残致贫。第二，提高农民精神文化素质。加强农村文化体制改革，用社会主义先进文化代替落后的小农意识，加强市场经济思想和理念的教育，满足农民新时代条件下精神文化的需求。第三，提高农民的专业素质技能。政府保证基础教育资源公平廉价提供，无论贫富每个人都拥有平等受教育的权利。对于低收入农户，要有针对性地实施专业技能培训，特别是加强经济作物种植和非农产业技能培训，增加贫困农户的增收途径，增加非农收入比例。

**（三）逐步加强农村经济的合作性质，提高农村农户社会主体地位**

我国民族地区农村大都处于偏远地区，很多贫困农户以自然经济为主。因此，第一步，要发现并发展本村的特色产业。结合本地区的自然资源、地理形态、农民的致富经验，以政府为主导挖掘本地区的特色优势产业，大力发展乡镇企业，支持富裕农户带动贫困农户共同致富。第二步，鼓励农村经济借助其他经济主体，进一步调整产业结构，增强产业竞争力。引入一些有实力的外资、大型私企、国企等与农村建立合作关系。通过合作，使农户与其他经济主体共享市场信息，迅速提升农村产业化水平。在合作中，各级政府、村委会、产业协会等要以提高居民素质技能，发展本村整体市场竞争力为目标，长远考虑产业发展方向，实现本地区特色资源的产业化、规模化、效益化。第三步，以一定素质技能的农村农户为主体，建立农业合作制企业。对于不同条件的农村，采用将集体经营性资产、货币资产等资产入股与土地入股相互结合等方式组建农村股份合作有限公司，提高特色产业经营的规模化、机械化水平。农户民主选举产生公司的董事会、监事会，选举或者聘任总经理，公司自主经营，自负盈亏，按股份分红。贫困农户还能以扶持款入股或贷款入股等，以保证每一个农户享有企业带来的各类资源的权利及社会地位。

**（四）改善社会资源分配体制，为农村合作制企业建立提供良好的社会条件**

短期内没有条件建立股份合作公司的农村，政府应加强经济制度、政策、行政支持，为贫困农户提供资源扶持。第一，限制政治权力对资源分配的影响。高度集权的政治体制决定了"国有或集体资产代管者"的政府可以掌控大部分社会资源。为了防止因为农村公有资源"寻租"问题给少数农户带来的非法收益，政府自身需要规范管理行政程序，限制行政权力，还利于民，对于非法获利行为要严格查处。第二，为农村贫困农户提供更多的惠农政策。生产效率低下，抗风险能力差，初级农产品价格偏低都是阻碍以简单种植业为主的民族地区农村贫困农户致富的主要因素。政府应采取补贴，高价收储农产品，加大农村基础设施建设投资，提供农村公共服务等措施，有针对性地为农村贫困农户生产经营提供帮助。第三，金融资源的平等提供。各级政府提供多样化的政策性信贷支持，构建多层次的农村金融组织体系，创新农村信贷模式，有针对性地建立农村小额信贷制度。第四，大量发展中小乡镇企业。各级政府应该鼓励支持农村农户开办中小企业，并注重发展无污染、高技术、产业附加值高的企业，使农民不离开乡土即可参与商品化、产业化的市场经济，提升自身素质与收入水平。第五，通过城镇化建设，迁移农村贫困人口。很多民族地区农村位置偏远，自然条件恶劣，各项资源稀少。在此条件下，无论是制度和体制改革，还是平等地提供公共产品，其成本都非常高。因此，有必要将因环境致贫的农村整体迁移至附近小城镇中安置。

【经济学方法论】

# 论现代西方主流经济学的实证描述法

*张德政*

西方经济学的现代是一个时间概念，其时间跨度以1936年凯恩斯发表《就业、利息和货币通论》为开始标志，一直延续至今。现代西方经济学的主流是美国经济学，尤其以美国经济学界的新古典综合学派、现代货币主义学派以及理性预期学派为典型代表。2008年美国严重的经济危机充分展示了现代西方主流经济学的矛盾。本文结合现代西方主流经济学在现代经济中的作用和表现，对其实证描述法进行剖析，供有志于建设中国政治经济学的理论同道一起加以讨论。

## 一 现代西方主流经济学方法：实证描述法

对任何一门学科而言，对方法的系统研究都属于方法论的内容。然而，在政治经济学方法论与政治经济学说的关系问题上，学术界存在两种立场完全不同的看法。

一种立场认为方法论是哲学的传统地盘，政治经济学方法论是外在于政治经济学说的，研究政治经济学方法论的任务应该由专门的哲学家尤其是科学哲学家来承担，政治经济学方法论就是科学哲学的一般原理在政治经济学中的演绎。这种立场在西方学者如马克·布劳格、豪斯曼等人那里是非常鲜明的。我们翻阅市面上出版的西方学者写的经济学方法论的书籍就可以发现，他们大部分人都持有"经济学方法论"＝"经济学认识论"＝"经济学的哲学"＝"科学哲学的一个分支"的看法。①

另一种立场则认为政治经济学方法论是内在于政治经济学说的。政治经济学方法论固然是哲学方法论的具体化，但并不等于它就是后者的附庸。政治经济学方法论是对政治经济学研究方法的集中概括，它的依据和主要素材来自世代交替演进的著名经济学家们的经济学说中所具体运用的各种特殊方法。政治经济学方法论就是对这些在经济学说史上留下了独特印记的各种特殊方法的归纳。政治经济学方法论的研究目的一是加深对已有经济学说的理解；二是找到较为先进的能够揭示现实经济矛盾及其规律的经济学研究方法，形成新的经济学说。这种研究目的决定了政治经济学方法论的主要内容是对各特殊经济学说的方法的归纳，哲学方法论对政治经济学方法论的演绎在其中只能起一种次要的充实作用。②

前一种立场人为地切断了各经济学说所使用的特殊方法与一般性的经济学方法论之间的联系，是一种典型的形而上学（与辩证法相对立的意义上）的思维方式。虽然这种立场在西方学界颇有声势，但依然是不可取的。

因此，笔者接下来要谈的现代西方主流经济学方法，其主要内容并不是来自科学哲学家从科学哲学原理出发对现代西方主流经济学所做的一些演绎性的论述，而是来自对现代西方主流经济学家所发表的经济学著作的归纳。

依据西方经济学界的共识，现代西方主流经济学家所发表的著作在经济学方法论层面最具影响力的是萨缪尔森的《经济分析基础》、《经济学》和弗里德曼的《实证经济学方法论》。一位专攻经济学方法论的美国学者承认，"特伦斯·哈奇森、米尔顿·弗里德曼、保罗·萨缪尔森……无疑是 20 世纪方法论研究（至少先于最近几十年的研究）的'三巨头'，对于我们这些中年的在美国受教育的职业经

---

① 豪斯曼认为："有关经济学方法论的问题……都是哲学问题……有关经济学方法论的文章也都是哲学文章"，参见丹尼尔·豪斯曼编《经济学的哲学》，上海人民出版社 2007 年版，第二版前言，第 1 页。

② 详见刘永佶《政治经济学方法论教程》，中国社会科学出版社 2012 年版，第 12—16 页。

济学家来说,他们(尤其是弗里德曼和萨缪尔森)为我们提供了在研究院学习的'经济学方法论'的全部知识"。①

那么,如果我们将萨缪尔森与弗里德曼的经济学研究方法的共性归纳出来,应该是什么呢?

笔者认为,是实证描述法。②

在完成了对萨缪尔森与弗里德曼的相关著作的仔细研读之后,笔者将实证描述法的核心要义归纳为以下三点:一是对实证研究(研究"是什么"的问题)与规范研究(研究"应该是什么"的问题)的二分法的坚定信仰,吹捧实证经济学的地位,贬低规范经济学的作用,主张把经济学视为一门实证科学。③ 二是强调证实原则,即认为任何经济理论的命题都必须具有经验上的潜在的可证实性(或可证伪性)。④ 三是主张描述主义,即认为科学的经济理论能够做到的无非是对经验规则的系统性的重新描述,而所有妄图超越经验证据去揭示隐藏在现象之中的所谓"本质"的做法都是不科学的。⑤

在这三点核心要义的基础上,不同的西方经济学家对实证描述法的理解和运用带有个性化的差异,但这并不影响实证描述法作为一般性的现代西方主流经济学方法的地位。

## 二 实证描述法的兴起:从直接辩护转向间接辩护

作为现代西方主流经济学方法的实证描述法并不是从天而降的,

---

① D. 韦德·汉兹:《开放的经济学方法论》,武汉大学出版社 2009 年版,第 52 页。

② 据笔者所见,最早用"实证描述法"来规定现代西方主流经济学方法的是刘永佶,但他主要以"现象描述法"概述西方主流经济学方法,因而未能对"实证描述法"进行充分的阐述。参见刘永佶《政治经济学方法论教程》,中国社会科学出版社 2012 年版,第 48、88、227 页。

③ 保罗·萨缪尔森、威廉·诺德豪斯:《经济学》(第 19 版,教材版),商务印书馆 2013 年版,第 6、611 页。

④ 米尔顿·弗里德曼:《实证经济学方法论》,丹尼尔·豪斯曼编《经济学的哲学》,上海人民出版社 2007 年版,第 152 页。

⑤ D. 韦德·汉兹:《开放的经济学方法论》,武汉大学出版社 2009 年版,第 68 页。

它的兴起其实是资产阶级庸俗政治经济学在新的阶级斗争形势下改头换面的结果。

在早期庸俗政治经济学方法的定性上，国内政治经济学界具有普遍共识，均认为从萨伊开始的庸俗政治经济学采用的是现象描述法。① 但对马克思逝世之后的西方资产阶级经济学的性质及其方法，国内政治经济学界则严重缺乏共识。这里姑且举国内的一本使用率颇高的供本科生用的西方经济学教材为例。该教材的编者在谈到西方资产阶级经济学说史的分期时，采用了一个十分让人困惑的说法："资产阶级经济学从它的产生一直到现在，经历了重商主义、古典经济学、庸俗经济学和庸俗经济学后这四个阶段……1830年以后，资产阶级经济学从古典学派的阶段走上了庸俗的道路……马克思所指的庸俗经济学在19世纪60年代以后逐渐退居于次要地位，其主要任务在于反对当时的空想社会主义。庸俗经济学阶段大致结束于19世纪70年代。"②

按照该教材的说法，19世纪70年代边际效用学派的兴起结束了庸俗经济学阶段，从此资产阶级经济学进入到了"庸俗经济学后"的阶段。这是一个非常让人费解的说法。"庸俗经济学后"阶段的资产阶级经济学与"庸俗经济学"在性质上到底有什么不同？"庸俗经济学后"究竟是意味着资产阶级经济学在这一阶段其庸俗性趋时附势到了一个新的高度，抑或是说资产阶级经济学从19世纪70年代开始就彻底洗白了从此不再庸俗了呢？该教材的编者并没有回答上述问题，而是将无尽的困惑留给了读者。

这里关键的问题就在于，我们必须弄清楚到底什么是资产阶级庸俗经济学，资产阶级庸俗经济学是不是一无是处的经济学。

---

① 现象描述法的主要特点是把特殊经济现象的表面联系直接说成是经济系统的一般规律，而后又用这种一般性的议论代替对特殊经济矛盾的分析，从而达到掩饰经济现象的本质和为资产阶级利益辩护的目的。参见朱成全《经济学方法论》（第三版），东北财经大学出版社2014年版，第4页，以及刘永佶《政治经济学方法史大纲》，河北教育出版社2006年版，第124页。

② 高鸿业主编：《西方经济学（微观部分）》（第五版），中国人民大学出版社2011年版，第2—3页。

笔者的回答是，第一，决定资产阶级经济学是否庸俗的关键在于阶级斗争的形势。在资产阶级革命时期，资产阶级与趋于没落的封建领主阶级、官僚地主阶级展开激烈斗争，此时资产阶级代表了社会历史的前进方向，因此这时的资产阶级经济学是具有历史进步性的，是先进的经济学。而当资本主义制度牢固树立起来之后，资产阶级与无产阶级的阶级斗争便成为资本主义社会的主要矛盾，此时资产阶级不再代表社会历史的前进方向，因此这时的资产阶级经济学不再是先进的经济学，而变成庸俗的了。[①] 第二，庸俗经济学并不是一无是处的经济学，它其实具有两重性：一是辩护性，即庸俗经济学家会开动脑筋，调动各方面因素，采用各种论证手法，努力将资产阶级的剥削收入论证为是合理的、和谐的、正当的，极力掩饰资本主义经济制度的剥削本质；二是实用性，即庸俗经济学家会在不涉及改变资本主义经济制度的前提下，探讨经济系统的各种现象和问题，提出各种实用性的对策，帮助个体资本家改进企业的经营管理水平，帮助资产阶级政府提升国家治理能力，确保资产阶级国家的国民经济长期稳定增长。辩护性是庸俗经济学的主要属性，而实用性则是庸俗经济学能够在政治经济学说史上留下其足迹的重要原因，也是社会主义政治经济学有必要考察庸俗经济学并批判地吸收其中的合理成分（马克思当年也是这么做的[②]）的主要原因。

明白了决定资产阶级经济学是否庸俗的关键在于阶级斗争的形势之后，我们就可以做出这样一个判断：自从无产阶级登上世界政治舞台之后，资产阶级经济学就一直都是庸俗经济学。现代西方主流经济学作为捍卫资产阶级利益的经济学，依然处于庸俗经济学的范围之内。[③]

---

[①] 这一判断的理论依据是马克思为《资本论》（第一卷）第二版写的跋，详见马克思《资本论》（第一卷），人民出版社2004年版，第16—18页。

[②] 马克思批判吸收庸俗经济学的合理成分的几个具体例子可参见沈志求《论马克思对古典经济学、庸俗经济学和辩护论经济学的区分》，《经济研究》1988年第5期，第8页。

[③] 关于庸俗经济学的历史分期，笔者同意刘艳龙和丁堡骏的看法，即从萨伊开始是早期庸俗经济学，而后以边际学派的兴起作为近代庸俗经济学的开端，以凯恩斯发表《就业、利息和货币通论》作为现代庸俗经济学的开始。参见刘艳龙、丁堡骏《现代西方经济学的性质、研究对象和研究方法：一个批判性的评论》，《当代经济研究》2011年第5期，第10页。

庸俗经济学的庸俗性就在于其辩护性。笔者之所以将现代西方主流经济学方法规定为实证描述法，而没有沿用用来规定早期庸俗政治经济学方法的现象描述法，原因就在于实证描述法相比于现象描述法而言，在辩护论手法上有一种别出心裁的地方。这里的关键就是，从19世纪末20世纪初开始，庸俗经济学家的主流辩护手法十分明显地从直接辩护法转向了间接辩护法。

所谓直接辩护法，就是旗帜鲜明地正面论证和宣传资产阶级的剥削收入是合理的、和谐的、正当的，资本主义经济制度是最适宜生产力发展的，是效率最高的经济制度，任何试图揭露资本主义剥削的经济理论（如劳动价值论和剩余价值论）都是胡说八道，任何试图颠覆资本主义经济制度的尝试（如社会主义经济制度）都是痴心妄想。关于这种直接辩护法，我们在早期庸俗政治经济学如萨伊、西尼尔、巴师夏等人的著作中经常可以领教到。

所谓间接辩护法，则和直接辩护法恰恰相反。这种辩护手法的典型特点是，打着实证经济学的旗号，理直气壮地在政治经济学中去政治化（把政治经济学的学科名称去掉"政治"二字），将重大社会经济矛盾以及与之相关的价值判断全部剔除出经济学的研究领域，宣称经济学不研究价值，不研究社会经济制度，只有那些不涉及价值判断的、可以进行量化分析的经济现象才是经济学的研究领域。至于这么做的理由，我们总结一下庸俗经济学家的说法，无非有两个：第一，科学性等同于科研工作者自身位置的不偏不倚和价值中立，科学性与阶级性是不相容的。经济学家主动宣称代表某一阶级（无论是资产阶级还是无产阶级）的利益来研究经济的做法都是不客观的，因此也就是不科学的。科学的经济学家不应该属于任何阶级和党派，他必须超脱于尘世，像对这个尘世不带丝毫感情的上帝一样来研究经济，这样才能得出经济学上的科学真理。第二，价值判断永远是莫衷一是的，科学的经济学要想消除分歧、求得共识，就应该集中精力研究那些不涉及价值判断的，可以得到经验证据证实的经济领域。依照休谟的不可知论的观点看，从含有"是"的实证命题中永远也推不出含有"应该"的规范命题来，所以能够达成一致意见的科学经济学只能是实证经济学。

庸俗政治经济学从直接辩护转向间接辩护，其转向的历史背景是工人运动的日益高涨、俄国十月革命的胜利，其哲学背景是逻辑实证主义哲学思潮的形成和扩散，而在经济学方法论上直接负责完成这一关键的逻辑进展的则主要是老凯恩斯①和罗宾斯②。

从辩护效果来说，间接辩护比直接辩护要更高明，由于它披着所谓的"价值中立"的"科学"外衣，因而理论迷惑性也就更大。这里不妨再深入分析一下。庸俗政治经济学的直接辩护法，虽然是替资本主义经济制度歌功颂德、涂脂抹粉，但它过于直白，并且会与马克思主义经济学发生正面的理论冲突，结果会吸引公众和知识分子都来关注资本主义经济制度的正当性问题，这对于维护资产阶级的统治秩序的目的来说是得不偿失的。而间接辩护法则是直接将资本主义经济制度当成了经济活动不言而喻的前提，当成了无须讨论的、完全已经给定了的外生变量，从而将变革资本主义经济制度的问题彻底逐出了经济学的领域。这样一种彻底取消制度变革问题、在舆论上不争论不炒热的办法，其对资本主义经济制度的剥削本质的掩饰要比直接辩护法更为隐蔽，对劳动者阶级的麻醉效果也更为长久。

考察19世纪末20世纪初的西方经济学方法史我们就可以发现，没有适应这种辩护论手法转向的资产阶级经济学学派主要是奥地利经济学派。该学派的代表人物（尤其是庞巴维克和米塞斯）不太关注同时代的马歇尔、瓦尔拉斯等人十分热衷的均衡理论（均衡理论使用的是貌似抽空了所有价值判断的间接辩护法），而是坚持直接辩护法，坚持要在资本主义经济制度的正当性问题上和马克思主义经济学死磕，结果逐渐沦为资产阶级经济学内部的非主流学派。正如美国的两位经济思想史研究专家兰德雷斯和柯南德尔所言，西方主流经济学界

---

① 老凯恩斯是发表了《就业、利息和货币通论》的著名经济学家凯恩斯的父亲。他在1891年发表《政治经济学的范围与方法》一书，首次提出政治经济学应划分为实证经济学、规范经济学和应用经济学三个部分。参见约翰·内维尔·凯恩斯《政治经济学的范围与方法》，华夏出版社2001年版，第23期。

② 罗宾斯在1932年发表《经济科学的性质和意义》一书，他在书中主张只有实证经济学才是科学的经济学，各种伦理学上的价值判断都应该被彻底地逐出经济学的领域。参见莱昂内尔·罗宾斯《经济科学的性质和意义》，商务印书馆2000年版，第120—121页。

是以经济学家关注的问题域的差异来划分正统与非正统的:"正统经济学家认为具体的社会制度、政治制度与经济制度是既定的(也就是他们没有兴趣解释的那些事情),并在这些制度背景下研究经济行为,非正统经济学家则聚焦于导致这些制度演变的力量。通常,正统经济学家视为既定的东西,非正统经济学家则试图去加以解释;非正统经济学家视为既定的东西,正统经济学家则试图去加以解释。因此,非正统经济学家与正统经济学家的区别经常表现在所注意的问题上,而不是理论本身直接对立上。"①

## 三 批判实证描述法是树立中国政治经济学学术话语权的开端

方法论是经济学理论的隐匿性的思想前提,是经济学理论中的思想制高点。作为中国的经济学人,批判现代西方主流经济学方法,绝不是无的放矢的,而是为了中国政治经济学理论研究的长远前途而做出的负责任的思考。

自从苏联解体,苏联政治经济学在中国彻底失势之后,中国的经济学人就面临着一个艰难的选择,是换一个理论依附对象(美国主流经济学)继续做外国经济学理论的消费者,还是说应该发奋图强努力做自主创新的经济学理论的生产者,建立中国政治经济学。

以上两种思路在国内政治经济学界争论不断。但明显前一种思路处于绝对的上风地位。这其中既有对外开放的政治经济环境的原因,也有单纯学术上的原因。笔者认为,学术上的一个重要原因就是很多单纯善良的中国经济学人被现代西方主流经济学方法论的"科学"外衣所蒙蔽,误以为现代西方主流经济学的方法论不但没有任何庸俗性,反而相当科学。单纯善良的中国经济学人一旦毫无批判地全盘接受了实证描述法,那么他们必然会沦为美国经济学理论的忠实消费

---

① 兰德雷斯、柯南德尔:《经济思想史》(第四版),人民邮电出版社2014年版,第6页。

者。沉迷其中的他们不仅丝毫不觉得美国经济学理论有什么系统性的问题，而且还会坚决反对建立中国政治经济学。

2008年美国爆发的严重经济危机彻底打破了美国经济学高高在上、不可一世的神话，实证描述法的学术信用也走向破产。美国著名经济学家保罗·克鲁格曼事后撰文回忆，在危机爆发前，整个美国主流经济学界还处在一片盲目乐观的情绪之中："几乎没有经济学家预见到危机即将来袭。更为严重的是，经济学家们对出现灾难性市场失败的风险充耳不闻，完全闭塞视听的'学术研究'的危害性甚至超过预测失灵。黄金时代的金融经济学家们相信市场是内在稳定的，股票和其他资产的价格的确也如人所愿，盛行的模型无一对2008年发生的那种市场崩溃风险有所警示。宏观经济学家们多少存在一些观点分歧，但分歧仅是一些经济学家坚信自由市场经济绝对不会误入歧途，但另一些则认为经济可能不时偏离轨道而全能的美联储可以并且能够纠正对繁荣之路的偏离。双方都未曾准备应对一个在美联储已竭尽全力纠偏但仍然脱了轨的经济。"① 依照弗里德曼在《实证经济学方法论》一文中极力主张的检验理论科学与否的关键就在于考察该理论的预测效果能不能让人满意的观点，应该说美国主流经济学已经被经济危机所证伪了。当然，恰恰在这时没有一个美国主流经济学家愿意主动承认其理论被证伪了，凯恩斯主义者继续像往常一样把危机归咎于政府干预市场的力度不够，而自由主义者则继续像往常一样把危机归咎于该死的政府干预遏制了自由市场自发调节的神奇力量。这真是"迪昂—蒯因不充分决定性论题"② 的活生生的案例啊。

正是这场危机，暴露出了前文所述的实证描述法法三点核心要义的问题所在：

---

① 保罗·克鲁格曼编、刘利译：《为什么经济学家错得如此离谱?》（上），《银行家》2010年第3期，第7页。

② 该论题从科学哲学的高度证明了，任何一个理论都可以通过调整其辅助假设的办法来避免其核心信念被经验证据所证伪。通俗地讲，该论题说明了，不管什么荒谬绝伦的理论，只要迷信该理论的人坚持一味强辩，那么从逻辑上是没有办法证伪该理论的。该论题同时也是对实证描述法极力推崇的证伪标准的致命打击。详见 D. 韦德·汉兹《开放的经济学方法论》，武汉大学出版社2009年版，第104—105页。

第一,"实证"与"规范"的二分法本身就是一个最大的价值判断,实证经济学家却坚持不愿意排除这个价值判断,这只能说明他们逻辑上的自相矛盾。

第二,实证描述法的证实原则在实际运用中完全蜕化为了对数理模型的迷信。即实证经济学家们仅仅在利用大样本数据对数理模型做了统计检验和计量检验之后就宣布他们的理论被"证实"了。这其实不过是一场数学游戏。由于这些数理模型丧失了大量质性信息并为了数学演算的方便又添加了许多错误信息,其结果只能是脱离实际并扼杀思想创新。

第三,否认本质存在的描述主义使实证经济学家热衷于描述经济系统各个局部的表面现象,而对在深层次影响整个经济系统全局走向的社会经济制度的主要矛盾却视而不见或见而不论,结果他们既没能料到危机会发生,又没能在危机发生后彻底阐明危机发生的因果机制。面对危机,美国主流经济学家们除了依据旧有的理论教条一味强辩之外,在经济学理论创新上几乎毫无作为。

不论美国主流经济学家如何强辩,他们过去长期使用的间接辩护法的效果终究开始不灵了。随着经济危机大大暴露了美国经济两极分化的严重局面,善良的人们对资本主义经济制度以及西方主流经济学的怀疑产生了、增长了、发展了。不论是2011年的占领华尔街运动,还是托马斯·皮凯蒂的《21世纪资本论》在2014年的大热卖,都反映了这一点。

在这样一种时代潮流下,从方法论的高度批判现代西方主流经济学,批判实证描述法,正是树立中国政治经济学学术话语权,唤醒被美国经济学的"科学"外衣所迷惑的经济学人的良好开端。

最后,笔者愿以中国政治经济学的伟大先行者王亚南先生在1949年7月发表的《政治经济学史大纲》中的那段激动人心的话作结:

> 我们不但在吃外国资本主义经济发展的亏,我们还在吃外国资本主义经济理论发展的亏,为了中国经济的解放与改造,我们每个研究现代经济思想的人,都不要忽略一个任务,就是如

何去批判、选择，构成中国现实经济发展上所要求的经济理论，这种理论，我们也可勉强地，但却是郑重地称为"中国经济学"。①

---

① 王亚南:《王亚南文选》(卷一),中国社会科学出版社2007年版,第240页。

# 新古典经济学基本理论框架中分析运用之批判

张明艳

经济矛盾是社会矛盾的基础层次,对经济矛盾的认识形成经济学理论,后者制约和导引着人们的思想和行为。西方主流经济学在当今经济学领域占据主导地位,它沿袭了新古典经济学的基本理论框架,以这一有着逻辑上自洽的、科学面貌的框架论证了资本主义经济制度的合理性。但逻辑上的自洽不等于理论的完美,在解决现代经济矛盾的实践中,西方主流经济学充分显现了其缺陷。从方法论层面来看,导致这种不足的原因,源自在其基本理论框架的构建中对分析方法的运用。

## 一 新古典经济学:以科学的面貌论证资本主义制度合理性

新古典经济学是对新古典学派[①]经济理论的统称,是资本主义政治经济学中的重要组成部分,其最大的"贡献"在于以"科学"的面孔从一般层面论证了资本主义经济制度的合理性。

资本主义制度在西欧国家建立后,获得比以往更多权利的劳动者的素质技能迅速提高,一方面,创造了"比以往一切时代还要多还要

---

[①] 新古典学派有广义、狭义之分,本文中的广义新古典学派,指的是"边际革命"出现以后发展起来的各个学派的通称。尽管这些学派的具体理论各有不同,但一般层面的基本理论框架是一致的,以马歇尔的理论框架为代表。

大的生产力"；另一方面，他们的主体意识迅速觉醒，逐渐形成了自己的阶级意识。以马克思为代表的劳动者阶级思想代表，对劳动者的利益、意识进行集中概括，形成了社会主义思想体系。在更为"彻底"的社会主义政治经济学面前，为资本主义制度辩护的庸俗经济学不堪一击。为了维护资产阶级的社会主体地位，资产阶级迫切需要相较古典经济学和庸俗经济学更具"科学"面貌的经济理论，以不同于古典学派的方法来论证资本主义经济制度的合理性。面对这种理论上的需求，资本主义政治经济学"爆发"了以"边际分析法"为特色的所谓"边际革命"，经过资产阶级经济学家不断的修正和补充，形成了我们所说的新古典经济学。虽然其中各个学派的具体理论不同，但其基本理论框架却是一致的。它"成功避开"了以马克思的政治经济学为代表的社会主义政治经济学的挑战，以不同以往的方法论证了资本主义经济制度的合理性，成为19世纪末到20世纪中叶资本主义政治经济学的主流。以其基本理论框架为基础形成的微观经济学，则成为当前全世界大多数国家经济学专业学生的必修课程，继续以"科学"的面貌在青年学生那里论证着资本主义经济制度这一社会总体性制度的"合理性"——合乎"客观的理性"。

新古典经济学的主体是资本所有者阶级，决定其主题是论证资本主义经济制度这一总体性制度合理，以保证资本的增值和利润最大化。尽管其理论框架的构建基于对个体人经济方面本质的规定，体现出"微观"的特征，其主题依然受研究对象的制约，论证的是总体性制度。

在阶级矛盾越发激化和迅速发展的时代中，面对总体性的经济矛盾，要对其进行"科学"的规定。从方法上看，庸俗经济学家在为资本制辩护时，抛弃了斯密的抽象法，抽象法所使用的比较、分类、归纳已经不能满足需求，而必须要更多地运用分析对其本质要素进行符合资产阶级总体利益的规定。新古典理论框架的构建，充分体现了其分析方法的作用和特点。

## 二 分析在新古典经济学基本
## 　　理论框架中的运用

分析不是先验地存在的，而是人类总体辩证思维在近代进步的重要成果和标志。作为辩证思维的一个环节，分析是对此前形成的一系列思维环节——比较、分类、归纳的升级和否定。这种否定并非是对这些程序、环节的舍弃，而是包含了这些思维环节并以此为基础进一步地加工和抽象。分析本身包含着对其中各个部分和方面进行"分"的处理，并以此作为前提和基础；再进一步加以考察各部分和方面，从中找到客体的本质要素，这是"析"的含义。其中"分"的处理，由比较、分类和归纳三个环节来完成，"析"则是通过考察找出本质要素的处理。所谓分析，即主体人在解决和客体的矛盾中，对客体在比较、分类、归纳的基础上对本质要素的进一步抽象和规定。分析这一思维过程的应用，在奥卡姆对下定义方法"除非必要，毋须杂陈"的规定中充分地体现出来，所谓"必要"，即本质要素；非本质要素，则以"杂陈"视之。通过分析对本质要素的抽象，体现了人类辩证思维在进入工业文明后研究客体事物"如何变化"过程中的进一步深入。

人，作为认识主体，将自身的存在作为客体进行认识和研究。这一客体，不仅包括自然物质，更包括人类以社会形式的总体存在。在运用思维对客体认识和研究的过程中，分析是人认识其本质的关键环节。但作为认识主体的人，从来不是一个绝对统一体，其对分析的使用，受制于其材料掌握、哲学观念、价值观和思维能力等多种因素，体现为其分析结果——对本质要素的抽象和规定的差异甚至完全相悖的结论。

在唯物主义"战胜"上帝主义之后，对世界的物质性认识是现代社会中绝大多数人的共识，因此对自然物质本质的分析及在此基础上的概念规定中存在的问题和分歧相对较少。由于哲学观念、价值观和主体性认知等因素的影响，人们对分析运用的分歧和争论更多地体现在对社会存在矛盾本质的认识当中，在经济学理论中尤为明显。

新古典经济学的基本理论框架就是建立在对总体经济矛盾进行分析的基础上的。

总体经济矛盾中存在从一般到具体各个层次的矛盾。作为研究者，新古典经济学家也经历对其进行分析的环节得出了资本主义经济制度的本质性规定。从居于社会主体地位资产阶级的利益进而论证资本主义制度合理性出发，在这些矛盾中，他们选择了需求和供给的矛盾，将之视作资本主义经济制度的主要矛盾，也是决定其性质的本质性矛盾，这样制度的合理性只要需求和供给能达到平衡状态就"自然而然"地论证了。基于这种认识对制度合理性的论证，体现在新古典理论框架的论述当中。

新古典经济学基本理论框架的论述中，对经济矛盾的第一步"分"，是首先将经济总体"分"为一个个单纯存在的"个体"，这一"分"的过程，是这个基本理论框架形成的关键和基础性的处理。接下来，再进行"析"——从人的物质属性出发，对个体人在经济矛盾中的本质进行规定——从唯物主义的哲学观念出发，把个体人在总体经济中的社会关系作为"杂陈"来"抽"掉，将人在经济层面追求利益的最大化视为其本质特征，进一步则对总体经济中的个体人以"理性人"或"经济人"的概念来规定。需要说明的是，经济学界往往将"经济人"与"理性人"这两个概念认为是同一的，从其理论框架的构建来看这是没有问题的；但从这两个概念的内涵来看，其实是有区别的。所谓"经济人"，即经济中的人，侧重的是对人在经济矛盾中经济层面本质的规定；"理性人"体现了"经济人"的内涵，同时体现了这种规定是建立在唯物主义哲学观念的基础上的，体现的是物质——唯物主义的存在主体——的理性。通过分析来规定"经济人"或"理性人"，是规定资本主义经济制度的本质、构建基本理论框架的基础，也体现了这一理论框架以"微观"为切入点的特征，因此，以这个理论框架为基础的经济学理论，在现代被统称为"微观经济学"。

规定人为"理性人"之后，进一步从人的物质属性出发，加入心理因素，通过从心理因素中归纳出的"边际效用"和"边际报酬"

递减理论，演绎、推导出个体的需求、以个体面貌出现企业的生产和成本理论，并将它们进行简单加总，形成总体的需求、供给，再以综合来演绎出市场——由供给和需求的矛盾构成。由此，供给、需求这一经济中最一般层次的矛盾被论证为资本主义经济制度的主要矛盾，其本质则被规定和"展示"为商品进行"等价交换"的市场。而这个由"理性人"所构成的市场，又可以通过人们"理性"的调整来实现相对最优的"均衡状态"，因此绝对是符合物质的"理性"即所谓的"客观规律"的。

这种"以商品等价交换为形式"的经济制度，首先，以"等价交换"为前提，体现了交换双方人身权的独立和平等，因此这种经济制度是"平等"的，这也是其先进于前资本主义制度的重要因素；其次，用以"实现相对最优状态"为内涵的"均衡"概念，来进一步论证这种制度的合理性——合乎了物质世界在经济矛盾层面的"理性"，即美国资产阶级经济学家克拉克所谓的"自然规律"[①]。这样，资本主义制度的合理性就通过一个从个体到总体的论述体系完成了。

新古典经济学的基本理论框架，因为运用了分析方法和在其基础上进行符合形式逻辑的演绎，表现出"科学"的面孔，凯恩斯认为它是一个"被精心树立起来的逻辑上前后一致的上层建筑"，对资本主义经济制度进行了"科学"的合理性论证，从方法上看则在于用分析建立了一个逻辑上前后一致的理论框架，在马克思的"威胁"面前构建了一个具有相当说服力的为资本主义制度进行辩护的理论体系。在19世纪至20世纪中前期，尽管经济危机经常会发生，却并未影响到资本主义经济制度的根基。但当这种制度必然导致的大规模、大范围经济危机出现时，以新古典经济学基本理论框架为基础的经济学说就不能理想地指导问题的解决了，于是就需要对其分析方法的使用进行分析和批判，来推动经济学理论进一步演变。

---

① 克拉克：《财富的分配》，商务印书馆2011年版，第1页。

## 三 新古典经济学基本理论 框架中分析之批判

新古典经济学在它的基本理论框架中,将最一般层次的经济矛盾——需求和供给的矛盾论证成为资本主义经济制度的主要矛盾,在"等价"交换和自由竞争的作用下,其经济达到均衡状态,由此论证了资本主义经济制度是合理的,并描绘出一幅和谐而美好的景象。需求和供给的矛盾是所有经济制度下共有的最一般层次的经济矛盾,不同经济制度的区别就在于其总体需求和供给的构成是不同的,所以批判新古典理论框架的关键也在于其总体需求和供给的构成——什么样的元素怎么样形成其总体性的需求和供给。

经济是人的经济,人是构成总体经济矛盾的元素——尽管新古典经济学中人从属于物质,但经济的运行依然需要人以自身的主动性来推动。因此论述体系需要肇始于对人在经济方面本质的规定。

在新古典经济学的哲学观念——唯物主义中,对人的存在是从物质的角度出发进行规定的,最具代表性的观念是梅特里的"人是机器"[①],人的物质属性决定了人的本质。基于这种观念,新古典经济学的理论框架对人的总体经济矛盾进行了第一步的"分"——将人分成了单纯、孤立而且相互间没有区别的人。接下来则从物质属性出发完成"析"的处理,将其经济方面的本质要素规定为"追求利益最大化",将总体经济矛盾中的人以"理性人"来规定。可以看到,对人经济本质的"分"和"析"内在统一于唯物主义。经过"理性人"的规定后,总体经济矛盾中的人和人就没有本质性区别了。

在"理性人"的规定中,人的社会性内容被作为"必要"之外的"杂陈"略去了。任何人都不能否认人的物质属性,但人并不是如同"理性人"所规定的那样是单纯、孤立地存在着的,而是以总体的、社会的形式存在的。人和人之间存在着复杂的社会关系,人和人

---

① 梅特里:《人是机器》,商务印书馆2011年版,第21页。

之间的社会关系很大程度上制约着人的思维和行为。将人的社会性略去，自然也就有选择性地将人和人在经济矛盾中社会地位、经济权利的不同和矛盾选择性地忽略掉了，因此在新古典经济学所描述的资本主义经济制度中，只存在商品供给和需求之间的矛盾，不存在人和人的矛盾，马克思基于对人本质"在其现实性上，它是一切社会关系的总和"①规定所论证的阶级矛盾就被"成功"地避开了。在新古典经济学中，人的社会关系即使存在，也是从属和隐藏在商品的供给和需求矛盾之中的。

新古典经济学是以论证总体经济制度为目的的，最终要论证的是总体的需求和供给之间的矛盾，所以首先需要从"理性人"的本质特征出发，规定个体"理性人"的需求和供给，然后再来论述总体的需求和供给。

基于"理性人"基本假设，新古典经济学引入了简单归纳心理因素得出的边际分析法，推论、演绎出了个体在消费者均衡前提下的需求和企业（个体）在生产者——实为企业所有者——均衡前提下的供给。如果说论证需求时人还是"理性"的，到了论证供给时，企业所有者之外的人则沦为一种和生产资料一样的生产所需的"要素"，其价格是以现实中的工资 w 来表示，对其本质则完全没有规定——购买生产要素当然不需要这么复杂。

在以"革命性"的"边际分析法"演绎出了个体的需求和供给之后，就需要进一步演绎总体的需求和供给了。从个体的需求或供给量到总体的需求和供给量，其实是一个很复杂的过程，因为人和人之间存在着复杂的社会关系。比如，两个人看电视各需要一台电视机，如果不考虑其社会关系，他们一共需要两台，考虑社会关系的话，若他们是夫妻，需求量就不再是简单加总得到的两台了，很有可能只需要一台。

新古典经济学在处理这个问题的时候没有那么复杂，因为他们的处理方法是以"理性人"的规定为基础的。在"理性人"的规定中，

---

① 马克思：《关于费尔巴哈的提纲》，《马克思恩格斯选集》（第一卷），人民出版社2012年版，第136页。

人的社会性被抽掉，人是一个个单纯、孤立地存在的个体，因此总量的得出只需要将个量简单加和即可。这样，总体的需求和供给的矛盾就只是数量间的矛盾了，只要两个数量平衡了，经济运行就达到相对最优的均衡状态了，资本主义经济的主要、本质矛盾就"自然"地解决了，对其合理性的论证也就圆满地完成了。

如果仅考虑最具体和个体层面的社会关系，在个体层面需求和供给矛盾可以简单而顺利地达到均衡状态，并不能推论出总体层面需求和供给同样简单和顺利地达到均衡状态。在现实中，在国家开始调控经济的市场经济体制之前，日益严重的经济危机给这种推论的失败做了最好的注脚。面对不能解释和解决现实中总体需求和供给不能"均衡"所带来的社会问题的新古典经济学，凯恩斯非常不满。在他看来，简单加和的方法是导致理论偏离现实的原因，而其根源就在于"理性人"的基本假设："如果正统经济学说有错误之处，那么，错误……在于它的假设前提缺乏明确性和一般性"。[1] 在他的理论体系中，虽然并未否定将需求和供给的矛盾规定为资本主义制度的本质矛盾，但他的研究完全超越了新古典从个量直接简单演绎总量的论述体系。

如果从更根本、更一般的层面看，新古典的理论框架是从物质属性出发去规定"理性人"，选择性地忽视了人的总体社会关系，把物质视为存在的主体，论证的自然就是物质商品的需求和供给之间的矛盾了。在其以"简单加和"论证总体需求、供给矛盾解决的论述中，人——无论是资本所有者还是劳动者——只是商品进行"等价交换"的载体和填充物，人从属于物，而人的总体社会矛盾被论证为物质商品数量的矛盾。这样，论证资本主义经济制度合理性的新古典经济学回避了人的社会矛盾，延续了庸俗经济学"庸俗"的传统，也反衬出资本主义经济制度和资本主义政治经济学没落和腐朽的本性。

新古典经济学基本理论框架在"理性人"基本假设上的偏差，到最终作为结果而存在的理论体系中，则是"差之毫厘，谬以千里"。

---

[1] 约翰·梅纳德·凯恩斯：《就业、利息和货币通论》，商务印书馆2011年版，第1页。

在资本主义建立和发展的初期，其经济似乎还能达到这个理论框架所论述的"均衡"状态。但随着经济矛盾的演化，经济危机越发严重甚至威胁到资本主义经济制度的根基时，这一忽视社会性在人本质中的地位和影响、"逻辑前后一致"的漂亮理论框架与经济矛盾现实的不相符合全面、充分地显示了其缺陷；在方法论的层面，则充分体现了其分析方法的运用对本质要素提取和规定的关键作用和巨大影响。之所以它到今天仍被坚持和灌输，一方面在于作为利益主体的资产阶级仍作为社会主体而存在，极大程度地压制了哲学观念和方法论的突破和自身否定，具体表现是对唯物主义哲学观念和方法论的固守；另一方面则在于资产阶级经济学理论的调整，然而在这调整之中就包含了对其自身批判和否定的因素。从逻辑上看，凯恩斯和马克思是对新古典经济学理论基本框架进行批判和否定最具代表性的两个人物，其批判和否定都体现在运用分析来构建其理论框架上——他们是从社会总体本身或社会关系角度出发来运用分析探究经济矛盾的本质，而这也体现出他们在哲学观念上对于作为新古典经济学哲学基础——唯物主义的不同程度的否定和超越。

# 人性假设理论的重构
# 与中国经济学的创建

马 礼[①]

改革开放以来,随着中国经济的迅速崛起和各种经济矛盾、社会问题的不断涌现,创建中国经济学的问题,也随之提上中国经济学界的议事日程。经济学作为利益之学,它是站在特定的立场上研究一定社会中的个人、集团和社会之间的利益关系问题,不同的经济学体系以各自不同的人性假设理论为逻辑推理的基础和前提。要创建中国经济学必须回到哲学高度,在重新审视不同流派的经济学关于人性假设理论的基础上,重新构建能够支撑中国经济学理论体系大厦的人性理论。因为人性假设理论是任何经济学体系创立的一个最根本的基础,在这个问题上出现偏差,就会把整个社会领入歧途。

纵观自经济学诞生200多年以来对人类历史发展产生重大影响的各种主要流派的经济理论,总体上不外乎两大类,即西方经济学和苏联政治经济学。这两大流派以各自不同的人性理论为逻辑起点,最终形成了不同的经济运行模式和社会发展轨迹。

---

① 作者简介:马礼(1972—),男,回族,甘肃临夏市人,临夏州职业技术学校高级讲师,中央民族大学经济学院2015年"西部之光"访问学者,主要研究方向为民族经济、民族文化。

## 一 西方经济学中的"经济人"假设及其对人类社会的影响

西方经济学虽然最早可以追溯到威廉·配第,甚至比他更早的托马斯·孟等人,但由于亚当·斯密是第一位系统创立经济学理论体系的人物,因此一般都把亚当·斯密视为西方经济学乃至整个经济学的开山鼻祖。支撑西方经济学的人性假设理论的"经济人"假设也来自亚当·斯密。"我们每天所需的食物和饮料,不是出自屠户、酿酒家和烙面师的恩惠,而是出于他们自利的打算。我们不说唤起他们利他心的话,而说唤起他们利己心的话,我们不说我们自己有需要,而说对他们有利。"[1] 出自亚当·斯密经济学巨著《国民财富的性质和原因的研究》一书中的这一论断,就是西方经济学的逻辑起点。在这一论断中,亚当·斯密定性地指出了"经济人"的本质特性——自利性。其后,西尼尔又从定量方面提出了个人经济利益最大化公理,约翰·穆勒在此基础上提炼出了"经济人"假设。最后,"经济人"这个特定名词由帕累托引进到了经济学中。"经济人"理论的内容可以归结为:第一,人所追求的唯一目标是自身经济利益的最大化,人都是自私自利的经济人。第二,人的所有行为都是有意识的和理性的,人的决策都是基于理性而不是经验的或随机的。在这个意义上,经济人又称理性人或理性经济人。第三,经济人拥有充分的信息,每个人都清楚地了解其所作所为的条件和后果,经济人获取信息不需要支付任何成本。而"经济人"理论的核心是认为人是自私的、理性的、追求经济利益最大化的。[2]

"经济人"假设作为西方经济学的逻辑起点,西方经济学家对人类的所有经济行为都用此来进行分析演绎。亚当·斯密的"经济人"

---

[1] 亚当·斯密:《国民财富的性质和原因的研究》(上卷),商务印书馆1974年版,第14页。

[2] 冯务中、李义天:《几种人性假设的哲学反思》,《社会科学家》2005年第3期,第5页。

思想虽然从产生之日起就受到了各种各样的反击与批判，但它时至今日依然是西方社会关于人性的主导思想。特别是该理论经过布坎南、贝克尔等人的扩展和发掘，成为一个解释力相当强大的人性理论，对整个西方社会产生了重大而深远的影响，至今依然是西方社会众多个人、组织乃至国家采取行动的理论根据。

在西方经济学的指导下，人类社会的物质生产力得到了极大的发展，早在1848年，马克思就指出："资产阶级在它的不到一百年的阶级统治中所创造的生产力，比过去一切世代创造的全部生产力还要多，还要大。自然力的征服，机器的采用，化学在工业和农业中的应用，轮船的行驶，铁路的通行，电报的使用，整个大陆的开垦，河川的通航，仿佛用法术从地下呼唤出来的大量人口，——过去哪一个世纪料想到在社会劳动里蕴藏有这样的生产力呢？"[①] 如今，生产力的发展程度已经是马克思及他那个时代所有人都不曾想象的。人造卫星的出现，核动力的开发，互联网的普及，生物工程技术的应用，现代交通通信手段的不断更新。在以"经济人"人性假设为基点的西方经济理论的指导下，人类为满足自身的各种欲望，大家都在追求自身利益，结果使世界的物质财富急剧增长，但这种发展并未给整个社会带来普遍的幸福，而是将人类社会导入到空前的危机之中：人与人之间关系的物质化、货币化，为追求财富人们不择手段，金融寡头操纵下的国际金融运作已经异化为赤裸裸的诈骗和"绞杀"；贫富差距进一步加大，经济危机频发，时至今日，整个世界仍然笼罩在由2008年美国次贷危机引发的金融危机之中；西方金融垄断资本为榨取他国财富，在全球各地不断制造危机、动乱乃至战争，使数千万人流离失所，数亿人食不果腹；工业化的发展排放的污水、核泄漏、油污染严重损害自然环境，空气污染、沙尘暴、土地沙漠化，自然条件的恶化严重威胁着人类的生存。根本原因是资本主义的哲学家或经济学家是从唯物主义的社会观出发，从自然的物质性来规定人，"对财产的所有权则是在将人等同于动物的前提下，以动物的本性来规定人与人及

---

① 马克思、恩格斯：《共产党宣言》，《马克思恩格斯选集》（第一卷），人民出版社1995年版。

人与物的关系。"① 也就是说,"经济人"假设的前提就是将人性等同于动物性,以此来推动人们不断追求和占有物质财富。正因为如此,这一人性假设,在极大地推动物质生产力发展的同时,"也使人性中动物一般性的野蛮成分集中于对财富的贪欲和占有上,并无限制地膨胀。"②

## 二 苏联政治经济学中的"集体人"假设及其在实际运行中暴露出的问题

苏联政治经济学是无产阶级政党在无产阶级革命胜利后,根据革命和建设的实际,将马克思主义基本原理与革命和建设的实际相结合,逐渐形成的政治经济学体系,苏联的《政治经济学教科书》集中体现了这一理论体系。

在人性假设方面,马克思认为,人性是社会关系的反映,是一切社会关系的总和。马克思有句名言:人即使不像亚里士多德所说的那样天生是政治动物,无论如何也天生是社会动物。这说明一方面任何人都是一个个体的存在物;另一方面任何人只有在社会中才能存在。这就是马克思所说的"人的存在具有内在的二重性"。人的存在决定了人的需要或利益,人的存在的二重性决定了人的需要或利益的二重性,而马克思认为人的需要或者利益表现为两种形式:一是自然主体的个人需要,二是表现为社会主体的个人需要。个人需要对应的是个人利益,社会需要对应的是共同利益。需要的复杂性决定了人的行为动机的复杂性,决定了人的行为的复杂性。人的经济行为是人的行为的一部分,它无一例外地是由复杂动机引起的复杂行为。由于利益是需要的满足,因此需要产生行为,也就是利益产生行为。人的自利产生人的行为,人的共同利益也产生人的行为。在人的自利产生的行为中,既有自利的因素,也有共利的因素;在人的共同利益产生的行为

---

① 刘永佶:《劳动主义》(下卷),中国经济出版社2011年版,第561页。
② 同上书,第562页。

中，同样既有共利的因素，也有自利的因素。这就决定了人的行为不可能都是自利的行为，人也是一种"社会人"。[①] 这鲜明地表明了马克思关于人性的假设：认为最能体现人的本质的是人的社会属性。但同时也不否认人的利己行为。

苏联政治经济学基本上以此为人性假设基础。但一方面由于当时的社会主义运动因反动势力的镇压和破坏而采取的是集中组织、集权行动方式；另一方面，世界上第一个社会主义国家苏联是在帝国主义链条最为薄弱的一环俄国取得胜利后建立的，野蛮落后的沙皇专制制度和严重的封建农奴制残余依然存在。从国内看，新生的政权面临着反动势力的破坏；在国际上，其又面临着帝国主义的野蛮干涉。面对这一严峻的形势，当时的苏联领导层采取了行政集权体制。不可否认的是，这一体制在社会主义建立的初级阶段曾起过积极作用，但由于后来没有得到及时的制约和纠正，再加上建国后的苏联所主张的"唯物主义历史观"是由社会、人民、国家、集体、民族、阶级等一系列总体性范畴构成，唯独不论个人，不论劳动者个体的人格、价值、利益、权利、自由。渐渐地，马克思的人性假设在苏联社会的实际运行之中产生了异化，成了只片面强调国家、集体利益，不考虑，或者说，对个人利益考虑比较少的纯"集体人"。社会主义"公有制"实际上变成了国家所有制，"集体人"其实异化为"国家人"，国家实际上成了社会主义经济运行的逻辑起点。整个社会经济活动的出发点成了如何建立和促进社会主义国家的强大，党和国家的领导层成为谋划社会经济的总枢纽，形成了一种国家自上而下且高度集中的有计划的管理经济体制。这一经济运行模式后来被人们称为"苏联模式"。这一模式的特点之一"就是强调总体、集体的利益，将国家、集体说成是至高无上的，个体只是总体、集体的填充物，要无条件地服从国家或集体单位的需要。"[②]

这一模式充分发挥了国家对各种生产要素和对整个社会经济活动

---

[①] 赵璐、侯建明：《从亚当·斯密到马克思——经济学中的"人性假设"》，《当代经济》2006年第8期（下）。

[②] 刘永佶：《劳动主义》（下卷），中国经济出版社2011年版，第624页。

的掌控作用，体现出"集中力量办大事"的功能，短期内使苏联国力大增，特别是当20世纪二三十年代的经济大危机席卷整个资本主义世界时，苏联却丝毫没受影响。新中国成立后，也与建立了社会主义制度的东欧各国一样，都采取了与"苏联模式"基本相同的经济体制。在这一体制下，我国在很短的时间内建立了比较完整的工业体系，研制了"两弹一星"尖端技术，取得了举世瞩目的辉煌成就。在美苏争霸期间苏联甚至发展出让美国也惧怕三分的强大军事力量。"绝对的权力导致绝对的腐败"，由于缺乏有效的监督机制，在这一体制下，不论是苏联、东欧还是我们国家都出现了大量触目惊心的腐败现象。另外，实行单一的公有制，人民公社化运动，搞大锅饭，出现了人们干多干少一个样、干与不干一个样的体制问题，并在社会主义国家普遍出现了短缺经济现象。

## 三 当前中国经济现象与两种人性假设的逻辑关系

改革开放以来，在社会主义市场经济理论的指导下，中国经济社会持续快速发展，综合国力大幅提升。一方面，中国国内生产总值1978年仅为3645亿元，1986年首次超过1万亿元，2000年超过10万亿元，2014年为63.6万亿元，超过10万亿美元（约10.2万亿美元），占世界GDP总量的比重已在13.5%左右，是全球超过10万亿美元的两个国家之一。2014年全球GDP总量约为75万亿美元，美国为17.2万亿美元，占全球的21.5%左右。[①] 在创造出了被人们称为"经济奇迹"的辉煌业绩的同时，中国在高铁、光纤产业、太空技术、核电产业及高端军事技术等方面高歌猛进，成绩显著；中国企业纷纷走出国门，投资建厂，承包业务，大量的中国富人到国外抢购高档商品，中国辉煌、强大、富有。但另一方面，我国每天收入约1美元的

---

① 顾利民：《坚定"新常态"下的经济自信》，《中共宁波市委党校学报》2015年第5期。

贫困人群仍然超过 7000 万，收入差距、城乡差距、地区差距不断拉大，社会阶层流动固化，贪污腐败蔓延，社会道德崩溃，人际关系紧张，社会群体性事件增多，生态环境急剧恶化，自然灾害频繁。为了追求物质财富，许多人已经突破了各种道德底线，无所不用其极，假冒伪劣充斥盛行。甚至整个社会各行各业，各个阶层都已卷入。最近，网上流传这样一个段子："农民种菜，喷洒农药，自己不吃，卖给别人。他说：菜有毒，我吃肉。农民养殖，添加激素，自己不吃，卖给别人。他说：肉有害，我吃菜。食品加工者在腐乳、榨菜、鲜辣酱中添加苏丹红，加工者说：我知道这个害处多大，不吃。"这说明整个社会的互害生态链已经形成，每个人，无论你从事什么行业，也不论地位高低、年龄大小，都不可避免地生活在这个生态链里，无法逃脱。①

当前中国经济的这种独特现象恰恰是由苏联政治经济学和西方经济学的两种人性假设"集体人"和"经济人"在中国经济生活中共同作用的反射。

新中国成立后面对当时的国际环境，基本上完全借鉴了苏联模式，"在当时的条件下刚刚建立的社会主义制度，主要以'苏联模式'为体制的，即统制体制。"② 经济学界也基本上完全接受了苏联《政治经济学教科书》的理论。以"苏联模式"为蓝本的社会主义经济学基本上以异化了的"集体人"假设为依据，结果促成了我国在国家层面的繁荣与强大，导致权力高度集中到各级领导者手中。相比之下，对个人的权利与利益不太注重。举例来说，一方面说要兼顾国家、集体（企业）、个人利益，另一方面又强调当三者发生冲突时，个人利益要服从国家利益或集体利益。时至今日，这一逻辑仍在发挥作用。

改革开放以来，我国发展经济依据的主要是社会主义市场经济理论。社会主义市场经济理论说简单一点，就是在坚持社会主义公有制

---

① 中国人已进入互害模式，人人逃不脱［Z］，苹果园，http://www.app111.com/doc/10162717.html。
② 刘永佶：《政治经济学方法史大纲》，河北教育出版社 2006 年版，第 591 页。

为主体的前提下，以"经济建设为中心"，在宏观层次实行由国家宏观调控，并由国家直接掌控关系国计民生的大型国有企业的计划经济；在微观层次实行自由竞争的市场经济。在社会主义市场经济理论的指导下，大量地引进借鉴西方经济学的各种理论，使整个中国成为各种经济理论学说的试验场，令人眼花缭乱、目不暇接。但万变不离其宗，各种流派的西方经济理论都以"经济人"假设为依据。随着西方经济理论的大量引进，"经济人"理论也逐渐地被国人所接受，在微观经济领域，追求企业或个人经济利益时基本上以"经济人"理论为依据，极大地激发了人们追求财富的能量，使中国社会迅速告别了短缺经济，产品不断丰富，成为"世界工厂"，但与此同时，由于没有像西方国家那样规范严格的与市场经济体系相配套的法律体系，再加上政府部门监管执法不力，在追求各自利益的过程中，各种假冒伪劣，乃至坑蒙拐骗等现象不断出现。而在国家所有制下，随着经济的发展，国家掌控了大量的经济资源和各种社会资源，充分发挥了"集中力量办大事"的功能，改革开放以来中国"经济奇迹"、"灾后重建奇迹"乃至现在的科技、军事力量的飞速发展都与国家所有制的经济制度有关。但与此同时，在经济利益的诱惑下，一些市场监管者和政府官员也纷纷利用手中的权力开展一系列的寻租活动，导致整个社会政府权力部门化、部门权力个人化、个人权力利益化的蜕变；与此同时，出于对物质财富的渴望，知识阶层也向金钱和权力靠拢，形成资本、权力和知识的联盟，四处肆虐，肆意践踏老百姓的基本权益，使社会财富迅速向少数人聚集，社会收入差距不断加大。

## 四　创建中国经济学须对人性理论进行重新设定

经济学是利益之学，我们在这里主要探讨的是人在面对利益时表现出的人性是怎么样的。虽然人性假设来源于经济学家对人类行为实践的总结，但正如哲学上所讲的"存在决定意识，但意识又具有反作用"，成为指导人们进行思考的逻辑前提和采取行为的理论指导，不同的人性假设就会导致不同的行为模式。尤其是当一种理论假设成为社会大众普遍接受的行为逻辑起点时，它不仅被用来指导自己的经济行为，而且还要被用来分析并预测他人的经济行为；而一种理论假设一旦被统治集团所采用，作为其指定和实施某种制度和政策的理论工具时，就会成为统治集团用来规范人们行为和调整人与人之间利益关系的制度和政策设计的理论基础。

中国经济学的创建同样需要一种人性假设，但这种人性假设不是简单地对以上两种人性假设的复制或混合，而需要紧紧把握时代特征，立足于世界格局急剧变化的趋势和当代中国的具体国情，在准确分析中国经济现实矛盾的基础上进行重新界定。

创建中国经济学是时代的呼唤，也是中国经济发展内在的要求。从创建中国经济学的理论渊源来说，首先，来源于马克思主义经济学，中国经济学的形成是坚持和发展马克思主义经济学并使之中国化的过程。这一本质属性决定了中国经济学必须坚持马克思主义经济学的基本原理和方法。其次，中国经济学又以开放包容的胸怀广泛吸收借鉴西方经济学各个学派的科学成分。我国发展社会主义市场经济，必须充分吸收这些经济学的共同财富。最后，中国经济学更重要的来源是中国经济改革与发展的伟大实践。这三个方面的发展及其融汇交流，构成了中国经济学发展的独特道路，决定了中国经济学是超越已有经济理论框架的全新理论体系，是经济学的"新版本"。它既是对马克思主义经济学的继承和发展，也是经济学对一般科学成果的兼收并蓄，更是植根于中国经济改革与发展伟大实践的创新成果，因而能够解决中国的经济问题。①

而要创建中国经济学首先需要重新构建人性假设理论。这种新的人性假设需要充分借鉴西方经济理论和苏联政治经济学中的人性理论，但绝不是简单地对以上两种人性假设的复制或混合。

新的人性理论应该满足如下条件：符合人的本性，容易被大多数人所接受；在实际社会生活中的可操作性，即能激励人不断进取；既

---

① 黄泰岩："中国经济学为什么能解决中国问题"［Z］，人民网，http：//theory.people.com.cn/n/2015/0126/c40531-26448301.html。

要充分汲取西方经济学人性假设将人导向动物性的经验教训，又要避免苏联政治经济学人性假设中过分注重集体性，而忽视个体性，并在实践中导致的以集体名义剥夺个体利益的现象；此外还要能满足人性升华的要求，即要能不断地克服人性中邪恶的、动物性的一面。

# 系统抽象法在我国政治经济学研究中的应用

吴桂林

系统抽象法是科学的政治经济学研究方法,是刘永佶《政治经济学方法论纲要》一书的核心,[①] 但是这一方法还未能得到广泛、深入的运用和拓展,因此,在这个方面,仍面临着如何将系统抽象法应用于政治经济学研究的问题,这正是本文意欲探讨的。对这一重要问题的探索有助于深入理解经济学研究方法的一般规律和原则,推进经济学方法论的研究,也有利于对现实经济矛盾的认识,促进新的经济学说和理论形成。

## 一 经济学研究方法的历史考察

从重商主义开始,政治经济学逐步形成,在资本主义政治经济学演化过程中,形成了诸多学派和学说体系,体现着不同历史阶段不同阶级、阶层和集团的利益。演化至今,分化为社会主义和资本主义政治经济学两大派系。《政治经济学方法论纲要》一书,从重商主义的经验总结法开始,介绍了配第的归纳法、魁奈的演绎法以及对后世影响最大的斯密的二重法,即现象描述法和抽象法。沿袭现象描述的方法,资产阶级的政治经济学不断庸俗化,出现了萨伊的现象描述法,穆勒的庸俗化方法,李斯特和罗雪尔的历史主义方法,他们强调对现象间表面联系的描述,否认抽象法的作用。伴随着研究方法的进一步

---

① 刘永佶:《政治经济学方法论纲要》,河北人民出版社2000年版,第318页。

庸俗化，19世纪以来，又形成了心理学派、数理学派、供给学派、凯恩斯主义学派等一系列学派，虽然侧重点有所不同，但是共同点仍在于对现象的实证描述，刻意掩饰资本主义的内在矛盾，否认矛盾，其目的都是维护资产阶级的利益。而沿袭抽象法，在政治经济学研究中，能够辩证地、系统地使用抽象思维能力，经过马克思等人的努力，形成了科学的系统抽象法，并不断地深化，揭示和论证经济矛盾，从而创立了科学的政治经济学体系，即马克思主义的理论体系，指导社会主义政治经济的发展。

资本主义政治经济学和社会主义政治经济学都是阶级利益和意识的集中概括，现象描述法和系统抽象法的分化，充分揭示了"主义主导方法，方法实行主义"的方法原则。资本主义政治经济学主体是资本所有者阶级，从重商主义到斯密时期，资本所有者都迫切地追逐利润及财富的所有权，提倡自由经济，指出政府应当充当"守夜人"的角色。方法上，从威廉·配第的归纳法到魁奈的演绎法，都强调自然规律和自然秩序，以此反对封建和专制，为自由竞争和占有财富声辩。在资本确立了政治上和经济上的统治地位之后，资本所有者的主义变为坚持资本永恒统治下，更多地榨取利润和积累资本。这一阶段的资本主义政治经济学，方法上强调数学的使用，同时将心理学的一些成果用于经济分析，力求精准研究结论及提高利润。社会主义政治经济学主体是劳动者阶级，其主义主要是发现和揭示经济矛盾，找到改造现实社会的途径，提高劳动者的地位，对应的方法必然是系统抽象法。《政治经济学方法论纲要》一书诠释的已被历史证明的"主义主导方法，方法实行主义"，为政治经济学的研究指明了方向。在当前研究社会主义政治经济学时，要采用系统抽象法，揭示本质，说明现象。

## 二 系统抽象法的主要内容

系统抽象法，就是辩证、系统地使用抽象思维能力，揭示和论证经济矛盾的方法，其是《政治经济学方法论纲要》的核心，是政治经济学方法论的主体内容和基本形式。正如马克思所说:"分析经济形式,既不能用显微镜,也不能用化学试剂。二者都必须用抽象力来代替。"① 经济学这门学科特殊的研究对象和性质决定了必须使用抽象的思维能力来进行研究。系统抽象法适用于政治经济学研究,在于该法能从错综复杂的经济现象中揭示问题本质,并从本质的规定中说明现象。具体地说,系统抽象法包括以下环节和内容:从实际出发,详细占有材料,这是科学抽象的基础和首要环节。从实际出发,就是要从实际存在的经济矛盾运动出发,实事求是地对待经济过程中的各种矛盾,而不是回避或掩饰矛盾,而这样的出发点,就必然要求对实际材料的详细占有;各思维形式的辩证统一,就是对旧概念的批判、对新概念的规定和对旧概念的改造和完善,在概念的展开中演绎和论证,并成为系统抽象的论述体系;以概念运动为主体,这是指从抽象到具体的概念转化与从具体到抽象的概念转化,即系统抽象的全部概念运动。各种思维形式的统一运用,都要凝结于概念的辩证运动中;定性研究和定量研究相统一,定量研究是定性研究的必要条件和手段,定性研究制约着定量研究的方向、范围和程度;逻辑与历史的统一,研究现实经济矛盾以及历史过程,从历史发展中来认识现实经济矛盾,系统研究政治经济学历史的过程,将现实与历史相统一,从而达到逻辑与历史的统一。从形式上来看,系统抽象的思维形式主要有比较、分类、判断、概念和推理。

概念运动是系统抽象的核心和主体,通过概念的运动,即它的规定、展开、改造、批判、完善和转化,规定经济矛盾的本质,说明经济现象。在概念运动中,首先需要明确的是概念分类,分别对应一般性经济矛盾和特殊性经济矛盾,分为抽象概念和具体概念。其次,要明确的是概念的外延,这是规定概念以及探讨全部概念运动的重要环节。而概念运动环节,即规定—展开—改造—完善—转化的过程,要注重抽象到具体的转化,这正是论述过程的主体,又是建立政治经济学概念体系的逻辑依据。概念运动的必然结果和集中体现是论述体系,在论述体系中,概念又都作为必要的因素或环节而有机地存在

---

① 马克思:《资本论》(第一卷),人民出版社1976年版,第8页。

着。概念运动和论述体系的统一构成理论发展。

## 三　系统抽象法对我国政治经济学研究的启示和作用

目前，经济学者对经济问题的分析和解释主要依赖于西方经济学和马克思主义经济学，要改变我国政治经济学理论研究长期依赖进口或未深入本质的状况，必须重视和运用系统抽象法，揭示和论证我国现实经济矛盾。系统抽象法，是一种科学的研究方法，它对于我国的经济学研究工作具有重要的指导意义。要重视和运用系统抽象法，并在分析我国经济问题的基础上，总结经济发展规律，服务经济发展。

### （一）从现实的经济矛盾出发来研究经济问题

"一切从实际出发"获得了众多学者较为普遍的认同，但在我国经济学研究领域做得还很不够，仅只是表面上掌握，而其实际内涵及应用则较少深入涉及，正如黑格尔所说，"熟知的东西并不是真正了解了的东西……"马克思在谈到自己的研究方法时写道："研究必须详细地占有材料，分析它的各种发展形式，探寻这些形式的内在联系"[1]，列宁也曾指出，"《资本论》不是别的，正是把堆积如山的实际材料总结为几点概括的、彼此相联系的思想"[2]。从实际出发，详细地占有现实材料是系统抽象法的基础和首要环节，而我国经济学研究却部分脱离了这一基础，表现为：

其一，照搬马克思主义教条研究当前的经济问题。把马克思主义的《资本论》当作原理、经典教条加以推崇，出现了由理论来论证现实，甚至是由理论来论证理论的教条主义倾向。从新中国成立至今，我们都未形成自己的经济理论，基本上是引用马克思主义经济理论来解释实际的经济问题、论证现实的经济政策。很多学者把马克思的经济学当作是我国的经济学，至于是否符合我国实际经济矛盾，则予以

---

[1] 马克思：《资本论》（第一卷），人民出版社1976年版，第23页。
[2] 列宁：《列宁全集》（第一卷），人民出版社1984年版，第121页。

忽略。相反，精力都集中于如何用马克思的理论论证当前经济政策的合理性。如面对2007年美国次级贷款引发的金融危机，国内的众多学者运用马克思主义经济原理给予解释，然而，在虚拟经济高度发展的今天，经济矛盾也是不断变化的，用过去的理论来硬套今天的现实，从理论教条出发，得出的结论不具实际指导意义。因此，我们的研究工作也就不必拘泥于马列主义的经典，而是要在它的指导下，从现实的经济矛盾出发，发现问题的本质，形成符合中国实际的经济理论，坚决摒弃把马列经典奉为教条的学究式的研究方法。

其二，奉行西方经济学理论来研究当前的经济问题，忽视我国实践的特殊性。这种倾向的人普遍认为马克思主义已经过时，因而全面否定马克思主义的政治经济学，把西方经济学说奉为真理，并把西方资本主义制度下的经济理论直接运用于我国，而不考虑我国在资源、环境、劳动者素质和社会文化教育等方面均与西方有较大差异的实际。当前在我国，西方经济学比马克思主义政治经济学更有市场，影响也更广泛，大到国家决策，小到企业管理，无不充斥着西方经济学说的影子。其实，从西方经济学说到我国的经济理论之间，还必须经历一系列中间环节，只有在对西方经济学说进行深入、系统的批判之后才能对我国实际经济矛盾做出科学的分析。

一切从实际出发，详细地占有现实材料，是经济研究的出发点和立足点。也只有这样，才能把握住现实经济矛盾的实质，也才能在既定的经济体系的合乎逻辑的结构内探索出有价值的、可供选择的实践行动方案。就我国而言，政治经济学研究的理论本体是现实经济问题，经济学研究者只有从现实的经济问题出发，而又不仅仅停留和满足于现实问题的描述和解释上，运用系统抽象法，深入揭示和论证经济矛盾，才能说明经济问题，形成经济规律和理论。

（二）从具体到抽象、由现象到本质，来研究我国经济发展变化

并不是有了翔实的材料之后，研究工作就一定能得出科学的结论。进一步的分析至关重要，正如黑格尔所说，我们研究的任务就是"使材料充分地流动起来，把这些陈死材料中的生动的概念燃烧起来"，必须从这些材料中理出它们之间的内在联系，以及变化发展的规律性，才能把握其内在本质。因此，在拥有大量现实材料的基础

上，还须再进一步由具体上升到抽象。正如《政治经济学方法论纲要》一书中所总结的，"所谓系统抽象，就是研究者为了特定的目的，对一定的现象进行判断和推理，形成概念，进而通过概念的运动即概念的展开、改造、批判、完善和转化，规定客观经济矛盾的本质，在此基础上进一步说明经济现象。这个过程，也就是去伪存真、由表及里、由此及彼地规定经济现象间的内在联系，并从整体上系统地把握本质，根据本质说明现象"①。这里主要包括两个重要环节：概念的形成和概念的演绎推理。目前，我国经济研究中更多的是简单搬用西方现成的概念、原理，并在此基础上演绎出众多似乎很先进的理论。既不能立足于现实抽象出科学的核心概念，也不能进行概念的推演，也即概念的展开、改造、批判、完善和转化。

从具体到抽象、由现象到本质，这是质的飞跃。研究我国经济，必须从实际出发，通过比较、分类、归纳、综合和演绎等多种思维形式研究现实经济问题，抽象与实证统一，定量与定性统一，才能揭示我国现实经济矛盾，得出我国经济发展变化的规律，进而指导经济建设。

（三）从抽象回到具体，用理论来解释、说明我国的现实经济问题

从抽象回到具体指的是如何科学合理地建立论述体系，反映经济矛盾的系统。正如马克思所说的，这里的具体已经不等同于现象本身，而是"许多规定的综合，因而是多样性的统一，因此它在思维中表现为综合的过程，表现为结果，而不是起点"②。也就是说，这个具体是在已经分析清楚其来龙去脉，弄清楚其本质矛盾的现象，是理论展开对现象的具体解释和说明。我们现在的经济研究经常出现这样一种情况，即由理论而理论，整个论述过程变成纯粹抽象概念的逻辑演绎，不是用理论来解释现实，而是把现实变成理论的附庸。马克思特别指出："从抽象上升到具体的方法，只是思维用来掌握具体，并把它当作一个精神上的具体再现出来的方式，但绝不是具体本身的产生

---

① 刘永佶：《政治经济学方法论纲要》，人民出版社2000年版，第318页。
② 马克思：《马克思恩格斯选集》（第二卷），人民出版社1995年版，第18页。

过程。"① 《资本论》是论述体系的典范，其论述体系完整，论证充分，逻辑清晰，层次分明，很容易地使我们理解了它所规定的一系列抽象概念，而随着概念的推演，我们不但能自由地使用、驾驭这些理论而且仿佛进到了资本主义现实当中，并用非常清晰的、理性的眼光，来理解和判断资本主义的各种经济矛盾，从而最终认识到资本主义生产关系的实质。

相比之下，我国目前的一些研究，过分地沉溺于技术分析，大量地使用数学等分析工具，目的与手段相背离，使理论本身成为远离现实的欣赏物。从抽象到具体不仅是理论的逻辑推演问题，更重要的是它还是一种科学的方法，不能够掌握这一方法，就不能够建立起具有实践意义的理论。

---

① 马克思：《马克思恩格斯选集》（第二卷），人民出版社1995年版，第19页。

# 历史学派"历史的方法"对中国少数民族经济研究的启示

郭 晶[①]

19世纪40年代以后,随着德国资本主义的进一步发展,德国产生了自己独立的政治经济学派——历史学派。德国历史学派在方法论上强调对特殊国度经济状况的历史研究方法,即对历史资料进行收集、整理、分类、归纳和比较,强调将历史研究方法与生理解剖方法、生物进化观念、比较分析方法结合起来研究国民经济。

历史的方法并不是一种基本的研究方法,而是一系列基本方法的总和,是与抽象演绎法相对应的一种研究方法,是回到历史的客观现实中实现从个别到一般的认识过程,通过比较、分类、分析、综合等思维方法完成归纳推理的研究方法。从历史实际出发和归纳推理是历史方法的核心要素。统计和计量是历史方法在数学领域的必然延伸。

## 一 "历史的方法"强调国度特殊性

德国历史学派强调国别和历史,否认一般经济规律,突出德国的特殊历史条件,历史学派"历史的方法"是强调对特殊国度经济状况的历史研究方法。我们之所以要突出历史学派在经济研究中的重要地位,就在于我们是从一般与特殊的辩证统一中来研究具体经济问题的,而这种统一又是长期历史演化的结果。李斯特之所以能够成为历

---

[①] 郭晶,中央民族大学在读博士生,现就职于呼和浩特民族学院经济系。

史学派的先驱,就在于他对历史的重视,他认为一个国家的经济状况是其特殊历史条件造成的,他称自己的体系为"国家经济学",与流行的"世界经济学"相区别。他写道:"作为我的学说体系中一个主要特征的是国家。国家的性质是处于个人与整个人类之间的中介体,我的理论体系的整个结构就是以这一点为基础的。"[1] 李斯特注重国别和历史,将某一国度作为考察的特定范围,然后从历史的角度对其经济发展进行归纳,再确定其发展水平,据此提出相应的建议。

旧历史学派代表人物罗雪尔运用和扩展了"历史的方法",他认为哲学和数学方法是研究政治经济学的辅助方法,不能解决政治经济学的核心和主体问题。他非常注重类比和观察,认为这是"历史的方法"中的解剖刀和显微镜。在《历史方法的国民经济学讲义大纲》中,他说:"哲学家尽量抽象地、脱离一切时间和地点的偶然性去寻找概念或判断的体系;历史学家尽量忠实地描绘现实生活,寻求人类的发展及其关系的记载。"[2] 通过这种历史方法的研究,历史学派经济学家认为,经济发展是独特的,因而不可能存在所谓的"自然法则",经济学家只能证明不同经济的共同发展的形式,而不能找到普遍适用的规律。

新历史学派的"历史的方法"是德国历史学派的延续,在方法上,其承继了历史学派的"历史主义方法",即强调了不同国家的特殊性。新历史学派方法的主要表现,就是施穆勒的"历史归纳法"。他认为所谓归纳就是从个别的论断里边去找出根本的法则,而个别的论断主要是靠观察和经验得出来的,他不承认一般的经济规律,而强调对历史的归纳。他认为,历史的过程是现实过程的前提,要对现实经济过程中的因果关系做出合理的认识,就必须对历史的过程进行研究,从研究历史的已知现象中得出结论,推断现实。新历史学派不同于旧历史学派之处,就在于它更注重对经济史的分类论述。新历史学派的著作标榜以下几个要点:第一,将发展的、历史的观点作为思想的主流;第二,从人心理上的各种欲望和感觉出发,承认道德的力

---

[1] 李斯特:《政治经济学的国民体系》,商务印书馆1961年版,第7页。
[2] 罗雪尔:《历史方法的国民经济学讲义大纲》,商务印书馆1981年版,第191页。

量，从风俗和法律、制度与组织的角度进行观察；第三，对个人主义和社会主义都持批判态度，但明确私有制将永存，不过要进行一些改良，以避免过大程度的阶级分化和阶级斗争。总之，新历史学派比旧历史学派更强调伦理、道德因素的作用，更强调国家和法律对经济的作用，认为国家是"超阶级性"的，国家在社会经济发展中有其特殊地位和作用。无论是旧历史学派的"历史分析法"与"历史生理法"，还是新历史学派的"历史归纳法"与"历史统计方法"，都一致强调历史的特殊性和"历史的方法"，从一定意义上说历史的特殊性就是国度的特殊性。

## 二　国度特殊性的根本在于主体特殊性

"历史的方法"是强调对特殊国度经济状况的历史研究方法。① 不同国家有不同的历史渊源，在历史的某一阶段，某一特定国家，国度性研究将成为重点。在对若干国家在特定社会形态、历史阶段的国度特殊性经济矛盾研究的基础上，对世界一般性经济规律的认识才能更全面，国度性研究和世界性研究是相互制约、相互促进的。

中国民族经济研究具有国度性，其国度特殊性体现在主体的特殊性、地域的特殊性、文化的特殊性等方面。正是由于这种差异性的存在，刘永佶教授针对中国经济的实际情况，创新性地提出了中国自己的政治经济学理论，指引中国经济的崛起。在中国国度特殊性下，主体的特殊性是最为重要的内容，主体的特殊性体现在中国民族的多元性和民族演变历史的复杂性中，费孝通先生曾经在《中华民族多元一体格局》中运用人类考古学的方法对此做了详细论述。

如果说国度特殊性体现在主体的特殊性、地域的特殊性、文化的特殊性等方面，那么其根本就体现在主体的特殊性上。从国家间关系层面看，不同国家代表不同的民族，如德意志民族、大和民族、中华民族等，德国历史学派代表着德意志民族的利益，研究德国经济社会

---

① 刘永佶：《政治经济学方法史大纲》，河北教育出版社2006年版，第168页。

发展；从国家内部关系层面看，中国少数民族经济研究是中国民族经济研究的一部分，其特殊性也体现在主体的特殊性上。

主体的特殊性就是人的特殊性，人的特殊性体现在如民族所处的地理环境，拥有的自然资源，所属的文化氛围等方面。人作为社会经济的主体，是经济运行中不可或缺的条件，人的因素应该作为中国少数民族经济学的重要因素来研究，而且对于少数民族经济研究来说，不能把它作为一个可有可无的因素，而是要把它作为一个重要内容来进行探讨。对于民族经济研究来说，人的因素同其他经济因素的矛盾尤为突出，所以对于中国少数民族经济学，人的因素及其矛盾的研究更是不可或缺的，由于人作为社会和历史的产物，它也不能不被打上国度性的烙印。

## 三 中国少数民族经济研究对象的主体特殊性

中国民族经济研究的国度特殊性，既取决于研究对象的国度性，又取决于研究主体的国度性。中国民族经济学的主体，从国度性上说，是中国存在的各个民族的人，统称为中华民族。民族的人，不是抽象的人，而是作为主体的劳动者，并且是具有自主意识的劳动者。所谓自主意识，它体现在阶级意识、民族意识和发展意识三个层面。中国少数民族经济研究是中国民族经济研究的一部分，它的国度特殊性主要体现在研究对象的特殊性上。

中国少数民族经济研究的研究对象是我国的55个少数民族，这一官方界定是否合理已经不重要了，因为它已经成为既定的事实，否定它或重新界定它都会造成更大的损失。从研究对象主体来说，55个少数民族分属于不同语系，有的民族有自己的语言文字，有的民族有自己的语言，而没有与自己语言相一致的成熟的独立的文字，其语言文字的复杂性使得研究者最好通晓各民族语言，这种复杂性体现了中国特有国度历史的民族主体演化发展进程的特殊性。

从主体的地域性来说，55个少数民族分布在不同的区域，气候条件、自然条件、资源禀赋都是不同的,这使其生产、生活方式具有巨大的差异性。随着人口的迁徙和流动,同一民族分布在不同的区域,同一区域生活着不同的民族,对于有关民族的数据统计越来越难,所以对于民族经济的研究一种是与区域经济重合的,一种是与民族学、人类学重合的,所采用的方法一种是偏向数理统计的实证分析,另一种是偏向田野调查的实证分析。这种地理与自然分布的复杂性体现了中国特有国情下的数据统计标准的特殊性。

此外,中国少数民族主体有着悠久的历史、灿烂的文化,各民族宗教、信仰、风俗习惯各不相同,就使得他们在世界观、人生观、价值观上具有各自的特殊性,而这种特殊性又需要我们区别对待。所以,中国少数民族经济研究的特殊性体现在各分支民族的特殊性上,从民族视角去研究经济问题是解决现阶段民族聚居地区经济问题的有效手段,体现了实事求是、一切从实际出发、具体问题具体分析的思想原则。在具体问题的分析上,我们可以考虑民族因素,并把它作为主要因素,但要上升到学科理论角度上,我们必须运用系统抽象法,剥离出少数民族经济的共性与其特殊性,建立范畴体系,运用多种研究方法进行论证。

## 四 中国少数民族经济研究方法对"历史的方法"的借鉴

历史学派的"历史的方法"是站在本民族视角研究问题的。在中国少数民族经济研究过程中,由于强调主体特殊性的研究,所以一定要界定清楚"我者"和"他者"的视角。中国少数民族经济研究应站在民族主体的视角去分析研究问题,而不是"他者"的主观臆断,这在中国少数民族经济研究中尤为重要。同时在方法上强调一切从实际出发、具体问题具体分析的方法论,强调"我者"的主体性,制定政策措施都应以"我者"为关键、为服务对象,而不是"他者"的主观评断,或者是采取适用于一切地区和民族的政策措施来解决特殊问题。

历史学派"历史的方法"对中国少数民族经济研究的启示

历史学派"历史的方法"是站在特定历史阶段视角研究问题的。历史学派认为，人类历史及其各种表现是一个自然变化和发展的过程，具有不可重复性；各个时代、民族、国家以至个人，都根据历史的条件或其自身属性，表现自己的独特性和价值，代表一种个别的精神，因而没有共同历史可言，更不存在共同规律。因而中国少数民族经济研究作为中国经济研究的一部分，有其特殊性，在方法上不仅要采用一般经济学的研究方法，而且要借鉴交叉学科的研究方法。

历史学派"历史的方法"强调从历史发展过程来研究问题。中国少数民族处在不断融合发展的过程之中，对其经济的研究不能仅仅停留在某一个历史阶段，而要研究各民族经济发展的历史脉络，所以需要借鉴历史研究的方法，强调对历史资料进行收集、整理、分类、归纳和比较。

历史学派"历史的方法"是旧历史学派和新历史学派所采用方法的统一。旧历史学派采用的"历史分析法"和"历史生理法"更加注重现象的描述，而新历史学派采用的"历史归纳法"和"历史统计方法"是在掌握大量历史资料的基础上，更加注重数据的统计和分析。在中国少数民族经济研究的过程中，既要注重数理统计方法的应用，同时也要注重对现象的描述，可采用民族学、人类学的研究方法，如田野调查法。

## 五　小结

德国历史学派"历史的方法"从德国自己的民族实际出发去研究经济学，强调经济研究的国度特殊性。同样，中国民族经济学的研究也应强调国度特殊性，即研究对象的国度性和研究主体的国度性。中国少数民族经济研究是中国民族经济学研究的一部分，其国度特殊性体现在研究对象——人的特殊性上。人的特殊性包括如民族所处地理环境、拥有自然资源、所属文化氛围等方面。中国少数民族经济研究要突出研究对象的主体特殊性，即民族性。在方法上，强调一切从实际出发的方法论，借鉴交叉学科的研究方法，借鉴历史研究的方法，既要注重数理统计方法的应用，又要采用民族学、人类学的研究方法。自始至终，我们应坚持从民族特殊性出发来研究少数民族经济学，任何脱离民族主体去研究少数民族经济的观点都是要受到质疑的。

【产业经济】

# "一带一路"战略下东西部产业转移对接的机遇与挑战[①]

## 谢丽霜

"一带一路"战略将西部地区确定为"丝绸之路经济带"重点建设区域,这为深化西部地区开放发展带来了新的机遇,但西部地区能否抓住机遇,避免再度陷入"过路经济"困境[②],关键还在于自身能否借助"一带一路"战略,依托西部优势资源,在区域合作新格局中有效推进产业发展、结构升级和产业竞争力的提升。而要做到这一点,离不开东西部产业转移对接及其作用的发挥。

## 一 东西部产业转移对接需要借力国家重大战略的推动

在过去的十余年里,由于产业发展环境的变化,东部地区局部的传统劳动密集型、资源密集型产业和一般技术制造业开始逐步向西部地区转移,并呈现加速之势。资料显示,2005—2010 年,到新疆地区

---

① 本文为中国·哈尔滨(2015 年 9 月 18—20 日)"一带一路"战略国际研讨会暨中国宏观经济管理教育学会 2015 年年会论文。
② 1993 年"新亚欧大陆桥开放开发"战略实施,但中国段沿线的西部省区由于缺乏产业支撑,只是扮演了"通道"的角色,而未能成为其中的核心支点,经由"新亚欧大陆桥"中国段西出的产品绝大多数来自东部地区,东西部差距在其后的十年里并没有缩小,反而不断扩大。西部地区在"新丝绸之路经济带"建设中应当努力避免类似的"过路经济"风险。

投资创业的国内外知名纺织企业比"十五"以前多出一倍，其后的近5年里，国内外纺织服装企业到新疆投资兴建、重组棉纺织规模进一步扩大到疆内产能规模总量的85%左右，化纤规模达到90%以上[①]；2008—2014年，浙江桑蚕业连续7年下滑，而西部地区桑蚕业则快速兴起，2003年起，西部蚕茧产量超过东部，2014年广西全区桑园面积、蚕茧产量占到全国总产量的50%，伴随种桑养蚕业的西移，东部的一些缫丝、丝绸、印染加工企业也纷纷到西部地区投资办厂[②]。但总体来看，西部地区对接东部产业转移的规模、速度和质量都还非常有限，产业转移在促进西部产业发展、结构升级和产业竞争力提升中的应有作用还没能充分发挥出来，东西部产业转移对接的深入推进仍然面临很多问题和挑战。

（一）地区利益壁垒的阻碍

在分灶吃饭的财税体制及现行的政绩考核评价体系之下，我国东西部产业转移对接的规模、速度并不完全是市场选择的结果，而是要同时受到转出地和承接地双方的地方本位及行政壁垒的约束。从东部转出地来看，由于结构转型升级进展缓慢，其"腾笼换鸟"政策更倾向于鼓励边际产业优先在本省内部转移而不是向区外迁移。因为对转出区而言，在经济没有成功转型之前，企业外迁、产业外移不仅不能产生显著效益，短期内反而可能带来难以承受的损失，包括建设资金外流，产业市场萎缩，就业压力增大，当地居民收入受到影响，地方政府税收、声誉及政绩受损等。与转出地不同，承接地的地方本位主要表现为地方市场分割、引资竞争中的竞相让利以及地方政府过度介入招商引资过程等，一些地方为了实现本地经济的跨越式增长及其所承载的官员系统的利益诉求，不惜代价、不求效率、不加选择地进行招商引资，而恰恰是这种急功近利的短视行为，损害了产业转移对接的基础和环境，导致一些企业望而却步，转而寻找其他更具吸引力的

---

① 新疆纺织产业高歌猛进，产业发展步入快车道 [EB/OL]，中国丝绸网，http://www.oksilk.cn, 2015-08-28.

② 项飞：《东桑西移》，《南方人物周刊》2015年第29期，第64页。

承接区域①。

## (二) 资源指向型产业转移难以持续

目前西部地区对接的东部产业转移项目主要分布于三大产业领域：一是土地资源占用大的行业，如第一产业和部分加工制造业等；二是立足西部特色优势资源的劳动密集型一般消费品行业，包括制鞋、家纺、食品、竹木加工、粮油加工、畜禽产品加工以及特色农产品加工等杂项工业；三是能源、矿产资源开发利用行业，如在产业转移高峰期的2000—2008年间，广西、贵州、宁夏、新疆四个能矿资源丰富的西部省区，六大高耗能产业②对地区工业总产值的贡献份额平均增长了40%左右，而广东、浙江、江苏、山东四个东部省份的平均增幅只有16%。目前这种资源指向型的产业转移已经很难持续下去，一方面，在世界经济持续下行的大环境下，国内外大宗商品价格在持续走低；另一方面，西部地区生态环境脆弱，维护资源环境安全，防止污染产业向西部地区扩散和转移，是西部地区对接东部产业转移必须加以防范的问题，而从近几年的产业转移对接实践看，大量投入产出低、能源消耗量大、污染排放高的产业项目的引入，已经使西部工业发展和经济增长的资源环境成本在不断提升。

## (三) 产业承接能力亟待提高

一个地区能否把握产业转移机遇，关键在于承接能力的强弱，而影响产业承接能力的主要因素，一是承接地的客观环境，二是承接产业的竞争力。从这两方面看，西部地区产业承接能力都还很薄弱。从承接地的客观环境看，西部地区无论在交通总量、道路等级、综合交通保障能力、运输服务水平和交通可持续发展能力方面，还是在市场化水平、制度建设以及社会发育程度方面，都要落后于东部发达地区。从承接产业的竞争力看，西部地区总体上还处于工业化初期或向中期迈进阶段，许多产业部门都尚未得到有效发展，即便是在重点培育和发展的能源化工、矿产资源开采加工、农牧产品加工、装备制

---

① 谢丽霜：《东西部地区产业转移利益关系协调问题研究》，《改革与战略》2011年第12期，第61—64页。

② "六大高耗能产业"包括石油加工及炼焦、黑色金属冶炼、有色金属冶炼、化学原料及化学制品制造、非金属矿物制品、电力热力供应。

造、高新技术等特色优势产业领域，也没有形成龙头企业带动力强、配套企业相互衔接、关联企业紧密对接的完整产业链，更没有形成具有较强竞争力的产业集群。这样一来，西部地区赖以吸引东部产业资本的劳动力、土地、能源等资源禀赋优势，就会因交通物流发展落后、产业集聚程度低、综合配套能力差和不确定性风险等消极因素而抵消。

**（四）对接的产业转移项目质量不高，当地带动力不强**

近年来，西部地区对接东部产业转移取得了一些成效，成功承接了一些产业转移项目，但总体上产业承接质量并不高。表现为：第一，项目单体规模小。譬如，在有着"全国蚕茧产量第一大县"之称的广西宜州市，2003—2007年，宜州市经济开发区引进了来自广东、浙江、江苏等省7家缫丝企业，但投资额都不大，基本在1000万元至5000万元人民币之间，规模最大的一家缫丝企业有16组自动缫丝机，最小的一家只有四组自动缫丝机。第二，深加工项目少，技术含量低。例如，广西通过承接东桑西移已经一跃成为全国桑蚕业的主产区，桑园面积和蚕茧产量快速增长，但丝绸深加工企业的引进却进展缓慢，目前引进的多为缫丝企业，织绸、印染、服装等丝绸深加工企业少之又少，由于后续加工能力不足，目前自治区60%以上的蚕茧仍需运往区外，广西作为东部丝绸产业原料供应地的产业地位并没有从根本上发生改变。第三，零散投资多，产业关联弱。西部工业园区普遍存在的"集而不群"现象就是一个典型例证。

显然，西部地区对接东部产业转移面临的上述问题，仅凭西部地区自身力量是很难在短期内解决的，必须借力国家重大战略的推动。

## 二　"一带一路"战略下东西部产业转移对接的机遇分析

"一带一路"重大战略将西部十个省区市纳入建设规划，构建"双向"开放、内外兼修的区域合作新格局。这一战略的提出与实施，无疑为加快推进西部地区对接东部产业转移提供了难得的机遇。

## (一)"一带一路"战略下优化全国空间经济布局的推动力空前加强

从2005年商业部启动"东桑西移"和"万商西进"工程,到2015年3月国家发改委连续在中西部地区批复建立八个国家级承接产业转移示范区(见表1),国家有关部门一直在努力推动全国产业空间布局的调整,但作为国家高层推动的重大战略,同时也是一项内外兼修的综合性战略布局,"一带一路"战略对我国经济空间结构调整优化的推动将是空前的。国家层面的"一带一路"规划明确提出:要将一带一路建设与区域开发开放相结合,一带一路国内沿线各地区资源禀赋不同,各自要根据自身优势,制定优化经济发展空间格局的具体方案,发展与一带一路契合的产业,避免一带一路沿线地区的同质化发展。这无疑将会加快全国和各地的工业布局调整,使东、中、西部地区面临工业在全国重新布局的新变革。此外,在"一带一路"战略框架下,来自国家最高决策层的顶层设计,必将形成对区域交流与合作、经济空间布局以及区域产业结构优化升级的有力促进,从而有助于突破基于地方本位和地方保护的产业转移地区利益格局。这对东西部地区之间的经济交流与合作、对区域产业结构优化升级的推动作用,是过去仅仅依靠国家单一部门、单一区位或单项行动来推进所不能比的。

表1 国家宏观层面支持和推动东部产业向中西部梯度转移的举措

| 时间 | 内容 |
| --- | --- |
| 2006年4月 | 商务部决定在"十一五"期间全面启动丝绸产业"东桑西移"工程 |
| 2006年12月 | 商务部决定实施"万商西进"工程,大力推进国际和东部开放型产业向中西部地区梯度转移 |
| 2010年1月 | 国务院批复《皖江城市带承接产业转移示范区规划》 |
| 2010年8月 | 国务院出台《关于中西部承接产业转移的指导意见》 |
| 2011年1月 | 国家发改委批复设立重庆沿江承接产业转移示范区 |
| 2011年10月 | 湘南示范区 |
| 2012年2月 | 湖北荆州承接产业转移示范区 |
| 2012年11月 | 广西桂东产业转移示范区 |
| 2012年5月 | 晋陕豫黄河金三角承接产业转移示范区 |
| 2013年6月 | 国家发改委批复设立赣南承接产业转移示范区 |
| 2015年3月 | 国家发改委积极部署设立"东北地区承接产业转移示范区"建设工作 |

资料来源:根据媒体公开资料整理。

## (二)"一带一路"战略下西部地区的区位优势进一步凸显

西部地区与周边14个国家和地区接壤,产业互补性强,合作空间广阔。但过去主要是向东开放,目的是利用沿海地区地缘优势,加强与东部相邻的日本、韩国、中国台湾、中国香港、新加坡等经济体之间的经济合作和贸易投资往来,西部地区的地缘优势并没有得到充分的开发。"一带一路"战略使这种单一开放格局得以扭转,"一带一路"是东西双向开放战略,强调在继续向东开放的同时,通过新丝绸之路经济带建设,加大向西开放力度,目前在国家"一带一路"规划重点圈定的18个省中有10个西部省区市入列,毗邻中亚国家的新疆更是被确定为"一带一路"建设的核心区(见表2)①。可以预见,伴随着陆上丝绸之路经济带和孟中印缅、中巴经济走廊建设的稳步推进,西部地区与周边国家在政策沟通、道路连通、贸易畅通、货币流通、民心相通等方面工作的深入开展,西部地区经济活力将被进一步激发,与周边国家的投资和经贸往来将更加频繁。而这一变化必然会带来大量的投资机会。

表2　　西部10省区市在国家"一带一路"规划中的定位

| 省区 | 典型省区的定位 |
| --- | --- |
| 西北六省区 | 新疆、山西、甘肃、宁夏、青海、内蒙古,其中新疆为核心区 |
| 西南三省区 | 广西:发挥加快北部湾经济区和珠江—西江经济带开放发展,构建面向东盟区域的国际通道,形成海上与陆上丝路有机衔接的重要门户 |
| | 云南:打造大湄公河次区域经济合作新高地,建设成为面向南亚、东南亚的辐射中心 |
| | 西藏:加快建设南亚大通道,积极对接"一带一路"和孟中印缅经济走廊,推动环喜马拉雅经济合作带建设 |
| 内陆地区 | 重庆 |

资料来源:根据媒体公开资料整理。

---

① 国家发展改革委、外交部、商务部联合发布:《推动共建丝绸之路经济带和21世纪海上丝绸之路的愿景与行动》[EB/OL],中国商务部网站,http://zhs.mofcom.gov.cn,2015-03-28。

**（三）"一带一路"战略下西部市场容量进一步扩大**

虽然低成本目前依然是吸引东部产业西移的主要因素，但越来越多的迹象表明，由当地市场容量、为客户服务的物流半径、产业链上下游市场等因素所决定的一个不断扩大的本地市场规模，对产业资本的吸引力更大，尤其是对市场扩张型的跨区投资企业而言，地区市场容量的大小对于产业转移的实现及实现规模具有至关重要的作用。而在扩大地区市场容量方面，"一带一路"建设将会发挥巨大的推动作用。第一，按"一带一路"规划，基础设施建设将首当其冲，而随着交通运输网络体系的完善，交通物流产业的发展，西部地区内部分割而细碎化的地区市场有望向一体化市场转变。第二，"一带一路"规划将新丝绸之路经济带建设的政策重心放在新疆等西部地区，有利于增强西部地区发展的活力，促进地区新经济增长点的培育和壮大，譬如新丝绸之路经济带沿线地区有着独具特色的旅游资源，随着西部区位重要性的提升、经济活动量的增加以及交通基础设施条件的改善，沿线地区的旅游产业必然会形成新的增长点，进而拓展当地旅游消费市场。第三，与周边国家国际贸易、文化交流与和平之旅等方面不断深化拓展的开放与合作，将会使西部大开发迎来新的发展契机，由此带来的新丝绸之路经济带沿线地区经济活动量的不断增多，使沿线地区对商业贸易、城镇基础设施建设、各类专业市场建设，以及旅游酒店、交通运输（物流）等第三产业的需求空前扩大。第四，与周边地区和中亚、西亚国家实现互联互通、合作共赢，可以延展西部地区的市场边界，吸引东部产业资本和企业不断向西开拓。譬如上海宝钢集团并购新疆"八一钢铁"，诱因之一就是八一钢铁处在亚欧大陆"桥头堡"的战略位置，并购八一钢铁，上海宝钢集团便可以以此为依托，进一步开发中亚国家丰富的铁矿石等资源和钢材消费市场。而且，新丝绸之路经济带沿线相关国家普遍处于经济发展的上升期，与我国企业扩大经贸合作，开展互利合作的前景和空间十分广阔。

**（四）西部融入"一带一路"建设的自我努力有助于提升产业西进的拉力**

新丝绸之路经济带沿线的西部省区都是落后地区，自身具有强烈的发展要求，这些地区都希望借助包括"一带一路"战略在内的多个国家重大战略的叠加效应,将本地区打造成为丝绸之路经济带上的核心支点,而不仅仅是"通道"。为此,这些地区在积极融入"一带一路"建设的过程中,必然会充分利用自身优势大力打造企业成本洼地,加大对接东部产业转移的推进力度。如新疆,在中央明确新疆为"丝绸之路经济带"核心建设区之后,新疆在部署2015年工作重点时,便将"推动丝绸之路经济带核心区建设迈出重要步伐"这一点放在首位来强调,提出将新疆建设成丝绸之路经济带上重要的交通枢纽中心、商贸物流中心、金融中心、文化科技中心、医疗服务中心,建设成国家大型油气生产加工和储备基地、大型煤炭煤电煤化工基地、大型风电基地和国家能源资源陆上大通道,建设成丝绸之路经济带上的核心区的战略目标。为实现这一目标,2015年新疆采取了多项举措打造投资洼地,努力吸引民间资本(见表3),据新疆统计局的数据,2015年1—6月,新疆民间投资1547.86亿元,增长9.4%,占新疆固定资产投资总额的45.7%,成为支撑全区固定资产投资增长的主力军[①]。

表3　　新疆加速融入"一带一路"、引导外部资本进入的举措

| 时间 | 具体内容 |
| --- | --- |
| 2015年4月 | 新疆面向社会发布首批53个引入社会资本的示范项目,投资总规模达2083亿元 |
| 2015年5月11日 | 新疆第十二届人民政府第22次常务会议研究制定《创新重点领域投融资机制,鼓励社会投资的实施意见》,鼓励社会投资特别是民间资本参与重点领域建设 |
| 2015年5月13日 | 由新疆维吾尔自治区政府引导,由中国农业银行、浦东发展银行等金融机构参与发起设立的新疆"一带一路基金"成立,基金总规模为200亿元人民币,计划在未来10年内,充分调动社会资本,参与投资"一带一路"沿线基础设施、能源、科技等领域的项目 |

---

① 陈莹:《上半年全区固定资产投资运行情况》[EB/OL],新疆维吾尔自治区统计局网站,http://xjtj.gov.cn,2015-09-07。

续表

| 时间 | 具体内容 |
| --- | --- |
| 2015年6月 | 据《伊犁日报》相关报道，江苏产业援疆得到中央和地方高层的高度重视：<br>△中共中央政治局委员、自治区党委书记张春贤两次做出重要批示，勉励江苏援伊工作"再接再厉，率先前行"；<br>△江苏省委、省政府将产业援疆视为江苏省加速融入"一带一路"建设的重要途径，省领导及相关部门多次到伊犁现场办公，指导产业援疆工作，在资金、人力、物力上给予最大限度倾斜，省对口支援伊犁州前方指挥部与伊犁州、县两级联合成立产业援疆工作领导小组，上下联动，加强配合，深入推进产业援疆；<br>△自治区援疆办在伊犁召开产业援疆现场会，对江苏产业援疆工作给予充分肯定 |

资料来源：根据媒体公开资料整理。

## 三 "一带一路"战略下东西部产业转移对接面临的挑战及应对

"一带一路"本质上是国际产能合作和制造业"走出去"战略，目的是要将我国一些严重过剩的产能和制造业进一步向东南亚、南亚和中亚等"一带一路"沿线国家转移。随着"走出去"的加速，西部地区对接东部产业转移必然要面对东南亚、南亚及其他沿线国家更加激烈的竞争。

第一，"一带一路"战略下的对外投资，是在政府间签订战略合作协议，在国家战略部署下进行的海外商业投资，在规避或降低海外投资风险，获得投资便利及其他支持条件，从而实现企业对外投资效益等方面，比起以往任何一个单一行业或一个单一企业独立走出去有更大的优势。

第二，随着我国与"一带一路"周边国家"五通"的逐步实现，我国与东南亚和南亚等低人力成本国家，以及能矿资源禀赋优越的中亚国家之间的通道将更加畅通，植根东部发达地区的跨国企业地区间人力资源交流成本和时间成本将进一步降低，这将极大地提高珠三角、长三角等产业转出地与海上丝绸之路沿线国家间跨国投资和产业转移的便利性。

第三，我国制造业走出去的对象国，主要是"一带一路"沿线与我国形成梯度差的欠发达国家，其低人力资本优势、资源优势，在吸引我国对外直接投资、承接边际产业转移方面，很容易与西部地区形成同质竞争。更何况，这些国家（地区）还拥有其他更加有利的承接优势，例如，越南优越的地理区位，印度富有竞争力的软件产业和纺织业，东盟地区经济发展结构和发展阶段的多元性等，这些优势会让各种动机的对外直接投资和边际产业转移，都能在沿线国家找到合适的区位并实现其经济效益。

第四，自世纪之交实施"走出去"战略以来，我国对外直接投资已经连续十几年保持增长，截至2012年年末，我国对外直接投资存量占世界对外直接投资存量的2.3%，存量位居世界各国对外直接投资存量的第13位，连续两年位列全球三大对外投资国之列[1]。特别是在2007年以后，我国对外直接投资净额快速增长，从2007年的265.06亿美元增长到2013年的1078.44亿美元，接近1175.86亿美元的同年我国实际利用外商直接投资金额（见图1）[2]。结合前述提到的几方面利好因素，可以确定，"一带一路"战略框架下的我国"走出去"企业，将会在原来基础上获得更好、更快的发展。

由此不难预见，随着"一带一路"建设的推进，未来我国东部发达地区的劳动密集型产业极有可能会加速向具有劳动力成本优势的南亚和东南亚地区转移，而资金密集型产业则会进一步向能矿资源赋存优势突出的中亚和西亚国家转移。

---

[1] 胡海清：《CAFTA背景下中国对东盟国家直接投资问题研究》，中央民族大学博士学位论文，2014年，第27页。

[2] 商务部新闻办："年度中国对外直接投资统计公报"［EB/OL］，中国商务部网站，http://zhs.mofcom.gov.cn。

(亿美元)

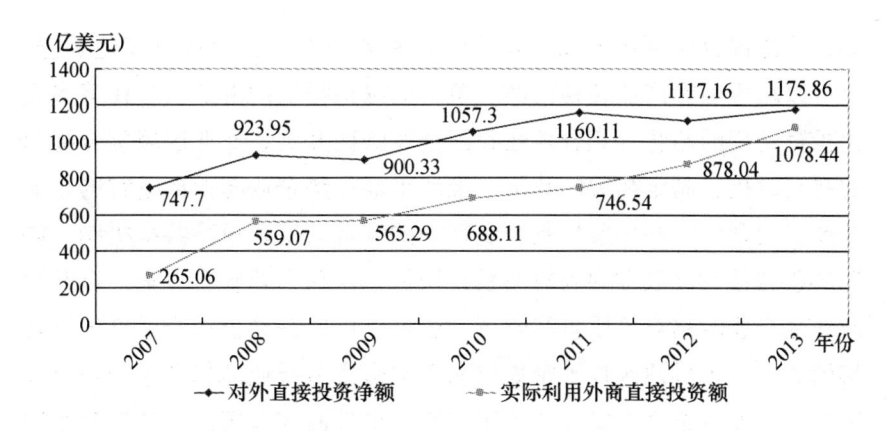

**图1　中国对外直接投资与实际利用外商直接投资的变化轨迹**
资料来源：中国国家统计局网站。

可见，对于西部地区对接东部产业转移而言，"一带一路"战略既是机遇，也是挑战，西部地区要想借力"一带一路"战略，加快推进东西部产业转移对接，充分发挥产业转移对西部产业发展、结构升级和产业竞争力提升的带动作用，避免"过路经济"风险，就必须：

第一，积极融入"一带一路"建设，抓住国内及向西陆路经济带交通、物流国际大通道建设的契机，进一步加大对外开放力度，建设多个集来料加工和出口加工为一体的内陆开放高地、沿边开放高地，着力打造具有西部特色的开放型经贸产业园区，以利于吸引东部产业资本进入西部地区，就地就近开发利用西部地区及周边国家的资源和市场，促进当地特色优势产品的出口。

第二，抓住国家将西部10省区确定为"新丝绸之路经济带"重点建设区域的大好机遇，整合利用"泛珠三角"、"长江流域经济带"、"首都经济圈"、"对口支援"等多个区域合作发展平台或机制，加强东部产业转出地与西部产业承接地地方政府间的高层会晤，积极构建与东部产业转出区良性互动的政府合作推进机制，引导和支持东部企业参与西部新丝绸之路经济带沿线地区的建设与发展。

第三，探索互利共赢的东西部产业转移对接新形式，将产业转移对接融入到西部产业转型发展之中。譬如，东西部地区可以在西部的适宜区域合作共建产业转移工业园区，合作双方以"利益共享"为原则，按协议分享园区产值、税收、各种规费的地方分成及其他利益；也可以顺应国际产业转移已经从单一的绿地投资向并购、合作等多元化投资转变的趋势，充分抓住我国企业跨区并购、产业区域整合提速的有利时机，制定相关的政策，推动东部优势企业与西部适宜的企业开展股权合作，利用股份制企业特有的利益共享、风险共担机制，协调产业转移对接双方的利益关系，增强东西部产业整合力量，提升西部地区产业转移对接质量和效率；还可以借鉴跨国公司全球价值链转移模式，将东部地区技术密集型和资本密集型产业的部分生产环节和工序向西部有条件有能力的地区转移，推进西部地区产业转型升级和产品更新换代，实现东西部地区间的优势互补、互惠互利及共同发展。

# 民族地区产业结构的特点及其发展

赵晓琳

我国民族地区拥有丰富的资源、能源优势，具有极强的经济发展基础。鉴于多种因素的限制与制约，新中国成立前，民族地区大部分是以农业为主的单一经济结构。新中国成立后，服从于政治的需要，国家曾强化了民族地区的工业化发展，使民族地区的经济结构呈现出了以自然资源开发为主的第一、第二、第三产业共同发展的结构态势，但是受制于传统经济体制的弊端，民族经济结构畸形化，并导致严重的二元经济结构，优化经济结构是民族经济增长的重要环节。产业结构是经济结构中的一个重要部分，对产业结构的研究可以直接了解一个地区经济发展和经济增长的状况，对于民族地区产业结构的研究也显得尤为重要。地区的产业结构与地区结构、所有制结构等一起构成经济结构的重要方面，分别从不同角度反映经济组织之间的对比关系和结合状况。其中，产业结构直接反映了一个民族或地区的经济发展水平。我国民族地区要加速发展，实现经济现代化，必须因地制宜地选择适合本地区或本民族区情与族情的产业结构，并根据产业发展的客观规律与经济现代化的要求，不断改造传统产业，实现产业结构的升级换代。

## 一　民族地区产业结构的内涵及其变动

### （一）产业结构的内涵及其分类

产业结构是指国民经济各个产业部门之间和各个产业部门内部的组织与构成的情况，及它们之间存在的相互连接、相互制约和互为条件的关系，也就是指各个产业部门质的组合和量的比例。

要想研究产业结构，首先要了解产业结构的划分。由于对产业结构内涵有不同的理解，因此对产业结构也会有不同的划分。但是大家公认的划分方法是将整个产业分为三类：第一产业包括广义的农业，有时也包括采掘业；第二产业包括制造业、建筑业、交通运输业及其他工业；第三产业包括商业、金融业、服务业、电信业、情报业以及科学、文化、卫生、教育和公共行政等。这一划分的优点是：它和人类的需求结构变化趋向基本一致，和产业发展的历史程序及一定的生产力水平相一致。[①]

### (二) 民族地区产业结构的变迁

英国经济学家克拉克根据费歇尔的三次产业革命的划分标准，在威廉·配第关于国民收入与劳动力流动直接关系学说的基础上提出"配第—克拉克第一定律"。该理论指出，随着经济发展，人均国民收入水平相应提高。于是，劳动力就开始从第一产业向第二产业转移。当人均国民收入水平进一步提高时，劳动力就会向第三产业转移。结果，社会劳动力在产业之间的分布状况是，第一产业劳动力减少，第二产业和第三产业劳动力增加。原因在于，在经济发展中，各产业之间存在着收入相对差异，而劳动力总是倾向于流入高收入的产业。根据这个理论，可以进一步推导出，一个区域的人均国民收入水平越高，农业劳动力在全部劳动力中所占比重就越小，而第二产业和第三产业的劳动力比重就越大，反之亦然。

1. 民族地区产业结构的历史比较

数据显示，民族地区产业结构有明显变化（见表1）。2000—2013年，第一产业的比重从27.0%下降到15.2%，第二、第三产业比重逐步上升，尤其是第二产业所占比重最大，民族地区的第三产业也有了快速的发展。从表中的数据可以看出，民族地区的产业结构有了一定的变化，这种变化不仅仅表现在总量上，而且结构也在不断改善。

---

① 《当代中国经济大辞库》（少数民族经济卷），中国经济出版社1993年版，第202—203页。

表1　　　　　民族地区国内生产总值及其构成　　　　　单位:%

| 年度 | GDP（亿元） | 一产比重 | 二产比重 | 三产比重 |
|---|---|---|---|---|
| 2000 | 7486 | 27.0 | 37.9 | 35.1 |
| 2005 | 15706 | 21.0 | 40.9 | 38.1 |
| 2010 | 38989 | 15.8 | 48.2 | 36.0 |
| 2012 | 54079 | 15.0 | 49.0 | 36.0 |
| 2013 | 59322 | 15.2 | 48.2 | 36.6 |

资料来源：《中国统计年鉴·2014》。

2. 民族地区产业结构与全国的横向比较

与全国相比，民族地区的产业结构升级取得了一定成绩，比较明显地体现在第一、第二产业的发展上，2000年民族地区第一产业的比重由27.0%下降到2013年的15.2%，第二产业的比重由37.9%上升到2013年的48.2%，提高了10.3个百分点（见表2）。

表2　　　　　全国国内生产总值的构成　　　　　单位:%

| 年度 | 一产比重 | 二产比重 | 三产比重 |
|---|---|---|---|
| 2000 | 16.4 | 50.2 | 33.4 |
| 2005 | 12.1 | 47.4 | 40.5 |
| 2010 | 10.1 | 46.7 | 43.2 |
| 2012 | 10.1 | 45.3 | 44.6 |
| 2013 | 10.0 | 43.9 | 46.1 |

资料来源：《中国统计年鉴·2014》。

## 二　民族地区产业结构的现状及特点

我国各少数民族与民族地区是在不同的历史起点上进入社会主义发展阶段的。新中国成立初期，民族地区的生产方式落后，产业结构单一，基本上以农牧业为主体，工业产值在工农业总产值中的比重不足10%。[1] 新中国成立后，随着阶级压迫和民族压迫的消除，党的民族政策的实施，各民族不仅在政治上实现了平等，而且在经济上和文化上也取得了迅速的发展。从经济上看，民族地区的产业结构发生了巨大的变化（见表3）。

表3　　　　2013年民族八省区国内生产总值的产业构成　　　　单位：%

| 地区 | 第一产业 | 第二产业 | 第三产业 |
| --- | --- | --- | --- |
| 全国 | 10.0 | 43.9 | 46.1 |
| 内蒙古 | 9.5 | 54.0 | 36.5 |
| 宁夏 | 8.7 | 49.3 | 46.1 |
| 新疆 | 17.6 | 45.0 | 37.4 |
| 青海 | 9.9 | 57.3 | 32.8 |
| 西藏 | 10.7 | 36.3 | 53.0 |
| 贵州 | 12.9 | 40.5 | 46.6 |
| 云南 | 16.2 | 42.0 | 41.8 |
| 广西 | 16.3 | 47.7 | 36.0 |

资料来源：《中国统计年鉴·2014》。

总的来看，民族地区的产业结构具有以下特点：（1）初步建立了比较完整的产业结构体系。民族自治地区工业总产值在工农业总产值中所占比重，新中国成立初期不到10%，1978年已达57.68%，1994年发展到近76%。[2] 很多行业与产业从无到有，为民族地区社会经济的进一步发展奠定了基础。（2）在整个产业结构中，农牧业仍占很大比重。从表3中可以看出，民族地区第一产业在GDP中所占比重，除青海、内蒙古和宁夏外，均高于全国平均值，从产业发展规律看，第一产业的比重应该是趋于下降的。（3）在第二产业中，能源、原材料

---

[1] 曹征海、马飙：《起飞前的战略构想》，民族出版社1990年版，第119页。
[2] 《中国统计年鉴·2014》。

工业占很大比重，属于重工业型产业结构，重工业中又以采掘、能源、原材料工业为主。由于一方面民族地区具有能源、矿产资源优势，另一方面在新中国成立以后，我国确立了优先发展重工业，并在地区布局上偏重内地的工业发展战略，因此，新中国成立以来民族地区的工业发展主要以能源（如电力、煤炭、石油等）、原材料（如有色金属等）、钢铁、机械、化工、军工等行业为主，并修建了一批骨干铁路和公路。十一届三中全会以后，对民族地区的工业布局进行了调整，轻工业及一般加工工业有所发展，但重工业仍占很大比重。

## 三　民族地区产业结构中存在的问题分析

### （一）民族地区的小城镇和农村地区产业结构较为单一

小城镇的产业结构类型大都是简单的商业和服务业，很少有现代工业；乡镇企业不发达，且发展缓慢。民族地区的广大农村，产业结构单一而且较为保守封闭，基本以自给自足的种植业和畜牧业为主，工业、商业的发展水平都很低，这种自然经济的发展方式是不符合市场经济的需要的，无法实现资源的有效配置和资源利用的最大化。

### （二）民族地区的大中城市产业结构重在发展重工业

由于受到国家政策导向作用，民族地区的城市发展重视重工业和军事工业发展。加工工业也相对落后，大部分的设备都是外输入型的，而这种加工工业又具有远辐射的特点，也就是说，设备技术来自民族地区外的地区的输入，然后利用民族地区丰富的资源进行加工生产，而产品不是为了满足当地居民的需求而是要满足中部地区或者东部地区居民的需要而制造加工。这样的远辐射工业类型的发展不能从根本上解决当地工业发展的需要，无法促进民族地区工业化的发展。

### （三）民族地区基础设施建设不完善

交通不便利是阻碍地区经济发展的关键因素，由于交通的闭塞导致民族地区有利的资源优势不能发挥出来，而民族地区外的好的技术、设备、人员都无法更好地输入，并且直接影响对民族地区的投资建设。

# 四　民族地区产业结构的调整

建立合理的产业结构，是民族地区保持国民经济稳定、协调发展的要求，更是满足当地经济快速发展、提高人民生活水平的关键因素，同时也是加强民族团结、实现各民族共同繁荣的必要条件。

**（一）坚持大农业的基础地位，搞好农业内部的多种经营**

随着民族地区人口的增长和生活水平的提高，农业的负荷日益加重；同时农业不仅提供了人类生存所必需的粮食，还提供多种重要工业原材料；农业的发展还将促进农村经济的繁荣，从而增加市场需求，推动整个经济的发展；大力发展民族地区的农业，首先，要在保证粮食生产的前提下，因地制宜地搞好多种经营，宜农则农，宜林则林，宜牧则牧，宜渔则渔。不要不顾条件地都来搞同样生产。这既有利于增加农业收入，也有利于综合利用自然资源，拓宽农业生产领域，并具有良好的生态效应。其次，要进一步完善和稳定农村发展政策，充分调动农民的生产积极性，处理好先富与共富的关系。再次，要加大对农业的投入，特别是走依靠科技发展农业的路子，发展高产、优质、高效农业。现代化的农业都是经济农业（产业化、规模经营的农业）与技术农业的结合。又次，要搞好国土整治，加强农业基础设施建设。针对民族地区水土流失严重、生态不断恶化的状况，这一点显得尤为重要。最后，还要不断提高农业的产业化水平，在稳定家庭联产承包责任制的基础上，完善农村、农业的生产、生活服务体系，使农业发展适应市场经济发展的需要。

**（二）合理调整第二产业的发展**

第二产业包括制造业、建筑业、交通运输业及其他工业。民族地区的工业发展主要是依靠政府的扶持，也就是我们所说的工业"嵌入式"的发展。国家制定的"三线"工程，为民族地区工业化发展带来了前所未有的繁荣局面，但是，这样的计划经济发展模式并不能一直适应当地经济的发展。"嵌入式"工业发展是发展相对落后的工业地区主要的工业发展模式，但是"嵌入式"有其自身的缺陷：这样的发展模式可能在短期内能够看到一定的经济效益，使民族地区的工业化有了快速的提高，但是长远看还是有很多缺陷。首先，民族地区工业具有同质特征，陷入"资源诅咒"效应。一提到民族地区的工业化发展，我们就联想到了资源的利用，这样的利用给当地的环境带来了严重的破坏，这样的开发不符合可持续的发展理论。"嵌入式"的工业发展，是一种政府"输血"的行为，这种"输血"并不是从当地发展的需要出发，而是国家政策的指派，这样的政策可能当时确实带动了民族地区工业的发展，但从长期看就有一定的弊端，也不能适应市场经济发展。其次，重化工业明显，产业结构畸形。民族地区工业化发展由于受传统工业发展模式的影响多重视重工业的发展而忽视轻工业及其第三产业的发展，这样的经济效益具有有限性。再次，形成典型的二元经济结构，不利于工业化发展。这主要是因为嵌入式工业化与当地的传统经济相隔离，现代的工业成为传统经济中的"孤地"或"飞地"。最后，国有工业比例高，运行机制不灵活，发展困难。这样的发展模式必然会影响当地经济的发展。

面对这样的环境，民族地区必须发挥自身的优势来带动民族地区经济的发展。一种很好的方法就是把这种"嵌入式"的工业化转变成内生型的工业发展模式。在新的时代背景下，合理配置各种有益的生产要素，力争建立和发展符合自身资源优势、产业优势并具有时代特点和民族地区特点的民族工业体系。

（三）大力发展第三产业

在前面分析的问题中可以看出，基础设施建设薄弱直接影响民族地区商业的发展，还有对旅游业有制约作用。因此加强交通、邮电、通信、商业、金融等第三产业的发展是十分必要的。这是民族地区经济发展的基础，由此才能带动其他产业的发展。

（四）建立主导产业、发展特色产业

主导产业是指具有较强市场竞争力，能够发挥较强的产业关联效应，并且其产值、利税在当地的经济结构中占据相当优势的产业；特色产业是立足于本地的优势条件，如资源禀赋、地理位置或独特的对外经济联系等条件发展起来的产业，如烟草工业既是云南的特色产业，也是其主导产业。一个地区一旦建立起自己的主导产业，将极大地促进当地的经济发展，有助于推动其经济起飞。民族地区在选择其主导产业与特色产业时，应避免模仿发达地区的模式，也应避免照搬其他民族地区的经验，这是因为不同民族地区的区情不同，优势各异，选择主导产业应经过充分论证。

### （五）改造传统产业，逐步消除二元经济分隔

民族地区产业结构的重大缺陷之一是传统产业所占比重过大，传统产业一般指商品化程度过低，产业内部分工不发达的产业，一般来说其边际劳动生产率也极低。这在农业中表现得特别明显，当然农业并不必然就是传统产业。传统产业的现代化主要包括两大方面内容：一是进行生产组织方式变革，提高产业内部分工水平和规模经济水平，一般来说现代化产业多实现标准的雇佣制度；二是进行技术手段变革，尽量以最先进的生产技术装备产业。实现传统产业现代化离不开两个条件：一是剩余劳动力转移；二是加大资金和技术投入，这又离不开产业结构的多元化和经济发展水平的提高。消除二元经济分隔的过程实际上就是实现工业化的过程。民族地区消除二元经济分隔将是一个缓慢的过程，但这是民族地区市场经济发展的必然方向。

# 产业援疆：新一轮对口援疆的路径选择

## 高 玉

对口援疆是具有中国鲜明特色的国家战略。2010年召开的第一次中央新疆工作座谈会打开了新时期对口援疆工作的新篇章，是支援地域最广、所涉人口最多、资金投入最大、援助领域最全面的一次全方位、全领域的对口援疆。5年多来，全国19个省市全方位对口支援新疆12个地州和新疆生产建设兵团12个师。截至2014年底，19个援疆省市累计落地新疆经济合作项目4880个，实际到位资金6825.98亿元，占新疆全社会固定资产投资总额29340亿元的23.3%，为新疆经济快速发展做出了积极的贡献[1]。

产业援疆是提高新疆自我发展能力的有效途径。通过产业援疆，新疆增强了自我发展能力，促进了就业，带动了纺织服装、农产品加工等劳动密集型产业和民族特色产业发展，促进了农民向产业工人转变，增加了群众收入，改变了贫困落后面貌，压缩了极端宗教思想生存空间，加强了民族团结，为实现社会稳定和长治久安战略目标奠定了基础。2012年5月，新疆维吾尔自治区政府印发了《关于推进产业援疆工作的指导意见》，明确了产业援疆的总体要求和基本原则，确定了产业援疆的重点领域，提出要强化产业援疆的措施。如何依托有效的产业援疆模式，找准产业援疆的切入点，将做强做大新疆特色优势产业和进一步做好对口援疆有机结合，进而推动新疆跨越式发展和长治久安，是提升产业援疆需要关注的重点问题。

---

[1] 《第五次全国对口支援新疆工作会议在京召开》，《人民日报》2015年9月24日第4版。

## 一　新一轮对口产业援疆的显著成效

新一轮对口援疆以来，19个援疆省市大力推进产业援疆，取得了显著的成效。主要表现在如下几个方面：

第一，特色优势产业发展迅速。在"十二五"期间，19个援疆省市累计安排42.5亿元援疆资金，积极支持了设施农业、规模化养殖、农产品深加工、机械组装、手工编制、民族手工等产业发展，增强了带动效应和示范效应，帮助受援地做大做强特色产业。这里以旅游业为例，北京市帮助新疆开发特色旅游精品线路，重点打造大漠丝路、昆仑河谷、雪域牧场、维吾尔文化风情四条精品旅游线路，逐步形成和田特色体验式旅游精品线路和品牌。

第二，纺织服装产业发展势头良好。19个援疆省市积极响应新疆重点发展纺织服装产业的号召，仅2014年就安排支持纺织服装产业项目72个，安排援疆资金12.8亿元用于支持纺织园区污水处理、标准厂房、职业技术培训等。自2011年以来，全疆7个地州引进了以阿克苏华孚集团100万锭棉纺项目为代表的纺织服装企业61家[1]，广东省在喀什建立的草湖200万锭纺织服装产业园，建成后预计将产生超200亿元的GDP。

第三，产业园区建设成效突出。19个援疆省市把产业园区建设作为对口援疆的重中之重，累计安排援疆资金38亿元，用于支持工业、农业、物流等各类园区"三通一平"、标准化厂房等基础设施建设，大力提升产业园区的承载力。建立了东部沿海地区向中西部产业转移合作的长效机制，建立了19个援疆省市的48家国家级开发区与新疆39家产业聚集园区的结对支持关系[2]。在援疆省市的协同努力下，各受援地县产业园区基础设施条件得到了进一步改善，吸纳就业、集聚

---

[1] 新华社：《新疆各民族平等团结发展的历史见证》，《人民日报》2015年9月25日第10版。

[2] 同上。

产业的能力明显增强，已成为当地经济社会发展的重要增长点。

第四，产业引进效果明显。由于新疆与19个援疆省市的产业合作力度加大，使得新疆引进投资从2010年的800亿元，增长到2014年的2283亿元，增长了2.85倍[①]。譬如，大众汽车、三一重工、湖北宜化等知名企业落户新疆，多项技术和产品填补了新疆空白，一批强产业、惠民生的重大项目密集开工和建成投产，对促进新疆经济发展方式转变、产业结构优化调整、财政增收和百姓就业发挥了积极作用。

## 二 新一轮对口产业援疆的典型模式

各省市和央企在产业援疆中结合受援地区经济社会和特色产业的实际情况，采取了不同的援疆方式。笔者在梳理了产业援疆方式和内容的基础上，归纳为以下六种典型模式：

第一，企业股份合作模式。是指由地方参股央企，成立股份制公司共同进行资源开发的一种模式。譬如，新疆能源集团与中国石油就油气勘探开发项目进行合作，先将新疆销售公司整体改制为全资子公司并在属地注册，组建混合所有制企业，中石油占股51%，自治区占股24%，兵团占股15%，相关地州占股10%。再譬如，中国石化与阿克苏地区共同出资组建的中国石化塔河炼化有限责任公司和新疆路油石化有限责任公司，每年带动地方增收25亿元左右。这种模式适合于央企深度参与产业援疆，它不仅是央企和新疆维吾尔自治区政府推进资源开发的创新之举，也是推进驻疆企业体制改革的突破性举措。

第二，园区招商引资模式。是指以工业园区为基地进行产业集聚，加大招商引资力度，吸引援助省份企业入驻的模式。北京市、江苏省、广东省等省市都采取了这种模式。譬如，北京和田工业园区已

---

[①] 张鑫：《对口支援政策下的产业援疆模式选择与实现路径》，《石河子大学学报》（哲学社会科学版）2014年第1期，第10—12页。

经吸引了新型塑业建材公司、防渗沙生产企业、红枣加工企业等企业入驻。3年后入驻该工业园的企业将达到300家，就业人员将超过2万人，产值将超过100亿元。再譬如，在霍尔果斯的苏州工业园吸引了众多江苏企业的加入，宇龙集团在工业园投资8亿元建设了综合性保税物流中心，苏州鹏云置业集团投资8亿元的国贸中心也落户于此。这种模式较为适合建立工业园区、物流园区等产业援疆方式。

第三，产销对接合作模式。是指在产业援助的同时，通过对接市场帮助受援地销售产品的合作模式。譬如，北京市援疆和田指挥部积极推动北京市商务委与和田地区和兵团十四师签订了《北京与和田优质特色产品市场对接框架协议书》，进一步打通和田特色优质产品收购、加工、销售等各个环节的产业链。北京市援疆和田指挥部还专门在北京新发地农产品批发市场设立了和田农产品销售专区，华联集团、北京二商集团、超市发集团等12家大企业都已经到和田落实了产销对接协议。这种模式适合于市场比较发达的受援地区，通过内引外联的方式来援助。

第四，农业开发合作模式。是指在产业援疆的农业开发合作中，受援地农民通过土地、资金等入股的方式与支援省市的企业共建农业科技示范园的模式。譬如，山东日照市的五征集团要在麦盖提县希依提墩乡8村建设万亩农业示范园项目，在项目建设时采取了村企合一的模式，即把全村村民整体搬迁到新建的小区里，村民们不仅能以征地入股的形式获得收入，还能到农业示范园打工，变成了产业工人。这种模式适合于大型龙头企业，在地方政府的引导下，在受援地进行大面积农业开发援建项目[①]。

第五，政府贴息融资引导模式。是指以一种政策支援省市政府，以引导资金或发展基金为企业贴息，提供金融支持，从而鼓励企业来疆投资的模式。比如广东省政府在产业援疆过程中，建立了4.5亿元的引导资金，用贴息的方式扶持企业发展，鼓励企业来疆投资；并开展金

---

① 张鑫：《对口支援政策下的产业援疆模式选择与实现路径》，《石河子大学学报》（哲学社会科学版）2014年第1期，第10—12页。

融扶持，计划在第一个五年援疆计划中为企业提供300亿元的金融支持①。这种模式适用于经济发达又迫切需要以产业转移的方式带动本地产业升级的支援省市。

第六，村镇结对产业共建模式。是指发达省份的村镇与受援地区的村镇互相结对，依靠基层组织来进行帮扶的模式。譬如，江阴华西村与尉犁达西村的战略合作。华西村不但结对达西村共同开发光伏发电新能源产业，还发挥金融业的优势，为新疆尉犁的民生保障、企业发展提供金融支持。这种模式适合经济发达的村镇与受援村镇之间进行互补性的产业合作。

## 三 完善产业援疆模式的重大举措

加快产业对口援疆，对于加速推进新疆新型工业化、构建现代产业体系、实现东西部经济合作、促进产业结构调整、增强新疆自我发展能力、实现少数民族经济发展具有重要意义。但是，对于受援地和援助地来说，产业援疆的成效并没有充分发挥，在园区建设、项目引进、企业扶持等方面，有些举措需要调整，有些举措还需提升改进。为了进一步提升产业援疆的效率，笔者认为应当采取如下举措：

第一，以就业为导向调整援疆三次产业比重。各地产业援疆主要集中在第二产业，在农业和旅游业等第一产业和第三产业上的布局较少。事实上，第一产业和第三产业吸纳就业人员较多。为促进一二三产业融合发展，一要立足产业带动，大力发展吸纳就业人员多的劳动密集型产业、服务业、中小微企业和民营企业。二要推动在疆企业积极吸纳少数民族劳动力就业。国务院国资委要求驻疆央企在三年之内，吸纳本地少数民族群众就业比例要由现在的平均17.65%达到25%左右②。新疆应该和19个援疆省份及央企一起，参照国资委相关

---

① 曹阳、李宏琪：《关于进一步做好产业援疆的思考》，《中国经贸导刊》2012年第21期，第16—18页。

② 叶晓敏：《多家在疆投资央企"落户"新疆》，《新疆都市报》2014年6月28日第6版。

政策，科学设定比例，要求新建企业在新疆按一定比例吸纳少数民族劳动力。

第二，加快构建特色的产业体系。援疆省份要围绕帮助新疆自治区建立特色的产业体系，开展产业援疆工作。具体地说就是：一要发展新疆特色农业，农业和农副产品加工等新疆的优势产业，这些产业在相当长一个时期内仍然是南疆的主导产业，新疆地区要打好绿色、生态、有机牌。二要继续打造纺织服装产业基地，努力把纺织服装也发展成新疆重要支柱产业。三要在民族特色手工业、民族医药、特色食品等产业方面做出规模。四要加大石油、天然气、煤炭等资源性产品的深加工力度，让资源开发更多惠及当地群众。五要大力发展面向中亚、西亚、南亚和欧洲的出口加工产业，加快发展商贸物流业、旅游业等现代服务业。

第三，建立有效的利益共享机制。只有建立了有效的利益分配，各种产业援疆模式才能持久并发挥其积极的作用。援疆省份要和新疆共同建立利益分配机制。新疆石油和天然气储量丰富，分别占我国陆地石油和天然气总储量的30%和35%，有色金属和非金属采矿业资源也极具发展潜力。在资源开发等产业项目上，新疆本地企业可以和援助地区企业以及央企合理分配股权建立企业，建立科学有效的利益分配机制，如增值税、营业税、企业所得税、个人所得税和房产税等税收在两地政府间的分配和划转，以及基础设施的投资管理和收入分配、入股企业的利润分配等。

第四，增强产业转移的配套措施。对于援疆省份来说，一要避免转移低端产业，把产业转移同产业升级结合起来；二要实现产业链整体转移，防止产业"断链"现象；三要在产业转移时避免技术人才流失，要在受援地同步培养技术工人。对于受援地新疆来说，一要注意承接产业要与当地经济规划以及新疆产业规划相衔接；二要结合本地特点和优势筛选项目，注重延伸产业链和配套基础设施。

第五，强化园区为主的产业集聚能力。以园区为主的产业集聚是新疆实现工业化的基础。一要坚持大企业引领带动，全面提升南疆产业运作的理念和水平。二要根据支援地区的特点，选择一批好的投资项目落户园区，支持发展少数几个优势产业长期坚持下去，力争对当地的发展产生长远、积极的影响。三要不断研究提出一些资源有保证、产品有市场、对产业发展有支撑作用的重大项目，努力推进资源优势向产业优势转化。四要努力形成一批集聚效应明显的新型工业化示范基地和中小企业集群。五要抓好产业集聚能力强的重点城镇，按照"产城融合、宜居宜业"的要求，促进人口和产业适度集中。

　　第六，给予特殊的产业扶持政策。国家层面的支持是新疆产业发展的必要条件。中央政府要加强顶层设计，在新疆优势产业上给予特殊的政策支持，创造"政策洼地"。一方面要制定一系列特殊的产业政策，包括设立产业发展专项资金、实施税收特殊优惠、低电价优惠、纺织品服装运费补贴、企业员工培训和社保补贴、支持集中建设污染处理设施等。另一方面要综合运用财税、货币政策，引导金融机构将更多信贷资源配置到产业需要的重点领域和薄弱环节。譬如，2015年国务院出台《关于支持新疆纺织服装产业、发展促进就业的指导意见》，在财税、金融、运费补贴等方面就给予了特殊优惠政策，有力地促进了新疆纺织服装业的发展。

# 呼和浩特市赛罕区产业结构与
# 经济增长关系的模型分析

李锐亨

在地区经济发展中,产业结构优化与否直接影响到该地区的经济增速。本文重点研究产业结构的优化对经济增长的关系。依据2000—2014年内蒙古呼和浩特市赛罕区产业结构与经济增长的统计数据,在梳理分析赛罕区产业结构与经济增长状况的基础上,运用平稳性检验、格兰杰因果检验、协整检验、误差修正模型等研究方法,从长期和短期两个角度实证分析赛罕区产业结构与经济增长之间的内在关系,进而提出进一步优化产业结构以促进经济增长的对策与建议。

## 一 赛罕区经济高速增长的同时产业结构逐步优化

### (一)赛罕区经济持续高速增长

赛罕区是呼和浩特市面积最大的城区,于2000年6月由首府重新区划成立。2000年以来,赛罕区国民经济呈现跨越式发展的特点,譬如,"十五"期间,国民经济增速由2001年的13.45%上升到22.34%,其中,2004年更是高达86.94%,几乎增长1倍;在"十一五"期间,赛罕区国民经济受累于2008年的全球金融危机,虽然增速逐渐放缓,但年均增速仍然高达22.63%,远远高于全国和内蒙古同期经济增长速度;在"十二五"期间,受我国宏观经济下行影响,赛罕区国民经济发展具有波动起伏的特点,2011年的增速为

17.90%，2012年则降低至13.42%，2013年则又回升至28.20%，2014年则跌落至6.43%（见图1）。①

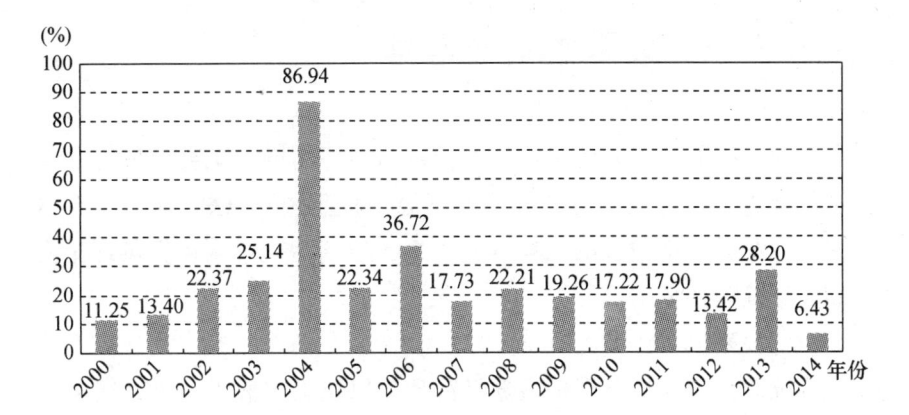

**图1　2000—2014年赛罕区国内生产总值增速**

（二）赛罕区三次产业结构逐步优化

自赛罕区成立以来，其产业结构格局即为"三、二、一"排序（见图2②），譬如，2000年赛罕区的三次产业结构为11∶42∶47，2014年则已优化为3.6∶28.4∶68。

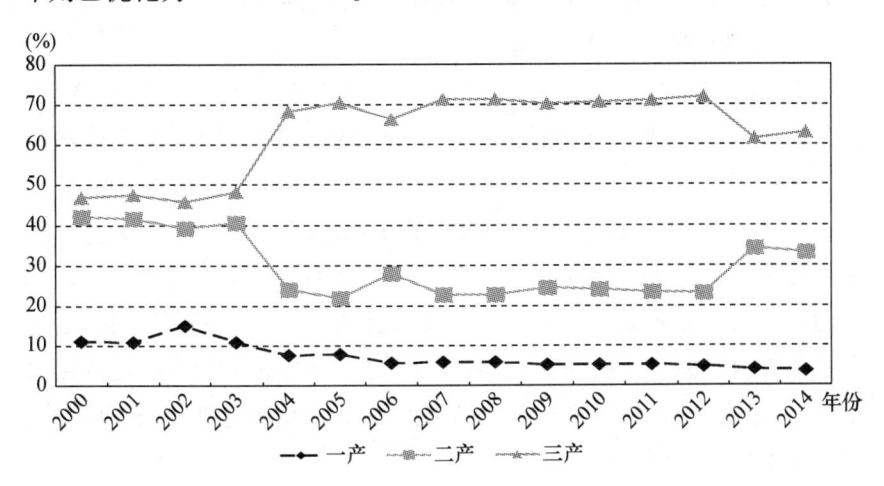

**图2　2000—2014年赛罕区的三次产业结构**

---

① 根据《呼和浩特市赛罕区统计摘要》摘录绘制。
② 同上。

## 二 赛罕区产业结构与经济增长关系的验证模型

产业结构的优化有利于经济增长，而经济的增长也会促使产业结构进行调整。以下运用协整理论和 ECM 模型分析方法，探讨赛罕区三次产业与其经济增长的长期均衡关系，以期为政策调控提供理论参考和实证检验的依据。

### （一）模型设定

传统的计量经济模型是根据经济理论以及诸多假设条件，建立回归模型来描述自变量与因变量之间的关系，这就要求时间序列都是平稳序列。但在现实生活中，时间序列几乎都是非平稳序列，直接运用序列的水平值去研究经济现象之间的关系容易导致虚假回归，如果先对数据进行差分变换再进行回归分析，又有可能损失长期信息。为了有效规避这一问题，本文运用协整理论、自向量回归模型等计量经济学方法来分析赛罕区产业结构和经济增长之间的关系。

1. 时间序列的平稳性检验

判断时间序列是否为平稳序列，通常有两种方法：一种是 DF 方法，另一种是 ADF 方法。这里，主要是运用 ADF 方法。ADF 检验的模型为：

$$\Delta Y_t = \beta_1 + \beta_2 t + (\rho - 1) Y_{t-1} + \alpha_1 \Delta Y_{t-1} + \alpha_2 \Delta Y_{t-2} + \cdots + \alpha_m \Delta Y_{t-m} + \varepsilon_t$$

其中：$\Delta$ 表示变量的一阶差分，$\{\varepsilon_t\}$ 为白噪声，$\alpha$ 为常数项，$t$ 为趋势因素。原假设 $H_0: \rho = 1$，备选假设 $H_1: \beta < 0$。最常采用的是麦金农临界值；最优滞后期 $m$ 由 AIC 最小准则确定，最后在得出的结果中进行比较，若 $t$ 统计量小于临界值的大小，则此序列为平稳序列，否则为不平稳序列。

2. 时间序列变量的格兰杰（Granger）因果关系检验

当时间序列 $Y$ 和 $X$ 是平稳序列时，如果序列 $X$ 的过去以及现在的信息，能够帮助预测 $Y$ 的未来值，但 $Y$ 的过去值却不能帮助预测 $X$ 的未来值，则定义变量 $X$ 是变量 $Y$ 的格兰杰原因，而变量 $Y$ 不是变量 $X$

的格兰杰原因。格兰杰检验要求估计以下两个方程：

$$Y_t = \sum_{i=1}^{m} \alpha_i X_{t-i} + \sum_{i=1}^{m} \beta_i Y_{t-i} + \mu_{1t}$$

$$X_t = \sum_{i=1}^{m} \lambda_i Y_{t-i} + \sum_{i=1}^{m} \delta_i X_{t-i} + \mu_{2t}$$

式中的 $\alpha_i$ 和 $\beta_i$ 是常数，如果拒绝原假设 $H_{01}$：$\beta_1 = \beta_2 = \cdots = \beta_m = 0$，则说明 $X$ 是 $Y$ 的格兰杰原因，否则不是；如果拒绝 $H_{02}$：$\lambda_1 = \lambda_2 = \cdots = \lambda_m = 0$，则说明 $Y$ 是 $X$ 的格兰杰原因，否则不是。

3. 协整检验与误差修正模型（ECM）

时间序列变量之间的协整关系研究是20世纪末计量经济学研究方法的重大突破。这一方法的基本思想是，如果两个或两个以上的时间序列变量是非平稳的，但它们的某种线性组合都表现出平稳性，则这些变量之间存在长期均衡关系，即协整关系。为了检验两变量 $X_t$ 和 $Y_t$ 是否为协整，Engle 和 Granger 于1987年提出两步检验法，也称为 EG 检验。

若非平稳时间序列是协整的，则它们之间存在长期关系，但其在短期内也许会出现失衡。误差修正模型（Error Correction Model，ECM）是一种具有特定形式的计量经济学模型，它的主要形式是由 Davidson、Hendry、Srba 和 Yeo 于1978年提出的，称为 DHSY 模型。

（二）数据选取与指标设定

本文数据来源于《呼和浩特市2001—2015年经济统计年鉴》中的国民经济核算部分，主要是生产总值（单位：亿元，下同）和三次产业各自的产值。其中，生产总值用 $Y$ 表示，第一产业的产值用 $X_1$ 表示，第二产业的产值用 $X_2$ 表示，第三产业的产值用 $X_3$ 表示。另外，为消除物价变动的影响，对数据进行价格调整，即用产值除以当年的居民消费价格指数（CPI），然后对数据取对数以消除异方差并使其更加平稳。

（三）实证分析

本文的计量分析部分运用统计分析软件 Stata 11.0 完成。

1. 序列的平稳性检验结果

采用 ADF 法对时间序列 $\ln Y$、$\ln X_1$、$\ln X_2$、$\ln X_3$ 进行检验。滞后

阶数由统计软件根据使 AIC 和 SC 值最小的原则自动确定；检验结果如表1所示，变量 $\ln Y$、$\ln X_1$、$\ln X_2$、$\ln X_3$ 均是非平稳的时间序列，而其一阶差分变量 $c\ln Y$、$c\ln X_1$、$c\ln X_2$、$c\ln X_3$ 在1%的显著性水平下均是平稳序列，说明 $\ln Y$、$\ln X_1$、$\ln X_2$、$\ln X_3$ 都是一阶单整序列，因此可以对其进行单整检验与估计。

表1　　　　　　　　　　ADF 检验结果

| 变量 | ADF 值 | 1%临界值 | 5%临界值 | 10%临界值 | 检验结果 |
| --- | --- | --- | --- | --- | --- |
| $\ln y$ | 2.803 | -3.709 | -2.983 | -2.623 | 非平稳 |
| $\ln x_1$ | -0.686 | -3.709 | -2.983 | -2.623 | 非平稳 |
| $\ln x_2$ | 5.541 | -3.709 | -2.983 | -2.623 | 非平稳 |
| $\ln x_3$ | 1.023 | -3.709 | -2.983 | -2.623 | 非平稳 |
| $c\ln y$ | -2.600 | -3.716 | -2.986 | -2.624 | 平稳 |
| $c\ln x_1$ | -7.374 | -3.716 | -2.986 | -2.624 | 平稳 |
| $c\ln x_2$ | -2.123 | -3.716 | -2.986 | -2.624 | 平稳 |
| $c\ln x_3$ | -3.350 | -3.716 | -2.986 | -2.624 | 平稳 |

2. 格兰杰因果检验结果

赛罕区的产业结构和经济增长之间是产业结构变动带动了经济的增长，还是经济的增长导致了产业结构的升级，或是二者互相促进，二者之间的关系可以通过格兰杰因果检验的方法来判断。结果如表2所示：（1）赛罕区的产业结构与其经济增长之间存在因果关系。其中，第二产业变动是影响经济增长的格兰杰原因，故第二产业的结构变动是影响赛罕区经济增长的显著原因；但是经济增长是第三产业变动的原因，而不是第一产业和第二产业变动的原因，即产业结构的优化能够推动经济增长，但经济增长并非是产业结构变动的显著原因。（2）第一产业变动是第二产业变动的格兰杰原因，而第二产业变动不是第一产业变动的原因；第一产业变动不是第三产业变动的格兰杰原因，而第三产业变动是第一产业变动的原因。

因此，第二产业的结构变动对赛罕区经济增长有显著影响，但第一产业、第三产业的结构变动对赛罕区经济增长的影响不明显。经济增长对第三产业结构变动有显著影响，但对第一产业、第二产业的影响不显著。赛罕区三次产业之间有一定的促进作用，优化产业结构能够促进赛罕区经济增长。

表2　　　　　　　　　　格兰杰因果检验结果

| 零假设 | obs | F 值 | P 值 |
| --- | --- | --- | --- |
| $\ln x1$ does not Granger Cause $\ln y$ | 15 | 1.98 | 0.1597 |
| $\ln y$ does not Granger Cause $\ln x_1$ | 15 | 1.26 | 0.2711 |
| $\ln x_2$ does not Granger Cause $\ln y$ | 15 | 2.71 | 0.0697 |
| $\ln y$ does not Granger Cause $\ln x_2$ | 15 | 1.00 | 0.3812 |
| $\ln x_3$ does not Granger Cause $\ln y$ | 15 | 0.01 | 0.9343 |
| $\ln y$ does not Granger Cause $\ln x_3$ | 15 | 2.93 | 0.0983 |
| $\ln x_2$ does not Granger Cause $\ln x_1$ | 15 | 0.83 | 0.3699 |
| $\ln x_1$ does not Granger Cause $\ln x_2$ | 15 | 2.58 | 0.0690 |
| $\ln x_3$ does not Granger Cause $\ln x_1$ | 15 | 3.00 | 0.0944 |
| $\ln x_1$ does not Granger Cause $\ln x_3$ | 15 | 0.14 | 0.7119 |
| $\ln x_3$ does not Granger Cause $\ln x_2$ | 15 | 0.08 | 0.7732 |
| $\ln x_2$ does not Granger Cause $\ln x_3$ | 15 | 2.16 | 0.1526 |

3. 协整检验结果

协整关系是指两个或两个以上的时间序列变量之间的某种线性组合所表现出的长期均衡关系。本文采用 EG 检验方法和 DHSY 模型对上述一阶单整的时间序列进行协整检验。

由于 $\ln y$、$\ln x_1$、$\ln x_2$、$\ln x_3$ 均是一阶单整的，故可以建立如下模型（式1）：

$$\ln Y_t = \beta_0 + \beta_1 \ln X_{1_t} + \ln X_{2_t} + \ln X_{3_t} + u_t \tag{1}$$

按照式（1）进行协整回归后，对方程的残差进行 ADF 检验，发现其并不是平稳的；故增加滞后项重新进行协整回归，可得出以下估计的长期均衡关系式（式2）：

$$\ln Y_t = 0.0562 + 0.2942 \ln X_{1_t} + 0.3881 \ln X_{2_t} + 0.3223 \ln X_{3_t}$$

$t$ 值　　(0.53)　　(34.94)　　　(21.45)　　　(19.97)

$p$ 值　　（0.598）　（0.000）　　（0.000）　　（0.000）

$$+0.9674\ln Y_{t-1}-0.3068\ln X_{1t-1}-0.3666\ln X_{2t-1}-0.2991\ln X_{3t-1} \tag{2}$$

$t$ 值　　（12.73）　（-14.93）　（10.03）　　（-9.69）

$p$ 值　　（0.010）　（0.000）　　（0.000）　　（0.000）

$R^2=1$　　$Prob>F=0.0000$

各项参数表明，协整回归模型（式2）具有非常高的拟合优度。为了进一步判断回归模型的稳定性，对其残差进行 ADF 检验，残差的 ADF 统计量为 -6.077，小于1%临界值 -3.716，故这也证实在 $\ln Y$ 和 $\ln X_1$、$\ln X_2$、$\ln X_3$ 之间存在协整关系，即在赛罕区的经济增长与其产业结构之间存在长期均衡关系。

协整回归得到的是时间序列之间的长期均衡关系，并不能反映时间序列短期波动时各序列之间的动态作用机制。由 Granger 定理我们知道，存在协整关系的时间序列必然可建立 ECM 模型，通过 ECM 模型可明确短期波动对长期均衡的修正机制，并有利于提高协整参数估计的精确度。为此建立以下 ECM 模型回归式（式3）：

$\Delta\ln Y_t = 0.2948\Delta\ln X_{1t} + 0.3750\Delta\ln X_{2t} + 0.3300\Delta\ln X_{3t} +$

$t$ 值　　（45.23）　　（16.83）　　（15.63）

$p$ 值　　（0.000）　　（0.000）　　（0.000）

$$+1.0176\Delta\ln Y_{t-1}-0.3187\Delta\ln X_{1t-1}-0.3803\Delta\ln X_{2t-1}-0.3243\Delta\ln X_{3t-1}-1.2325\hat{e}_{t-1} \tag{3}$$

$t$ 值　（6.52）　（-6.87）　　（-5.62）　　（-5.73）　　（-4.28）

$p$ 值（0.000）　（0.000）　　（0.000）　　（0.000）　　（0.000）

$R^2=1$　　$Prob>F=0.0000$

各回归系数均通过显著水平检验，在 $\ln Y$ 和 $\ln X_1$、$\ln X_2$、$\ln X_3$ 之间的短期关系，即各自的系数值分别为 0.2948、0.3750、0.3300，表明三次产业各自的短期变动均对经济增长存在正向影响；误差修正系数（-1.2325）较为显著，表明每年发生的 $\ln X_1$、$\ln X_2$、$\ln X_3$ 与其长期均衡值的偏差中的 123.25% 被修正。

4. 模型结论

通过前面的检验分析，得出以下几点结论：

第一,优化产业结构能够促进赛罕区经济增长。根据格兰杰因果检验的结果,证明产业结构是影响赛罕区经济增长的因素之一,即产业结构的优化与调整可以促进赛罕区的经济增长,第二产业的结构变动对赛罕区经济增长有显著影响,但第一产业、第三产业的结构变动对赛罕区经济增长的影响不明显。同时,赛罕区经济增长对产业结构的优化作用并不是十分明显。原因是当前赛罕区经济发展中的矛盾正在由总量矛盾向结构矛盾转变,这就需要通过结构的转换来适应需求结构和供给环境的变化,进而促使产业结构进行不断调整,最终实现优化目的,但其前提条件为市场是资源配置的主体。因此,当前赛罕区经济增长对其产业结构优化的带动作用还未能充分地发挥出来。

第二,长期内第三产业是经济增长的主要动力。赛罕区经济增长中与其三次产业之间存在协整关系,即存在动态线性关系。从协整检验和变量自回归模型的分析可知:从长期看,赛罕区生产总值与第一产业之间的弹性系数为-0.39,与第二产业之间的弹性系数为0.66,与第三产业之间的弹性系数为0.71,说明长期内三次产业对赛罕区经济增长的拉动作用依次是第三产业、第二产业、第一产业,而这也符合产业结构调整与优化的规律。

第三,短期内第二产业是经济增长的主要动力。由误差修正模型(ECM模型)分析赛罕区经济增长与三次产业的短期均衡关系可知,在短期内,赛罕区生产总值与第一产业之间的弹性系数为0.29,与第二产业之间的弹性系数为0.37,与第三产业之间的弹性系数为0.33,说明在短期内三次产业对赛罕区经济增长的拉动作用依次是第二产业、第三产业、第一产业,这个结果也正好与当前赛罕区的经济发展情况相吻合。

## 三 对策与建议

根据以上对赛罕区产业结构与经济增长关系的验证模型分析,对其继续推进产业结构调整与促进经济稳步增长提出如下建议。

**（一）推进农牧业现代化与新型城镇化相衔接的一二三产业联动发展**

赛罕区第一产业产值占地区生产总值的比重总体上呈逐年下降的趋势，农牧业运行质量和效益明显提高，发展的协调性和可持续性不断增强。但是农牧业发展仍然存在基础设施落后、增长方式粗放、资源利用率低、农牧业科技含量低、农牧业信息化和机械化程度低等问题。因此，赛罕区第一产业的调整优化方向是转变农牧业增长方式，优化农牧业布局，加快传统农牧业向现代农牧业转变。把发展现代农牧业和推进新型城镇化发展、棚户区改造有机结合起来，推动乡村一二三产业交叉融合发展。一是培育因业制宜的多种业态融合发展方式。通过大田土地流转实现规模化种植、农产品加工、仓储物流等业态的融合发展市场化服务。二是培育并发展多元化经营主体，大力发展农村服务业。促进农牧业与休闲观光旅游、健康养老等行业的深度融合，培育农村电商、农牧业产品定制等"互联网+"新业态。三是做好统筹规划强化政策支持。强化龙头企业联农带农与政府扶持政策挂钩的激励机制。政府层面安排资金支持农村产业融合发展试点，实施农产品初加工用电享受农用电等优惠政策。

**（二）加快新型工业化进程**

虽然第二产业对经济增长的贡献突出，但是可持续发展潜力弱。今后应坚持改造提升传统产业与发展新兴产业并举，加快特色优势产业基地建设，促进传统产业新型化、新兴产业规模化，大力发展战略性新兴产业，构建新型工业体系。一是结合产业现状及优势，以金桥开发区现有石化工业园、内蒙古光伏产业示范园、中车轨道交通装备制造园三大基地重点发展新能源、新材料和高端装备制造三大优势产业，延伸三大产业链上下游高精尖产业。二是规划建设农牧业绿色产品加工园，为二三产业融合发展创设空间。

**（三）加快现代服务业发展**

服务业发展相对滞后，对经济增长促进作用不强。把发展服务业作为调整优化产业结构的重要突破口，推进服务业与工业化、城镇化、信息化和农牧业现代化互动融合发展，提高服务业发展水平；不仅要突出发展生产性服务业，而且要积极发展生活性服务业，同时还应加快发展高技术服务业。

# 内蒙古农牧业的主要风险及其风险管理体系构建

刘春艳

内蒙古是一个农村牧区人口占多数的农牧业大省，同时，内蒙古也是自然灾害比较严重的省区，干旱、低温冷冻、大风等多种自然灾害时刻威胁着农牧业。同时市场风险也很严峻，技术风险和社会风险也在影响内蒙古的农牧业生产。因此，研究内蒙古农牧业的风险及其风险管理非常重要。

## 一 内蒙古农牧业主要风险

### （一）自然风险

自然风险一直以来是内蒙古农牧业发展的重要制约因素。巨大的自然风险不仅使得内蒙古农畜产品供给和农牧民收入减少，而且造成农牧业再生产的困难，也加重了内蒙古财政的负担。

1. 内蒙古种植业自然风险

内蒙古种植业在内蒙古农牧业中占有较大的比重，而近几年，内蒙古的种植业面临各种自然灾害，旱灾、涝灾、虫灾、疫病等严重制约着内蒙古的种植业的增产增收。2001—2013年内蒙古农业自然灾害受灾面积和绝收面积及受灾率如表1所示。从表1可以看出，内蒙古农作物受灾率较高，多数年份的受灾率都在50%以上，有些年份受灾率高达70%以上，这充分说明自然灾害仍然是内蒙古农业经营的主要风险之一。

其中，旱灾在内蒙古东部地区发生频率特别高，从内蒙古调研的

表1　　2001—2013年内蒙古农作物受灾面积和成灾面积　单位：万公顷、%

| 年份 | 总播种面积 | 受灾面积 | 绝收面积 | 受灾率 |
| --- | --- | --- | --- | --- |
| 2001 | 570.7 | 327.27 | 327.27 | 57.35 |
| 2002 | 588.7 | 238.34 | 72.83 | 40.47 |
| 2003 | 574.9 | 355.21 | 168.44 | 61.75 |
| 2004 | 592.4 | 356.1 | 100.8 | 60.11 |
| 2005 | 621.6 | 308.8 | 97.44 | 49.67 |
| 2006 | 659.0 | 444.55 | 114.96 | 67.46 |
| 2007 | 676.2 | 475.46 | 215.87 | 70.31 |
| 2008 | 686.1 | 372.58 | 105.77 | 54.30 |
| 2009 | 692.8 | 575.74 | 186.64 | 83.1 |
| 2010 | 700.3 | 203.27 | 61.63 | 29.03 |
| 2011 | 711.0 | 203.66 | 30.76 | 28.64 |
| 2012 | 715.4 | 259.37 | 44.52 | 36.26 |
| 2013 | 721.1 | 234.73 | 34.74 | 32.56 |

资料来源：2002—2014年《内蒙古统计年鉴》，受灾率 = 受灾面积/总播种面积×100%。

数据显示，89%的农户谈到受到损失的原因都有干旱这个风险因素，内蒙古东部地区尤为明显。西部地区的河套平原因为常年由黄河水灌溉，基本上不受旱灾影响，相对于其他地区来说，更怕涝灾、风灾和虫灾。风灾、黏虫病、马铃薯晚疫病也在内蒙古各个地区频频发生。表2是2001—2013年内蒙古种植业由于旱灾、洪涝灾、风雹灾、低温冷冻灾和病虫害等灾害的受灾面积。从表中的数据可以看出近十二年的农作物受灾面积旱灾名列榜首。洪涝灾害、风雹灾、低温冷冻灾和病虫害灾在各个年度影响各不相同，其中病虫害灾的受灾面积呈逐年上升趋势。

表2　2001—2013年内蒙古农作物各种自然灾害的受灾面积 单位：万公顷

| 年份 | 旱灾 | 洪涝灾 | 风雹灾 | 低温冷冻灾 | 病虫害 |
| --- | --- | --- | --- | --- | --- |
| 2001 | 312.45 | 11.50 | 31.81 | 30.09 | 19.46 |
| 2002 | 189.91 | 22.35 | 73.04 | 5.17 | 30.27 |
| 2003 | 210.25 | 46.25 | 56.83 | 19.44 | 17.25 |
| 2004 | 249.40 | 20.20 | 21.40 | 35.50 | 29.20 |
| 2005 | 195.06 | 46.01 | 34.85 | 14.08 | 18.80 |
| 2006 | 264.10 | 17.87 | 30.66 | 119.02 | 6.97 |
| 2007 | 431.38 | 13.58 | 19.88 | 1.88 | 8.22 |
| 2008 | 180.94 | 87.79 | 37.61 | 16.18 | 50.04 |
| 2009 | 492.95 | 45.63 | 47.55 | 9.59 | 26.12 |
| 2010 | 143.41 | 21.56 | 26.78 | 11.52 | — |
| 2011 | 113.12 | 38.99 | 34.64 | 16.91 | — |
| 2012 | 45.36 | 96.55 | 24.35 | 39.81 | 53.30 |
| 2013 | 58.26 | 54.91 | 46.96 | 13.18 | 61.42 |

资料来源：2002—2014年《内蒙古统计年鉴》。

## 2. 内蒙古畜牧业自然风险

内蒙古畜牧业受地理环境及天气条件的制约，自然灾害频繁。首先在各种自然灾害中，也以干旱发生的几率最高，影响范围最广，对草原畜牧业的危害也最大。其次，虫灾、白灾、黑灾、暴风雪、冷雨、湿雪等分别出现在牧业生产的不同时段，制约着内蒙古畜牧业的发展，同时，也造成畜牧业经济的巨大损失。

从历史统计来看，草原畜牧业遭受的各种自然灾害中影响最为广泛的是夏秋季节的干旱和虫灾，冬季的雪灾（白灾）、黑灾和旱灾，其他灾害的影响范围均不大，有的甚至是前三种灾害的伴生灾害。其伴生关系可归纳为干旱→虫灾→黑灾→风蚀（沙尘暴）→草地水草供给下降→牲畜因缺水草而导致死亡；雪灾→白灾→暴风雪→冷雨雪→霜冻→相对减少可利用草地生产力即因雪覆盖牧草使草地不能利用，在缺乏足够的饲草条件下牲畜死亡（冻死或饿死）。这种多种灾害与原发性灾害（旱灾和雪灾、黑灾）的时空组合导致整个草原畜牧业系统不稳定①。如果不是发生在极端年份严重的黑白灾造成大批牲畜死亡以外,大部分的年份,牧业生产的低效益都被无形的掉膘损失、有形的牲畜数量给掩盖了。

(二) 技术风险

农牧业技术风险是指农牧业技术运用的实际收益与预期收益发生背离的可能性。对于内蒙古来说,传统农牧业很少引入新的生产技术,基本上是年复一年地重复着过去的种植养殖方式,很少有新的变化。而且内蒙古的农牧户户主80%以上是网盲,网络信息在种植业和养殖业方面运用得较少。

从文化程度上来看,据从内蒙古几个盟市的168份调查数据统计,83%的农户的户主文化程度为初中及以下。这使得内蒙古的农业经营一方面是不采用新技术,另一方面是采用新技术的风险很大。

畜牧业技术风险主要是来自养殖户专业知识不足所带来的风险以及牲畜疾病等情况带来的风险,其中养殖户的养殖技术水平是具有高风险的一项风险内容:如果养殖户在养殖过程中操作不当或者疏忽大意,很可能就会带来巨大的损失,同样养殖牲畜的疾病以及一些常见传染病的暴发都是一种不可预知的风险,都会给养殖户带来灭顶之灾。②

根据从内蒙古几个盟市的111份调查数据统计,59.4%的牧户的户主文化程度为初中及以下。从这个比例来看,内蒙古牧户户主的文化程度要高于农户,而且户主的年龄也趋于年轻化,常年外出打工的牧户所占的比例较低。较种植业来说,这有利于内蒙古的牧业经营采用新技术控制畜牧业的养殖风险。

(三) 市场风险

内蒙古农业的市场风险主要表现在农产品市场价格变化和农资价格变化上,从表3中可以看出,近些年内蒙古农业生产资料价格总指数和农产品生产价格总指数逐年升高。从近三年的调研数据也可以看出农民认为农资价格的上涨对农民农业生产经营的影响也比较大。在

---

① 秀英:《草原畜牧业风险管理浅析》,《经济论坛》2012年第3期。
② 李峰、郭强:《当前畜牧业发展存在的问题与对策》,《安徽农业》2004年第12期。

168份样本中大约有59%的被调查农户认为农产品市场价格变动太快，农业生产资料价格涨幅较快，致使收益不稳定。而且自治区发改委根据内蒙古主要农产品成本数据、农资购买调查、农产品市场价格和农作物播种趋势，对玉米、小麦、大豆三种主要农产品2013年的生产成本和收益进行了预测分析。预测结果显示：三种农产品生产成本增加；玉米、大豆净利润下降，小麦净利润为负值；玉米、小麦、大豆的现金收益分别增长1.8%、3.1%、0.5%。[①] 从表4也可以看出近几年小麦和大豆的净利润变化很大，小麦的净利润很低。玉米的每亩净利润趋于平稳增长。

在农产品销售方面，有超过36%的农户认为缺乏稳定的销售渠道会加剧其个人生产经营的不稳定性。因此，市场风险也是影响内蒙古农业经营的主要因素。

表3　内蒙古农业生产资料价格总指数统计、农产品生产价格总指数统计

| 年份 | 农业生产资料价格总指数统计（上年同期=100） | 农产品生产价格总指数统计（上年同期=100） |
| --- | --- | --- |
| 2001 | 101.4 | — |
| 2002 | 102.6 | 99.34 |
| 2003 | 101.2 | 106.45 |
| 2004 | 109.5 | 112.00 |
| 2005 | 108.3 | 103.17 |
| 2006 | 101.1 | 103.55 |
| 2007 | 103.0 | 114.90 |
| 2008 | 114.9 | 110.99 |
| 2009 | 99.7 | 99.83 |
| 2010 | 102.0 | 111.36 |
| 2011 | 106.3 | 112.78 |
| 2012 | 104.9 | 104.7 |

资料来源：2002—2014年《内蒙古统计年鉴》。

① 内蒙古自治区发展和改革委员会：《2013年内蒙古自治区主要农产品成本预测分析报告》，2013年7月。

表4　　　内蒙古2007—2013年主要农作物每亩净利润　　　单位：元

| 年份 | 小麦 | 玉米 | 大豆 |
| --- | --- | --- | --- |
| 2007 | 80.95 | 188.78 | 39.41 |
| 2008 | 132.12 | 181.84 | 129.66 |
| 2009 | 94.26 | 186.90 | 0.97 |
| 2010 | -37.53 | 372.36 | 200.36 |
| 2011 | 77.41 | 382.89 | 93.88 |
| 2012 | -58.82 | 344.31 | 218.66 |
| 2013 | -107.32 | 316.24 | 235.90 |

资料来源：wind资讯。

内蒙古牧业的市场风险主要表现在畜产品市场价格变化和生产成本的增加，从表5中可以看出，近些年内蒙古畜牧业生产资料价格总指数逐年升高，导致成本增加。从数据的分析来看，畜产品的市场风险不容乐观。

表5　　　内蒙古2004—2013年畜牧业产品生产价格指数

| 年份 | 畜牧业产品生产价格指数上年同期=100 |
| --- | --- |
| 2004 | 112.48 |
| 2005 | 103.47 |
| 2006 | 101.13 |
| 2007 | 116.60 |
| 2008 | 115.92 |
| 2009 | 95.77 |
| 2010 | 107.86 |
| 2011 | 115.82 |
| 2012 | 104.90 |
| 2013 | 105.30 |

资料来源：2005—2014年《内蒙古统计年鉴》。

### (四) 社会风险

社会风险又称为行为风险，它是指由于个人或团体的社会行为造成的风险。农牧业的社会风险主要表现在如下几个方面：一是伪劣种子、化肥和农药等农牧业生产资料造成的农牧业生产损失；二是错误的行政干预造成的农牧业生产损失；三是工业污染给农牧业生产和经营造成的损失；四是农牧业政策等经济环境的变化给农牧业生产和经营造成的损失；五是政局变化、政权更迭、动乱等政治因素引起或造成的各种损失。其中，生态环境和政策风险是影响内蒙古农牧业生产和经营的重要因素。尤其是内蒙古草地牧区的生态环境恶化，严重影响草地初级生产力，使得内蒙古草地生产力远远低于发达国家的草地生产力，这严重制约了内蒙古牧业的发展。

## 二 内蒙古农牧业风险管理

从内蒙古农牧业风险管理的调研来看，当前内蒙古的农牧业的风险管理从农户、集体到政府，都没有完善的管理体系。而是哪个地方出现问题开始管理哪个地方，带有一定的盲从性。

### (一) 农牧户层面的风险管理分析

内蒙古农牧户基本没有风险管理的概念，通常采取一些常用的风险管理策略来经营农牧业风险。农牧户采取的策略概括起来主要有两类：一是事前风险管理策略，包括生产多样化、农间套种、兴修水利（关于自家水利工程）、采用抗逆/病品种、使用低残留的杀虫剂、养殖品种多样化多元化、改良品种、培育草场、修缮棚舍、订单生产、预防疫病等。二是事后风险管理策略，包括动用储蓄，减少支出，正规金融贷款、寻求亲邻借贷、购买农牧业保险等。

### (二) 集体层面的风险管理分析

内蒙古农牧业的集体一般指以自然村（嘎查）或大队为主的集体。内蒙古农牧业的集体对农业经营的风险管理比较被动。通常情况下，不会主动去分析风险，管理风险，而是出现什么风险，就根据上级的指示，做相应的风险管理和救灾工作，几乎没有农牧户之间合作的意识。

### （三）政府层面的风险管理分析

内蒙古自治区政府为了粮食安全和农村经济稳定进行了一系列的农牧业风险的管理策略，风险管理主要包括灾后救济、政策性农牧业保险、投资兴建农田水利设施以及研究和推广农牧业科技成果等。

## 三 内蒙古农牧业风险管理体系的构建

农牧户是否能够选择适当风险管理策略来管理农牧业风险，除了农牧户本身的风险管理能力外，还取决于许多外部因素。所以，内蒙古应建立包括农户、集体和政府共同参与的一个全面的、统一的、系统的农业风险管理体系。

### （一）加强政府的宏观调控能力，建设经济高效的农牧业风险管理体系

1. 完善农田水利建设体系

加强农田水利建设是预防现代农业自然风险以及保障和提高农业科技成果适用性的基础。因此，要建立完善的农田水利建设体系：第一，坚持规划先行，切实推动农田水利投融资体制的系统化；第二，坚持依法治水和科学管水，支持农田水利运行管护体系建设；第三，深化改革，积极支持农民用水合作组织发展和基层水利服务体系建设，建立农田水利工程良性运行机制。

2. 建立完善的农牧业气象监测预警体系

第一，完善内蒙古农牧业气象灾害观测网络系统。第二，完善农业农村气象灾害监测预警业务服务系统。使用重大农业气象灾害监测、诊断、预警技术和农业气象灾害指标体系，提高重大农业气象灾害预测预报准确率和精细化水平。加强极端气候事件对农牧业生产影响的预评估，开展农牧民气象服务满意度调查和农牧业气象服务效益评估。第三，强化雨情、旱情监测预警能力建设，提高气象灾害监测预警能力和精细化水平。第四，建立风险预警机制，一旦灾害发生，预警机制立刻响应，各级政府部门畅通沟通渠道，充分利用社会媒体

及其他信息通道,将准确的信息快速传递给农牧户。第五,完善人工影响天气运行管理体制。

3. 加快完善动植物病虫害监测预警、检验、控制扑灭等技术支撑体系的建设

首先,完善精准优质预报服务系统。其次,建立防治农作物病虫害管理生产新模式和配套技术以适应气候变化。再次,根据未来气候预测以及不同气候类型调整作物种植结构和比例。最后,根据内蒙古实际情况,制定精细化农作物病虫害综合农业自然资源区划,确定精准高危病区范围重点防治机制。

在动物疫病防治方面,首先根据当地疫病发生情况,制定合适的免疫程序;其次选择好优质疫苗,特别是购置疫苗时注意疫苗运输及保存中的冷链环节,以保证疫苗质量稳定及有效。做好环境保护及兽药使用管理,正确使用兽药及饲料添加剂,从技术上做到生产出优质安全的畜产品,保证产品符合国家无公害、绿色或有机畜产品的要求,从而在提高质量的同时提高畜产品价格。

4. 建立多层次的政府与市场共同参与的、多种保险形式共存的农牧业保险体系

农牧业保险是减轻自然灾害造成的损失和保障农牧民生产与生活方面理论上最为合理的一种风险管理措施。从农业牧业保险的发展历程来看,越是大规模的商业化农牧场,对农牧业保险的需求强度就越大,而像内蒙古这样的商业化程度较低、规模较小较分散、以家庭劳动力为主的生产方式,对农牧业保险的需求强度相对就较低。因此,需要根据内蒙古农业经营的特点,建立政策性保险、相互保险及合作保险等多种保险形式共存的农牧业保险体系。

5. 加快完善内蒙古农畜产品和农牧业生产资料的价格体系

在各种风险的冲击下,农畜产品的价格不稳定和农资价格的上涨对于内蒙古农牧民来说也是比较重要的风险。因此,建立农畜产品的最低保护价格制度,实行以价格保护为核心的农牧业保护体系是农牧业风险管理体系的重要部分。内蒙古应借鉴国内外先进的经验,构建适合内蒙古区情的价格保护体系。加强农牧市场管理,强化农资补贴制度,完善监管体系,简化流通环节,减少农牧民为此而付出的成

本。对于农畜产品市场风险方面，还需培育农牧户运用农畜产品期权期货进行预防，农畜产品期权期货可通过看涨合约以及看跌合约来预防可能出现的价格风险。当然，这些商业工具的应用离不开相关政策的支持。

6. 完善"互联网+农牧业风险管理"的网络建设体系

利用互联网的大数据功能把政府的宏观调控能力、农牧户自主识别风险、管理风险能力和农牧业合作组织集聚能力积极地调动起来，建立起一个全面高效的内蒙古农牧业风险管理体系非常重要。这就需要根据内蒙古农牧业风险发生的特点、积聚、传递、扩散的特征，把农牧业风险日常管理与灾害防御和应急管理构成一个复杂巨系统。把水利资源与气候预警以及农资、农畜产品市场的信息等全部联合起来建立农牧业信息一体化体系。向农牧民提供气候变化及农畜产品和农用投入物资的价格和市场供求等情况。有效地增强农牧民制订生产计划、核算生产成本、安排销售活动和调整生产结构的科学性和合理性，减少由于信息匮乏所引起的盲目性和不确定性，从而降低风险对农牧民的损害。

（二）增强农牧户风险管理意识，完善农牧户自主风险管理体系

1. 丰富农牧户风险管理方式

应该加强农牧户的风险管理意识，提升农牧户的自身素质。对于自然风险，农牧户应主动关注近些年内蒙古农牧业的自然风险发展趋势，根据本年度气候情况，积极采取应对措施；对于技术风险，农牧户要不断学习、探索新的农牧业生产技术，采取更好的农牧业生产技术来指导农牧业经营；对于成本风险，农民可以通过参与合作组织，统一购买生产资料，一方面降低成本，另一方面保证农资产品的质量；对于市场风险，农牧户应关注国内和区内及当地农畜产品市场变化趋势，积极主动运用各种方法收集农畜产品和农牧业生产资料的价格信息，并根据近几年的数据进行分析预测，从而进行合理的农牧业生产决策，逐年调整农牧业生产结构，使家庭农牧业生产适应市场变化，保证自己的农畜产品在一个比较高的价位出售。对于一些大农牧户，随着我国期货市场的逐渐发展，还可以通过期货市场来分散风险并增强集体的凝聚力，积极培育农牧业合作组织。

2. 参与各种农牧业技术培训，学会用网络信息管理农牧业风险

受经济发展水平、文化知识水平、传统观念的影响，内蒙古农牧户利用各种信息管理农牧业风险的能力偏低。因此，农牧户应主动运用农村牧区公共信息服务对各种信息收集、整理、使用。通过进行信息技术、技能和利用方面的教育与培训，普及网络知识，提高网上学习能力，使农牧户能够熟练运用网络查阅有关农业经营的各种信息，了解市场行情，从而规避各种风险。

3. 整合现有农牧业风险管理手段和方式，弱化整体农牧业规模经营风险

农牧户应该对现有的农牧业规模经营风险管理手段加以了解和运用。例如，在目前内蒙古政策性农牧业保险试点的情况下，农牧户应该意识到农牧业保险的重要性及其在弱化农牧业规模经营风险的过程中所起的作用，在积极参与农牧业保险的同时，加强对各类风险管理手段的学习，了解其适用范围及有效性，根据自身经营项目的特性，对风险管理对策带来的收益与成本进行综合考虑，选择适当的农牧业规模经营风险管理策略，这将在总体上有效地弱化农牧户所面临的农业规模经营风险。

**（三）增强农牧业集体的凝聚力，积极培育农牧业合作组织体系**

首先，县域经济内发展农牧业合作组织。通过农牧业合作组织可以提高农牧户集体应对风险的能力，增强农牧户对市场的影响能力，把农牧业生产资料供给、农畜产品生产、储藏、加工以及销售等环节整合起来，形成纵向一体化经营，这样可以提高农牧户生产的竞争力水平。[①] 从农牧业合作组织结构来看，开展农牧业的水平合作，把分散的农牧民联合起来，既可以增强农牧户对市场的影响能力，也可以提高农牧户农牧业生产的竞争力水平，还可以有效地弱化农牧户的市场风险。

其次，进行制度创新，不断探索和完善村（嘎查）级集体农牧业风险管理制度，使之和不断发展的农牧业风险相适应。村（嘎查）级

---

① 李靖、徐雪高、常瑞甫：《我国农业风险的变化趋势及风险管理体系的构建》，《科学与经济》2011年第2期。

集体经济组织涣散已成为制约农牧业风险管理体系建设的重要因素。要从根本上改变这种现状，增强村（嘎查）级集体经济组织的号召力和凝聚力，为农业社会化服务体系提供有力的组织保障，加强农村牧区基层组织建设，强化农牧业风险管理服务体系建设。

# 基于政府职能视角下的湘西州旅游经济发展模式研究[①]

熊 壮

旅游产业是一种可持续发展的带动效应极强的朝阳产业和综合性产业，旅游资源丰富的民族地区大力发展旅游业已成为极具综合性价值的经济发展新模式。本文选取湘西土家族苗族自治州（以下简称湘西州）的旅游发展为例，阐明如何基于政府职能视角，探索出能够符合当地特色可持续发展的旅游发展模式。

## 一 湘西州旅游经济发展现状分析

湘西州是湖南省的州级民族区域自治地区，以凤凰古城为龙头的湘西州旅游发展迅速，初具规模，空间结构日趋完善，在全国树立了一定品牌知名度。

2014年全州共接待游客2811万人次，实现旅游收入174.5亿元，分别增长21%、20.4%，旅游总收入占全州GDP的38.29%，成为全国十大旅游热点地区之一。[②] 2015年接待游客3250万人次，实现旅游收入210亿元，分别增长15%和20%以上，其中来州过夜游客达到1300万人次，入境游客达到35万人次，来州游客人均消费达到

---

[①] 本论文受中央民族大学中央高校基本科研业务专项资金资助，项目号：10301 - 01500202。

[②] 《2015年湘西州政府工作报告》，http://www.xxz.gov.cn/xxgk/zzfxxgk/zfgzbg/201507/t20150724_176326.html。

700元，人均停留天数达到1.8天。① 其中以旅游主导的凤凰县2014年共接待中外游客903.61万人次，实现旅游收入80.98亿元，分别增长7.3%和21.1%，正在打造世界旅游精品和国际旅游目的地，力推文化旅游产业转型升级，推进申报世界文化遗产、世界自然遗产、国家级卫生县城和国家5A级景区创建。②

表1　　　　　　2015年上半年湘西州旅游统计数据报表

| 类别 | 县市 | 游客总人次 1—6月累计数据 绝对值 | 同比（%） | 旅游总收入 1—6月累计数据 绝对值 | 同比（%） |
|---|---|---|---|---|---|
| 国内旅游市场情况（万人次、亿元） | 凤凰县 | 574.68 | 31.89 | 48.05 | 43.05 |
|  | 吉首市 | 475.2 | 18.49 | 30.01 | 22.19 |
|  | 永顺县 | 173.57 | 14.13 | 8.18 | 18.5 |
|  | 龙山县 | 135.5 | 48.25 | 7.16 | 67.29 |
|  | 古丈县 | 76.15 | 27.93 | 2.39 | 26.95 |
|  | 花垣县 | 104 | 35.77 | 3 | 40.19 |
|  | 保靖县 | 48.62 | 33.21 | 1.459 | 34.35 |
|  | 泸溪县 | 57.45 | 27.13 | 1.78 | 32.84 |
|  | 合计 | 1645.17 | 27.16 | 102.029 | 34.64 |
| 入境旅游市场情况（人次、万美元） | 凤凰县 | 175607 | 29.49 | 2617.43 | 24.44 |
|  | 吉首市 | 12744 | 19.25 | 14 | 17.21 |
|  | 永顺县 | 2786 | 5.15 | 50.7 | 3 |
|  | 龙山县 |  |  |  |  |
|  | 古丈县 |  |  |  |  |
|  | 花垣县 |  |  |  |  |
|  | 保靖县 |  |  |  |  |
|  | 泸溪县 |  |  |  |  |
|  | 合计 | 191137 | 33.63 | 2681.88 | 24.51 |
| 全州国内外市场总和（万人次，亿元） |  | 1664.28 | 27.23 | 103.69 | 34.45 |

资料来源：湘西州旅游局提供。

---

① 《关于印发〈2015年全州生态文化旅游工作要点〉的通知》，http://wcm.xxz.gov.cn:8080/pub/zlvyj/zwgk/fggw/bmwj/201504/t20150414_163214.html。
② 《凤凰县2014年国民经济和社会发展统计公报》，http://zwgk.fhzf.gov.cn/web1/site//articles/85/2015-7/27459.html。

2015年完成25个旅游重点项目,投资23亿元;凤凰古城、矮寨奇观、里耶古城、老司城、芙蓉镇、乾州古城、边城茶峒、红石林、坐龙峡、浦市古镇等精品景区建设加快;山江、老家寨、十八洞、吕洞、金龙、德夯、惹巴拉、双凤、老司岩等60个土家族苗族特色村寨发展迅速;旅游停车场、游客服务中心、星级宾馆、连锁酒店、农家乐等旅游服务设施的建设,提升了旅游接待能力。[1]

2015年永顺县老司城遗址申遗成功,中国土司遗址公园开园,推进老司城、边城茶峒、里耶古城、坐龙峡、浦市古镇创建国家4A级景区,积极推进凤凰古城、矮寨奇观国家5A级景区创建。

随着沪昆高铁开通,组织旅游形象宣传,加强与华东、华中、大西南地区的旅游合作。2015年第一季度数据显示,湘西州旅行社接待国内游客客源地前十位依次为:湖南、河南、广东、重庆、湖北、贵州、江西、山东、江苏、浙江。湖南、河南、广东、重庆、湖北稳居湘西州重点客源市场前五位。[2]

## 二 湘西州旅游经济发展中存在的问题

基于政府职能视角,经过实地调查,笔者分析出湘西州旅游发展存在着如下问题:

### (一)政府在旅游规划设计方面欠整体性与长远性

作为整体湘西州旅游资源丰富,但在8个县市却分布不均,且多集中在历史文化底蕴深厚的县市,比如凤凰县、吉首市、永顺县。目前凤凰县已成为湖南省旅游强县、湘西旅游的龙头,"天下凤凰"旅游品牌有超过"神秘湘西"的整体旅游品牌的趋势。吉首市正在打造德夯和乾州古城两大景区。永顺县芙蓉镇和老司城景点圈正在打造"土司王朝"品牌。龙山县里耶古城景点圈正在打造"天下秦城"品

---

[1] 《2015年湘西州政府工作报告》,http://www.xxz.gov.cn/xxgk/zzfxxgk/zfgzbg/201507/t20150724_176326.html。

[2] 《1—5月湘西州旅游经济运行情况分析》,http://www.xxz.gov.cn/xxgk/zzfxxgk/tjxx/tjfx/201506/t20150623_171945.html。

牌。花垣县与重庆市秀山县、贵州省松桃县的边城景点圈打造"中国边城"品牌，都尚处于初步开发阶段。可以看出，旅游资源丰富的县市都有或者逐渐有自己的旅游品牌定位，但除了凤凰县和吉首市，其他县的旅游品牌定位不够清晰，模式上和凤凰县类似，本地历史传统挖掘不够，独特的旅游产品开发不突出。从整体看，湘西州提出的"神秘湘西"的整体品牌规划不够，欠缺化零为整的效果。

此外，湘西州及各县市的旅游规划皆重视短期利益，结果使长远发展受阻。这一问题最突出地表现在凤凰古城票价调整事件和王村古镇改名芙蓉镇事件上。

凤凰县旅游开发的时间较早，2013年前可以单点售票，总票价258元，套票148元，票价适合，且游客有选择权，但在2013年实施凤凰古城名胜区一票制148元，取消单点售票，由于相关配套措施实施滞后，曾引起利益分配受损主体的强烈反对，成为全国旅游事件的"爆炸性头条"影响至今。其他县市后开发景点由于开发成本高，价格总体偏高，如乾州古城定价128元，芙蓉镇土司王行宫票价60元，老司城尚未收费，龙山里耶秦简遗址公园和秦简博物馆分别售票60元，120元的票价对于刚开发景点票价偏高，配套交通设施少，旅游衍生景点少，未进入景点游客较多，回头客少。

永顺县王村的名闻遐迩与1986年谢晋导演的电影《芙蓉镇》有直接关系，王村原是秦汉时土王的王都，古称酉阳，五代十国时称溪州。近年来王村旅游快速发展，当地政府为发挥"芙蓉镇"的品牌优势，提升古镇旅游知名度，于2007年8月23日成功更名，虽然短期内旅游有所发展，但却丢弃寓意"王的村"这样上千年的古称，与"土司王朝"老司城的永顺县最天然的定位不符，与历史脱节，完全承载不了古镇本身具有的历史意义，这是主题不清、重视短期利益的表现。

**（二）政府在旅游基础设施建设方面滞后**

交通基础设施落后是严重制约湘西州旅游发展的重要因素。湘西地区历来因落后贫困和交通不便被称为"中国盲肠"，解放后焦柳铁路开通，现有几条刚开通的高速，其他均为简易的国道与二等级公路。2012年12月吉怀高速的开通，使凤凰县进入"高速"时代，极大地推动了凤凰县旅游业的转型升级,加之"铜仁凤凰"机场正在扩建,焦柳铁路正在规划复线,多条高速规划到每个县市,这将对湘西州旅游发展提供坚实的基础性保障。湘西州旅游业整体基础服务滞后且参差不齐,严重制约发展。如大型停车场的缺少,每逢旅游旺季和黄金周,交通压力倍增,堵车现象严重;公共厕所和公共椅子缺少,游人备受煎熬。

### (三) 政府在旅游宣传方面力度不够

湘西州旅游发展得益于沈从文的文学作品、黄永玉的书画作品、宋祖英的歌曲作品等,这是对湘西最好最真实影响最广的宣传。以凤凰县转让八大景点50年经营权为起点,凤凰县旅游逐渐策划宣传,效果明显,这才拉开了湘西旅游、凤凰旅游宣传的序幕,但主流媒体曝光率少,作为整体的湘西旅游宣传更是缺少。州内如芙蓉镇景点圈、里耶古城景点圈、德夯苗寨都是精品旅游区,宣传促销极为不够,效果甚微,这就需要通过州级政府将精品旅游区进行统一的宣传营销,使得湘西州以整体的旅游形象示人,而不是各个县市各自为政。

### (四) 政府在旅游产业链开发方面力度不够

湘西州各级政府重视旅游业的发展,大力扶持本县市具有特色的产品,但尚处于初级阶段。在食品茶叶酒类方面,凤凰县的姜糖、血粑鸭、猕猴桃等特产的加工生产;古丈县、保靖县的茶叶加工;吉首市酒鬼酒、湘泉酒生产等都是湘西州最有特色最成熟的旅游商品,但是生产开发力度不够,商品品种单一,质量参差不齐,存在重复生产、层次初级等现象;在服饰加工方面,已有具有民族特色和现代审美充分结合的新民族服饰,如凤凰县菁凤蜡染服饰、苗族服饰、苗银等很受游客的青睐,但因成本高规模小、市场销售难以和成本低且规模生产的旅游休闲服饰相抗衡。总体来说,旅游商品的开发力度极为不够,没有建立具有湘西特色的旅游产业链,难以形成强烈而固定的消费愿望。

### (五) 政府在对旅游行业的规范方面引导力度不够

"湘西现在还有土匪吗?人是不是很彪悍……"这是很多人对湘西的初步印象。湘西州旅游"井喷式"飞速发展,旅游管理人员却严重缺乏，一些素质较低和欠缺沟通技巧的人进入管理队伍和执法部门，在处理游客矛盾和纠纷时，因文化理解差异导致简单粗暴的现象出现，与"游客是上帝，服务至上"的原则相背离。假导游骗取财物、导游收回扣、卖家宰客等不良现象都让游客产生"湘西人彪悍"的印象，旅游管理人才素质低下，管理服务水平低，必须引起政府、旅游部门和本地人的重视。

## 三 湘西州旅游经济发展思路与路径选择

通过调查分析，湘西州旅游发展是政府主导型旅游经济发展模式，需要充分发挥政府的各项职能，促进湘西州旅游业又好又快发展。

**（一）充分发挥政府的旅游规划设计职能**

第一，要成立旅游发展协调机构。由湘西州州委、州政府主导成立州县级文化旅游产业发展协调领导小组，加大对旅游业的支持力度和协调力度，开展旅游发展相关项目申请和实验区规划建设。

第二，要制订高水平的旅游规划和发展计划。旅游市场竞争已由旅游景区竞争上升为旅游目的地竞争，这就要制订高水平的旅游规划和发展计划，提升旅游整体形象。湘西州是国家实施武陵山片区区域发展与发展攻坚试点，国家在《武陵山区域扶贫与发展规划》中，明确提出将武陵山片区建设为"国际知名生态文化旅游区"的目标，把旅游产业作为扶贫开发的首要产业，这就要积极开展申报国家级旅游扶贫实验区的策划论证工作。

第三，要加强旅游规划的区域协作。当今地区发展要互补共赢，相邻区域合作因历史、文化、风俗、山水的接近成为周边政府的协作首选。大湘西地区、武陵山片区的贫困具有相同的成因，因此片区内加强旅游发展的战略合作具有重要意义，开发主题一致又各具特色的旅游发展项目，开展合作营销，开发区域协调的精品旅游线路，实现客源引导和共享，最终共同实现脱贫致富。

## （二）充分发挥政府的旅游基础设施建设职能

加快推进旅游基础设施建设，加快州内高速公路建设，加快"铜仁·凤凰"机场和湘西机场的建设，积极完善景区景点交通连接线、乡村游景点的公路升级，全面构建湘西旅游交通大通道；切实抓好星级宾馆、景区停车场、服务中心、旅游公厕建设，不断完善旅游配套设施。

## （三）充分发挥政府的旅游宣传职能

营销决定市场，市场决定成败，没有宣传营销旅游市场就难以形成。要大力拓展客源市场，提高宣传营销针对性，对出游动机、消费心理、旅游喜好做调查研究，细分市场，针对不同地域、不同群体、不同季节，制定不同的营销策略、营销不同的旅游产品。整合宣传营销力量，各司其职，政府做好旅游目的地形象宣传、景区公司对旅游景区产品宣传、旅行社对旅游线路宣传，比如凤凰县就成立古城景区旅游管理服务公司统一进行宣传营销。多种营销方式结合，举办创意独特的节会活动，重视网络、媒体和户外广告宣传。

## （四）充分发挥政府的旅游产业链开发职能

加大招商引资力度，将湘西州的旅游资源和社会资本对接，吸引旅游知名企业落户湘西，借助资本力量推动旅游快速发展。坚持市场导向，政府引导，企业参与，用参股控股、委托经营、租赁承包、买断经营权等方式参与旅游开发，走市场化运作。实现旅游产业与其他产业的融合，加强农旅结合，开发民族村寨，发展特色乡村游；加快民族特色产品开发，将名优产品和土特产转化为旅游商品，延长旅游产业链条；加强文化与旅游融合，增加旅游文化内涵，发挥湘西州非物质文化遗产和特色手工业的优势，开发和销售特色民俗工艺品，实现市场产业化。

## （五）充分发挥政府的旅游行业规范职能

第一，要强化旅游相关法律法规的执行。强化科学管理，依法治旅，从法律法规层面明确政府、企业、个人在旅游发展中的责任和义务。依照《旅游法》和《关于加快发展旅游业的意见》、《国民旅游休闲纲要》、《湖南省旅游条例》、《湘西州乡村游旅游管理规定》等相关法律法规，规范旅游发展开发、经营、管理、服务等各项工作，以促进旅游业的健康发展。

　　第二，要大力培养强有力的市场主体，并进行整合经营，防止出现旅游乱象，完善旅游市场体系。比如凤凰县为了整合市场主体，2011年将自主经营的18家乡村游景点联合组建为凤凰县乡村游公司，整合经营统一售票，防止出现景点同质、任意定价，形成精品旅游线路；2012年古城公司、南华山公司、乡村游公司又达成一致，签订《凤凰县景区整合经营协议》，委托凤凰古城景区旅游管理服务公司，按照"统一门票管理、统一游客换乘、统一市场营销、统一售后督导"的总体原则，搭建统一管理服务体系和平台，实现凤凰旅游的扩容提质、转型升级。

　　第三，要建立旅游行业组织。随着旅游业的发展，旅游行业组织的建立，都有利于处理行业间的矛盾。比如湘西州已成立旅行社协会、星级酒店管理协会，政府还可引导建立家庭客栈协会、导游协会；引导乡村游景点建立旅游产业合作社，这将对脱贫致富起到良好作用。

　　第四，要加强旅游行业组织管理。旅游业的发展促使旅游行业组织孕育而生，在提升行业管理、服务水平、员工组织培训、矛盾协调和处理等方面都有其天然的优越性，湘西州成立了旅行社行业协会、导游协会、星级酒店协会、家庭宾馆客栈协会，一定程度上明确了各县旅游部门的职责，也缓解了旅游部门的压力。不过行业组织发展还在初级阶段，发挥效果不明显，存在管理不善、组织认可度不高等问题，这需要从业人员素质的提升，更需要政府主导加强行业组织的引导和管理。旅游业综合性强，涉及行业和产业链广，作为协调意义大于经营意义的行业组织，要针对不同行业来制定具有针对性的组织规则，要制定相关的工作章程和责任义务事项，以达到规范行业组织管理的作用。

# 兴边富民背景下内蒙古北部边境五旗市旅游业发展成效研究

耿桂红

兴边富民行动是国家民委为配合西部大开发战略，联合国家发展改革委、财政部等部门于 1999 年倡议发起的。实施范围是我国 136 个陆地边境县（旗、市、市辖区）和新疆生产建设兵团 58 个边境团场。兴边富民行动的宗旨是，加大对边境地区的投入和对广大边民的帮扶，使边境地区尽快发展起来，边民尽早富裕起来，在发展中进一步增强爱国主义感情和加强各民族大团结，最终达到富民、兴边、强国、睦邻的目的。[①]

为考察兴边富民行动中边境旗市对旅游业的扶持及旅游业的发展情况，深入分析边境旗市旅游业发展中存在的问题及需要进一步改进的措施，笔者所在的课题组在国家民委、内蒙古自治区民委的支持下，于 2014 年 7 月赴额尔古纳市、满洲里市、新巴尔虎右旗、新巴尔虎左旗、阿尔山市这五个旗市，实地考察了口岸、特色村寨、特色产业以及扶贫项目等，与当地政府各部门、农牧民进行了多场座谈，针对当地旅游业获得了丰富的一手资料。本文从五个边境旗市兴边富民兴行实施成效实地调研的基础上，考察内蒙古边境地区旅游业的发展成效，制约因素以及存在问题，并提出对策建议。

---

① 引自国家民委网站，http://www.seac.gov.cn/gjmw/zt/2007 - 06 - 15/11818789726 22370.htm。

## 一  内蒙古北部边境旅游资源情况

本文研究的五个边境旗市相互毗邻，位于内蒙古自治区北部，分别是额尔古纳市、满洲里市、新巴尔虎右旗、新巴尔虎左旗和阿尔山市。

额尔古纳市位于呼伦贝尔草原北端，草原广阔、河流众多，是内蒙古乃至全国最北部的边境旗市，也是目前我国俄罗斯族生活最集中的地区，市内有我国唯一的俄罗斯民族乡——额尔古纳市恩和乡。全市总面积2.84万平方公里，西部及北部隔额尔古纳河与俄罗斯相望，边境线长671公里。

满洲里是中国最大的沿边陆路口岸城市，西邻蒙古国，北接俄罗斯，是中国优秀旅游城市，著名景点有满洲里国门、41号界碑、呼伦湖、套娃广场等，其境内的达赉湖，是中国五大淡水湖中唯一未被污染的湖泊。

新巴尔虎右旗和新巴尔虎左旗地处呼伦贝尔草原腹地，地广人稀，草原辽阔，是呼伦贝尔大草原景观标志区域之一。两旗均为纯牧业旗，旅游资源丰富，民族风情浓郁，蒙古族长调、巴尔虎史诗、巴尔虎歌舞、祭敖包、骑马、射箭、摔跤、巴尔虎民族服饰及饮食文化等保存完好。

阿尔山市总面积7408.7平方公里，中蒙边境线长93.434公里。境内有二类国际性季节开放口岸——阿尔山口岸。阿尔山旅游资源丰富，拥有原始森林、草原、天然火山、温泉、湿地、冰雪等独特的自然风光。

## 二  旅游业发展成效

### （一）旅游接待能力不断提升，旅游业收入快速增长

阿尔山市建成了具有一定接待能力的旅游景区点50余处，打造了国家4A级旅游区——海神圣泉旅游度假区，3个国家森林公园，1

个国家地质公园,其国家森林公园被确定为国家级生态旅游示范区。截至目前,阿尔山市旅游接待能力达到14071张标准床位,目前全市共有旅行社30家。2013年阿尔山接待游客131万人次,旅游收入15.7亿元,比2010年的7亿元,增长了2.24倍,年均增长30.9%。2013年,阿尔山—满洲里—海拉尔精品旅游线路互送游客65万人次,同比增长26.7%,2013年,阿尔山成为第五个国家旅游扶贫试验区,旅游知名度日益提升,已成为内蒙古全力打造的旅游品牌。

满洲里市利用地处中俄蒙三国交界的区位优势,三国风情兼得的文化优势,依托冰雪、草原、湖泊、湿地等自然资源,借助沿边开发的有利政策,以"打造中俄蒙风情兼得的跨境旅游休闲度假基地"为目标,加速推动旅游模式由观光旅游为主导向休闲度假游为主导的转型升级。建设了国门景区、套娃广场、查干湖、二卡红色旅游区、俄罗斯风情园、达永山滑雪场等经典景区,其中主要景点国门景区2013年接待游客达62.64万人次,套娃广场达63.46万人次。2013年,满洲里市全年接待国内游客达492万人次,边境游客达64.3万人次,旅游总收入43.9亿元,旅游创汇2.9亿美元。满洲里全市共有旅行社49家,星级饭店16家,床位4843张。[①]

额尔古纳市近年来的旅游业迅猛发展,市容市貌、乡容乡貌得到极大提升,人居环境得到明显改善,打造了呼伦贝尔最美丽城市品牌形象。全市A级以上景区达到6处,有湿地、白桦林、室韦与恩和俄罗斯民俗家庭游、莫尔道嘎国家森林公园。民俗家庭游项目发展迅速,本次调研组走访的恩和俄罗斯民族乡,家庭游接待户由2007年的20户,到2013年已发展到近100户,接近全乡的1/3,并建有俄罗斯民俗馆、民俗演艺厅、乡村俱乐部等游乐设施以及俄罗斯大列巴(面包房)等特色餐饮。目前全市宾馆酒店、家庭游、家庭宾馆床位数共达23000张,其中家庭游、家庭宾馆床位数达8000张,旅行社共有7家。2012年全市接待游客158万人次,比上一年增长53%,旅游收入突破12亿元,比上一年增长56%[②];仅2014年1—6月全市

---

① 数据来自调研时满洲里市政府提供的资料。
② 数据来自调研时额尔古纳黑山头口岸提供的资料。

接待国内外游客62.4万人次，旅游收入6.01亿元，与去年同期相比分别上升了67.8%和71.7%。①

新巴尔虎左旗按照"突出重点景区，突出基础设施"的原则，不断加大旅游基础设施建设投入力度，完善景区服务设施，截至2013年底，建成4A级旅游景区巴尔虎蒙古部落、2A级景区甘珠尔庙和诺门罕战役遗址以及以诺干湖为代表的非A级景区7家，家庭牧户旅游经营户23家；全旗较大规模宾馆3家、小型宾馆旅店135家，床位数为2282张，2013年接待游客达46万人次，旅游收入3.08亿元。全旗共有饭店245家、商店180家。②

（二）跨境旅游稳步推进

作为全国最大的陆路口岸和边境城市，满洲里开通了对俄罗斯的后贝加尔斯克一日游、红石异域风情一、二日游，赤塔四日游，赤塔—伊尔库茨克—贝加尔湖五、七日游，乌兰乌德五日游，莫斯科—圣彼得堡九日游等境外旅游线路；对蒙古国有满洲里—蒙古乔巴山观光狩猎游、满洲里—俄罗斯乌兰乌德、伊尔库茨克—蒙古国乌兰巴托、乔巴山—满洲里的三国跨境旅游环线游。满洲里已经成为全国重要的旅游目的地、内地游客赴俄蒙旅游和俄蒙游客赴内地旅游休闲度假的重要中转站。2013年满洲里边境旅游达64.3万人次，旅游创汇达2.9亿美元，经营出境游的旅行社有13家，近几年跨境旅游收入稳步增长（见表1）。

表1　　　　2009—2013年满洲里市边境游人数、旅游收入

| 年份 | 2009 | 2010 | 2011 | 2012 | 2013 |
|---|---|---|---|---|---|
| 边境旅游人数（万人） | 58.5 | 62.2 | 61.4 | 62.7 | 64.3 |
| 增长（%） | -36.9 | 3.9 | -1.2 | 2.1 | 2.6 |
| 中方出境（万人） | 15.5 | 9.9 | 10.1 | 10.1 | 10.0 |
| 俄方入境（万人） | 43 | 52.3 | 51.3 | 52.6 | 54.3 |
| 旅游创汇（亿美元） | 1.7 | 2.4 | 2.4 | 2.9 | 2.9 |

资料来源：《满洲里市国民经济和社会发展统计公报》。

---

① 数据来自调研时额尔古纳旅游业发展情况汇报材料。
② 数据来自调研时新巴尔虎左旗政府提供的资料。

兴边富民背景下内蒙古北部边境五旗市旅游业发展成效研究

阿尔山—松贝尔口岸是我国对蒙古开放的五个国际口岸之一，2013年12月，阿尔山市至蒙古国东方省哈拉哈高勒县2日游、至蒙古国东方省乔巴山市5日游、至蒙古国肯特省温都尔汗市5日游等3条边境旅游线路正式获批。

2014年6月，通过阿日哈沙特口岸，新巴尔虎右旗—蒙古国东方省克尔伦苏木1日游、新巴尔虎右旗—蒙古国东方省乔巴山市2日游、新巴尔虎右旗—蒙古国东方省孙布尔苏木2日游等3条中蒙边境特色旅游线路正式获得国家旅游局批复。同时，新右旗、额尔古纳黑山头口岸也获得了办理边境旅游异地办证的业务权限。

（三）旅游业逐渐成为支柱产业

阿尔山市坚持"生态立市、旅游兴市、口岸强市"的发展战略，将旅游业作为林业接续替代产业，近年来迅速发展，带动了其他产业，增加了就业机会。据统计，来阿尔山的游客在吃、住、行、游、购、娱方面的支出分别为16.8%、32.2%、10.1%、16.1%、13.4%、13.4%[①]，直接促进了交通、住宿、餐饮等相关行业的发展。同时旅游消费也带动了特色农牧业、种植业、养殖业的发展。阿尔山市按照"为旅而农、为旅而牧"的发展思路，扶持矿泉蔬菜园区、发展特色养殖业，带动更多的少数民族群众增收致富。截至目前，阿尔山旅游业直接从业人员达到13012人，直接和间接从事旅游业的总人数达到39990人，占总人口的58.7%[②]。旅游业已成为阿尔山第一大支柱产业。

满洲里明确提出把旅游业作为第三产业的重点产业来发展，借助沿边开放的有利政策，坚持"贸游立市"发展战略，加速推动旅游发展模式由观光旅游为主导向休闲度假游为主导的转型升级。伴随国际贸易旅游城建设、开发开放实验区的设立，满洲里旅游商务服务业蓬勃发展，旅游住宿餐饮业、旅游交通业、旅游服务业、旅游商贸业和旅游娱乐业等旅游产业呈多元化发展态势。2013年，满洲里市旅游总人数达620多万，增长2.5%；旅游总收入43.9亿元，增长4.2%；

---

① 数据来自调研中阿尔山旅游局提供的资料。
② 数据来自调研中阿尔山市政府提供的资料。

旅游产业增加值占全市 GDP 比重达到 23%[①]，占三产服务业的 1/3 左右，旅游直接从业人员 3400 人，带动其他相关行业就业 2 万余人，旅游业对经济贡献度达 25.9%[②]。旅游业已经成为满洲里市重要的支柱产业。

## 三　存在问题及原因

**（一）交通基础设施制约**

主要表现为：①区位边缘化，距离主要客源市场远，增加游客旅游成本；②航线班次少，客运铁路比较落后，运力不足。满洲里旅游资源开发早，是著名的旅游城市，交通设施较为完备，但到旅游旺季时，游客大量涌入，火车、飞机运力明显不足，火车票、飞机票一票难求。公路建设落后，可进入性差。对于不通飞机、火车的边境旗县，公路建设显得尤为重要，如新右旗，通往满洲里、新左旗、海拉尔的道路等级低，路况差，严重制约了当地旅游业的发展。

**（二）旅游的季节性问题突出**

受气候条件限制，五个边境旗市旅游业存在明显的淡旺季，旅游旺季时间短，只有 6 月、7 月、8 月三个月，存在旺季旅游爆满，景点、住宿、餐饮等旅游接待设施紧张，淡季游客稀少，大量旅游设施闲置，效益下滑，甚至亏损的现象。其原因之一是冬季旅游基础设施、旅游项目、旅游产品开发不足，游客少，许多当地的宾馆、酒店、旅行社等关门歇业。原因之二是冬季时间长且非常寒冷，最低温度达零下 40 多度，不宜进行室外活动。

**（三）跨境游存在政策制约**

我们调研的几个旗市在深化与俄蒙毗邻地区旅游协作、充分利用口岸优势、进一步开发周边市场、促进边境旅游的发展方面做了积极的努力，但在跨境旅游方面还存在一些政策制约。比如满洲里西郊机

---

① 数据来自满洲里旅游网站，http://www.aeshan.com/news/72.html。
② 数据来自调研时满洲里政府提供的资料。

场是全自治区入境人数最多的一个机场,但没有实行落地签,俄、蒙乘客反映强烈,满洲里口岸近几年出境游客下滑比较明显,从高峰期的几十万人下降到 2013 年的不足万人,其中一个重要原因就是取消了异地办护照的政策。

有些边境旗市虽然能够进行异地办照,但是需要层层上报,通过公安部门报到所在盟市,再报到自治区公安厅,中间环节多,往返时间长,尽管当天能满足异地办照的要求,但证件最快也需要 3 天时间才能办下来,影响出境游客行程安排。边境旗市发展旅游业面临的这些软硬件约束仅靠自身无法解决。

**(四)旅游商品尚未形成品牌,旅游纪念品开发不足**

综合功能不全,游客来了之后走马观花看景点,购物、游玩、娱乐等功能不全,尚未形成吃、住、行、游、购、娱的配套。

首先,五旗市资源丰富,有奶干、奶皮、奶油、牛肉干等民族传统食品;食用菌、梅花鹿等土特产品;桦树皮画等特色工艺品;但由于受资金、技术等条件制约,规模小,销售渠道狭窄,还不能形成品牌效应。其次,作为旅游商品,存在包装不够精美,不便携带和保存等问题。既能够代表当地民族民俗文化,又具有收藏纪念意义、做工精美的旅游纪念品,如民族饰品、民族工艺品等旅游商品很少,亟待开发。

## 四 加快旅游特色产业发展的思考及对策建议

边境旗市目前大力发展旅游业的出发点是,边境地区旅游资源丰富,发展旅游业潜力大;旅游业基本上是无烟行业,是环境友好型的行业,发展旅游业不必担心污染、破坏生态环境;旅游业也是一兴百旺的产业,可以带动交通运输、经贸物流、餐饮服务、旅店住宿、文化娱乐、信息通信、会展、旅游产品加工等关联产业和辅助产业的快速发展,促进民族传统文化的保护和弘扬,有利于民族团结与边疆稳定。因此,我们认为边境旗市大力发展旅游特色产业意义重大。

## （一）加强基础设施建设，突破交通基础设施"瓶颈"制约

交通基础设施是旅游业发展的先导和重要保障。在调研中我们发现，边境旗市旅游资源非常丰富，且独具特色，但旅游大交通问题仍是影响旗市旅游发展的一个重要瓶颈。尤其是既没有机场，又不通铁路，公路等级低，质量差的旗县，旅游产业的发展与旅游资源不匹配。如新巴尔虎左旗和右旗，森林、草原、河流、湖泊、湿地等旅游资源丰富，尤其是新左旗，人文资源丰富，蒙古族文化氛围浓厚，保存传承完好，具有开发高端旅游的游牧文化资源和发展文化旅游的有利条件，因存在交通基础设施"瓶颈"，旅游产业发展水平低，资源优势不能有效地转化为产业优势，旅游惠民富民产业的作用发挥有限，带动劳动就业不强，旅游业的发展潜力还远远没有释放出来。

随着我国人均收入的提高，节假日的增多，人们的消费能力日益增加，生活观念也随之转变，以休闲度假为目的的旅游方式越来越受到人们的欢迎，边境地区的自然、生态以及民族民俗等特点为人们提供了这样的功能。近年来，带薪休假以及自驾来边境旅游的比例逐年增加，在调研中我们了解到，2013年来阿尔山的游客中有58%是采取自驾出行的方式。因此，国家和省（自治区）这个层面上首先要加大道路交通基础设施的投入力度，加强沿边公路的建设；其次要推进边境地区铁路建设，提供运力保障，建议旅游旺季增加航班航线。加快构建边境旗市对内对外旅游交通网络，提高其交通网络的可通达性，是旅游业发展的前提条件。

## （二）开发淡季旅游项目，均衡四季旅游

旅游产业关联度高，涉及面广，需要地方政府进行各相关部门的协调，在更广的范围内整合资源，招商引资，加大冬季旅游景区及冬季旅游项目建设，如草原滑雪基地、冬令营基地等，开发体现巴尔虎文化的节庆旅游、文化旅游等四季旅游项目，推进春、秋、冬季旅游的发展。

一曲"呼伦贝尔大草原"将人们都带到了呼伦贝尔，因此，利用各种方式进行宣传工作，如各级电视台、网站、微信等现代媒体以及通过文学作品、歌曲、电视剧等，多渠道进行旅游宣传活动，是推进旅游业发展的重要手段。

### （三）跨境旅游给予政策便利

对条件成熟的口岸，国家、自治区相关部门应逐步放宽出入境的一些限制，扶持、鼓励边境地区发展出入境旅游业。各旗市应提出：

1. 与相关部门协调，提供便利的出入境政策

为促进中俄旅游的深入发展，建议协调相关部门，参照中蒙、中越、中缅边境口岸实行持边民通行证出入境的办法，允许我国呼伦贝尔市居民和俄罗斯后贝加尔边疆居民持边民通行证可以在满洲里口岸和俄罗斯后贝加尔口岸自由通行。

2. 实施更加优惠的出入境管理政策

（1）建议在满洲里对俄罗斯、蒙古国、独联体国家和日本、韩国等实施入境72小时免签证政策，以拉动入境游市场。（2）建议在满洲里设立俄罗斯、蒙古国领使馆办事机构，方便游客办理出入境手续。（3）满洲里西郊机场是内蒙古自治区出入境人数最多的机场，因无落地签证，俄蒙旅客反映强烈。建议协调相关部门同意在西郊机场办理落地签证。（4）对俄罗斯、蒙古国、日本和韩国四国旅游团体组团人数放宽至2人以上（含2人），入境停留时间延长至21天。

### （四）积极推进旅游纪念品的开发和销售

旅游纪念品作为特殊商品，不仅有很高的经济附加值，能够提高旅游综合经济效益，而且也是地域文化的体现，是旅游业最好的宣传品。为此，政府应积极引导，扶持一批集纪念品生产与研发的企业，从资金、税收、人才等方面给予一定的扶植政策，充分利用边境地区的资源，积极研发具有地域、民族特色和文化内涵的旅游纪念品，大力研发与高端游客匹配的旅游商品，逐渐形成体现地域特色的自有品牌，延伸旅游产业链条，提高边境地区旅游业的经济效益和附加值。

# 社区参与：草原旅游业发展的路径选择
## ——以内蒙古鄂尔多斯市布拉格嘎查为例

包红霞

## 一 引言

社区是社会学研究的重要概念，也是人类学的传统研究领域。徐永祥认为社区是由一定数量居民组成的、具有内在互动关系与文化维系力的地域性的生活共同体；构成社区的基本要素是地域、人口、组织结构和文化①。社区及社区参与旅游被纳入旅游研究视域是自墨菲的《旅游：社区方法》② 出版开始。社区参与这一概念产生的历史虽然不长，其定义却有多种。孙九霞、保继刚提出"社区参与旅游发展是指在旅游的决策、开发、规划、管理、监督等旅游发展过程中，充分考虑社区的意见和需要，并将其作为主要的开发主体和参与主体，以便在保证旅游可持续发展方向的前提下实现社区的全面发展"③。国外学者在社区参与旅游方面积累了大量的成果，有理论探讨也有实践

---

① 学者们根据个人研究角度、所要解决的问题和理论背景的不同，对社区这一概念做出了不同的解释，本文使用了此定义。
② Murphy P., *Tourism: A Community Approach*. New York: Methuen, 1985.
③ 孙九霞、保继刚：《从缺失到凸显：社区参与旅游发展研究脉络》，《旅游学刊》2006年第7期。

经验，在研究内容、方法、理论等方面已经取得了深入进展①，成功地总结了旅游与社区尤其是居民群体的内在关系，若干研究结论已经达到了相当的一致。例如，J. E. Brougham 等（1981）指出旅游带来的收益不可能覆盖所有的居民；Arthur C. Lehmann（1980）认为居民的态度对于旅游区初期发展可能起着重要作用。社区力量参与旅游长期规划管理的重要性、居民对旅游业的态度与社区性质以及居民个人特征之间存在密切的相关、旅游发展会对社区内部结构形成冲击、政府在社区旅游发展中的具体职能角色等，都得到了许多学者不同角度的论证。国内在此方面的研究起步稍晚，还处于不成熟阶段，偏重于理论与宏观研究，"缺乏深入细致的实证的案例研究"②，但近十几年，社区参与旅游发展方面的理论及实践研究颇丰。研究内容主要包括参与的平台、制约分析、理论分析、模式构建、居民态度、一体化研究等。在思想认识方面（刘纬华，2000；唐顺铁，1998）、在理论分析方面（黎洁等，2001；胡志毅等，2002；孙九霞等，2006）、在实践方面（诸葛仁等，2000；杨桂红，2001；保继刚等，2002，2003；张伟等，2002；孙九霞等，2004，2005，2006，2008）等都取得了可喜的成果。虽然还带有国外理论转借的痕迹，但不乏对我国制度因素与社区旅游参与之间逻辑关系的思考，具备了一定的广度和深度，取得了一定成绩。内蒙古的旅游资源有别于国内其他地区，社区居民参与旅游方面的相关研究也不多见，吕君（2013）、王珊（2013、）宋河有（2015）等对草原旅游发展中的社区居民的参与状态、感知与态度进行了探讨，包金海（2010）、石学勇（2004）、郝晓兰（2010）、孙国学（2010）等人的研究均涉及了以单个或多个牧民家庭为接待单位的"牧人之家"，但对社区居民参与旅游后的利益分配等未过多涉及。

　　本文选取内蒙古鄂尔多斯市伊金霍洛镇布拉格嘎查进行研究是因为成吉思汗陵位于该嘎查下属4社、5社牧民的草场——巴音昌霍格

---

① 保继刚、孙九霞：《雨崩村社区旅游：社区参与方式及其增权意义》，《旅游论坛》2008年第1期。

② 孙九霞：《旅游人类学的社区旅游与社区参与》，商务印书馆2009年版，第89页。

草滩的西侧。该嘎查牧民，特别是4社、5社牧民，依托成吉思汗陵旅游参与到旅游活动中，其参与旅游开发的模式、利益分配方式等对目前内蒙古社区旅游发展具有示范意义。通过此研究，笔者希望不仅可以有效促进成陵周边社区居民参与旅游经济模式的发展，为其提供更多的选择空间，还可以为内蒙古其他相似旅游景区的发展提供一些依据和指导。

内蒙古鄂尔多斯市伊金霍洛镇布拉格嘎查辖6个社，共有农牧民318户782人，是一个典型的蒙古族为主体、汉族占多数的蒙汉聚居区。嘎查社区居民参与旅游发展的方式主要有三种，分别是：在巴音昌霍格草滩及周边或自家草场搭建蒙古包经营蒙餐（又称农家乐和牧家乐），在巴音昌霍格草滩牵马，在伊金霍洛镇新集镇区从事旅游纪念品商店、饭店、宾馆、酒吧、奶食品店经营、开出租车、做环卫工等与旅游相关的行业。目前，布拉格嘎查从事农家乐和牧家乐经营的牧户有80余户，蒙古包230余座；在伊金霍洛镇镇区从事旅游纪念品加工和销售的共有10余户；在镇区从事环境清洁工作的牧民达到30余人。

草原旅游在中国发展较快，中国草原旅游发展又以内蒙古的草原旅游发展最为典型。草原是人、畜、自然环境和谐发展的一个系统，因此，草原地区旅游目的地社区居民能否积极参与旅游，其利益是否被充分考虑决定着草原旅游业的发展。本文选取具有一定代表意义的巴音昌霍格草滩上的餐饮、牵马项目，对草原地区社区居民参与旅游开发的方式、利益分配制度、参与经营状况、参与意愿、旅游社区性质等进行剖析。

## 二 社区居民参与旅游的方式及特点分析

巴音昌霍格草滩（当地人称草皮滩）面积约三十平方公里，是基本没有遭到人为破坏的原始草滩，隶属于内蒙古鄂尔多斯市伊金霍洛旗伊金霍洛镇布拉格嘎查。成陵位于巴音昌霍格草滩西侧。这里过去是成吉思汗陵寝的禁地。1999年成陵周边的达尔扈特牧民在巴音昌霍格草滩建立了诸多蒙古包，为游客提供骑马、射箭、摔跤等娱乐项目，从事旅游活动。巴音昌霍格草滩上的旅游项目与成陵及成陵管委会既没有行政上的隶属关系，也没有经济上的业务关系，只是依托成陵的影响力及其游客，结合自身优越的地理优势开展旅游活动。

巴音昌霍格草滩是布拉格嘎查4社和5社的草场，因此重点参与旅游活动的是4社和5社牧民。5社只有马匹，4社的每户牧民在巴音昌霍格草滩都有自己的蒙古包和马匹，共50户，180座蒙古包，即4社为游客提供餐饮和骑马服务，而5社只提供骑马项目。由布拉格嘎查党支部组织成立的骑马协会和餐饮协会（当地人简称协会）的成员主要由4社、5社居民通过民主选举产生。协会的主要职责是制定行业行为规范，监督管理协会会员，受理游客投诉，惩处不遵守规定的会员，组织会员培训等。

巴音昌霍格草滩上的牧户旅游点，即"牧家乐"，每户经营规模不同，大型的搭建了6—8个蒙古包，中型的3—6个，小型的3个或3个以下。旅游点主要经营传统蒙古特色餐饮，有些还提供赞歌、篝火表演项目。

蒙古包接待的游客类型以散客为主，偶尔接待团队游客。其中，外地游客比重远高于当地周边地区的游客，甚至区外游客数量多于区内。自行来蒙古包吃饭的客人大多是由熟人领来，即回头客或关系户。价格实惠、饭菜卫生可口、环境优雅是吸引回头客的主要原因。在接待过程中，经营者与游客间的交流不多，很少有信息的分享。

目前由牧户本人经营的蒙古包只有5—6户，其他都已转租。大部分人因不懂经营而转租，但也有从收入方面考虑的，即转租后可以腾出手做其他事情，如租马、种地、养牛等。另有擅长唱歌、弹奏乐器的牧民与他人合作从事鄂尔多斯婚宴表演等。他们每年的旅游收入占总收入的30%—40%。承租者主要以内蒙古东部蒙古人为主。蒙古包转租年租金一般为4万—6万，地段好的（路边）要达到10万以上。转租经营使社区居民的收入得到提升，但也给牧户旅游点带来了负面影响。承租者大多是外地人的事实会使牧户旅游点的当地特色发生改变，如菜品、语言、习俗的地域特色会有所变异或遗失。

蒙古包餐饮接待的时段为每年的4月至10月中下旬，其中7—9月是经营旺季。在旺季，中等规模经营户的月营业额平均能达到2万—4万元，淡季0.5万元以上，年营业额能达到10万—15万元。而规模大的经营户年营业额30万—40万，最多时能达到80万元。到目前为止，收入较高的经营户有4—5家，均为经营时间最长的"老户"。他们积累了丰富的经营经验，有长期合作的回头客和关系户。但也有处于盈亏点上的经营者，为数不多，基本因为不尽心经营所致。

当地政府对社区居民参与、从事旅游经营活动持支持、鼓励态度。一半以上的经营户最初开始经营时曾受到政府的鼓励。镇就业局曾经主办过饭店、旅游纪念品商店经营，民族音乐、民族器乐方面的免费培训，社区居民自愿参加。接近三分之二的经营户参加过此类培训。在环境卫生方面，巴音昌霍格草滩及周边的道路清扫、垃圾处理等都由镇政府负责雇人清理。

## 三 社区居民旅游参与中的收入分配方式

### （一）餐饮项目

1999年巴音昌霍格草滩上的第一家牧户旅游点开张，向游客提供餐饮、骑马、住宿等服务。经过近20年的发展，餐饮接待项目日趋完善，目前不仅各经营户的经营场地扩大、蒙古包数量增加，经营方式也有所改变。初始阶段，由于蒙古包经营户不多，没有"抢客"现象。几年后，随着蒙古包经营户数量的增加，出现竞争现象，形成了目前仍在实行的排号接待游客制度。即巴音昌霍格草滩上的蒙古包经营户每户抽取一个号码固定下来，形成自己的编号。每天每户各出一人到成陵门口排队按编号依次带领游客回蒙古包吃饭。因各种原因不能接待的，依次顺延到下一个编号户，即经营权可以在经营户之间进行转让，餐饮接待收入完全归接待户所有。不遵循此规定者则一个月内不许去成陵门口带客。目前各蒙古包的饭菜价格都由工商局审核定价，但住宿项目由于存在安全、卫生等隐患，已经取消经营。

经营户对排号接待游客制度较为拥护，因为此制度较好地维持了旅游经营秩序、维护了社区居民的经济利益及社区内部的和谐。但对于游客而言却可能有失公平。完全按照轮流的方式，游客不能够选择自己中意的蒙古包，容易让游客产生抵触情绪和不公平的感觉。

（二）骑马项目

在巴音昌霍格草滩上提供骑马、马队迎接项目的4社和5社，每社都有40多户牧民，亦有一套排号接待游客的制度。即每社将经营户分为两组，每组以户为单位进行编号，如第一天第一组1—10号接待，第二天第二组1—10号，第三天第一组11—20号，第四天第二组11—20号……以此类推。淡季时轮换得慢，而旺季时则很快。每户都要按编号顺序接待游客，不遵循规定者一个月内不许接待游客。每个经营户马匹的数量不做限制，这样游客可以自由挑选马匹。游客自己指定是租用4社还是5社的马。各社骑马的范围是各自的草场，因此，既有蒙古包又有草原景观的4社更占优势。

骑马项目必须由经营者本人亲自牵马。马匹租用价格统一规定，接待收入完全归接待户所有。对于租马的价格，各社选出组织能力强、有信誉的5—6个人商议定价，再由骑马协会审核监管。但经营户还是具有小幅定价权的。假定大圈200—250元，中圈100—200元，小圈30—80元，经营户与游客可以在此三种价格区间商定一个价格。各户的马匹均已入保险，有事故时通过协会、保险公司协调解决。迎宾需要几十匹马，经营户需要合作，平分所得收入。

一方面，这一制度有效避免了社区居民间的相互竞价，很好地维护了社区传统友好的人际关系。经营户大都表示基本没有抢客方面的矛盾。另一方面，照顾了游客的自主选择权，其满意度也相应提高。同时也较妥善地处理了4社、5社之间的旅游收益分配问题，避免了由于旅游开发而可能带来的纷争。只是因为4社居民在巴音昌霍格草滩拥有草场继而拥有同时经营蒙古包和牵马项目的"天然"经营权而使收入大增，令5社牧民羡慕不已。

## 四 社区居民参与旅游的意愿及面临的困惑分析

巴音昌霍格草滩上牧民的旅游参与率很高，基本达到100%。旅游业所带来的高收益让他们参与旅游的意愿很高且对旅游业的发展前景很有信心。但从2013年开始，鄂尔多斯整体经济状况下滑，加之国家反腐倡廉工作的开展，使巴音昌霍格草滩上的诸多牧户旅游点都受到影响，蒙古包出租者和承租者的旅游参与意愿出现分歧。不少经营户对当前的经营状况不满意，不能确定是否继续经营，而出租者都愿意继续转租。另外，旅游经营项目的单一及对旅游政策可持续性的担忧，对社区牧民旅游参与意愿也产生一定影响。

在巴音昌霍格草滩上从事旅游的牧民大多是守灵的达尔扈特后裔，他们世代传承着蒙古民族古老、原始、神秘的传统文化。在他们的传统观念里，维持草原景观的原始及守护成陵祭祀的神圣是第一位的，都不希望祖先留传下来的草原、信仰、民俗遭到破坏。他们期望旅游业是绿色无污染的朝阳产业，也希望借助旅游业的发展提高生活质量，可是对以破坏草原、丢弃信仰、扭曲民俗为代价而得到的利益又很抵触。他们在市场化、商业化大潮中艰难打拼着，守陵人的身份及所从事事业的神圣、向往安逸生活状态的心理都促使他们排斥身边的过分商业化。因此牧民处于尴尬的两难境地：既想融入大都市的繁荣与现代化，又因为潜意识里的抵触难以融入。

成吉思汗是蒙古民族的缔造者和祖先，是蒙古民族敬仰、崇拜的精神偶像。成陵是祭祀成吉思汗英灵的圣地，来自世界各地的人们在此祭祀、拜谒这位世界伟人。过分商业化的气息很可能会冲淡成吉思汗陵神圣的祭拜氛围，与庄严肃穆的文化环境格格不入。因此当地在发展旅游业时应在保护当地历史文化资源的同时，要整合、开创一些与资源、声望相适应的旅游项目。以"平淡、平静的"旅游体验让游客在祭拜成陵的同时感受蒙古民俗，形成成陵与周边社区旅游的遥相呼应及良性互动，对成陵及游客可谓是双赢。

很显然,巴音昌霍格草滩上的牧民对旅游业抱有矛盾的看法。一方面,旅游业的发展为他们开辟了增加收入的新途径;另一方面,旅游业也带来了困扰:旺季时人满为患,悠久淳朴的民风被歪曲,传统习俗受到冲击。克里斯汀娜·约瑟夫的《妥协下的反抗——旅游业与东道社区》中对印度普什卡地区做的调研也说明了这一倾向,即小镇居民在谴责旅游业为当地社会、风俗、宗教等带来破坏的同时,又都积极投身于旅游业以获得经济收入,显然在各种需求中他们选择了先填饱肚子。旅游业的回报是惊人的,所以很多地区前仆后继地发展旅游业,甚少顾及当地社会、环境和居民所付出的代价。"而在何去何从的选择问题上,反对发展旅游业的呼声淹没在快速发展旅游业以赢得经济效益的洪潮中。"[①]

旅游目的地社区居民是当地旅游资源的一部分,也是旅游开发的主人及最终受益人。旅游目的地社区居民能否积极参与旅游,决定着旅游业的发展。因此发展旅游业一定要尊重当地社区居民的意愿,提高其参与程度。违背他们的意愿,必然得不到支持,就算发展初期能够利用利益堵住不满的声音,最后也会越来越难以持续发展。成陵周边社区居民更深刻了解成陵的文化内涵及特色,因此在旅游决策、经营、管理、利益分配等各个环节中,进一步深化他们的参与程度,才能建立可持续的旅游经济发展模式。旅游业是一个服务行业,提高当地社区居民的素质也很重要。通过各种培训进一步提高牧民的民族历史文化、现代旅游业操守方面的素养及民族自豪感将会消除当地居民心中与游客社会地位不平等的感觉,实现牧民心中平等和公平的理念,使社区居民能更好地融入到旅游业中。

## 五 结论与启示

目前,巴音昌霍格草滩上的社区居民不同程度地参与到旅游决

---

[①] 黄筱焯、范能船:《旅游地居民——特殊的旅游资源》,《上海师范大学学报》(哲学社会科学版) 2004年第2期。

策、经营、管理、利益分配等各个环节中,使社区发展成为由政府引导、监督,社区居民在一定程度上自主的旅游社区。一方面,餐饮和骑马项目的收入分配制度及相对均衡的利益共享措施,使巴音昌霍格草滩牧民经营者间的人际关系比较和谐。另一方面,这种分配制度既照顾到了参与能力较差的牧民,经营权可以在牧民之间进行转让,也兼顾了经营活动能力强的牧民的利益,鼓励"能者多得"。同时,能够对经营者改善餐饮经营设施、服务技能等进行有效的激励。这一社区参与旅游的发展方式在内蒙古社区旅游发展中具有重要的示范意义。

就巴音昌霍格草滩而言,社区旅游能否真正可持续发展,还应该在制度层面上确立牧民在旅游发展过程中的主体地位及权利,确保他们能确实参与到旅游决策、经营、管理、利益分配等各个环节中,保持其维护生态环境、民族传统的义务,并通过一系列的规章制度、法律规章,真正凸显社区居民在旅游发展中的主体地位。

【资源与环境】

# 论中央与民族地区财政关系视角的资源税改革[①]

## 王玉玲 江荣华[②]

十八届三中全会《关于全面深化改革若干重大问题的决定》中,将资源税列为深化财税体制改革的六大税种之一。作为税制改革的重要内容,资源税改革备受关注。在我国,资源税是共享税,除了海洋石油企业的资源税归属中央政府外,其他资源税归属资源地所在地方政府。这一制度安排是否有利于实现资源税的职能定位,未来资源税改革是否要调整中央与地方政府的税收利益,这些是资源税改革中无法回避的问题,也是优化政府间财政关系的重要内容。民族地区[③]是我国资源富集地区,资源税在民族地区是一个受到高度关注的税种。中央与民族地区财政关系视角的资源税改革问题研究,具有理论意义和现实价值。

## 一 文献综述和问题的提出

资源税改革问题是学界研究的重点,相关研究围绕资源税职能定

---

[①] 本文是首届国家民族事务委员会"中青年英才培养计划"项目、中央民族大学学术团队建设项目"国家治理维度的民族地区财政问题研究"(项目编号:2015MDTD33C)、国家民委民族问题研究项目"中央与民族自治地方政府间财政关系研究"(项目编号:2014-GM-027)研究成果。

[②] 王玉玲(1973—),河北邯郸人,中央民族大学经济学院教授,博士生导师,主要研究领域是民族地区财政理论与政策。江荣华(1982—),工作单位为甘肃省甘南藏族自治州统计局。

[③] 本研究所论民族地区包括内蒙古、新疆、西藏、宁夏、广西5个自治区和云南、贵州、青海3个民族省份。

位、税费体系存在问题及完善思路、改革的经济效应、政府间财政关系等方面展开。其中，就政府间财政关系视角的资源税改革的研究包括：

一是资源税改革对政府间财政关系的影响。马珺（2004）以加拿大和美国为例，研究了联邦制国家资源税与区域财政能力差距问题。两国各州一直在收取自然资源的开采权使用费、跨州税和其他税收，由此带来的区域财政不平衡问题长期存在。刘尚希（2010）认为，资源税改革的目的是节约资源、保护环境、防范和化解公共风险。因此，资源税属目的税，增加财政收入是附带的副产品。杨志勇（2011）认为，以提高税负为中心的资源税改革可在一定程度上缓解资源丰富地方的财政困难，增加这些地方尤其是西部地区可支配财力，但无法根本改变财权、财力与事权不匹配的现实，无法改变财政体制格局。刘植才、刘荣（2012）认为，虽然扩大资源税征收范围、增加资源税税负等措施不失为变中西部资源优势为经济、财政优势的一条捷径，但必须谨慎，以免对中西部地区投资形成"税收屏障"，或因增税推动价格上升而影响我国资源产品在国内外市场上的竞争力。资源优势转化为财政优势应着眼于增加总体税收收入，而不应偏重于资源税一个税种。林炳豪（2014）的研究表明，资源税贡献率上升1%，则全国区域财政收入差距下降0.74%，资源税对区域财政收入差异具有协调作用。张伦伦、钟毅（2015）从纵向和横向两个角度，分析了资源税改革对我国财力分布格局的影响，认为资源税改革带来的地方税增收效应会缓解地方财力与事权不匹配状况，在一定程度上可以优化政府间财力配置格局。

二是资源税的归属问题。这是政府间财政关系视角的资源税改革研究中的焦点问题。对此，有三种观点。第一种观点认为，资源税应作为共享税。马蔡琛等（2014）认为，在一国中央和地方政府间，矿产资源的财政价值如何进行纵向配置，体现为一系列具有国情特点的制度安排。与资源相关的税费要按统一标准在中央与地方间分享。朱为群等（2014）认为，我国国有资源财政收入分配体制中，中央与地方共享收入多，固定收入少，分配关系不清晰，划分依据不合理。应在厘清国有资源所有者收益和特定收益主体利益基础上，合理确定中央和地方政府国有资源收益分配关系。单顺安（2015）认为，资源税属于地方财政收入，会使得地方政府鼓励企业加大对资源的开采力度，加快资源耗竭，影响可持续发展。应将海洋石油资源税继续归中央不变，将其余资源税改为共享税。中央政府将分享部分按比例转移支付给地方政府。

第二种观点认为，资源税应作为中央税。楼继伟（2013）认为，资源是国有的，资源税原则上应逐步变为中央税。张海星（2013）认为，资源税更适合作为中央税，这样，中央政府可以统筹全局，既保障补偿资源稀缺性和纠正负外部性，又可建立资源产地政府与消耗地政府间的资源税统筹分享机制。按照马斯格雷夫政府间税种划分原则，税基在辖区间分布不均匀的税种应划归中央政府，以免引起地区间税收收入不均衡。这一理论，也支撑将资源税作为中央税的主张。

第三种观点认为，资源税（海洋石油资源税除外[①]）应作为地方税。陈文东（2006）认为，如果资源税是以补偿当代与后代外部成本为主要目的，那么，资源税应作为地方税。因为在外部生态成本负担上，地区间存在明显差异，补偿对象应多考虑受影响较大的地区。施文泼、贾康（2011）认为，陆上矿产资源具有属地性，税基具有地域性，应就地开发，将其作为地方税，用于支持地方公共服务。王玉玲（2011）认为，新疆资源税改革作为从上到下、由中央到地方的税收改革，为民族自治地方税收收益权的实现破冰，应在坚持陆上资源税作为地方税基础上，推动民族自治地方税权建设，落实其税收收益权。张海莹（2013）在分析资源税的地方税属性基础上，认为应让资源地分享更多的资源开发收益。

三是资源税改革应规范省以下收益分配机制。陈龙（2013）在考虑各个地方资源禀赋差异的基础上，提出由省级政府统筹资源税，以防止区域间资源税收入差距过大。刘明慧、赵敏婕（2015）认为，现有矿产资源开发收益主要在中央和省级政府之间分配，没有充分向矿产资源地倾斜，其获得的收益与开发成本不匹配。应规范省以下收益

---

[①] 下文中对资源税归属问题的讨论都是将海洋石油资源税除外，除可能造成歧义处，不再一一注明。

共享机制,资源税改革增量向省级倾斜,按资源品种划分中央与地方的分享比例。

四是对某一区域资源税改革地方财力变化的分析,相关研究涉及新疆(先福军,2010)、广西(董仕军、黄海华、季晓玮,2012)、内蒙古(内蒙古自治区财政厅财政科学研究所课题组,2013)等区域。

上述成果对政府间财政关系视角的资源税改革进行了较充分研究,为进一步深入探讨该问题奠定了良好基础。总体来看,现有研究或是从全国层面,或是从一个具体省区层面进行分析,缺乏从中央与民族地区财政关系视角的分析。在我国的财政管理体制中,中央与民族地区财政关系具有特殊性,相关制度安排也不同于中央与其他地区。资源税对区域内能源生产总量中未加工的初级资源产品征收,以原煤、原油、天然气等为主要税目。民族地区是我国资源富集地区,也是近年来主要资源产出地。2009—2012 年,民族地区能源生产总量[①]持续增加,占全国能源生产总量比重从 33.38% 提高到 43.90%,提高了 10.52%(见表1)。其中,2012 年,内蒙古能源生产总量占比最高,为 28.58%(见图1)。

表1　　　　2009—2012 年民族地区能源生产总量及比重

单位:万吨标准煤、%

| 年份 | 2009 | 2010 | 2011 | 2012 |
| --- | --- | --- | --- | --- |
| 民族地区 | 99249.08 | 123889.45 | 146594.57 | 160014.47 |
| 全国 | 297300.00 | 323500.00 | 351600.00 | 364500.00 |
| 民族地区/全国 | 33.38 | 38.30 | 41.69 | 43.90 |

资料来源:根据历年《中国能源统计年鉴》整理计算取得。其中,民族地区数据中不包括西藏自治区的数据。

---

① 能源生产总量是指一定时期内全国一次能源生产量的总和,是观察全国能源生产水平、规模、构成和发展速度的总量指标。一次能源生产量包括原煤、原油、天然气、水电、核能及其他动力能(如风能、地热能等)发电量,不包括低热值燃料生产量、生物质能、太阳能等的利用和由一次能源加工转换而成的二次能源产量。该指标解释采用国家统计局统计指标解释。http://home.stats.gov.cn/tjyw/zd/tjzbjs/jcxdc/200109/t20010924_891587.html。

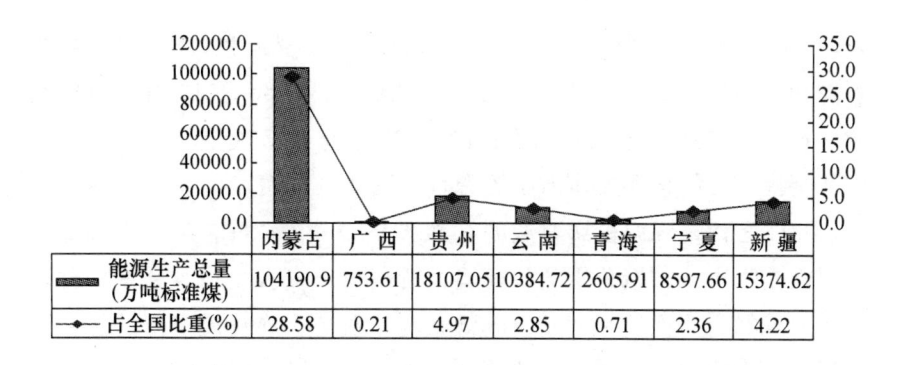

| | 内蒙古 | 广西 | 贵州 | 云南 | 青海 | 宁夏 | 新疆 |
|---|---|---|---|---|---|---|---|
| 能源生产总量（万吨标准煤） | 104190.9 | 753.61 | 18107.05 | 10384.72 | 2605.91 | 8597.66 | 15374.62 |
| 占全国比重(%) | 28.58 | 0.21 | 4.97 | 2.85 | 0.71 | 2.36 | 4.22 |

**图1　2012年民族地区各省区能源生产总量及占全国比重图**

资料来源：同表1。

民族地区以"西气东输""西电东送""西煤东运"支持了东部乃至全国的发展，但如何破除"资源的诅咒"，改变"富饶的贫困"，塑造团结和谐的民族关系，促进民族地区经济社会全面、可持续发展，稳定边疆，实现国家治理和地方治理现代化，是需要深入研讨的问题。资源税改革会对民族地区产生重要影响，并影响中央与民族地区财政关系。如何正确定位和充分发挥资源税职能，保障资源税改革中的民族地区税收利益，正确处理中央与民族地区财政关系，是本研究着重关注的。

## 二　中央与民族地区财政关系视角的资源税改革历程

我国资源税改革共经历三个历史时期。在这一历程中，资源税制不断完善，与之伴随，中央与民族地区资源财政关系也不断调整。

### （一）第一代资源税时期（1984—1994年）

新中国建立后，颁布了《全国税政实施要则》，但未规定矿产资源开采的课税问题。这样，在三十多年的时间内，我国实行矿产资源无偿开采制度，也就无所谓资源税的中央与地方财政关系。

1980年，第五届全国人大三次会议首次正式提出开征资源税。

1984年,《资源税条例(草案)》颁布,开征资源税,税目为煤炭、石油和天然气。之后,铁矿石纳入征税范围。1986年10月1日实行的《矿产资源法》第五条明确:国家对矿产资源实行有偿开采。开采矿产资源,必须按照规定缴纳资源税和资源补偿费。

开征之初,资源税属典型的"级差资源税",职能定位于调节企业间级差收入,创造公平竞争环境,矫正由于资源生成和开发条件不同而造成的企业税后利润畸高畸低状况,避免占有优质资源的企业放松管理,出现"弃贫采富"等浪费式行为。出于调节级差收入目的,资源税最初以销售额为计税依据,从价计征,采用"超率累进税率",只对开采应税资源且年销售利润率超过12%的企业征收。但由于计算复杂,且企业利润率受多因素影响,1986年后,对原油、天然气和煤炭改为从量定额征收。

1985年3月发布的《关于实行"划分税种、核定收支、分级包干"财政管理体制的规定》明确,将资源税收入70%划归省级财政,30%划归各地市财政。这一时期,民族地区资源税在其税收总量中占比低,直到1993年,占比最高的新疆仅为1.37%,最低的青海则只有0.05%(见表2)。

表2　　　　　1983年民族地区资源税在其税收总量中占比　　　　单位:%

| 省区 | 内蒙古 | 广西 | 西藏 | 宁夏 | 新疆 | 贵州 | 云南 | 青海 |
|---|---|---|---|---|---|---|---|---|
| 比重 | 0.48 | 0.06 | 0.80 | 0.30 | 1.37 | 0.22 | 0.07 | 0.05 |

资料来源:据1994年《中国税务年鉴》数据计算。

这一阶段,西藏资源税具特殊性,是我国地方税收立法的独特标本。西藏和平解放以来,中央对其采取特殊的税收管理体制,突出表现就是拥有资源税立法权。1989年10月,《西藏自治区资源税试行办法》颁布,自1990年1月1日起开征资源税。最初,税目只有铬铁矿产品,实行从量定额征收。税额为30—40元/吨,后统一为40元/吨。资源税由资源所在地税务机关征收。税收收入作为自治区各级财政分成收入,分成比例为自治区50%,地市50%,涉及地县两级财政的分成办法，由地县协商确定。①

第一代资源税时期，我国实行"财政包干"体制。中央定额补助民族地区财政收支差额，并每年递增10%（1988年后取消每年递增10%，但保留定额补助）。定额补助政策体现了紧密的中央对民族地区的财政照顾，但也使得民族地区对自身税源依赖较低，加之资源税在民族地区税收收入中占比低，资源税在中央与民族地区财政关系中的地位不突出。

### （二）第二代资源税时期（1994—2009年）

1993年12月，《资源税暂行条例》和《资源税暂行条例实施细则》发布，盐税并到资源税中，资源税征税范围扩大为原油、天然气、煤炭、其他非金属矿原矿、黑色金属矿原矿、有色金属矿原矿和盐7类，采取"普遍征收，级差调节"原则。规定海洋石油企业资源税归中央政府，其余资源税归地方政府。之后，提出资源税应有利于增加地方财政收入，把中西部地区的资源优势变为经济和财政优势，调动资源开采地爱矿、护矿积极性。这可视为对资源税在调整政府间财政关系上的原则定位。

1994—2009年，民族地区资源税收入稳步增加，从1994年的4.02亿元增加到2009年的72.98亿元，增加了68.96亿元。16年间，民族地区累计征收资源税307.06亿元，占全国资源税收入的15.5%。民族地区资源税占全国资源税收入比重由1994年的8.8%增加到2009年的21.6%（见表3）。

这一时期，民族地区资源税年均增长率21.31%，高出全国资源税年均增长率7%。特别是1996年和2003年，民族地区资源税收入增长迅猛，增长率分别达到11.6倍和1.03倍。民族地区资源税在全国资源税收入中的地位日益凸显。多数年份中，民族地区资源税增长率高于全国资源税增长率。值得注意的是，相较全国情况，民族地区资源税增长率变化更剧烈，体现出不稳定特征（见图2）。

---

① 王玉玲：《西藏资源税立法：历程、评价与改进》，《地方财政研究》2013年第9期。

表3　　　　1994—2009年民族地区和全国资源税收入　　单位：亿元、%

| 年份 | 民族地区资源税 | 全国资源税 | 民族地区/全国 |
| --- | --- | --- | --- |
| 1994 | 4.02 | 45.5 | 8.8 |
| 1995 | 0.37 | 55 | 0.7 |
| 1996 | 4.71 | 57.3 | 8.2 |
| 1997 | 5.74 | 56.5 | 10.2 |
| 1998 | 7.86 | 61.9 | 12.7 |
| 1999 | 7.63 | 62.9 | 12.1 |
| 2000 | 8.14 | 63.6 | 12.8 |
| 2001 | 9.3 | 67.1 | 13.9 |
| 2002 | 5.48 | 75.1 | 7.3 |
| 2003 | 11.17 | 83.3 | 13.4 |
| 2004 | 13.31 | 98.8 | 13.5 |
| 2005 | 21.74 | 142.2 | 15.3 |
| 2006 | 33.8 | 207.1 | 16.3 |
| 2007 | 44.41 | 261.2 | 17 |
| 2008 | 56.39 | 301.8 | 18.7 |
| 2009 | 72.98 | 338.2 | 21.6 |
| 总计 | 307.06 | 1977.5 | （平均）15.5 |

资料来源：根据历年《中国税务年鉴》整理计算取得。

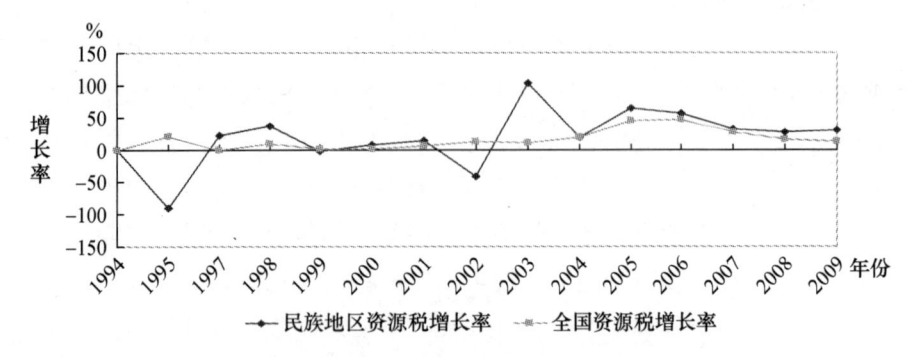

图2　1994—2009年民族地区与全国资源税增长率

注：为更好地体现变化，图中未显示增长率畸高的1996年数据。
资料来源：同表3。

第二代资源税时期,也是资源价格不断上涨时期。由于我国采取"统一税权"原则,民族地区有分税制确定的税收收益,却无税收收益权。[①] 其资源税收收益是通过中央政府不断调整资源税税额实现的,例如2004年,内蒙古煤炭资源税调为2.3元/吨;2005年,宁夏、贵州、云南煤炭资源税分别调整为2.3元/吨、2.5元/吨和2.5—3元/吨;2006年,广西、内蒙古煤炭资源税分别调整为3元/吨、3.2元/吨;2009年,新疆煤炭资源税调整为3元/吨。[②] 中央与民族地区财政关系在资源税额的调整中不断变化。这是量变,而非质变。原因在于,首先,这一时期资源税制较稳定,调整主要体现为从量定额的税额变化;其次,无论是资源税收入划分,还是与资源相关的政府间事权划分,在这一时期都没有大的变化。但与此同时,地方政府与资源相关的"乱收费"却不断滋生,究其原因,一方面,预算管理不到位使得制度外财政存在生存空间;另一方面,资源税收入低,无法弥补资源开采带来的环境恢复等成本,也是重要原因。这些成为第三代资源税"清费立税"的改革动力。

(三)第三代资源税(2010年至今)

2010年6月,我国在新疆进行资源税改革。改革主要内容是:原油、天然气资源税以销售额为计税依据,实行从价计征,税率为5%。为鼓励低品位和难采资源开采,提高资源回采率,对稠油、高凝油和高含硫天然气和三次采油减征资源税,暂按综合减征率的办法落实资源税减税政策。据新疆地税局统计,2010年7月改革后的首个征税期,自治区五大油气田企业实现石油、天然气资源税3.68亿元,同比增收3.07亿元,同比增长505.90%。改革共涉及11个地州市、33个县市。改革前,新疆各油气田开采企业原油、天然气资源税平均税

---

[①] 王玉玲:《论民族自治地方的税收收益权——由新疆资源税改革引发的思考》,《民族研究》2011年第1期。

[②] 上述是明确为各个民族地区资源税的调整。全国性调整中,民族地区资源税也会随之变动。参见寇铁军、高巍《资源税改革的国际经验借鉴及未来政策构想》,《东北财经大学学报》2013年第6期。

负率约0.8%；改革后，为4.49%。①资源税增加地方税收收入效应显著。2010年12月，新疆资源税改革方案推广至西部12省区市。

2011年，国家提高部分煤炭产品税率。在全国范围内，对石油和天然气实行从价计征。

2014年10月，《关于调整原油、天然气资源税有关政策的通知》发布，原油、天然气矿产资源补偿费费率降为零；相应地，税率由5%提高至6%。同月，《关于实施煤炭资源税改革的通知》提出，自2014年12月1日起，在全国范围内实施煤炭资源税从价计征改革，同时清理相关收费基金。取消新疆煤炭资源地方经济发展费、青海省原生矿产品生态补偿费等地方收费，取缔省区以下地方政府违规设立的涉煤收费基金。煤炭资源税税率为2%—10%。之后，民族地区各省区出台相应实施办法，其中，《内蒙古自治区煤炭资源税从价计征实施办法》规定，从2014年12月1日起，将煤炭矿产资源补偿费费率降为零，停止征收煤炭价格调节基金，制定涉煤企业收费清单制度，取缔自治区以下地方政府违规设立的涉煤收费基金。煤炭资源税适用税率为9%。与改革前相比，煤炭企业实际税费平均负担降低6%以上。2015年，煤炭企业实际税费负担率预计比2014年降低4%，鄂尔多斯、锡林郭勒煤炭企业分别减负约92亿元、11亿元，平均吨煤税费负担分别降低14.6元、2.6元。《青海省煤炭资源税从价计征实施办法》全面清理煤炭企业收费、基金，煤炭矿产资源补偿费费率降为零，停征价格调节基金，取消原生矿产品生态补偿费和海西州天峻县牧民可持续发展资金等。煤炭企业整体税费负担下降15.2%。②

2015年5月1日起，稀土、钨、钼资源税实施从价计征改革，按照不增加企业税负的原则确定税率。内蒙古稀土税率为11.5%，包钢集团稀土资源税由按原矿开采量征收60元/吨，改为按精矿销售额

---

① 《新疆资源税将成第二大地方税》，新疆维吾尔自治区地方税务局网站，2010年8月9日；丁洁：《原油天然气资源税改革对新疆油气田企业的影响》，《新疆社科论坛》2013年第6期。

② 财政部网站：《内蒙古自治区煤炭资源税改革正式实施》，《内蒙古煤炭资源税改革首个征期结束，改革运行平稳》，《一季度青海省煤炭资源税费改革运行平稳》。

11.5%计征。

2010年后,民族地区资源税收入稳步增加,从2010年的112.35亿元提高到2013年的212.77亿元,增加100.42亿元。4年累计征收资源税700.84亿元,是第二代资源税时期征收总额的1.28倍。年均增长率达23.72%,高于民族地区地方税收收入和财政收入的年均增长率(分别为21.51%和23.43%)。[①] 资源税占地方税收收入和财政收入比重均呈现"先升后降"趋势,2011年所占比重为4年中最高(见表4)。

表4　2010—2013年民族地区资源税、地方税收与地方财政收入

单位:亿元、%

| 年份 | 2010 | | | 2011 | | | 2012 | | | 2013 | | |
| --- | --- | --- | --- | --- | --- | --- | --- | --- | --- | --- | --- | --- |
| 项目 | 资源税 | 地方税 | 地方财政 | 资源税 | 地方税 | 地方财政 | 资源税 | 地方税 | 地方财政 | 资源税 | 地方税 | 地方财政 |
| 收入 | 112.35 | 3041.65 | 4047.89 | 174.87 | 3966.8 | 5335.61 | 200.94 | 4750.6 | 6516.94 | 212.77 | 5456.69 | 7612 |
| 占比 | — | 3.69 | 2.78 | — | 4.41 | 3.28 | — | 4.23 | 3.08 | — | 3.90 | 2.80 |

注:全国数据中的资源税指全国资源税收入,地方税收收入指全国各省区实现的税收收入,地方财政收入指地方本级财政收入总和。

资料来源:根据历年《中国税收年鉴》、《中国统计年鉴》整理取得。

2010—2013年,民族地区资源税增长率高于中央税增长率,一定程度上缓解了中央与民族地区纵向财力不平衡。在"营改增"对地方财力造成巨大冲击的背景下,这一作用更显重要。同时应注意,二者的差距迅速缩小,2010年,增长率差距为26.21个百分点;到2013年,则只有2.91个百分点。中央税与民族地区资源税增长率都显著下降,但民族地区资源税增长率下降幅度更大,从2010年的47.63%降到2013年的9.19%(见表5)。未来若要继续以资源税改革改变中央与民族地区纵向财力失衡状况,将民族地区资源优势转化为财政优势,则需采取扩大征税范围、全面实现从价征收、提高税率等改革措施。

---

① 根据历年《中国税务年鉴》数据计算取得。

表 5　　2010—2013 年民族地区资源税与中央税增长率对比　　单位:%

| 年份 | 2010 | 2011 | 2012 | 2013 |
| --- | --- | --- | --- | --- |
| 民族地区资源税增长率 | 47.63 | 39.49 | 21.24 | 9.19 |
| 中央税增长率 | 21.42 | 20.05 | 9.59 | 6.28 |
| 民族地区资源税与中央税增长率差距 | 26.21 | 19.44 | 11.65 | 2.91 |

资料来源：历年《中国税收年鉴》、《中国统计年鉴》数据计算取得。

## 三　中央与民族地区财政关系视角的资源税改革内容

资源税改革并非单纯的税制优化问题，而是牵涉政府间财政关系、关系民族地区财政利益。本研究认为，资源税改革应从我国资源主要集中于中西部，特别是民族地区的现实出发，简化和正确定位资源税职能，将陆上资源的资源税继续作为地方税，调整资源税税制要素，以资源税改革为契机拓展民族地区地方税权。

### （一）资源税职能定位

从未有一个税种像资源税这样，承载了如此多职能，包括调节资源级差收入、节约资源、保护环境、控制公共风险、增加地方财政收入、弥补外部成本、实现可持续发展等。本研究认为，资源税承载过多政策目标会导致职能间作用相互抵消，减弱其实施效果。不应泛化资源税职能，应认识到：首先，税收不是唯一的财政收入形式，还包括资源费、租等，税、费、租等财政收入形式应相互协调，共同发挥作用。其次，不能过分强调"费改税"，"污染者付费"原则下的法定收费应坚持。最后，仅就税收而言，还有消费税、环境税等税种可资利用，税制改革既是各个税种自身的优化，也是税种间关系的优化。

资源税职能定位的首要，是明确资源税是"税"，其改革应在此前提下进行。长期以来，我国资源税担负着调节级差收入的职能。这一职能定位的问题在于：矿产企业的级差收入是基于国家的资源所有权,由矿产资源经营权垄断带来的级差地租。① 即级差调节是国家资源所有权的体现,在资源国有的前提下,它应由"租"来实现,而不是"税"的职能。以调节级差收入作为资源税职能,混淆了租与税。② 资源税作为"税",其立税依据不应是"租"。这样也就不能为调节级差收入而收税。从政府间财政关系看,定位为"级差调节"的资源税,体现资源的国家所有权,其收入应归属中央政府,将之主要作为地方税就存在错位。③

本研究认为,资源税的职能定位应为矫正负外部性,包括当代负外部性和代际负外部性。当代负外部性是指在资源开采、生产过程中,对周围环境造成污染或破坏,损害资源所在地居民的生存权和发展权。以新疆为例,资源的大规模勘探开发,造成千年固化沙丘活化,水土流失加剧,沙尘暴频发,仅占全疆面积4.25%的7万多平方公里的绿洲中,2万多平方公里存在水土流失,其中,耕地约占1/3,中低产田约占2/3。每年因风沙灾害造成的直接经济损失为30多亿元。④ 代际负外部性是指资源是稀缺的,当代人开采了资源,会导致后代无此资源可开采。由于后代缺乏对当代资源开发的投票权,其资源权利无法通过市场价格体现,资源的代际补偿只能通过税收实现,资源税要承担此职能。总之,对边际私人净产值大于边际社会净产值的资源企业征税,迫使其减少产量,可实现外部效应内部化,也可降低资源开采量,实现资源的可持续利用。

(二)资源税归属和使用

将资源税职能明确为矫正负外部性,有助于解决资源税归属的纷

---

① 陈文东:《论矿产资源税费改革》,《中央财经大学学报》2006年第4期。
② 税与租不同:第一,从主体看,税的征收主体是国家;租的主体则是所有者,当所有者是国家的时候,二者主体相同,但权力依据不同。第二,从依据看,税是国家凭借政治权力收取的,租则是所有者凭借所有权收取的。第三,从性质看,税具有强制性,而租则是所有者与使用者间协商的结果。第四,从目标看,税是用来实现公共利益的,而租是用以实现所有者利益的。
③ 进一步看,既往资源税"级差调节"目标并未完全实现。有研究以新疆资源税为例,认为在横向调节方面,存在"税额差"小的问题;在纵向调节方面,存在"等级差"小的问题。参见先福军《对强化资源税职能作用的思考》,《税务研究》2014年第2期。
④ 先福军:《对新疆实施油气资源税改革与可持续增加地方财力的思考》,《新疆财经大学学报》2010年第4期。

争,理顺中央与地方资源税划分关系。如果将现行资源中的级差收入剥离出去,并入新的权利金,资源税征收目的不是调节级差收入,而是矫正资源开采的负外部性,那么,资源税就不必一定划归中央所有,因为级差收入已通过权利金形式收归国有。① 而矫正负外部性的主要职责由地方政府承担,因此,资源税可按属地原则,归属地方政府,作为地方税。

在资源税归属地方政府的前提下,为避免地方政府欲获取更多资源税"竭泽而渔",有悖于矫正外部性的职能定位,可将资源税作为特定目的税,用于地方环境保护。考虑到"营改增"后,地方财力困难,可采取过渡措施,从资源税收入中提取部分份额,用于矫正两个外部性,其余部分由地方财政作为一般预算收入使用。

资源税的使用与其定位一致,具体来说,矫正当代负外部性主要是资源开发地生态环境的恢复和治理;矫正代际负外部性则要求资源利益在代际间合理分配,资源税要用于可持续发展项目,包括提高资源利用效率的技术研发、发展替代产业等。

### (三) 优化资源税税制要素

#### 1. 征税范围

目前,资源税仅针对部分矿产品和盐征收,征税范围狭窄。虽然在第二代资源税初期就提出资源税应有利于增加地方财政收入,把中西部地区的资源优势变为经济和财政优势。但到第三代资源税时期,民族地区资源税占地方税收收入比重不到5%,占地方财政收入比重不到4%。如此低的比重,显然无法实现将资源优势变为财政优势的政策初衷,也无法实现资源税矫正负外部性的职能。

从长期看,资源税应"普遍征收",将征税范围逐渐扩展到各类稀缺性资源,包括所有不可再生资源、再生能力弱和对环境有重要影响的可再生资源,如森林资源、草原资源、水资源等。

#### 2. 计税依据

资源税从量定额计税模式下,税负与资源价格不挂钩,当资源价格发生较大变化时,难以有效发挥税收调节作用。在资源价格上升

---

① 陈文东:《论矿产资源税费改革》,《中央财经大学学报》2006年第4期。

时，资源税不因价格上涨而增加，企业实际税率降低；而在资源价格回落时，企业也不会少缴资源税，其实际税率增加，企业负担加重。上述过程，形成了资源税对资源价格的"顺周期"调节，助涨助跌作用明显，加剧了资源价格波动。因此，在已有的石油、天然气、煤炭、稀土、钨、钼从价征收基础上，应全面实现资源税从价定率征收。

3. 税率

基于资源税弥补两个外部性的职能定位，税率设计应考虑充分补偿代内和代际两个外部性。有研究表明，在两个外部性得到充分补偿时，镍钴矿开采企业税负应提升31%，有色金属矿采选业税负仅提升5.89%，[①] 两者相差巨大。因此，应根据各个税目具体情况，全面测算其两个外部性成本，作为税率设计的基础。资源税税率设计不宜过于复杂。不宜采用超率累进税率，因其对征管的要求高，很难做到"应收尽收"，应吸取土地增值税因采用超率累进税率而造成征管困难的教训。

提高石油、天然气资源税税率。石油、天然气资源税税率为销售额的5%—10%。最初执行5%，现调整为6%。民族地区陆上油气田企业原油、天然气资源税平均综合减征率为0.96%，实际征收率为5.04%，[②] 接近税率下限。按照资源税矫正两个外部性的职能定位，考虑到民族地区环境保护的重要性、艰巨性和资源的稀缺性，应提高石油、天然气资源税税率。我国资源税法规定，省级政府可根据纳税人资源状况，在浮动30%的幅度内核定税率，报财政部和国家税务总局备案。因此，建议将民族地区石油、天然气资源税税率向上浮动30%，实行7.8%的税率。这样，扣除综合减征率后的实际综合征收率可在7%左右。由于石油、天然气资源税在价格构成中所占比重并不高，不必过分担忧税率提高影响资源品价格。决定资源品价格的因素很多，包括市场供需状况、运输条件、政府价格管制、下游行业景

---

① 李国平等：《矿产资源有偿使用制度与生态补偿机制》，经济科学出版社2014年版。
② 依据《关于调整原油、天然气资源税有关政策的通知》（财税〔2014〕73号）中《陆上油气田企业原油、天然气资源税综合减征率和实际征收率表》计算。

气程度等。我国目前采取与国际市场联动的政府指导定价，增税主要是挤压油气企业过高的利润水平，不会导致原油、天然气价格大幅提高。

**（四）以资源税改革为契机拓展民族地区地方税权**

充实地方税系，完善地方税权，是我国分税制改革的重要内容。伴随着财权日益上收，事权逐渐下移，地方税权缺失问题日渐严重，并造成了"土地财政"等更多问题。"营改增"抽离了地方主体税种，使地方税空心化，如何充实地方税成为必须解决的问题。本研究认为，可以资源税改革为契机，在民族地区试点地方税权拓展改革，考虑到税权的特殊性，这一试点仅限于自治区、省一级。依据在于：首先，在资源税作为地方税的前提下，各地资源品种不同、品质各异、稀缺度不均，由地方掌控一定的资源税权，根据地方资源实际状况决定税目、税率、征收管理等内容，具有较好针对性。其次，作为弥补当代负外部性的资源税，主要用于当地与资源开发相关的生态环境治理和保护，所需资金规模在不同的地方差异较大，下放一部分资源税权给地方，有助于通过资源税筹集资金。最后，民族区域自治制度决定了民族地区是我国的特殊地方，这一点也体现在我国的税收立法体制中。税法规定，民族自治地区在遵循宪法、法律和行政法规的原则基础上，按照全国人大授权立法规定，可制定有关税收的地方性法规。前述西藏资源税立法及其施行经验可为民族地区资源税税权拓展提供借鉴。

民族地区地方税权包括税收立法权、管理权和收益权。以资源税改革为契机，拓展民族地区地方税权，首要是赋予民族地区资源税税收立法权，中央政府可以批准的方式进行监督。税收管理权是行政权，民族地区地方税务局是管理权主体，完善的税收管理权有助于民族地区资源税税权的构建。税收收益权是税权的核心，明确收益权才可保障民族地区税收收益，构建相对稳定的地方税系。[①]

---

[①] 王玉玲：《民族自治地方税权论》，中国社会科学出版社2011年版。

## 四 中央与民族地区财政关系视角的资源税改革配套措施

**(一) 资源的权利金、租、税、费各归其位,厘清中央与民族地区财政收入关系**

目前,我国资源税费主要由一税(资源税)、五费(矿产资源补偿费、探矿权使用费、采矿权使用费、勘查登记费、开采登记费)、两价款(探矿权价款、采矿权价款)及一个收益金组成(石油特别收益金)。① 此外,还有地方政府开征的各类收费和基金。这些收入在中央与地方政府之间划分格局见表6:

表6　　　　　中央与地方政府和资源相关的财政收入划分

| 中央政府 | 地方政府 |
| --- | --- |
| 石油特别收益金、中央行政性收费(石油、天然气勘查登记费、开采登记费) | 属于地方的全国性收费、全国开征但归地方的基金、地方性收费和基金 |

注:资源税:海洋石油资源税归属中央,其他资源税归属地方。

矿产资源补偿费:中央与省、直辖市5:5分成,中央与广西、西藏、新疆、宁夏、内蒙古自治区和青海省4:6分成。

探矿权、采矿权使用费:分别归属中央和省级财政。其中,属于国务院地质矿产主管部门登记管理范围的,其使用费由国务院地质矿产主管部门登记机关收取,缴入中央国库;属于省级地质矿产主管部门登记管理范围的,其使用费由省级地质矿产主管部门登记机关收取,缴入省级国库。

探矿权价款、采矿权价款:中央与地方2:8分成,省、市、县分成比例由省级人民政府确定。

矿区使用费:海上矿区使用费归属中央,陆上矿区使用费归属地方。

国有资源收费:根据资源登记管理层级分享。

资料来源:朱为群等:《当前国有资源财政收入制度之弊端及其改革》,《税务研究》2014年第2期。

---

① 殷爱贞等:《中国矿产资源税费体系及要素研究》,《中国石油大学学报》2014年第1期。

现行资源财政收入划分中,中央政府与地方政府固定收入少,共享收入多,且划分不合理,存在诸多问题:首先,中央政府未实现应收尽收。特别收益金只针对石油开征,其他资源则没有开征,中央政府作为国有资源所有者应获取的资源权利金存在缺失。其次,地方政府的固定收入为收费或基金,规范性差,存在多头管理和无序收取现象。以宁夏为例,2005 年,宁夏煤炭资源税为 2.3 元/吨,但地方政府收取森林补偿费 10 元/吨、煤炭补偿费 30 元/吨,并核定征收环保排污费,吨煤费的负担是资源税额的 33 倍。① 最后,共享收入划分依据多维,既有按照比例分成的,也有按照管理层级分享的。

厘清中央与民族地区资源财政收入关系、规范其收入分享格局的首要,是使资源的各种收入形式名实相符,权利金、租、税、费各归其位。现有国有资源财政收入名实不符,表现为:一是名为"费"实为"权利金",如矿产资源补偿费;二是名为"费"实为"租",探矿权、采矿权使用费按区块面积逐年缴纳,实质是"租";三是名为"价"实为"租",如探矿权、采矿权价款是国家将其出资勘查形成的探矿权出让给探矿权人,按规定向探矿权人收取的,以国务院地质矿产主管部门确认的评估价格为依据,是一次或多次收取的"租";四是名为"费"实为"基金",如一些行政性收费的受益对象不特定,但具群体有限性并专款专用,具有基金性质。②

我国资源国有,将资源的权利金、租、税、费各归其位的基础,在于明晰国家的身份。资源开采过程中,国家有四重身份,即矿产资源所有者、矿区土地所有者、勘探投资出资者、公共事务管理者。③相应地,这四重身份应获取不同形式的收入。具体而言,(1) 凭借矿产资源所有者身份获取权利金。权利金是世界各国普遍采取的与所有权对应的收入形式,由资源使用者向所有者支付。可将目前开征的矿

---

① 寇铁军、高巍:《资源税改革的国际经验借鉴及未来政策构想》,《东北财经大学学报》2013 年第 6 期。
② 朱为群等:《当前国有资源财政收入制度之弊端及其改革》,《税务研究》2014 年第 2 期。
③ 殷爱贞等:《中国矿产资源税费体系及要素研究》,《中国石油大学学报》2014 年第 1 期。

产资源补偿费①和由石油特别收益金扩充的"资源特别收益金"合并为权利金。作为体现国家所有权的财产性收益,权利金应以市场契约形式实现,而非强制征收。权利金以资源总量为依据,而不能按照实际开采数量确定,以矫正企业"弃贫采富"行为。(2)凭借矿区土地所有者身份获取土地收益,这部分收入的性质为"租"。此外,探矿权、采矿权使用费从性质上看也是"租"。(3)凭借勘探投资出资者身份获取矿业权价款。可将现行探矿权价款和采矿权价款合一,以采矿收益弥补探矿成本。(4)凭借公共事务管理者身份获取税收、收费和基金。其中,税收是国家政治权力的体现,主要是已经开征的资源税和尚未开征的环境税;收费则依据"使用者付费"原则收取;基金则实行专款专用。

上述收入中,权利金、矿区土地租应全部归属中央政府。海洋石油资源税归属中央政府,其他资源税归属地方政府。分中央和省级政府两级进行勘探投资,矿业权价款归属与勘探投资主体所属层次一致。在此基础上,严格控制地方政府的资源收费,彻底消除"税轻费重"现象。

在资源税归属地方政府基础上,要规范民族地区政府间资源税划分。一方面,自治区、省政府应保有一定比例资源税收入,以保障其在本辖区的统筹能力;另一方面,资源税收入,尤其是增量部分要向资源所在地的基层政府倾斜,使其在资源环境治理中拥有相应财力。

(二) 资源税与其他税种的配套改革

资源税改革不能"包打天下",应与其他税种配套改革。资源税改革中的中央与民族地区财政关系是一个多税种互动的过程。

资源税与增值税。增值税是共享税,税收收入在中央与地方间按照75:25分享。1994年分税制改革时,对采掘业改征增值税,同时扩大资源税征收范围,其结果是,采矿企业税负加重。之后,不得不将矿产品增值税税率由17%降为13%,并减征部分矿产品资源税。2009年增值税由"生产型"向"消费型"转型,资源企业由于资本

---

① 《矿产资源补偿费征收管理规定》明确指出,矿产资源补偿费征收目的是"维护国家对矿产资源的财产权益"。

有机构成高，固定资产的进项税额可以抵扣，增值税税负降低，增值税率又调整为17%。"营改增"后，交通运输业纳入增值税征税范围，有助于资源开采企业税负进一步降低。这为资源税税率提高提供了空间。

资源税与消费税。消费税是中央税。资源税与消费税的征税范围不同，但有一定联系，资源税的税目"原油"是消费税"成品油"税目下的"汽油"等7个子税目的主要原料。目前，"成品油"消费税采用从量定额征收，"原油"资源税由从量定额改为从价定率征收并带来的税负增加，不影响"成品油"消费税税负。未来，如果"成品油"消费税改为从价定率征收，则"原油"的资源税增加会增加"成品油"的消费税，两个税种同向变动。"营改增"后，有一种观点是将消费税由中央税改为地方税，作为地方主体税种。如此，则同向变动的资源税与消费税会在民族地区地方财政收入中占据重要地位。

资源税与进口关税。进口关税是中央税。资源税仅对在我国境内开采或生产应税矿产品和盐的单位和个人征收，进口的应税产品不征收资源税。资源税改革中，税负设计要平衡国内资源产品市场价与同品质进口产品价格，保证国内资源产品的市场竞争力，均衡中央与民族地区的税收收入。

资源税与企业所得税。资源税改革中，资源税税额提高，会减少企业所得税。这是因为计算企业所得税应纳税所得额时，资源税是准许扣除的税金。企业所得税在中央与地方按照60:40分成。资源税改革对中央与民族地区地方财力的影响是，地方政府财政收入中，资源税若提高，则地方分享的企业所得税降低，二者的差额是地方财政收入的变动额；中央政府不分享资源税（海洋石油资源税除外），但分享的企业所得税会降低，由此中央税收入降低。

资源税与环境税。环境保护"费改税"已列入税制改革日程，是我国建立"绿色税收"体系的重要步骤。对环境的破坏在资源开采、生产、消费中都存在，资源税应与环境税共同作用，用于污染治理、环境保护。在两个税种并存的情况下，资源税负的设定应为环境税征收预留一定空间。资源税继续作为地方税，而环境税更宜作为中央与地方共享税。严格地讲,资源税对应代际负外部性,环境税对应当代负外部性。① 未开征环境税时,资源税的职能包括上述两种负外部性。未来开征环境税,则环境税承担矫正当代负外部性的职能;资源税主要针对代际负外部性,以体现与资源开发相关的代际公平。这一变动,会带来中央与民族地区财政关系的变化。

---

① 单顺安:《资源税功能定位的再认识及完善措施》,《税务研究》2015 年第 5 期。

# 基于行政范式演变的公共管理绩效评价方法探索[①]

聂 莹

任何管理都追求绩效，绩效评价的结果是对管理进行改善的前提，绩效评价方法的选择具有重要意义。在现代社会的社会、经济、文化背景下，公众的回应和公众的满意性是公共管理者在兼顾效率等价值时更加突出的、核心的价值追求，对以此为核心价值的公共管理绩效的评价没有现成的方法可以准确衡量、评定。本文基于行政（管理）范式演变的梳理，发现不同阶段绩效评价方法的优劣，分析其方法理念，为寻找出现代公共管理绩效评价方法铺路，以更好地改善公共管理行为，实现核心价值目标。

## 一 西方行政范式的演变

行政学的理论不是静止不变的，社会的经济、文化无时无刻不在发生变化，行政学的理论亦是随之发展。每一种行政理论在刚刚形成的时候，并不能说明其是真理，只能说是一种假设，也就是所谓的"范式"[②]。政府管理与公共行政学有着重要联系，如若评价政府在一个具体项目上的管理绩效如何，需要从梳理公共行政学"范式"的历

---

① 本研究受"中央高校基本科研业务费专项资金（项目编号：10301－01500202）"资助。

② 范式是关于现实的一套较为系统的假设，这套假设主要用于阐释和说明某一类现实的规则，而这一规则表现为人们观察现实世界的观点、理念和基本价值判断标准。托马斯·库恩：《科学革命的结构》，金吾伦、胡新和译，北京大学出版社2003年版，第8—10页。

史演进中寻找科学、合理、有效的方法。

## （一）传统的公共行政管理范式到新公共管理范式

行政学、管理学理论的产生、发展都有着其特殊的政治背景及经济背景。20世纪70年代起，美国开始流行反政府主义，此时的公共管理受到经济发展以及市场机制所需要的企业管理领域的影响，同时也受到社会学、统计学、教育学乃至心理学的影响，区别于传统公共行政管理的新公共管理应运而生。新公共管理扬弃了以政府为核心的信条，糅合了管理主义以及经济理论中的市场机制，形成了一个新的政府管理思路[1]，既改变了政府高高在上的自我定位，又节省了各项成本，注重投入与产出的比例，注重公共服务的质量与效率，在绩效评价的方面产生了所谓的"3E"（Economy、Efficiency、Effectiveness）变量，成为该理论下政府绩效评价的主要衡量方法。其在构建绩效指标时，借鉴企业的管理经验，将企业化的管理方法引入到公共管理以提高政府管理效率，以市场、顾客为导向来摆脱死板、低效率的官僚桎梏；但其仍存在缺失价值追求的缺陷，受到质疑[2]。

## （二）新公共管理范式后的行政理论

新公共管理范式的出现改变了传统行政管理的视角，从市场和经济学相结合的角度寻找出了新方法，但是其弊端亦不能忽视，故学者们在理论上对其不断修正的过程中积极寻求新的行政理论。

1. 新公共行政学理论

1968年，在美国铭诺布鲁克会议中心有了《走向新公共行政学：铭诺布鲁克观点》的成果，被称为"新公共行政学"，其彻底否定了政治、行政两分法的理论，强调在行政管理过程中要扩大民主参与，追求社会正义和公平，突出政府管理的"公共"性质。该理论下的管理绩效评价的核心目标也从传统公共行政范式基础上的"效率至上"到"3E"，发展到"3E+公平"的绩效评价目标。但是，学者们过分强调了情感高于理性，感情的作用大于本能及理智，导致此理论主观

---

[1] 康红蕾：《对"新公共管理"范式的解读》，《重庆职业技术学院学报》2007年第16卷第6期，第59—60页。

[2] 王世雄：《新公共管理的范式转生论》，《江海学刊》2003年第3期，第105—111页。

性过强,在制度执行上不好把握,在进行绩效评价时不好量化,同时运行机制较差,也没有理论与实践结合的具体措施,被批判为"纸上谈兵"。

2. 整体性政府理论

1997年,英国学者希克斯提出"整体性政府"概念,构建了整体性治理理论。他批评了新公共管理范式导致的权力分化、管理碎片化、政府与公众沟通不畅等现象,提出了四大治理活动(政策、管制、服务和监督)与三大治理层面(治理层级、治理功能和公私部门)整合的理论,他认为政府管理必须要注意整合资源与协调顺畅,这样才能使政府为公众更高效地提供公共产品、公共服务。[①] 该理论下的管理绩效评价目标依然是"3E",只是对每个"E"进行评价时都从整体切入整合。

3. 新公共服务理论

2000年,美国行政学家丹哈特夫妇针对新公共管理的理论提出了"新公共服务理论"(the New Public Service),以批评新公共管理范式为起点,倡导新公共服务:服务而不是掌舵,要追求公共利益,倡导公民以社区为单位积极参与。与此同时,政府、公务员并不能仅仅关注市场经济的发展,机械生产力的发展,要与公众建立良好的沟通渠道,要关注民生、公共利益。该理论下的管理绩效评价目标发展为"3E+质量+公平、责任、回应等"的目标追求。

4. 公共价值管理范式

以上这些理论的发展范围较小,并未动摇新公共管理范式的主导地位,直到20世纪90年代中后期,学术界提出公共价值范式,撼动了"新公共管理范式"的地位。美国学者马克·穆尔教授首次提出公共价值,对新公共管理学理论提出了挑战。[②] 传统行政管理只注重政府和行政统一,只强调政府的管理作用;新公共管理只注重政府管理的市场化,忽视了公民公共价值的需求表达与接收;公共价值管理范

---

[①] Perri, Leat D., Seltzer K. and Stoker G., *Toward Holistic Governance: The New reform agenda*, New York: Palgreve, 2002: 28 – 30.

[②] 李俊生、王斌:《试论公共价值革命——关于公共管理范式对21世纪财政理论发展影响的若干思考》,《中央财经大学学报》2010年第6期,第1—6页。

式试图建立一种开放式的、有效的公民意愿表达的运行机制,在不同阶段有不同的公共价值表现。这种价值追求在良好的运行机制下是较易实现的。至此,公共价值管理范式顺应政治经济的发展趋势,是学术界在政府管理方面最新的理论发展阶段。该理论下的管理绩效评价目标是"公共价值"。

## 二 公共管理绩效评价方法的概述

政府管理是公共管理中最主要的部分,对公共管理绩效方法的分析可依托政府管理绩效方法演变的分析。在公共管理范式发生演变的过程中,管理的绩效评价的核心目标也在发展变化,在国内外的政府管理实践中,所采取的评价方法也不尽相同。由于篇幅有限,本文主要通过交易成本方法与公共价值分析评价方法的分析,来寻求政府公共管理的适宜方式以及相应的绩效评价方法。

### (一)交易成本分析方法

交易成本的概念是诺贝尔经济学奖获得者科斯提出来的,他认为在市场运行过程中必然存在着交易成本。[1] 新公共管理学把企业管理理论引入到政府管理中,重新设计组织结构,将官僚组织扁平化,将经济、效率、效果、质量作为衡量一个组织管理"成绩"的标准,用经济学上的交易成本作为管理好坏的评价标准,交易成本评价方法从而成为政府公共管理评价中广泛运用的方法。这种方法在经济学家威廉姆森的研究中,被细分为事前、事中与事后成本,对每一项政策的执行步骤进行细致化分解、计算与分析。[2] 国内学者王义等运用交易成本理论对制度建设进行分解,主张根据考核制度设计上、制度运行中、新旧制度衔接时的交易成本,来评价政府某项管理政策是否有

---

[1] Coase, *The problem of social cost*, Journal of Law and Economics, 1960 (3): 1–44.
[2] Williamson, *The economic institutions of Capitalism: firms, markets, relational contracting*, New York: Free Press, 1985: 136–145.

效,是否是好的政策。① 学者樊胜岳将交易成本理论引入到生态治理项目的绩效评价中,构建了生态治理项目的交易成本分析框架和计算方法,设计了结构指数和绩效指数,将指数计算出的结果进行对比分析,从而得出生态政策的绩效。② 还有一些学者在不同的领域运用交易成本理论对政府公共管理政策、决策进行了分析与计算,将这些政策通过具体的交易费用数据清晰地表现出来,通过花钱少、投入少、效果明显的政策是好政策的逻辑来评价一项政府政策(项目)绩效的好坏。

但是,在上文的理论范式演变的分析后可知,交易成本理论是新公共管理范式对制度经济学的一种吸收,本文认为该绩效评价方法是新公共管理范式下绩效评价方法的一种,用交易成本来分析、评价政府的管理行为,可以得到明晰的结果,但是仍然摆脱不了新公共管理范式的缺陷与不足。交易成本分析是工具性评价方式的一种,它在追求效率的同时忽视了价值因素,将价值因素排除在评价的标准之外,完全将政府行政组织当作一种"物质",忽视个体、团体中个人的"心理追求"等价值层面的因素;同时交易成本理论的运用是"拿来主义",没有将政府与企业加以区分、对比,直接将企业的成本—效益当作对政府管理评价的价值观,忽视了政府本应担负的公共服务的责任。

## (二) 公共价值范式下的政府绩效评价方法

公共价值范式从20世纪90年代兴起,但是学术界并没有形成一个统一的概念,但是关注公共价值已经成为政府管理理论的主流。③ 国内外很多学者都看到了公共价值的重要性,都意识到了公共价值发展的意义与发展趋势。但是在公共价值基础上对政府公共管理行为、政策的评价的研究却少之又少。张小航、杨华将公共价值管理范式引

---

① 王义、庄海燕:《降低交易成本:政府绩效评估制度建设的新视角》,《公共行政研究》2007年第3期,第47—49页。
② 樊胜岳、乌日嘎、赵丹华、徐裕财:《沙漠化地区生态建设政策执行过程中的交易成本分析》,《干旱区地理》2012年第36卷第5期,第815—821页。
③ 哈梅芳:《基于公共价值视角的公共项目绩效治理研究》,《福建论坛》(人文社会科学版)2013年第4期,第181—185页。

入到公共体育服务改革管理中来,要注重以公众的主观需求和感受为依据,促进公平、民主、信任的目标实现。[1] 郑方辉、王珥提出应该注重公众满意度,应该基于此来对政府公共项目进行绩效评价。[2] 文华也基于公共价值管理理论以重庆为例对"农转城"户改政策进行了研究。[3] 姜晓萍、郭金云认为公共服务绩效评估应实现工具理性与价值理性的整合,应注意科学发展、公平正义、公民满意、公民参与和公共责任等的公共价值取向。[4] 樊胜岳基于公共价值,从生态项目级别出发,构建了生态建设行为过程与生态结果相结合的生态建设项目绩效评价指标体系,为生态建设工程的公共价值评价提供案例。[5] 不管这些学者在各自研究领域是如何运用公共价值范式来为政府管理者出谋划策,如何具体评价政府公共管理的,他们都是在公共价值的原则基础上展开的,是在不同的情景下寻找各自的公共价值表现,并努力创造这些公共价值。

公共价值范式的核心价值是关注公众的满意度,社会的公平与正义。由此在基于公共价值对某项政府管理行为、某项政策进行评价时,要注重公众的满意度,需从不同行为主体处获取信息,让公民参与并表达意愿。但是该方法因主体差异性,获取的信息及得出的结果主观性较强,研究时选取不同的"顾客"会获取不同数据,因人为的主观性使得评价结果的客观性、准确性降低,可能与实践有所偏差。

---

[1] 张小航、杨华:《创造公共价值:我国公共体育服务改革的新动向》,《天津体育学院学报》2013年第2期,第151—156页。

[2] 郑方辉、王珥:《基于满意度导向的政府公共项目绩效评价》,《广东社会科学》2010年第2期,第13—19页。

[3] 文华:《基于公共价值管理理论的"农转城"户改政策研究——以重庆为例》,《领导科学》2011年第29期,第19—21页。

[4] 姜晓萍、郭金云:《基于价值取向的公共服务绩效评价体系研究》,《行政论坛》2013年第6期,第8—13页。

[5] 樊胜岳:《基于公共价值的生态建设政策绩效评价研究》,《行政论坛》2013年第4期,第34—39页。

·博视经济·

# 三 生态建设工程的绩效评价方法的分析与比较

公共行政管理范式经过一百多年的演变,在追求公平、效率等价值的同时,将民主、公众回应、公众满意作为追求的核心目标价值,这是公共价值在现代社会的具体体现。通过梳理公共行政管理范式的演变,公共管理的核心目标已经明确。上文对交易成本绩效评价方法与公共价值绩效评价方法的不足已有所分析,接下来笔者根据樊胜岳教授在生态建设工程绩效评价中对上述两种方法的实践运用,进一步分析比较两种方法的优缺点,以求公共管理绩效评价的合适方法。

在《生态治理项目的交易成本及其绩效评价》[①]一文中,樊胜岳教授将交易成本及其结构指数的概念引入,确定生态治理项目的交易成本分析框架和计算方法,根据成本结构的概念,设计出结构指数和绩效指数,对退耕还林等四项不同生态建设项目的绩效进行评价。同时,借鉴杨小凯关于内生交易成本、外生交易成本的二分法,将可预测的、交易过程中实际发生的各种费用作为外生交易成本,将因机会主义等行为而发生的补偿费用等作为内生交易成本,而后计算内生交易成本占交易成本的比重,农户投入占生态建设项目生产成本的比重,交易成本占交易成本与生产成本之和的比重,然后取其权重,以此来评价某项生态建设工程的好坏。但是在这个过程中,几乎所有与生态工程有关的因素都被量化,结果容易产生误判,即认为把生态补偿发给农户就达到目的,却不关注政府所给的补偿费用是否大于或者等于机会主义的成本。这种评价方法是生态工程建设时对农户的真实意愿忽视的表现,忽视了这个过程中本应该实现的民主、回应、满意等价值。探究生态建设工程的本质,它需要达到的目标不仅仅是生态得到保护,更是需要获取该工程实施过程中农户的配合,农户的公

---

① 樊胜岳、杨建东、陈玉玲:《生态治理项目的交易成本及其绩效评价》,《电子科技大学学报(社科版)》2014年第6期,第8—15页。

平、民主等价值的实现。如果这些价值实现不了,该工程的建设成果也很快会被破坏以致消失。但是,在上述三个指数构建与计算过程中,恰恰没有体现出这些本应该追求的价值是否实现,农户满意度的核心价值没有体现,由此可见运用交易成本这种"工具性"的理论方法来评价生态建设工程绩效的缺陷。

在《生态建设项目的公共价值绩效及其内部结构——以河北省赤城县为例》[①]一文中,樊胜岳教授等学者注意到公共管理本应该具有的"效率性"、政策的"公共性"、对"合作生产"主体的尊重性以及政策效果的"可持续性",认为基于公共价值的评价要从政策的"执行过程+建设结果"两个维度来衡量其绩效,并在此基础上利用层次分析法分别设定了公平性、参与性、可持续性、效率性、生态效果五个二级指标。这种评价方法中所设定的"过程+结果"的一级指标中正是新公共管理学中"政府—行政"不可分的一种体现,政府是制定政策、追求结果(效果)的主体;行政是执行政策、关注过程的行为过程,两者不应顾此失彼,同时绩效管理理论中对绩效的认定已从"结果"扩展到了"过程";如果政策只是结果好,而政策执行过程不好,该政策依然无法实现公共价值范式中的公共价值。文中所构建的绩效评价体系的二级指标中参与性是公民民主权利的体现,可持续性也反映了公民满意程度。体系的构建与指标的设定,虽覆盖了公共管理应当追求的公共价值的诸方面,但是这些指标所需要的数据都是通过对政府或农户的问卷调查获取的,这其中不同的个体对政策的理解并不相同,不同的主体在实施过程中所获得的利益也不同,这就导致获取的数据主观性较强,例如工程建设任务多的农户与任务少的农户相比,问卷结果差别较大,这就导致评价获得的结果的可靠程度受到影响和质疑。因此,该评价方法相较于交易成本的评价方法来说,其结果的准确性、客观性较差。

---

① 樊胜岳、陈玉玲、杨建东:《生态建设项目的公共价值绩效及其内部结构——以河北省赤城县为例》,《电子科技大学学报》(社科版) 2014 年第 6 期,第 1–7, 21 页。

## 四 结论

通过梳理西方行政范式的演变，可知新公共管理理论属于工具性的行政管理范式，它有着高效率的特征，在其基础上将制度经济学中的交易成本理论方法引入到公共管理绩效评价中，具有较强的工具性特征，方法较为精确，结果较为客观，具有可预测性。在这一点上，基于公共价值范式的公共价值绩效评价较强的主观性就降低了评价结果的准确性，而且由于大多数指标数据是公众根据自己对已经实施或者正在实施的管理行为的直观感受而获取的，很难预测其日后的变化，对公共管理的后期绩效也不能预测。但是，在借鉴引入制度经济学中的交易成本理论方法时，把公共管理中所有的关系都量化、数据化，忽视了公众在这个过程中的意愿与满意度。上文中西方行政范式的理论梳理显示公共价值管理范式是西方行政范式发展的新阶段，其公共价值的创造与实现是公共管理的核心，因此对公共管理绩效的评价应当将是否创造并实现公共价值作为评价标准，而不能仅仅以工具性的价值是否实现作为评价的标准。实践中运用公共价值范式的评价体系，虽然涵盖了公共管理的过程与结果部分，涵盖了较全面的公共价值目标，但是由于其主观性较强，缺少政府与公众在执行过程中客观的、硬性的指标，使得该体系的评价结果缺乏客观性与准确性。而工具性特征较明显的交易成本评价方法正好与之形成互补。

政府的公共行政管理行为是一种社会行为，它的好坏直接关系到社会公众的利益，对该行为或政策客观、正确的评价结果是修正政府管理行为，完善管理体系的基础。通过上述分析可知，无论是基于交易成本工具性理论还是基于公共价值范式对政府公共管理进行评价，评价结果都有不足之处，都不足以使管理行为更加完善。因此笔者认为：在评价过程中应既要用交易成本来追求低投入高产出的效益，又要满足"顾客"，关注公众的回应性，注重公众的满意度，实现公平、公正、民主等公共价值目标。建议对公共管理的行为、政策、项目同时应用两种评价方法分别评价，进行校验，最后得出绩效评价的综合结果，以保证评价的科学性，以使公共管理行为得到更好的完善。

# 西部地区矿产资源开发中当地居民受益机制研究

石 勇

矿产资源作为战略性资源，关系到经济发展、社会稳定、国家安全和全面建设小康社会目标的顺利实现，然而近年来，矿产资源所在地却出现了一些新问题和新矛盾：地方政府要求参与投资发展配套深加工项目、解决地方就业；国有矿产资源开发企业与地方钻采公司争市场、争资源现象突出；当地居民对资源开发处于抵制状态，在土地征用价格和生态环境补偿方面发生纷争；当地居民阻挠生产作业、偷盗石油矿产、破坏生产设施等违法行为时有发生等。这些矛盾导致了矿产资源开采企业经营效率低下和资源所在地经济发展缓慢，社会矛盾日益突出。究其原因，在矿产资源一级所有的现行体制下，资源所在地经济的发展与资源优势失去了相关性，资源所在地没有要求利益补偿的发言权，更没有参与资源支配和资源利益分配的权利，只好通过种种手段来阻碍资源开发，增加内生交易成本来影响利益的分配格局。由此可见，构建合理的资源所在地居民受益机制对搞好矿产资源合理开发和资源所在地社会稳定具有重要的作用。

## 一 现行矿产资源开发收益分配机制中的资源地居民受益方式

尽管现行政策体系中资源地政府和资源地居民尤其是资源地居民在矿产资源开发收益分配机制中参与程度不高，但还是形成了一定的受益途径。这些途径可以分为当地居民直接受益方式和间接受益方式两种。

## （一）矿产资源地居民直接受益方式

**1. 矿产资源开发项目对当地居民人力资源的动员和参与机会的创造**

资源地居民对矿产资源开发最直接的方式就是劳动参与，也就是说，矿产资源所在地社区部分居民在矿产资源开发形成的产业链相关环节进行工作，从而获得劳务收入。

当然，除了参与矿产资源开发企业的一些劳务性工作外，矿产资源所在地社区居民还可以参与因矿产资源开发项目建设而延伸出来的其他产业链条中的生产服务活动，例如其可以通过参与开采产品的运输项目直接获益，可以通过参与因资源开发项目实施而引致的服务业的发展而直接获益。

**2. 利益补偿**

利益补偿主要体现为土地补偿费和生态移民费。

土地补偿费源于矿产资源开发企业向当地居民征用、租赁土地而支付的补偿费和因矿产资源开发所引致的地质灾害（如土地塌陷、环境污染等）影响土地生产力而由矿产资源开发企业向社区居民支付的赔偿。矿产资源开发企业因地质灾害和环境污染等向社区居民赔偿时，最初是通过企业与社区居民的协商来完成，由于谈判实力的差距，赔偿标准很低。尽管随着矿产资源开发的不断推进，这种赔偿机制也越来越完善，但赔偿标准过低的问题基本上没有得到有效解决，至今补偿费用金额基本上仍不能弥补当地居民因地质灾害造成的损失。

生态移民费即由于矿产资源开发，资源所在地社区居民的生产、生活受到了极大的影响，以至于不适宜人类居住，而迫不得已将原来居住在矿产资源地的居民搬迁到其他地区居住生活所给予的补偿费用。生态移民的费用一般由资源型企业与当地政府共同承担。但在矿产资源开发中的生态移民，由于土地并没有彻底地丧失功能，故在移民过程中，企业的支出往往不能满足移民的需要，当地政府还必须补贴一部分资金予以解决。在一些以规模不大的企业为主体的矿产资源开发地区，这部分生态移民费用几乎全部需要由政府承担。但受当地政府财政能力的限制，生态移民费标准的提升和全面落实仍困难重重。即便是生态移民费用足够充裕,当地居民在进行生态移民后,生活水平有所提升,但生态移民对原来社区居民的生产、生活方式和社会发展环境进行了破坏,对资源地居民的可持续发展产生了巨大的负面影响。

3. 资源开发企业给当地居民的各种捐赠

为处理好与资源地居民的关系,矿产资源开发企业在发展过程中,根据企业和当地居民的需要,为当地公益事业捐赠物资,或者将开采出来的产品无偿赠予或低价出售给当地居民。这些捐赠性收入也是当地居民参与矿产资源开发利益分配的直接方式。但这种方式随机性太大,捐赠主体可以向该地区捐赠,也可向其他地区捐赠,并且捐赠数额也完全由捐赠主体决定,对资源地居民来讲,其只是处于受捐赠的从属和被动地位,故该方式属于资源地居民的一种没有任何保障和保证的利益获取方式。

4. 在企业利润分配中直接受益

在矿产资源开发过程中,一些小的企业,为得到资源地居民的支持,并得到必要的周转资金,吸收一部分当地居民作为股东。这些股东可以通过利润分成,获得一定的收益。但是,这种让当地居民参与利益分配的企业,大多属于"小煤窑"层次,规模不大,投资较小。而这样的矿产资源开发在现实中少之又少。而大、中型矿产资源开发企业,根本不可能让当地的社区与农牧民参与到利润分配中。

(二) 矿产资源地居民间接受益方式

除了矿产资源地居民在资源开发过程中直接的受益方式外,资源所在地社区居民还可以通过以下方式间接地分享矿产资源开发的利益。

1. 从基础设施和社会公共设施改善中获得利益

矿产资源开发企业为了自身发展的需要,在资源所在地会建设一定的公共设施和基础设施。企业和居民对这些设施基本是共享的。因此,当地的居民在矿产资源开发企业出资的基础设施和社会公共设施改善中间接获得了一定的利益。

2. 从当地经济实力整体增强中获得利益

随着矿产资源的开发,当地的经济实力不断增强,政府的财政收入不断增加。政府财政收入的增加提升了政府为居民提供福利的能力,从而使当地居民从中得到了实惠。经济实力的增强,特别是资源开发拉动的相关产业的发展,直接增加了当地居民的就业机会,方便了其出行、购物等。但这种经济实力的增强给当地居民带来收入增加和生活方便的同时,也因其导致的物价上涨而对当地居民的生活水平带来了一定的负面影响。

## 二 构建西部地区矿产资源地居民受益机制的法律依据

### (一)《宪法》中有关资源开发的规定

我国现行《宪法》是1982年12月4日第五届全国人民代表大会第五次会议通过的。至2015年,已经进行了四次修改,但其中涉及矿产资源所有权及其合理开发利用、中央与民族自治地方利益分配的相关规定并没有进行原则性的修改。

《宪法》第九条规定:矿藏、水流、森林、山岭、草原、荒地、滩涂等自然资源,都属于国家所有,即全民所有;由法律规定属于集体所有的森林和山岭、草原、荒地、滩涂除外。国家保障自然资源的合理利用,保护珍贵的动物和植物。禁止任何组织或者个人用任何手段侵占或者破坏自然资源。

《宪法》第四条规定:国家保障各少数民族的合法的权利和利益,国家根据各少数民族的特点和需要,帮助各少数民族地区加速经济和文化的发展。

### (二)《民族区域自治法》中对矿产资源开发的规定

我国现行的《民族区域自治法》是1984年5月31日第六届全国人民代表大会第二次会议通过的,2001年2月28日第九届全国人民代表大会常务委员会第二十次会议通过了《关于修改〈中华人民共和国民族区域自治法〉的决定》。

《民族区域自治法》作为我国的基本法,其法律效力仅次于《宪法》,是实施宪法原则性规定必不可少的法律。新修改实施的《民族区域自治法》第六十五条明确规定：国家在民族自治地方开发资源，进行建设的时候，应当照顾民族自治地方的利益，作出有利于民族自治地方经济建设的安排，照顾当地少数民族的生产生活。国家采取措施对输出自然资源的民族自治地方给予一定的利益补偿。其第二十八条规定：民族自治地方的自治机关依照法律规定，管理和保护本地方的自然资源。民族自治地方的自治机关根据法律规定和国家的统一规划，对可以由本地方开发的自然资源，优先合理开发利用。

**（三）《矿产资源法》中对矿产资源开发权益分配的规定**

我国现行的《矿产资源法》是 1986 年 3 月 1 日第六届全国人民代表大会常务委员会第十五次会议通过的，1996 年 8 月 29 日第八届全国人民代表大会常务委员会第二十一次会议通过了《关于修改〈中华人民共和国矿产资源法〉的决定》。

修改后的《矿产资源法》第三条规定：矿产资源属于国家所有，由国务院行使国家对矿产资源的所有权。地表或者地下的矿产资源的国家所有权，不因其所依附的土地的所有权或者使用权的不同而改变。国家保障矿产资源的合理开发利用。禁止任何组织或者个人用任何手段侵占或者破坏矿产资源。各级人民政府必须加强矿产资源的保护工作。

具体到民族自治地方矿产资源的开发，新修改的《矿产资源法》第十条规定：国家在民族自治地方开采矿产资源，应当照顾民族自治地方的利益，作出有利于民族自治地方经济建设的安排，照顾当地少数民族群众的生产和生活，民族自治地方的自治机关根据法律规定和国家的统一规划，对可以由本地方开发的矿产资源，优先合理开发利用。

## 三　西部地区矿产资源开发中当地居民受益机制的构建

**（一）健全资源开发利益分享法规体系，建立适应市场条件的机制**

法制是权益最为重要的保障形式，健全资源地居民对资源开发利益分享的法规体系，建立适应市场条件的资源分享机制，是资源地居民在资源开发中受益机制建设的前提和保障。我国中央政府与资源地方政府要保障各自在资源开发中的利益，通过法律的明确规定来清晰划分各自的权力范围。在依法行政的前提下，对资源开发所获利益如何在中央、民族自治地方和当地群众之间进行合理划分展开充分论证，将讨论后的分配结果纳入法律规定中，通过法律而不是行政法规或者规章来规范中央政府与地方政府在资源开发中各自的职权、利益。并且，应完善违反法律义务的责任追究机制。对上级国家机关违反义务在矿产资源开发过程中不顾当地政府和当地居民利益，随意剥夺的行为依法予以追究。同时规定资源地居民在资源开发中享有的权利及各级政府的相应义务和责任。再如资源税逐渐实现由"从量计征"转变为"从价计征"，建立适应市场变化的税率机制。并通过法律法规完善，进一步明确资源开发企业利益分享途径及措施，制定更为明确切实可行的实施细则，以提升矿产资源开发地社区居民对资源开发利益分享机制的可操作性。

（二）提升当地社区居民在矿产资源开发决策和利益分配中的参与权

提升当地社区居民在矿产资源开发决策中的参与权主要体现在环境评价结果对开发的否决权上，即矿产资源开发企业不能对当地的生态环境造成负面影响，如果可能或造成负面影响，当地社区居民可以在环境评价中起到必要作用，可以以环评结果否决其开发权。在利益分配中的参与权首先体现在开发过程对其素质技能的提升上，即通过参与到企业工作，在不断的劳动中适应企业工业化生产对人素质技能提升的需要。

（三）收益向资源所在地倾斜

重新调整地方和中央的税收分配比例，适当增加地方政府作为社会管理者在国家税费征收中的分配份额。在油气资源开发中，中央政府取得了开发的大部分利益，输出资源的民族自治地方没有得到合理的利益补偿。所以，应该调整相关的税收政策，作出有利于作为矿产资源富集区的民族自治地方发展的税制结构安排，提高民族自治地方的财政能力。这应主要表现在：提高矿产资源地方政府在增值税、营业税、企业所得税中所占的比例，与此同时，改变油气企业完全根据所有制征税的体制为部分所在地征税的体制，为资源地政府对油气企业征税提供法律依据，从而增强民族自治地方政府的财政能力；允许资源地以土地出让金的形式参与油气资源开发的利益分配；增加资源税、油气补偿费的征收数额。增加国家对油气资源输出地的财政转移支付力度，资源地政府在输出大量的油气资源的同时必须得到相应的财政支持，否则其进行社会管理和经济建设的能力就会减弱。

因此，对矿产资源开发受益进行分配时应当进一步向资源所在地倾斜。首先，允许资源所在地政府与中央共享中央矿产资源开发企业所得税。其次，重建资源税征收制度。我国应该按照国际惯例，以销售收入为基准制定矿产资源税，建立相对灵活的、能反映矿产品市场价格特征的资源税制度。参照国外经验，矿产资源税的税收额可占到资源开采总收益的10%，而我国现行的矿产资源税单位税额总体较低，税率水平还不到西方低税率国家的1/30，导致资源产地的资源收益过低。最后，提高增值税的地方分成比例，如将增值税分成比例由现行的中央与地方的75∶25调整为50∶50，则可以大大增加资源所在地的收入。将资源收益向资源所在地倾斜，有利于矿产资源的保护和合理开采，满足资源产地对资源收益的合理要求，促进地方经济发展。

**（四）完善生态补偿机制**

尽管我国各地的矿产开发生态补偿试点及实践工作开展得如火如荼，但目前尚未建立中国生态补偿整体框架。现行矿产资源补偿标准的依据是1994年国家出台的《矿产资源补偿费征收管理规定》，只在1997年进行过一次修改，难以适应经济社会的快速发展，导致"资源无价、原料低价、产品高价"。这种价格体系的扭曲现象一直存在。因此，建议国家应该建立统一、协调、完善的生态补偿制度，对矿产资源开发生态补偿的补偿标准、补偿主体等进行具体规范，通过适当提高矿产资源开发的生态补偿费标准、调高中央财政转移支付直接用于生态保护的比例、形成市场定价的矿产资源价格机制来解决生态补偿资金的来源，逐步建立矿产资源开发生态补偿的长效机制。通过建立科学合理的生态补偿机制，促进资源的可持续发展。

### (五) 创新征地补偿方式

目前的矿产田开发的征地补偿主要采取货币形式，尽管补偿标准太低往往是双方争执的焦点，但实践证明，即使提高补偿标准也难以长期解决失地农民的生存问题。当前资源所在地比较广泛存在的现象就是矿产企业的征地补偿费用在与农民的讨价还价中节节上升，但由于广大农民重新创业能力的缺乏，补偿费用很快耗尽后就陷入失地又失业的困境。因此，仅仅增加补偿费用还难以保障失地农民的长期生存，必须构建失地农民补偿的长效机制。矿产田建设征地与城市化征地有着显著的区别，那就是矿产田建设征地一般都处于偏远的农村，矿产企业本身也还有大量的下岗、待岗的职工需要安置，所以城市化征地的一些补偿方式如招商引资发展第二、第三产业，实行就业安置等对矿产田征地就不适用。因此，建议采取农民以土地入股方式，分享矿产田开发的收益，按期收取红利；或者是采取土地租赁形式，按期收取租金。这样就能够解决失地农民的长期生存问题，对国家和石油企业而言减少了协调的交易成本，也解决了为失地农民建立社会保障的资金来源，减轻了资源所在地的财政负担。

### (六) 促进资源就地转化

矿产资源开发行业（尤其是矿产资源的炼化与加工）是一个关联度很高的行业，其前向和后向关联效应都十分显著。如果能够就地发展能源利用深加工项目，延长矿产开发产业链，把更多的资源留在资源地加工，可以让资源地获得更大的经济效益，让资源所在地人民分享资源开发的成果，有利于目前矿产企业与资源地之间关系融洽。要积极引导资源地企业通过股份制等形式参与矿产资源开发产业的投资项目，大力加强出口高附加值的资源产品，促进资源的精细加工与利用，尽可能地在资源所在地延长矿产资源开发产业的产业链，通过资源的开发带动地方相关产业的发展和促进产业结构的升级，带动地方经济、就业和财力的全面发展。

# 内蒙古矿产"资源诅咒"现象的成因、后果与对策

阿拉坦格日乐

内蒙古的经济增长,尤其是畜牧业的主要经营地区和边境地区的经济增长是依靠工矿开发带动起来的。至少近 20 年以内,矿产开发推高工业产值,工业产值推高 GDP 是内蒙古经济增长的一个重要特征。但是,过度依赖矿产资源的内蒙古经济在创造更多经济财富的同时,区域不平衡、经济结构不协调等实际问题也日益突出,导致出现"资源诅咒"现象。

## 一 内蒙古矿产"资源诅咒"现象的成因

对于资源丰富的内蒙古来讲,发展资源禀赋型产业是改变贫困状态的一种选择。但是,开发矿产为基础的内蒙古工业的高速发展中却出现了"资源诅咒"现象。

首先,经济增长模式的能耗过高(电力、钢铁、有色、化工、建材、煤炭六大行业能源消费占全区 70% 左右),导致更多的企业利润返回到企业弥补成本,社会收益投入减少。其次,矿产开发对自然环境、草原植被、气候、文化遗产及传统文化载体(牧民)等原有的生态系统带来一些负面冲击。最后,存在外部不经济时,矿产开发的扩大很容易实现私人利益最大化,并创造出工业生产值。但是,社会成本增多,更多的社会收益投入到治理环境污染等行为,直接改善民生的投入减少。

矿产资源开发使经济高速增长,但牧民生活摆脱不了贫困的"资

源诅咒"现象在内蒙古牧区的确存在。这一现象也反映出"开发"企业与"反开发"的牧民之间的社会深层矛盾。主要体现在：牧民强调"利用自然草场，放牧经营就是控制自然的有效措施，反复可以使用的草地资源能够实现可持续"，而矿产开发企业主张"利用自然草场效果缓慢，开发地下矿产才能实现现有利益的最大化"。在资源开发问题上，当可持续发展与经济增长的主张发生冲突时，唯一的解决方法就是短期内实现的经济增长利益应该弥补维持可持续发展所发生的机会成本。因此，矿产开发企业的利润应该更多地投入畜牧业生产。因为，在牧区发展畜牧业才是可持续发展的一种正确的选择。

## 二　内蒙古矿产"资源诅咒"现象的后果

### （一）调查地点的概况

1. 调查地点的选择

从呼伦贝尔市的新巴尔虎右旗和鄂温克族自治旗所辖的所有嘎查中抽取了四个嘎查。为了达到比较研究的目的，调研地点分为两种类型。

第一种类型是矿产开发区。在正在进行矿产开发活动的所有牧业嘎查中随机选择两个嘎查。其一，莫能塔拉嘎查，隶属于新巴尔虎右旗贝尔苏木，距旗60公里，距苏木5公里，现有总户数158户，总人口496人，贫困户数14户，贫困人口数43人。嘎查草场总面积127.1146万亩，集体草场面积16.3146万亩。2009年牲畜总数：28195头（只），大畜：2593头，小畜：25602只。其中，集体牲畜：80头（只）。现有草库伦：328200m$^2$。人均纯收入6000元。在该嘎查草场上，2004年大庆油田开始进入开发石油。其二，伊敏嘎查，隶属于鄂温克族自治旗伊敏苏木，土地总面积26万亩，其中草场面积15万亩。总户数89户，总人口340人。1984年开始大规模开发伊敏露天煤矿，导致大部分牧户集中移民到现在居住地。

第二种类型是在所属草原上没有开矿的嘎查。其一，宝音塔拉嘎查，隶属于新巴尔虎右旗克尔伦苏木。克尔伦苏木总面积5839.3平方公里，占全旗总面积的23.2%，草场总面积865.3万亩，其中可利用草场面积657.7万亩。总户数1548户，总人口4358人。没有矿产开发，牧户依靠大面积草场放牧经营。其二，维特很嘎查，隶属于鄂温克族自治旗锡尼河镇。锡尼河镇土地面积1.1万平方公里，总人口8571人。

2. 调研情况及其样本选择

本课题获得福特基金项目[①]（一期）资金支持，2009年第一次调研，2010年第二次调研。同时，获得国家自然基金项目[②]资金支持，2014年第三次调研。第一次和第二次在四个嘎查随机选择各30户，共120户。第三次调研中，在莫能塔拉嘎查和宝音塔拉嘎查的牧户中随机选择33户。本论文数据来自三次调研的数据。

（二）矿产开发对牧户增收的贡献度较低

矿产企业给牧民的土地征用补助金非常少，至少被调研探访的牧民其收入比例中转移性收入和征地补助金没有达到他们所需要的金额。或者他们得到的资金支持没有达到改变或改善他们经营方式的水平。换句话讲，地方经济的高速增长未能给草原畜牧业带来向现代畜牧业发展的动机和机遇。微观层面矿产开发的"好处"不明显，牧民都认为"传统放牧经营可以自动调整牲畜和牧草的供需关系（最科学），不破坏草场（最可持续），草—畜—人三大主体并存（最和谐）"。因而传统畜牧业生产方式实际上就是最合理的经营方式。牧民改变现有的经营方式缺乏合理的理由，所以不改变。

首先，牧民只有卖出更多的活畜，才能得到更多的收入，活畜出售数量与收入增加成正比例关系。表1显示，莫能塔拉嘎查、伊敏嘎查、维特很嘎查、宝音塔拉嘎查的活畜出售（不算牛奶和羊绒）中获得的收入分别占总收入的89%、39.4%、61.8%、80.4%。毫无疑问，牧民主要收入来源与矿产开发似乎没有任何关系，牧民劳务性收入和财产性收入比率不多，转移性收入更少。这就说明矿产企业没有培训牧民，也没有提供就业岗位，或者企业没有采取措施吸引更多的

---

① 项目名称：内蒙古草原地区工矿开发及其社会与生态环境效应研究（横向课题）。
② 项目名称：北方牧区生态建设中牧民本土知识的作用研究（项目编号：41361105）。

牧民去参加矿产开发，从而提高收入。草原上矿产开发与草原上畜牧业经营的两个经济行为，以完全隔离的形式并存，而且付出草场的牧民得到的报酬并不多，从而牧民更没有能力改变现有生产方式，牧民的经济收入完全依靠简单体力劳动投入到畜牧业经营活动中，收入结构没有得到改善。

表2和表3显示，牧户总收入中生态补贴的比重较大，39%的牧户总收入中生态补贴占50%以上，牧民对补贴的依赖性增加。

表1　　　　　　　　　牧户的收入结构　　　　　　　　单位:%

| 开矿状态 | 嘎查名称 | 收入来源的排序 | 第一 | 第二 | 第三 | 第四 | 第五 |
|---|---|---|---|---|---|---|---|
| 大庆油田开发 | 莫能塔拉嘎查 | 收入来源 | 绵羊 | 山羊 | 牛 | 马 | 羊绒 |
|  |  | 总收入中的比重 | 39 | 23 | 17 | 10 | 4 |
| 伊敏煤矿开发 | 伊敏嘎查 | 收入来源 | 牛奶 | 绵羊 | 外出打工 | 牛 | 山羊 |
|  |  | 总收入中的比重 | 26 | 18.4 | 18.3 | 16 | 5 |
| 没有矿产开发 | 维特很嘎查 | 收入来源 | 牛 | 牛奶 | 绵羊 | 马 | 出租草场 |
|  |  | 总收入中的比重 | 39 | 25 | 17 | 5.8 | 5.6 |
|  | 宝音塔拉嘎查 | 收入来源 | 绵羊 | 牛 | 马 | 羊绒 | 山羊 |
|  |  | 总收入中的比重 | 53 | 16 | 7.40 | 7.38 | 4 |

资料来源：根据2010年实地调研数据整理计算得出。

表2　　　　　　　　　牧户的经营性收入分析

| 畜牧业经营性收入占总收入的比重 | 牧户数（户） | 牧户数比重（%） | 总收入比重50%为基准的牧户数（户） | 总收入比重50%为基准的牧户数比例（%） |
|---|---|---|---|---|
| 90%—100% | 4 | 12 | 14 | 42 |
| 80%—89% | 1 | 3 |  |  |
| 70%—79% | 2 | 6 |  |  |
| 60%—69% | 5 | 15 |  |  |
| 50%—59% | 2 | 6 |  |  |
| 40%—49% | 3 | 9 | 9 | 58 |
| 30%—39% | 4 | 12 |  |  |
| 20%—29% | 5 | 15 |  |  |
| 10%—19% | 5 | 15 |  |  |
| 1%—9% | 2 | 6 |  |  |

资料来源：根据2014年实地调研数据整理计算得出。

表3　　　　　　　牧户的转移支付（生态补贴）收入分析

| 转移支付收入（生态补贴）占总收入的比重 | 牧户数（户） | 牧户数比重（%） | 总收入比重50%为基准的牧户数（户） | 总收入比重50%为基准的牧户数比例（%） |
|---|---|---|---|---|
| 90%—100% | 1 | 3 | 13 | 39 |
| 80%—89% | 2 | 6 | | |
| 70%—79% | 2 | 6 | | |
| 60%—69% | 6 | 18 | | |
| 50%—59% | 2 | 6 | | |
| 40%—49% | 7 | 21 | 0 | 60 |
| 30%—39% | 0 | 0 | | |
| 20%—29% | 4 | 12 | | |
| 10%—19% | 4 | 12 | | |
| 1%—9% | 5 | 15 | | |

资料来源：根据2014年实地调研数据整理计算得出。

其次，牧民收入的多少很大程度上取决于放牧地面积，而矿产开发企业占用更多草场时，牧民就不得不选择奶牛饲养等集中经营方式。受矿产开发影响的莫能塔拉嘎查和不受影响的宝音塔拉嘎查在气候条件、牧草类型、地形地貌等方面相似，并且拥有面积比较大的放牧草地，因而两个嘎查牧民收入更多地来自放牧经营中的活畜出售。而这一特点在矿产开发地区和未开发地区没有明显的区别。因为，畜牧业经营中牧民增收取决于出售活畜头数，而放牧草场面积越大饲养牲畜数量越多。大面积草场上放牧经营是传统畜牧业的特点，惊天动地的大规模矿产开发并没有改变这种生产方式，至少它没给畜牧业经营带来更先进的生产方式。反而，矿产开发企业占用大部分草场导致牧户放牧草场面积缩小时（如伊敏嘎查）或草场面积本身较小时（如维特很嘎查），牧民就被迫选择饲养奶牛等集中饲养模式的经营方式。这说明牧民的常年经营畜牧业的经验在社会上得到肯定或者为了维持生活牧民除经营畜牧业以外别无选择，但是经营成本问题始终没有解决，放弃传统经营模式的经验、智慧、文化等的机会成本都没体现在集中经营模式中，从零开始学习的经营模式给牧民带来更多的成本，减少收入。换一个角度分析，大面积草场充分利用的状态下集中经营模式的推广比较困难，贫困持续。

最后，矿产开发使放牧草场面积减少，制约了牲畜规模的形成。在内蒙古草畜平衡测算中鄂温克旗平均饲养一只羊需要12亩草场，而伊敏嘎查（矿产开发区）的这一指标为4.8亩，从而推测该嘎查就没有利用大面积草场扩大牲畜规模的条件。因此，草场面积缩小，传统畜牧业经营受到限制时，牧民为增加收入开始试探集中经营模式，通过单位产量的增加来提高收入水平，即饲养奶牛。表1中的牧户收入结构中牛奶出售收入比重较高。并且利用畜产品比较成熟的以乳业企业为媒介进入市场的"牧户+企业"模式，但是牧户定价机制和机构没有形成，畜产品利润更多代表的是企业利润，市场价格波动中牧户经营只能表现出软弱性。最终，矿产开发导致牧户应该得到的经济利益不能实现，同时大企业带头的经营模式中牧户大部分利益转移成企业利润，从而在经济快速增长过程中，牧民收入增加水平有限。如果牧户合作社等代表牧民定价机制的机构不具备，牧民收入就不能稳定增加，畜牧业集中经营模式在草原畜牧业中的应用不一定是最佳的选择。

总之，草原上矿产开发是一种生产力，草原上放牧也是一种生产力。前者是现代的、先进的，可以创造出庞大的经济财富，但是由于"资源诅咒"，结果牧民得到的利益极少。后者是传统的、落后的，但创造出了牧民的所有财产（不能否认牲畜就是牧民的财产）。矿产资源的稀缺性决定了高科技现代技术等先进生产力进入草原是短暂的，矿产资源枯涸，即刻退出。因而矿产开发企业所带来的先进技术不能代表草原生产力的提高，地下资源的不确定性，导致矿产开发在同一个地区的不可持续性，矿产开发企业的更多投入趋向于下一个开发点，并非现在的开发地区。因此矿产开发企业给予牧民的草地占用补偿金都是一次性交付，不会接受牧民入股式的长期合作形式。另外，一次性获得的草场占用补偿金不能代表牧户所付出的代价，但短时间内补偿金额与牧民的日常收入差距较大，使牧民产生天降横财的"错觉"，结果在日常消费上失去控制，导致金钱收入往往分配到生活性消费上，生产性支出少。其结果是，草原畜牧业生产力落后状态持续，牧民们也短时间内没有能力也没有资金去改变现状。甚至多数的补助金都是发生损失后的救济性补助，对生产的作用有限，同时畜牧业生产中发生工业"根源的独占"（radical monopoly），即畜牧业经营及扩大生产中的所有生产、生活用品完全依靠外部企业提供，企业利润最大化战略吸取了更多的畜牧业经营利润。对此牧户毫无应对策略，从而提高了畜牧业生产的支出。

### （三）矿产开发占用草场使牧户支出增加

草原畜牧业是"草—畜—人"三要素组成的钻石型组合体。三要素的同比例增加不影响可持续发展，但是一旦受到外部因素的干预，草原畜牧业生产就受影响。如定居、草场承包等措施都会引起人口密度增高，导致牲畜数量激增等问题。因为牲畜是财产，人口增加需要更多的财产支持，从而牧草供给成为牧户经营最关键的问题。对依靠自然草场获取牧草资源的草原畜牧业来讲，占用草场的负外部性效果不只是减少草场，甚至涉及牧户经营的生存问题。从而占用1亩草场所带来的经济损失远远大于它的表面损失。例如，牧草可以是一年四季循环利用，只看秋季产量来衡量草原草量并不公平，甚至"牲畜不吃，牧草长势就缓慢"的经验说法在学术层面或技术层面并没有完全否定。因此，矿产开发所占用草地的机会成本绝不会仅仅是当年的产草量。

首先，草场被占用是饲料支出增加的直接原因。莫能塔拉嘎查牧户平均放牧草场为13746亩，按羊单位换算的一只羊放牧所需要的平均草场面积大约为27亩。按新巴尔虎右旗饲养一只羊需要25亩左右草场[①]的标准去衡量，该嘎查的草场利用状况及其草甸草原的气候条件，放牧地草场牧草供应完全满足现有牲畜的需求，没有必要去购买饲料。但是，矿产开发企业占用15000亩[②]草场后放牧地面积缩小，平均每只羊可食草地面积只有22亩左右。如果牧民要维持原来的饲养规模，就必须购买一定的饲草料（当然牧民没有理由去人为缩小牲

---

① 根据《内蒙古自治区33个牧业旗2010年天然草原冷季可食牧草储量及适宜载畜量测报表（内农牧草发〔2010〕257号）》换算。
② 根据实际调查数据整理。

畜饲养规模），畜牧业经营成本自然就增多。并且，除了矿产开发企业征用草场以外，其他任何理由都说明不了饲料费用的增加，至少牧民们都这么认为。其结果是，造成牧户实际利用草场面积缩小，现有草场的载畜压力增加，牧草生长期缩短（牧草长高前被吃掉），冬储牧草短缺（尤其是，有些牧户在草畜不均衡的压力下，把打草场改为放牧场）的恶性循环。在牧民牲畜规模（财产规模）不变的状态下，唯一可行的方法就是购买饲料（见表4）。这导致牧民生产积极性下降，70%的牧户的生产性投入额低于总支出的50%（见表5）。

表4　　　　　　　　牧户的生产性支出结构　　　　　　　单位:%

| 嘎查名称 | 支出的排序 | 第一 | 第二 | 第三 | 第四 | 第五 |
|---|---|---|---|---|---|---|
| 莫能塔拉嘎查 | 主要支出 | 饲料购买 | 棚圈建设 | 燃料 | 草场投资 | 购买机械 |
|  | 总支出的比重 | 65 | 15 | 7 | 5 | 5 |
| 伊敏嘎查 | 主要支出 | 饲料购买 | 支付工资 | 棚圈建设 | 燃料 | 机器维修 |
|  | 总支出的比重 | 50 | 16 | 13 | 11 | 5 |
| 维特很嘎查 | 主要支出 | 支付工资 | 棚圈建设 | 购买机械 | 燃料 | 机器维修 |
|  | 总支出的比重 | 24 | 21 | 20 | 18 | 11 |
| 宝音塔拉嘎查 | 主要支出 | 饲料购买 | 燃料 | 草场投资 | 支付工资 | 棚圈建设 |
|  | 总支出的比重 | 52 | 15 | 9.2 | 8.7 | 7 |

资料来源：根据2010年实地调研数据整理计算得出。

表5　　　　　　　　牧户的生产性支出分析

| 生产性支出占总支出的比重 | 牧户数（户） | 牧户数比重（%） | 总收入比重50%为基准的牧户数（户） | 总收入比重50%为基准的牧户数比例（%） |
|---|---|---|---|---|
| 80%—89% | 1 | 3 | 0 | 30 |
| 70%—79% | 4 | 12 |  |  |
| 60%—69% | 1 | 3 |  |  |
| 50%—59% | 4 | 12 |  |  |
| 40%—49% | 3 | 9 | 3 | 70 |
| 30%—39% | 3 | 9 |  |  |
| 20%—29% | 6 | 18 |  |  |
| 10%—19% | 7 | 21 |  |  |
| 1%—9% | 4 | 12 |  |  |

资料来源：根据2014年实地调研数据整理计算得出。

其次，矿产开发创造了庞大的经济财富，但包括教育、医疗等公共服务费在内的牧民所承担的生活费用依旧昂贵。儿女教育费用成为四个调研嘎查牧户面临的最大生活性支出。尤其是小学生在城镇集中上学所带来的相关费用，即父母亲戚陪读、租房、日常饮食费、交通费等费用总是给牧民带来高额支出。因为，小学统合改革以后，后续配套措施成为"短板"，城镇学校学生宿舍拥挤，学生生活管理不周到等都引起本来由当地财政所承担的小学义务教育费用以外还另产生牧户个人承担的其他费用（见表6），生活性支出增多（见表7）。如果依据工业企业带动第三产业的发展规律，矿产开发收入是该地区最多的地方财政收入，教育是该地区最重要的事业，最多的收入没有充分投入到最重要的事业就是"资源的诅咒"。其结论就是矿产开发对地区发展的直接贡献不明确，至少微观层面是这样。同样也可以解释说明牧民家庭医疗费昂贵问题。医疗服务是社会福利的一部分，矿产开发所得到的地方性财政收入应该承担更多的医疗费用比率，减轻牧民负担是符合经济发展规律的。但是内蒙古牧区牧民医疗负担沉重，自费承担比例很大，看不出经济高速增长的优越性，与高速发展的宏观经济相比，没有太大变化的微观层面经济违背了主流经济发展规律，这才是问题的关键所在。

表6　　　　　　　　　　牧户的生活性支出结构　　　　　　　　　单位:%

| 嘎查名称 | 支出的排序 | 第一 | 第二 | 第三 | 第四 | 第五 |
|---|---|---|---|---|---|---|
| 莫能塔拉嘎查 | 主要支出 | 儿女教育费用 | 医疗费 | 红白喜事 | 蔬菜 | 大米 |
|  | 总支出的比重 | 43 | 20 | 15 | 8 | 4 |
| 伊敏嘎查 | 主要支出 | 儿女教育费用 | 医疗费 | 日常品支出 | 蔬菜 | 红白喜事 |
|  | 总支出的比重 | 23 | 19 | 16 | 12 | 8 |
| 维特很嘎查 | 主要支出 | 儿女教育费用 | 医疗费 | 红白喜事 | 日常品支出 | 蔬菜 |
|  | 总支出的比重 | 27 | 16 | 14 | 11 | 8 |
| 宝音塔拉嘎查 | 主要支出 | 儿女教育费用 | 医疗费 | 红白喜事 | 蔬菜 | 大米 |
|  | 总支出的比重 | 33 | 16 | 13.7 | 13.6 | 6 |

资料来源：根据2010年调研数据整理计算得出。

表7　　　　　　　　　牧户的生活性支出分析

| 生活性支出占总支出的比重 | 牧户数（户） | 牧户数比重（%） | 总收入比重50%为基准的牧户数（户） | 总收入比重50%为基准的牧户数比例（%） |
| --- | --- | --- | --- | --- |
| 90%—100% | 5 | 15 | 3 | 70 |
| 80%—89% | 6 | 18 | | |
| 70%—79% | 6 | 18 | | |
| 60%—69% | 3 | 9 | | |
| 50%—59% | 3 | 9 | | |
| 40%—49% | 4 | 12 | 0 | 30 |
| 30%—39% | 1 | 3 | | |
| 20%—29% | 4 | 12 | | |
| 1%—10% | 1 | 3 | | |

资料来源：根据2014年实地调研数据整理计算得出。

最后，内蒙古矿产资源开发与当地牧民的可持续生存发展存在矛盾。第一，受矿产开发影响地区的牧户畜牧业生产性支出比率大于不受矿产开发影响地区（见表8）。因为，矿产开发征用草场而缩小可利用面积，增加草场压力，导致发生更多的饲料购买费用。第二，牧户生活支出金额相近的状态下，收入水平决定牧户的生产投入水平。即收入高的牧户对生产经营投入的比例远远大于收入低的牧户。但是收入多的牧户恰恰是畜牧业大户，购买饲料费用多，即"高收入，高支出"。第三，牧户平均人口数量相似的状态下，实际人口平均纯收入非常低，甚至是负值（见表8）。2010年鄂温克旗牧民人均纯收入为9067元、新巴尔虎右旗为9057元，而内蒙古2009年平均人均纯收入为7071.29元。可是，实地调研的数据没有达到这个水平，出现"高收入，低生活"现象。

表8　　　　　　牧户收入支出结构分析表（一）　　　　　　单位：元

| 嘎查名称 | 牧户平均收入① | 牧户平均生产支出② | 牧户平均生活支出③ | 牧户平均支出合计④=②+③ |
| --- | --- | --- | --- | --- |
| 莫能塔拉嘎查 | 122411 | 90142 | 23153 | 113295 |
| 伊敏嘎查 | 40307 | 26656 | 22443 | 49099 |
| 维特很嘎查 | 71289 | 22793 | 22136 | 44929 |
| 宝音塔拉嘎查 | 86495 | 31176 | 10727 | 41903 |

续表8　　　　　　　牧户收入支出结构分析表（二）

| 嘎查名称 | 牧户平均纯收入 ⑤=①-④ | 牧户平均生产支出占平均收入的比重②÷① | 牧户平均生活支出占平均收入的比重③÷① | 牧户平均人口⑥ | 牧户人均纯收入 ⑦=⑤÷⑥ |
|---|---|---|---|---|---|
| 莫能塔拉嘎查 | 9116 | 74% | 19% | 3.8 | 2431 |
| 伊敏嘎查 | -8792 | 66% | 56% | 3.3 | -2638 |
| 维特很嘎查 | 26360 | 32% | 31% | 3.9 | 6730 |
| 宝音塔拉嘎查 | 44592 | 36% | 12% | 3.3 | 13650 |

资料来源：根据2010年实地调研数据整理计算得出

## 三　解决内蒙古"资源诅咒"现象的对策

随着开发建设速度的不断加快，内蒙古牧区出现矿产"资源诅咒"现象。消除这一现象应从以下几个方面着力。

第一，税制改革是首要任务。提高地方税收入比率，应该把更多矿产开发红利投入到地方经济的发展，从宏观经济上支持畜牧业经济的可持续发展。

第二，设立奖励活畜出售机制和流通机制。以草场载畜量为标准，对超额饲养牲畜实施奖励出售制度。在保证牧户一定的饲养牲畜规模的基础上明确最高饲养数量。

第三，提供购买饲料补贴。对饲养头数不超过草场承载能力的牧户给予饲料购买补贴，一方面是减轻牧户负担，另一方面是政策性鼓励牧户可持续利用草场资源。

第四，加大对小学教育的基础设施投入，增加地方财政投入的支持。

第五，改善牧户的转移支付的分配形式，加大生产性支持补贴，减少生活性扶助补贴。财政政策应该重点支持牧户经营的生产力发展，而并非只补偿牧户生活性消费。

# 论生态功能红线划定对农户的影响与突破
## ——以中部某省为例

高桃丽

生态环境问题是约束我国经济社会全面转型的瓶颈性因素。中国社科院研究发布的 2013 年社会蓝皮书显示：环境保护成为群体性事件的重要诱因。[①] 自 2011 年以来，针对生态红线问题，相关的中央文件和法律都做出了诸多努力。生态保护红线政策在中央文件及立法层面的逐步确立，表明国家将采取强制性手段守护红线，体现出国家全面保护生态环境的决心和力度。但是，政策落地需要多方力量的协调与配合，而农户的广泛有效参与则是至关重要的一环。由于生态功能红线的划定范围有很大部分与农民的生活区和生产区相重叠，政策施行对当地农户生活及农地产权将产生重大影响。所以，农户作为陆地生态环境保护一大主体，对生态保护红线的划定进展与后期红线持续性维护将发挥关键性作用。因此，为保证红线划定工作顺利推行，在政策实施过程中，需要密切关注这些重要影响及其衍生问题，进而积极应对，消除阻力。然而当前学界对生态保护红线的相关研究多集中在红线划定的战略意义、划定方法和技术路线、政策机制等方面，有关红线划定对农户这一重要生态保护主体产生的影响关注甚少。中部某省作为农业大省和人口大省，在全国已确定的生态功能区中，重要性虽不十分突出，但所反映出的问题具有典型性。以该地区为样本进行典型研究，对于加快体制机制创新，寻求红线区农户生存发展权与环境保护之间的平衡，促进生态保护红线由虚变实有重要意义。

---

① 中国社会科学研究院：《社会蓝皮书》，社会科学文献出版社 2013 年版。

## 一 生态功能红线内涵界定

2014年1月,国家环保部印发《国家生态保护红线——生态功能基线划定技术指南(试行)》(以下简称《指南》),明确界定生态功能红线的定义、类型、划定的基本原则等。指出生态功能保障基线(以下简称生态功能红线)作为严格的生态保护空间,是确保国家和区域生态安全的底线,划定目的在于通过涵养水源、保持水土、防风固沙、保护生物多样性等保障区域内生态系统功能完善、状态稳定,与农户生产生活关联最为密切。环保部将其定义为对维护自然生态系统服务,保障国家和区域生态安全具有关键作用,在重要生态功能区、生态敏感区、脆弱区域划定的最小生态保护空间。[1] 红线的划定是一项系统工程,涉及保护与发展、长远利益与当前利益之间的博弈。因此,在生态功能红线划定期间,地方政府绝不能忽视作为环境保护最大的主体,同时又是最弱势的群体——农户的利益与环保意识,要通过有效的生态补偿机制和管理体制,协调各方利益关系,牢固其红线保护观念,增强生态保护实效。

## 二 红线划定中存在的主要问题

中部某省地理区位复杂,地质地貌多变,生物多样性丰富,符合该《指南》中红线划定重点区域的生态功能区、敏感区、脆弱区等特征。参照我国《全国生态功能区划》、《全国生态脆弱区保护规划纲要》等文件以及该省生态环境保护规划,该省纳入国家生态功能红线范围内的区域以县域中的广大农村地区为主。这意味着如果划定生态红线,受红线规划中的数量及空间约束性规则以及该省政府相关部门

---

[1] 佚名:《解读〈国家生态保护红线——生态功能基线划定技术指南(试行)〉》,《中国资源综合利用》2014年第2期,第13—16页。

的生态工作理念和政策实施行为的约束,相关地区大部分农户及农地将在不同程度上受到生态功能红线划定的影响。当前该省生态红线划定工作中存在下列问题并对农户产生不同的影响。

### (一) 片面的增长偏好没有扭转,竞争性地方政府关系没有改变

政府发展理念主要指驱动其行政行为的核心价值观,具体体现为发展目标、发展偏好。过去长期存在的以 GDP 增长为导向的政府绩效评价,导致地方政府较强的"增长偏好"。[①] 部分地方政府官员无论是考虑实现个人仕途进步还是追求具有竞争性的地方经济速度,其行政行为的结果都仍是以追求 GDP 为主,而环境保护被边缘化。2008 年金融危机至今,片面的增长偏好与竞争性地方政府关系在该省并没有真正扭转,大部分地方政府官员将发展经济与环境保护视为矛盾,并继续过去"增长偏好"的理念,将着力点更多地放在眼前利益——如何加快地方经济增长上,不仅缺乏对环境保护工作的重视,甚至将生态现代化成本向农村农户和弱势人群转移,生态红线的整体划定工作进展缓慢。

### (二) 上下联动不足,行动不力与农户消极并存

自环境保护政策介入农村生产生活以来,由于农户自身条件限制以及政府层面的绝对主导等,农户在环境保护方面主要处于被动接受地位。2014 年新修订的《环境保护法》对于"生态保护红线"在立法层面的明确,进一步增强了政府部门在生态红线划定中的绝对主导地位,上下联动不足使地方政府对基层实际情况和农户的利益诉求考虑较少。表现为以下三个方面:一是该省的生态保护红线划定方案的论证与制定人员集中于政府部门领导、社会专家学者、研究所等,生态红线划定的主要利益相关者如农户、企业,则游离于外。二是省市级层面的工作方案出台之后,基层组织主要通过"任务包干"强制性地在农村地区执行,给予当地农户的缓冲时间较少。这种划定方式效率虽高,但由于容易忽略可能存在的利益和意识方面的冲突,而不利于后期生态红线的永久守护。三是宣传力度不够,农户生态红线认知

---

① 李雨婷:《区域生态补偿的农村人口城市化理论问题与机制研究》,博士学位论文,东北师范大学,2011 年。

缺乏。据调查走访，基层工作人员有关生态保护红线的内涵认知不足，在个别地方红线划定工作中存在"形式化倾向"，而且由于农民工潮，政策宣传的对象主要以老人与孩童为主，这一群体对于新的环保政策关注较少，意识淡薄。这种工作方式和宣传方式导致的结果是农户不能深切认识政策实施对其带来的长短期利弊得失，不能真正形成环保意识，一旦政策施行结果与最初的认知及未来预期出现偏差，政策实施后出现反弹将不可避免。

### （三）补偿机制不健全，缺乏系统整体布局与落实

该省现有的生态建设补偿机制并不健全和完善，且缺乏系统整体的布局与落实。首先，缺乏有关生态补偿的专门法律，使得具体生态补偿工作在执行过程中无法可依、无章可循。而且生态补偿监管不到位，监管主体、方式、渠道等也有待进一步改善。在生态补偿的非重点区域农村及农户，部分地方政府的补偿工作成了"形象工程"、"面子工程"。[①] 其次，补偿缺乏系统整体的布局与落实，农户享受的补偿比重较低。一是部门间缺乏协调机制，多部门分头管理、各自为政的情况在地方上普遍存在，职能部门间容易出现推卸责任、"踢皮球"的现象。二是当前以纵向转移、分级下拨为主的补偿模式，下拨期间较易出现非法占用和贪腐的情况，农村生态补偿难以及时足额地落实到农户手中。最后，生态补偿措施不能与生态扶贫政策有机统一，在生态补偿领域容易出现"一刀切"的现象。该省北部、西部与南部山区是重要的生态功能区、禁止开发区与经济水平欠发达区，在有限的生态补偿金额下，如果缺乏有效的生态扶贫政策的支持，生态红线的划定将很难由虚线变实线。

## 三　红线划定对农户的影响

生态红线的划定执行对红线范围内农户的影响主要体现在以下三

---

① 张玉庭：《我国生态补偿机制现状及发展研究》，《现代商贸工业》2009 年第 24 期，第 74—75 页。

个方面。

**（一）利益失衡，生态返贫**

生态红线划定以后，根据不同的生态保护目的，划定区域大多将不能继续进行农事生产。农户的生产生活方式将会发生颠覆性的变化。通过对该省典型红线区域内农户的实地走访，发现划定生态功能红线之后，当地农户可能将面临以下境况：其一是生态移民，移居非红线区域；其二是放弃处在红线外的少量土地，外出打工；其三是那些缺少壮丁外出打工的家庭，仅以红线外剩余土地为生存之本。针对以上三种情况，在生态红线划定过程中，如果不能有效改变地方政府"增长偏好"的发展理念、不能完善及创新现有的生态补偿机制以及不能上下联动充分关注农户的利益需求与利益表达，那么处于红线区域的农户的生产生活利益有可能会出现失衡并衍生其他不良影响。

首先，生态移民农户面临移居地的融入问题。主要包括经济融入、社会融入以及心理融入三个方面，融入不当容易导致移民在移居地被边缘化。移民农户在适应移居地人际关系网络、风俗文化、生活习惯以及新的生计方式上需要一个过程。[1] 其间地方政府需要长期全方位地关注移居农户的适应情况与生存能力，除经济补偿与物质补偿之外还应提供措施帮助其加快融入移居地。其次，农民工家庭存在生态返贫可能性。在当前农民工的收入低廉、不稳定、不可靠且补偿资金有限的情况下，部分家庭基础差的农户难以应付日渐提高的生活成本（家庭生活费用、子女教育费用、养老费用等），一定时期内生存变得更加困难，处理不当将可能出现返贫现象。而且，"空巢老人"、"留守儿童"这种畸形生活状态也会因青壮年农户的外出务工在农村继续普遍存在，且难以逆转。最后，在生存压力的驱使下，家庭势弱的农户还不惜违反规定，复垦或通过破坏植被、林地重新在附近其他生态区域种植粮食，以谋求当前的生存。上述影响体现出环境保护与农户生存之间的矛盾，也充分说明农民问题、农业问题与生态问题之间关系的复杂性，需要政府相关部门密切关注、审慎应对、积极

---

[1] 陈昀、向明等：《嵌入视角下生态移民的可持续发展》，《管理学报》2014 年第 11 期。

解决。

### （二）"失地化"倾向

生态红线的划定及实施将不可避免造成农民的"失地化"问题。《环境保护法》中规定"划定生态红线并实行永久保护"，意味着在政府土地管制下，红线划定范围内的农户将面临着永久失去土地的自由使用权。宋文飞、李国平等在研究退耕还林问题时指出"生态保护中的用地行为本质上是一种政府主导的土地流转做法，并非平等的市场交易行为，会产生政策失灵现象，导致土地流转过程中产生一系列扭曲。"[1] 生态红线的划定也相当于国家花费较低的补偿金将农民的部分土地使用权及活动范围租回，这种补偿是阶段性的有期限的补偿，但是红线的强制性保护却是永久性的。

首先，生态移民下的"失地化"倾向。据统计，该省西部、南部部分山区农户在红线划定规划中处于禁止开发区范围内，面临政府主导型或自愿型生态移民，移民意味着农户失去原有土地。如果新的居住地仍在农村，在当地农地有限的情况下，需要与原住民重新分割土地，结果是无论原住民还是新的移居者都有可能丧失部分土地使用权；如果新的居住地在城镇，那么移居农户将失去可永久依靠的土地。

其次，退耕情况下的"失地化"倾向。[2] 即有部分土地被划入生态红线区域要求退耕的农户，虽未完全失去土地，但为了生存，选择外出打工，主动放弃剩余土地的发展权与生产权。土地因此或荒芜"虚置"或被低价承包，对这些农户而言，实质上也失去了土地这一永久的依靠。

生态保护红线的划定对农户土地权利的影响是长远的，生态红线的划定工作迫切需要结合该省实际情况全面估计、充分调研，进而切实考虑红线区域内农户即将面临的"失地化"问题，并为其寻找合适的出路。

---

[1] 宋文飞、李国平等：《自然保护区生态保护与农民发展意向的冲突分析》，《中国人口·资源与环境》2015年第25卷第10期，第139—149页。

[2] 虞新胜：《制度影响下机会不公平：农民工弱势形成的深层原因》，《华北水利水电大学学报》2014年第30卷第3期，第47—51页。

### （三）环保意识逆向变化

根据 TRA 理论与 TPB 理论，冲突意向一旦存在，在一定条件下，将会导致冲突与对抗行为。它的作用机制表现为认知—态度—意向—行为。以退耕还林为例，对该省某县进行走访，发现政策实施初期，短期且诱导性的宣传使大多农户对退耕还林的认知是"不用种地，国家还给补助"；至中期，农户发现无地可种、补偿资金少、补偿不及时、日常生活无法保证，需要外出打工弥补生活费用，对退耕政策产生怀疑；至后期，长期外出务工导致生活工作不稳定、老人孩童无人照料、家庭不完整等。部分农户对该种生态保护行为已经出现反感情绪。在 2015 年新一轮退耕还林实施过程中，部分农户对退耕政策持观望或拒绝态度，甚至另有部分农户在过去的几年里已经有复垦和开荒种地的行为，而当地基层组织对此行为则表现出沉默或放任。

农户环保意识的形成是生态保护红线持久性守护的最大保障。但因政府工作的不重视、政策宣传不到位、生态补偿机制缺陷、操作不当、监管不力及自身生存压力等导致农户对环境保护行为认知产生偏差，这种偏差进一步导致农户对生态保护行为产生消极的态度，甚至产生对抗意识，最终导致农户的环保意识产生逆向变化，并引发一系列其他社会问题。因此，在生态功能红线划定工作执行过程中，要密切关注农户环保意识的形成与维持，避免环保意识冲突情况的出现，从根上解决农村环保问题。

## 四 结论与突破

红线区农户生存发展权与环境保护之间的矛盾是推行生态红线的重要阻力之一，并且更为直接地影响政策实施效果。本文的研究表明，政府主导模式下的生态红线划定工作易受"经济不生态、生态不经济"错误发展理念影响，在政策实施过程中存在上下联动不足、宣传力度不够、补偿机制不完善且缺乏系统整体的布局与落实等问题，严重轻视作为弱势群体的农户在环保过程中的利益需求和利益表达，导致生态红线的划定对农户产生一些不良影响，如利益失衡、生态返贫、"失地化"倾向与环保意识的逆向变化等，不利于红线划定工作的执行及永久性守护。基于上述问题及其影响,未来的工作可考虑从以下三方面寻求突破。

第一,转变理念,实现双赢。地方政府对于经济发展与环境保护之间的矛盾要提高认知,二者不是互斥型的关系,可以并行不悖。确立生态绩效观,调整与升级地方产业布局和产业结构,短期内地方政府可能经历发展机会与速度的丧失甚至区域性的贫困,但是,转型升级后的产业格局将在未来以更快更好的速度实现人类社会经济发展与自然环境美好存在的双赢。

第二,体制机制创新,建立健全现有工作机制与补偿机制。首先,改变现有生态红线工作机制中的"政府绝对主导"、忽视民意民情的工作模式,确立由环保部门牵头、多部门协作推进、更加注重基层群众利益需求的工作机制,同时通过上下联动、分级管理、分区管控等提高红线划定的效率性和守护的持续性。① 其次,加快生态补偿法制建设,创新生态补偿保障机制。生态补偿是保障生态红线划定、落地并得到长远保障的最重要的举措之一。要制定专门的法律法规确立生态补偿的范围、对象、方式、标准评估以及监测监管,确保生态补偿过程有法可依、有章可循。在加大财政转移支付的补偿力度的同时,引入市场机制进行生态价值评估与监测,结合生态扶贫政策与土地政策等措施,提高生态补偿效率以及生态补偿对象的满意度,避免和消除生态补偿中出现的"一刀切"现象和寻租、搭便车现象以及返贫现象,防止补偿对象的环保意识发生逆向变化。

第三,促进各方环保意识的确立。一方面,注重行政工作人员环保意识的确立。通过加强工作人员的培训与学习,深刻领会环保政策的内涵与意义,确保其对环保工作的高度重视与有作为。另一方面,注重基层群众环保意识的确立。事前进行充分的宣传与教育,帮助群众认知和树立环保意识;事中以公平、公正、公开及时且具有倾斜性的生态利益补偿,加强其环保意识;事后通过评估监测与跟踪,维持群众的环保意识。环保意识的确立是保障生态红线可持续性的根本之道。

---

① 《国务院关于加强环境保护重点工作的意见》(国发[2011]35号)[Z],2011年10月17日。

【新城镇化】

# 城郊型村庄经济结构及其发展趋势

## 杨思远

代营是河南省南阳市社旗县城郊乡的一个行政村，近年来依靠城乡结合部的区位优势，经济社会发展较为迅速，走出了一条城郊型经济发展道路，形成了以四大经济支柱建构的城郊型村庄经济特有结构，在"三离"村庄经济发展趋势中，进城农民工受到在乡农民工的强力抵制。

## 一 代营村庄区位与行政隶属

代营的区位是理解村庄经济的地理基础。代营位于河南省西南部、南阳盆地东北部边缘，地处东经112°，北纬32°，西邻大冯营乡杨树庄和桥头镇泥河村，东接城郊乡双庄，南邻大冯营乡梁杜庄，北接城郊乡谭营村。

代营因地处豫西南的南阳盆地，与华北平原有所不同，实际处于华北平原与长江流域过渡地带的汉江上游，属于长江流域，经济文化类型保持对中原地区一定的独立性。秦岭—淮河一线在我国地理上意义重大，是1月0℃等温线，日均温≥10℃，积温4500℃的等值线，暖温带和亚热带的分界线，年降水量800 mm年等降水量线，湿润地区与半湿润地区的分界线，亚热带季风气候和温带季风气候的分界线，旱地农业与水田农业的分界线，南方水稻生产和北方旱地小麦生产的分界线，亚热带常绿阔叶林与温带落叶阔叶林的分界线，长江与黄河的分水岭，北部大高原、平原与南部盆地、丘陵的分界线，我国南方

·城郊型村庄经济结构及其发展趋势·

地区和北方地区的分界线，华中和华北的分界线，农作物一年一熟或两年三熟与一年两熟的分界线。代营地处秦岭余脉，特殊的区位条件决定了其经济结构兼具南北方经济特点。

代营东距社旗县城仅2公里，处于城乡结合部。社旗县主导产业是农业，缺乏大型工矿企业，只有赊店老酒是全县最大的工业企业、利税大户。作为国家级贫困县县域经济中心，社旗县城无论是聚集功能还是辐射功能都较弱，对全县经济的带动作用不强。但对代营来说，情况又有所不同。由于距离县城很近，代营的产业和就业受到县城经济的带动作用又十分明显。

从区位上来看，代营至南阳市23公里，受南阳市的经济影响不容忽视。南阳市地处豫西南，属于地级市，其工业并不发达，但半个小时的车程，使得代营成为南阳市的蔬菜、花卉供应地。南阳市工业品的市场半径覆盖代营，是代营村民外出务工的重要目的地之一。

代营距武汉和郑州的车程均为2.5小时，受到中原经济区和长江经济带南北双重辐射。自古以来，尤其在清代，南方水路运输终端和北方陆路运输起点在社旗，是南来船运与北去马运、驼运的中继站。赊店镇[1]上"天下第一"的山陕会馆、清廷设立的厘金局、"蔚盛长"领衔的"中原华尔街"、"中原瓷都"的瓷器街、镖行天下的广盛镖局，见证了古代赊店镇商业的极度繁盛。只是到了1906年京汉铁路通车，近代铁路运输取代古代南船北马的运输方式，使得南北方贸易线路东移，经赊店镇的贸易线路才衰落下去。但是，历史上形成的贸易联系尽管衰落，但不等于断绝，代营经济受两大经济区的交错影响随处可见。

代营作为一个行政村，下辖六个自然村：代营、杨树岗、隋庄、马桥、新庄和冷庄，代营自然村实际是中心村，村部就设在这里。每个自然村又设立若干村民小组，第一至第六组归代营，第七组和第八

---

[1] 社旗县名源自赊旗。早在东汉刘秀起兵南阳时，曾在此"赊旗访将，起师推荐"。后人垂念光武帝向酒店赊酒旗为军旗，遂命名此镇。1965年11月13日国务院全体会议第159次会议通过设立赊旗县，经周恩来总理提议，谐原赊旗之音，寓社会主义红旗之意，定名为社旗县。社旗县地方志编纂委员会：《社旗县志》，中州古籍出版社1997年版，第2—3页。

组归杨树岗，第九组和第十组归隋庄，第十一组归马桥，第十二组归新庄，第十三组归冷庄。

## 二 代营经济社会发展水平

据代营村部提供的材料①，2014年全村总户数957户，总人口3521人，其中男性人口1748人，女性人口1773人。17岁以下人口为720人，18—59岁人口2173人，60岁以上人口628人。全村总劳力2200人。各自然村人口，代营为1598人，杨树岗540人，隋庄680人，马桥288人，新庄280人，冷庄135人。2011—2014年年均总人口增加107人。

2015年，全村拥有土地5724亩，现有耕地4854亩。主要粮食作物是小麦、玉米和薯类，小麦良种繁育面积3000余亩，小麦单产900斤，玉米单产980斤。经济作物有蔬菜和花卉，蔬菜以大白菜和大葱为主要作物。代营大葱以质优而远近闻名，获得农业部颁发的无公害农产品认证，年产值突破800万元。蔬菜（大葱）种植、花卉种植、小麦良种培育和牲畜养殖是全村支柱产业，蔬菜种植700余亩，苗圃、林果种植面积500余亩。农业机械在播种、收割和农产品加工、运输等重要环节都得到普及。粮食种植专业合作社4个，包括代营机械合作社、代营化肥合作社、代营农药合作社和代营种子合作社，蔬菜产销协会1个，渔业养殖合作社1个，花卉产业合作社2个。

代营近年来花卉种植成为农民增收的一个新增长点。利用城乡结合部的区位优势，通过土地流转，集中1000亩土地发展花卉种植业。其中，与兴柳科技有限公司签订流转土地247亩，与厚阳花卉种植合作社签约流转土地320亩，与南阳果田农社生态农业发展有限公司签约流转土地312亩，其余为本村内部土地流转实现花卉规模种植。签约年数为第二轮土地承包期剩余时间，流转土地每亩年租金为1400元。三家外来单位流转的879亩土地，年总租金123万元，不仅稳定

---

① 代营村民委员会：《代营基本情况》2015年7月11日。

增加了代营土地流转户的收入,且游离出大量劳动力用于发展工副业或外出务工经商,进一步增加了村民收入。

代营养殖业以家庭养殖为主。较大的养殖专业户有养猪专业户10户、养鱼专业户2户、养鸡专业户7户、养兔专业户5户、养羊专业户3户,也有少量农户养牛。① 养殖品种体现出南方和北方主要畜禽兼备的特点。

代营2015年到县以外务工人数222人②,其中代营自然村155人,杨树岗0人,隋庄15人,马桥村6人,新庄34人,冷庄12人。近三年来,代营外出务工人数持续增长,2012年为250人,2013年增长到270人,2014年猛增到386人,2015年7月初为300—350人。③ 在本村从事工副业的共30户,主要有榨油坊、磨坊、餐饮业和小型加工业。全村有大中型超市3家,小商店13家。从事运输业的有50户。④

2014年全村地区生产总值(GDP)3011万元,总收入3018万元,农民人均纯收入8572元。⑤ 同年,全国农村居民人均纯收入9892元,社旗县农民人均纯收入8084元⑥,代营农民人均纯收入低于全国1320元,高于社旗县农民纯收入488元。近三年来,代营农民人均纯收入增幅较大,年均增速为12%。代营是一个贫困村,在总户数957户中,2015年由村民小组筛查的贫困户就达339户,占全村

---

① 代营村党支部:《深化"4+2"工作法,破解村级事务难题》,2015年4月15日。
② 2015年代营外出务工人数有两个不同数字:一个是由城郊乡农业中心主任郭伟提供的《2015年代营村劳动力与劳务输出》中的数字,为222人;另一个是由乡长吴凯和代营村会计聂成增联合提供的,为300—350人。不过,郭主任承认统计数字有出入。
③ 2015年7月14日下午在城郊乡政府会议室,由吴凯乡长、代营村会计聂成增、代营村妇女主任周金允等主持专门接待此次调研组会议上,提供了上述数据。
④ 代营村民委员会:《代营基本情况》,2015年7月11日。据我们实地调研,仅工商服务业一条街及村部通往社红路的支路两侧,就集中了不下90户的工商服务户。
⑤ 关于代营2014年农民人均纯收入有三个不同数字:代营村委会披露的数字是7800元。但据同一份材料,2014年总收入为30182040元,全村总人口为3521人,农民人均纯收入应该是8572元。代营村民委员会:《代营基本情况》,2015年7月11日。另据村党支部提供的材料,2014年代营农民人均纯收入为8200元。代营村党支部:《深化"4+2"工作法,破解村级事务难题》,2015年4月15日。这里采用最高收入水平。
⑥ 社旗县人民政府县长张荣印:《2015年政府工作报告》,社旗县第九届人民代表大会第五次会议,2015年1月18日。

总户数的35.4%，第一批扶贫户120户，占总户数的12.5%。

代营村村通道路以及村内道路尚未硬化，还是土路，雨天难以出行。全村饮用水靠打机井，有自来水管线通往各户。2012—2015年，全村利用国家项目资金共打井30眼，配套15眼，危旧房改造8户，道路建设5.3公里。有线电视网已经接入，互联网宽带已经开通。村部建设基本达标，设有党员活动室、两委会议室、图书室、科教宣传室，配备了相应的器材、桌椅、图书、资料、电视、电脑设备。

2012—2015年，代营村完成政府征地及拆迁安置工作成绩显著。征地200余亩，公路建设拆迁安置70户，农户土地流转近千亩，其中花卉种植879亩，道路建设200余亩。协助政府南水北调中线工程临时用地取土570亩，2014年已全部还耕。

社会保障方面，2014年代营养老保险参保率占应保人数的40%，新型农村合作医疗占总人口98%以上。全村"五保"对象共27人，低保人数129人。2013年危房改造6户，他们分别是马桥村的王正伟、新庄的郭跃林及代营自然村的金雪太、魏海州、魏丰龙和冷庄的王长欣；2014年危房改造2户，分别是代营自然村的张彦平和杨树岗的林树明。

代营集体经济名存实亡。自1998年第二轮土地承包后，各自然村和村民小组预留的机动地用完，以家庭为单位的小农经济得以重建。集体企业、事业和集体福利均不存在，也无集体收益分红。集体经济的丧失同样否定了集体生产力，像花卉种植业、蔬菜种植业和较大规模养殖业全部采取农户经营形式或以农户为基础通过土地流转来举办。集体缺乏经济实力的积累，是造成代营作为贫困村的制度性原因，基础设施建设、危旧房改造、鳏寡孤独的赡养、残疾人事业的举办、医疗养老和社会福利均由政府项目资金解决。

## 三　县城乡结合部的村庄经济

代营经济的结构特点是从城乡结合部的区位优势中获得的。首先是代营经济的乡村性，种植业、养殖业都是乡村经济的主导产业，也

## 城郊型村庄经济结构及其发展趋势

是代营经济的基础部门；其次是代营经济的城郊性，种植业、养殖业的自给率低，商品率高，服务于城市需要，同时，利用县城优势发展工商服务业；最后是乡村性与城郊性的结合，既服务于城市经济发展的需要，又接纳城市经济的辐射，社旗县城和南阳市的聚集功能和辐射功能既在代营经济结构中得到释放和检验，又在城乡互动中得到增强。

从种植业来看，利用城郊结合部的区位优势，代营选择的经济作物有蔬菜和花卉两大产业。在4854亩总耕地中，小麦玉米是复种，面积达到3000亩，每亩纯收益约为1200元，年纯收益总额为360万元。蔬菜种植700余亩，年产值800余万元，年纯收益500余万元。仅蔬菜种植一项，所占耕地面积不到粮食所占耕地面积的1/4，纯收益却超过粮食种植140万元。花卉种植共流转土地879亩，年总租金收入达到123万元，所占耕地只有粮食种植用地的29.3%，收益却达到粮食种植收益的34.2%，这还不计被游离出来的劳动力务工收益。远高于粮食种植收益的蔬菜种植和花卉种植，得益于城市郊区的区位优势，蔬菜和花卉主要销往社旗县和南阳市。

从较大规模的专业户养殖来看，2015年新庄专业户刘保同养猪100余头，马桥自然村专业户谢金兰和隋庄专业户成耀养殖獭兔约700只，代营自然村专业户焦明东养鱼水塘面积38亩，代营自然村专业户魏衣养鸡4000只，隋庄专业户赵霞养羊40只。专业养殖户畜禽产品主要供应社旗县和南阳市场。养殖业成本低、收益高，同样得益于城乡结合部的区位优势，既有城市市场需求，又有村庄饲料保障。

当然，距离市场较远的农村也可以发展蔬菜花卉种植业和养殖业，但无可否定的是，城乡结合部距离市场最近，有级差地租Ⅰ[①]的存在，级差地租Ⅰ是城乡结合部区位优势的经济实现。

城乡接合部的区位优势还体现在代营工商服务业的发展上，社红路代营段南北集中了代营大部分工商户，数量达到90户以上。代营

---

[①] 马克思主义经济学将级差地租分为两种形式，级差地租Ⅰ是由于土地肥沃程度或距离市场远近不同，优等地和中等地生产的农产品的个别生产价格低于由劣等地生产条件所决定的农产品的社会生产价格而形成的超额利润。马克思：《资本论》（第三卷），人民出版社1975年版，第731—758页。

工商服务业较发达，正是由临近县城得天独厚的区位优势造成的。这些在家门口就能从事非农产业的代营村民，或者从县城辐射功能中获得资金、技术、设备、原材料和动力来源，或者以自己的产品和服务供应县城市场，增强了城市的聚集功能。如果以户均年纯收入5万元计，90余家商户年总收入可达450万元。

作为城乡接合部，代营经济发展直接接纳了城市功能的辐射。在品种改良、化肥农药、农用机械、机井技术、防疫技术、花卉等经济作物种植技术等方面，社旗县和南阳市都发挥了关键作用，各种涉农企业将技术服务送到各户。

社旗县和南阳市供应了代营从事工商服务业所需要的各种机械设备。或者社旗县城和南阳市直接制造这些设备，或者通过城市聚集功能，从外地输入设备，保证了代营从事工副业所需设备的供应。

建筑材料如水泥、钢材、平板玻璃、地砖、铝材、木材的供应，种子、化肥、农药、农膜等农资供应，养殖业需要的饲料、防疫器械和药品等，均需要县城和南阳市的相关企业和部门来满足。代营大部分超市和商店的进货来自社旗县。

南阳市和社旗县的金融部门还为代营经济发展提供了融资服务，县农信社发放的贷款，支持了代营基础设施建设、农民建房、发展生产和满足生活需要，而外出务工、农产品销售、工副业的货币收入都进入以城市为中心的金融体系。社旗县政府部门如县财政局、县民政局、县劳动社会保障局、县卫生局和县医院等定期发放各种政策性补贴和社会保障金以及农村新型合作医疗费用报销，不是增加了代营村民的货币收入，而是减少了代营村民货币支出。

代营劳动力就业，除300—350名到县外务工外，还有部分人进入社旗县城务工经商。例如，代营自然村魏金宝的长子魏大力就在县城一家烤面包房打工，月薪2500元，每天骑摩托车在住家和面包房之间奔波。即使到县外务工经商，南阳市也是一个重要的目的地。杨树岗的赵松组建了一支15人的建筑队，南阳市2012年全国农民运动会广场的铺设，就有该建筑队承揽的项目。

以服务城市为市场，以城市服务为支撑，可以说是我国农村在工业化、市场化、城市化时代发展村庄经济的一般特点。但是，对于代营来讲，由于地处城乡接合部，在服务城市过程中有着级差地租的经济优势，因而农产品商品率更高，出现了完全为满足城市需要的蔬菜、花卉种植业和多样化的养殖业；而利用城市服务所发展出来的工商服务业更加发达，使一个行政村出现了具有一定聚集效应的工商服务业一条街；更为重要的是，河南省作为全国最大的进城农民工输出省份，在代营村遇到了在乡农民工的阻碍，尽管这种阻碍没有消除农民工外出的基本趋势。这些特点正是代营经济作为城乡接合部的体现。

需要说明的是，城乡接合部的村庄经济，由于受到城市聚集和辐射功能强弱的不同影响，具有不同的结构。县城郊、市城郊、省城郊、区域中心城郊和京城郊的村庄经济具有共性，但由于城市经济实力不同，城郊村庄经济的差异很大。城市功能强大的省城郊、区域中心城郊的村庄，可能完全成为城市的菜园、果园、花园、苗圃和养殖场，甚至是某一两个品种蔬菜瓜果种植就能养活一个村，完全阻滞了外出打工趋势；在乡农民工成为这些功能强大的城郊村庄农民工的主要形式，并吸纳大量外来的进城农民工，本村的工商业聚集更为明显，甚至有整个村庄呈现出工商业园区外观的趋势。由于村庄经济实力的提升，与城市经济联系的增强，这些村庄最有可能在行政区划调整中被并入城区。社旗县和南阳市的工业不发达，城市功能较弱，因此，代营经济结构作为县城乡接合部的村庄经济，应是一个典型。粮食种植仍是它的基础，供应城市的商品性种植业和养殖业是增收最具潜力的部门，在乡农民工发展出来的工商服务业是农民增收的重要部门，而外出农民工趋势没有被完全阻滞，仍然是农民收入的主要来源，形成了四大经济支柱。

## 四 四大经济支柱

代营经济的四大经济支柱是：粮食种植业，蔬菜花卉种植业和养殖业，社红路代营段工商服务业一条街，代营农民工劳务输出。这种划分不是按照产业部门或产品结构做出的，而是按照收入来源划分的，能够体现出县城城郊型村庄经济的结构特征。第一项与城郊区位无关，或者是县城带动力不足的表现，中间两项是城郊经济的典型收入来源，最后一项只是当地县城带动力不足的结果。

由于社旗县作为农业大县，县城除赊店老酒一家大型企业外，缺乏工业基础，城市功能较弱，还不能够对代营经济产生足够强大的带动作用，表现在代营4854亩耕地中，尚有3000亩耕地（占61.8%）用于粮食种植。我国13个粮食主产区粮食产量占全国总产量比重的75.4%，约95%的全国增产粮食来自这13个粮食主产区。河南省是粮食主产区之一，年粮食总产量超过1000亿斤，不仅养活河南1亿人口，每年还调出400亿斤。① 代营所在的南阳盆地又是河南粮食主产区的重要组成部分。代营的县城城郊村庄经济性质不能改变其粮食主产区的地位，一方面说明粮食种植的全国意义，另一方面说明社旗县作为粮食生产大县必然难以动摇其所辖村庄粮食种植的基础地位。

代营粮食种植品种主要是小麦和玉米。2014年3000亩耕地一年两熟的粮食总产量，小麦为270万斤，玉米为294万斤，总产量为564万斤，总收入约为647.4万元，扣除成本，粮食种植纯收入约为360万元。2014年代营人均耕地1.38亩，低于全国人均耕地1.52亩，略高于河南省1.23亩，人多地少，粮食种植的意义重大。按照人均年消耗粮食600斤计算，2014年代营养活3521人需要粮食211.3万斤，余粮352.7万斤可用于出售或作饲料。

对于人多地少的省份来说，蔬菜种植是带有普遍性的趋势。山东省人均耕地1.21亩，略低于河南省，河北省人均耕地1.40亩，略高于河南省，因此，山东、河北、河南三省农村种植蔬菜相当普遍。但是，蔬菜种植不可能遍及所有村庄，这是因为蔬菜市场需求主体主要是城市居民，农村居民大多自己能够种植，无须大量依靠市场供应。因此，只有靠近道路、运输方便、运输成本较低、运输路途较短的城郊村，具有种植蔬菜的比较优势。代营2014年蔬菜种植700余亩，年产值800余万元，年纯收益500万余元，高于粮食种植的收益。大葱是代营蔬菜主打品种，代营大葱以味美、葱白长而驰名。但是，蔬

---

① 《2011年中国十三个粮食主产区情况介绍》，产地网，2011年12月27日。

菜种植，国家没有保护价收购政策，市场风险很大。例如，2013年代营村委副主任李成旭家种植大葱0.5亩，收获后价格为每斤2元，总产量5000多斤，半亩地毛收入达到1万元。2014年他家大葱扩种到0.6亩，价格却出现大幅下跌，在跌到每斤0.4元时，只出售了200多斤，收入83元，后来价格进一步下跌，剩余的大葱全部扔掉了，损失极为惨重。

花卉种植业和养殖业的市场需求主体也主要是城市居民。代营花卉种植面积上千亩，其中879亩花卉种植耕地流转到本村以外的公司与花卉种植合作社，花卉种植业的主要收入不属于代营。但是，流转土地每年每亩有稳定的1400元租金收益，年租金总收益达123万元，旱涝保收。

代营的养殖业主要可以分为两大部分：专业户规模养殖与农户分散养殖。规模养殖主要有养猪、獭兔、鸡、鱼、羊，均为商品性养殖；而农户分散养殖，自给性比例高，主要用于改善农户膳食结构，增加肉禽奶蛋的消费。

蔬菜、花卉种植和养殖业的共同点在于"离粮不离土"。在市场经济条件下，对于人多地少的省份，提高粮食单产的意义远远小于提高单位土地纯收益的意义。"离粮"的蔬菜、花卉种植业和养殖业需要一定的土地，但是蔬菜、花卉种植的单位土地收益远高于粮食，这是"离粮"的经济动因。从代营的情况来看，一亩耕地用来种粮，即使是一年两收，小麦和玉米所带来的纯收益也不过1200元左右，可是，如果种植蔬菜，每亩收益可高达5000—7000元，当然风险也很大。代营自然村的魏金宝种植特种蔬菜，并采用大棚种植技术，1.2亩土地年收益可达3万—4万元，合每亩收益2.5万—3.3万元。花卉种植收益，可能没有蔬菜种植那么高，但是，租赁代营土地用于花卉种植的外来公司，每亩土地支付的租金就高于粮食种植纯收益，而这些公司本身也要赢利，可见花卉种植收益同样远高于粮食种植。养殖业需要土地种植饲料，虽然我们尚不掌握一亩土地用于发展养殖业收益的统计材料，但养殖业的收益高于粮食种植，从专业养殖户那里能够得到证实。

社红路代营段工商服务业一条街，涉及行业众多。农资供应、种子公司、建材销售、粮食收购、磨坊油坊、餐饮饭店、通信服务、电动车代销、家具销售、超市商店、服装加工、废品回收、美容美发、电器修理、五金销售、丧葬服务等无所不涉，商户总数达90余户，保守估计，年总收益450余万元。这个数字仅仅是业主的经营收益，如果考虑这些商户租用门面所支付的租金收入，则代营工商服务业一条街的收益会更高，这些门面房的所有者全部属于代营村民。例如，路南立马电动车销售部的门面房就是从杨树岗农民代保建那里租赁来的，月租金1000元，年总租金1.2万元；路南洪涛家具店的门面房主是杨树岗赵六林长子赵伟民，店主杜洪涛每年需支出租金1万元；路北已经关闭的门面房房东是赵六林的次子赵二明，因他的房租太贵，原租户不得不退租。可以断定，工商服务业一条街是代营经济最富潜力的增长点。调研发现，这条街的聚集功能在日益增强。例如，代营自然村魏大力的媳妇朱琳，即将在这条街上租用门面房准备加工蛋糕，她做蛋糕的设备齐全，已经在家做蛋糕两年多，技术是从丈夫魏大力那里学来的，她做的蛋糕口味好，业务越来越多，尤其是秋冬季节更加繁忙。

农民工劳务输出是代营经济的又一根支柱。这里的劳务输出，是以县为界划分的。在社旗县境内，即使离开代营村或者城郊乡务工经商，在统计上都属于在乡农民工范畴，出县方为进城农民工，又称劳务输出。代营2015年7月初劳务输出300—350人，据城郊乡乡长吴凯和村会计聂成增提供的数据，代营在乡农民工月薪平均为1500元，进城农民工月薪平均为3000元。若按劳务输出300人计算，外出务工人员年总收入为1080万元，在目前代营四大经济支柱中位居首位，详见表1。

表1　　　　　　　代营2014年四大经济支柱　　　　　　单位：万元、%

| 项目 | 粮食种植 | 蔬菜、花卉种植与养殖业 | 工商服务业一条街 | 劳务输出 | 合计 |
| --- | --- | --- | --- | --- | --- |
| 总收入 | 360 | 蔬菜500+花卉123+养殖100=723 | 450 | 1080 | 2613 |
| 收入占比 | 13.8 | 27.7 | 17.2 | 41.3 | 100 |

四大经济支柱不等于代营经济的全部，此外还包括：在本村以外本县以内的在乡农民工务工收入，一条街门面租金收入，没有在一条街上开设门面的运输户、建筑户和其他工商户的收入，如果加上这些项目，2014年全村总收入可达到3000万元，代营村民委员会提供的数据为3018万元①，应该是可信的。

## 五 城郊型经济发展趋势

由表1可知，劳务输出是代营经济第一大支柱，其次是蔬菜、花卉种植与养殖业，再次是工商服务一条街，最后是粮食种植业。凡在空间上并存的东西在历史上都是先后产生的，因此，从静态的结构能够洞悉历史，揭明未来。在考察了代营经济空间结构之后，我们现在来考察一下代营经济的发展趋势。

如果说粮食种植是代营经济的基础，这个基础已经不占主导地位，但这不等于说这个基础不重要，更不是可以不要了。粮食种植提供了基本农产品，随着供养人口越来越多，粮食种植的意义也越大。经济活动最终要提供人类生产和生活所需要的物质产品，这是人类经济活动的一般要求；但在市场经济中，只有能够带来一定货币收入的产品才能够得到生产，只有能够支付成本价格的商品需求才配得到供应；而在资本运作下，只有能够支付成本价格且有余额的商品需求才能得到资本的青睐，对于农产品生产来说，才能获得土地、劳力等资源的配置。如果资本在粮食种植以外的其他各业中所获利润超过了粮食种植，粮食种植所带来的收入占代营总收入的比重就会下降，投入的土地就会减少，投入的劳力就会转移。所谓农村剩余劳动力概念，至少存在生产使用价值、生产商品和生产利润三重界定。代营粮食种植投入耕地面积最大、劳力最多，但收入占比最低。因此，从基本农产品供应安全角度来看，粮食种植受到各业比较利益的侵蚀。如果单纯依靠经济力量自身来调节，即粮食产量减少后，粮价提高、种粮收

---

① 代营村民委员会：《代营基本情况》2015年7月11日。

益增加重新导致播种面积扩大,那么这个过程必然会伴随基本农产品供应的紧张,严重时甚至发生饥馑。政府早就注意到稳定粮食种植面积的意义,在将农业生产推向市场化和资本化时,适时制定了粮食种植补贴政策,包括粮食直补、农资综合补贴和良种补贴。2015年代营种粮每亩可获得补贴126元①,此外还有粮食最低收购价保护政策等。② 尽管每年出台各种政策,但粮食种植收益远低于经济作物,因此,粮食种植基础地位不是就农民增收来说的,它不构成收入增长点,在代营2014年四大经济支柱中收入占比最低,只有13.8%。从事粮食种植的劳动力不断向外转移,这种转移在代营可以分为三种形式:

一是"离粮不离土",蔬菜、花卉种植和养殖业,就属于这种形式。在代营2014年四大经济支柱中,蔬菜、花卉种植和养殖业的收入占比为27.7%。蔬菜花卉种植占用耕地只有粮食种植占用耕地的56.7%,收益却是粮食种植的1.73倍。劳动力"皆为利往",纷纷离开粮食种植,转向蔬菜花卉种植业和养殖业。

二是"离土不离乡",在工商服务业一条街上就业的劳动力属于

---

① 每亩粮食直补13元,农资综合补贴93元,良种补贴按播种面积计算为每亩10元,由于代营一年两熟,玉米和小麦复种,良种补贴两次为20元,每亩耕地补贴总数为126元。
② 2015年中央财政农业补贴政策达50种之多:种粮直补,农资综合补贴,良种补贴,农机购置补贴,农机报废更新补贴试点,新增补贴向粮食等重要农产品、新型农业经营主体、主产区倾斜政策,小麦、水稻最低收购价政策,产粮(油)大县奖励政策,生猪大县奖励政策,农产品目标价格政策,农业防灾减灾稳产增产关键技术补助,深入推进粮棉油糖高产创建和粮食绿色增产模式攻关支持政策,菜果茶标准化创建支持政策,测土配方施肥补助,化肥、农药零增长支持政策,耕地保护与质量提升补助,设施农用地支持政策,推进现代种植业发展支持政策,农产品追溯体系建设支持政策,农产品质量安全县创建支持政策,畜牧良种补贴,畜牧标准化规模养殖支持政策,动物防疫补贴,草原生态保护补助奖励,振兴奶业支持苜蓿发展政策,渔业柴油补贴,渔业资源保护补助,以船为家渔民上岸安居工程,海洋渔船更新改造补助,农产品产地初加工支持政策,农村沼气建设政策,开展农业资源休养生息试点政策,开展村庄人居环境整治政策,培育新型职业农民政策,基层农技推广体系改革与建设补助项目政策,培养农村实用人才政策,加快推进农业转移人口市民化政策,发展新型农村合作金融组织政策,金融支持农业规模化生产与集约化经营政策,农业保险支持政策,村级公益事业一事一议财政奖补政策,扶持家庭农场发展政策,扶持农民合作社发展政策,引导工商资本到农村发展适合企业化经营的种养业政策,发展多种形式适度规模经营政策,完善农村土地承包经营权确权登记颁证政策,推进农村集体产权制度改革政策,国家现代农业示范区建设支持政策,农村改革试验区建设支持政策,农村、农垦危房改造补助。

这种形式。这里,"离土不离乡"的劳动力还应包括:在社旗县境内但在本村以外务工的在乡农民工,以及虽未在工商服务一条街就业而分散在各自然村的运输户、建筑户和其他工商户劳动者。这部分农村劳动力可以概括在"在乡农民工"[①]范畴之内。代营的在乡农民工不超过400人,但创造的收益同样高于粮食种植业,在四大经济支柱中,收入占比为17.2%,高于粮食种植业3.4个百分点。

三是"离土又离乡",劳务输出就属于这种形式,可以概括在"进城农民工"[②]范畴中。代营的进城农民工从2012年的250人,持续增长到2015年的300—350人,三年增长100人,这与全国外出农民工的人数增长是一致的。[③]劳务输出已构成代营最重要的经济支柱,其收入占比高达41.3%。

从代营调查来看,在乡农民工和进城农民工是相通的,前者的存在及其增长对后者的增长构成一种抵消作用。这种抵消作用从我们入户调查材料中可以概括为两种形式:一种是婚后女性从进城农民工返乡转化为在乡农民工,另一种是部分进城农民工返乡创业。冷庄的颜繁立初中辍学后曾到上海一家汽修厂打工,后来回到代营工商服务业一条街开设磨坊,属于典型的返乡创业农民工,实现了从进城农民工向在乡农民工的转变。颜繁立的妻子聂冬云小学辍学后,曾到武汉、

---

① 杨思远:《中国农民工的政治经济学考察》,中国经济出版社2015年版,第123—124页。
② 同上。
③ 据国家统计局抽样调查结果,2014年全国农民工总量为27395万人,比上年增加501万人,增长1.9%。其中,外出农民工16821万人,比上年增加211万人,增长1.3%;本地农民工10574万人,增加290万人,增长2.8%。农民工总量增速继续回落,但本地农民工增长快于外出农民工。

**农民工规模** 单位:万人

| 年份 | 2010 | 2011 | 2012 | 2013 | 2014 |
| --- | --- | --- | --- | --- | --- |
| 农民工总量 | 24223 | 25278 | 26261 | 26894 | 27395 |
| 外出农民工 | 15335 | 15863 | 16336 | 16610 | 16821 |
| 本地农民工 | 8888 | 9415 | 9925 | 10284 | 10574 |

资料来源:国家统计局发布2014年全国农民工监测调查报告,中央政府门户网站,2015年4月29日。

郑州、广州、东莞等地打工，2006年与颜繁立结婚，婚后为照顾孩子和老人，再也没有出去过，和丈夫一起在冷庄种地并经营磨坊生意。当然，在乡农民工转变为进城农民工的也大有人在。

不难发现，代营农民从粮食种植，经过"三离"（离粮、离土、离乡），先后转变为蔬菜种植专业户、花卉种植专业户、养殖户，再转变为在乡农民工和进城农民工，尽管这中间每次转变不是不可逆的，存在反复，但发展趋势十分明显。这个趋势从否定意义上就是非粮化、非农化和非乡化，从肯定意义上说就是城镇化。

我国城镇化道路有两条：进城之路与建城之路。进城农民工走的是前一条道路，在乡农民工走的是后一条道路。对于进城农民工，十八届三中全会明确提出要推进农业转移人口市民化，逐步把符合条件的农业转移人口转变为城镇居民。实际上是消除进城农民工的农民身份。已经出台的政策措施主要包括三个方面：一是加快户籍制度改革。在严控特大城市人口规模，合理确定大城市落户条件，有序放开中等城市落户限制，全面放开建制镇和小城市落户限制的原则下，建立城乡统一的户口登记制度。建立居住证制度，以居住证为载体，建立与居住年限相挂钩的基本公共服务提供机制。二是扩大城镇基本公共服务覆盖面。保障进城农民工子女平等享受教育权利，同时将农民工纳入城市社区卫生和计生体系，纳入城镇社会保障体系和城镇住房保障体系，建立覆盖城乡的养老服务体系。三是保障进城农民工在农村的合法权益。加快推进农村土地确权登记颁证，依法保障进城农民工的土地承包经营权、宅基地使用权、集体财产权和集体收益分配权。在依法自愿有偿原则下，引导进城农民工有序流转土地承包经营权。进城农民工市民化政策，直接影响代营的劳务输出，目前已有300多代营人分散在全国各地城市。但在调研中发现，外出务工的大多数代营农民恰恰进入的是大城市和特大城市，由于严格控制特大城市和大城市落户条件，能够享受到市民化政策的代营进城农民工并不多，而放开建制镇和县城落户条件，对代营农民又缺乏吸引力。

建城之路实际是就地城镇化。从国家统计局发布的抽样调查结果来看，尽管农民工总量增速继续回落，但在乡农民工增速快于进城农民工。全国在乡农民工总数受2008年金融危机影响一改此前下降趋势，从2009年的8445万人的最低点开始回升，2010年达到8888万人，2013年突破1亿人，达到10284万人，2014年增长到10574万人。[①] 像代营这样的城乡接合部村庄，在第一代农民工实力积累基础上和县城经济带动下，由在乡农民工发展出工商服务业一条街，为城镇化的建城道路增强了动力。可以预见，如果像这样的工商业街数量增多，实力增强，现在的城郊乡就可以转变为建制镇，当然更有可能通过行政区划的调整被划入城区。

所以，目前代营农民城镇化趋势中，进城道路的现实意义反而小于建城道路，因为代营进城农民工大多进入大城市和特大城市，他们受落户条件限制享受不到市民待遇，能够享受到的市民待遇的小城镇和小城市，代营人又不屑一顾。

代营经济发展的第二个趋势是贫富分化。在代营四大经济支柱中，劳务输出是那些缺乏经济实力和技术条件，无力在工商服务业一条街租房开业的少地或无地农民，仅仅为维持劳动力简单再生产不得不外出务工。他们中的多数沦为雇佣工人，工资低，劳动强度大，劳动时间长，抛家别亲，成为代营弱势群体。在工商服务业一条街的工商户，虽然多数是个体性的，很少雇工或者根本没有雇工，但收入水平较高，在社会分化中，他们最有可能成为富裕户。从事蔬菜、花卉种植业和养殖业的专业户中，能够租赁较多土地、开展规模经营的也会成为大户。多数只种植粮食和小规模进行蔬菜种植的农户，不敌自然风险和市场风险，会沦为贫困户。贫富分化在代营已经出现，但总体来说尚处于初期。

贫富分化是以家庭为单位的小农经济在竞争中必然要出现的趋势，如果说，城镇化是代营生产方式和生活方式的变革趋势，贫富分化就是生产关系和社会结构的发展趋势。贫富分化的结果，是代营出现了需要救济的五保户、低保户、危房改造户、专项资金扶贫户、年度救济户，产生了养老保险、医疗保险的需要。在集体经济缺乏任何

---

① 国家统计局发布2014年全国农民工监测调查报告，中央政府门户网站，2015年4月29日。

积累的条件下,不可能依赖代营内部经济力量来化解社会分化所带来的难题,只有仰赖政府财政。① 社会阶层的分化,同时对代营村庄治理提出了新课题。

---

① 2015年社旗县为国家级贫困县,要增加财政收入,除保住贫困县"帽子"外,只有靠土地财政。县长张荣印在政府工作报告中提出的"两河四区"与"三城联动"的新型城镇化战略,本质是土地财政的发展思路。"两河四区"指潘河、赵河,产业集聚区、新城区、商埠文化产业示范区(赊店古镇特色商业区)、现代农业先导区。"三城联动"指争创国家级园林县城、卫生县城和文明县城。社旗县人民政府县长张荣印:《2015年政府工作报告》,社旗县第九届人民代表大会第五次会议,2015年1月18日。

# 民族地区新型城镇化路径研究

李 丹

诺贝尔经济学奖获得者约瑟夫·斯蒂格利茨说，21世纪对世界影响最大的两件事，一件是新技术革命，另一件是中国的城镇化。1978年至2014年，我国城镇人口由1.72亿增至7.49亿，城镇化率从17.92%提升到54.77%，表面上看，中国城镇化达到了世界平均水平，但这些数字的背后却潜藏着诸多问题。在城镇化进程中，城市数量激增、容量扩大，但是我国城镇化建设以追求数量和规模为主，处于一种粗放发展状态，实际城镇化水平远低于统计数据。

毋庸讳言，我国城镇化还存在着许多问题亟待解决，民族地区城镇化的问题更为突出。土地城镇化快于人口城镇化，大量富有民族艺术气息的古建筑被拆毁，传统特色景观不断减少，宝贵的民族文化遗产也随之消失，取而代之的是模仿发达地区的所谓现代建筑。城市规划、城市形态以及城市景观日渐趋同，可谓"千城一面"，同质化问题严重。与全国城镇化建设相比，民族地区城镇化建设更具艰巨性和复杂性。

## 一 新型城镇化的内涵

党的十八届三中全会提出了"新型城镇化"概念，强调"推进城镇化，核心是人的城镇化，关键是提高城镇化质量，目的是造福百姓和富裕农民"。新型城镇化是以城乡统筹、城乡一体、产城互动、节约集约、生态宜居、和谐发展为基本特征的城镇化，是大中小城市、小城镇、新型农村社区协调发展、互促共进的城镇化。新型城镇化究竟"新"在何处？与传统城镇化相比，新型城镇化更加强调"以人为本"。中央城镇化工作会议明确了新型城镇化的发展方向和实现道路，提出了推进城镇化的六项主要任务："人如何市民化、地怎样使用、钱从哪里来、空间怎样布局、城如何建设、市怎样管理？"在这六大任务中，新型城镇化最核心的是人，最关键的是钱。[①] 城镇化不是简单的修路建桥搞基础设施建设，也不是行政区域的"县改市"，这些只是形式上的城镇化，新型城镇化更加强调实质性的城镇化——"人的城镇化"。以人的生活质量提高为目标，使人的居住环境、社会保障、生活方式等实现从农村到城市的真正转变，产业上实现从农业到非农产业的转变。

新型城镇化的"新"就是要由过去片面追求规模扩大和空间扩张，转变为实现城乡基础设施一体化和公共服务均等化，真正使我们的城镇成为高品质的宜居之地。新型城镇化着眼于农民，立足于农村，促进经济社会发展，实现共同富裕。传统城镇化建设中，我们粗放式地使用资源，新型城镇化建设要走资源节约、环境友好之路；过去我们主要依靠中心城市的辐射带动作用，新型城镇化更应强调城市群，即大中小城市和小城镇的配套发展。新型城镇化建设应该遵循经济发展的客观规律，让市场在资源配置中发挥决定性作用，政府发挥因势利导作用。全国范围内城镇化水平的提高离不开民族地区的城镇化建设。

## 二 民族地区城镇化发展现状与问题

传统城镇化模式已呈现出种种弊端，而在民族地区这些弊端尤其明显。民族地区城镇化建设基础差、起步晚、路径单一，而城镇化进程滞后与民族地区的地理区位、自然条件和产业基础等因素密切相关。在西部少数民族聚居区，有源远流长的历史文化、独特的生活习惯，还保持着一定的原生态习俗。随着经济发展，民族地区农牧民的

---

[①] 辜胜阻：《推进新型城镇化人是核心、钱是关键》，人民网，2013年12月16日。

生活水平和生产方式悄然发生变化，许多民族地区经济发展取得了突出成绩，但是粗放低效的发展模式所带来的问题有目共睹。民族地区大都位于边远穷困地区，城镇化建设多以当地自然资源为依托，以第一产业为驱动，缺乏甚至没有第二、第三产业的支撑；城镇规模小、聚集和辐射带动能力弱，城镇化地区差异明显，难以带动区域经济的协调发展；草原、森林、水资源等生态环境急剧恶化，大大削弱了民族地区经济发展后劲。

总体上看，民族地区城镇化水平仍明显滞后，不仅远远低于发达国家水平，而且也低于全国平均水平。《中国西部经济发展报告》显示，"西部地区城镇化发展水平与东、中部地区存在明显差距，而且也滞后于自身的经济发展水平"。[1] 大多数民族地区城乡差距大于全国城乡差距的平均水平，以内蒙古为例，2014年城镇居民人均可支配收入是28350元/年，而农牧区常住居民人均可支配收入仅9976元/年，城镇居民人均生活消费支出是20885元/年，而农牧区常住居民人均生活消费支出仅9972元/年，农牧民和城市居民相比，无论是可支配收入水平还是消费水平都不可等量齐观。

近年来，虽然民族地区城镇化增速有所提升，但整体城镇化水平仍然滞后，主要呈现出地区差异大、增长不均衡等特点。在民族地区，除少数大中型城镇外，大部分城镇缺乏支柱产业，由于城镇规模小，经济聚集效果差，不足以发挥对整个区域的综合辐射作用，区域带动力不明显。城镇空间分布不平衡，尚未形成布局合理、结构协调、功能健全的城镇体系。同时由于大量年轻劳动力外流，加之公共设施不到位，降低了对外来投资的吸引力，周而复始，恶性循环，滞后的城镇化水平已经成为西部经济发展的"瓶颈"。

## 三 民族地区新型城镇化发展路径

传统城镇化建设主要聚焦经济视角，从生产力发展的角度看城市

---

[1]《中国西部发展报告（2013）》，《经济参考报》2013年12月23日。

建设，综合城市的市政、交通、人口等因素，分析城市规划是否合理。新型城镇化建设要从社会角度认识城市，城镇化在人口聚集和面积扩张的同时，更重视产业结构、就业机会、居住环境、社会保障等由"乡"到"城"的实质性转变。不仅要从生产力发展、基础设施建设、产业布局、经济发展等方面来研究城镇化，还要以人为本，从社会发展的角度研究城镇化，走出一条城乡融合、独具特色、配套社保、绿色环保的民族地区新型城镇化道路。

（一）城乡融合共生，构建特色空间布局

城镇化需要圈地盖楼，但是城镇化不只是房地产开发。新型城镇化不是城市"吃掉"农村，而是城乡一体，关键在于实现"两转化"——农民转化为市民和农业转化为城市产业。一是让城镇化进程中的农民不再游离于城市之外，能享受城市产业发展的红利；二是将城市资本和消费引入农村，加快发展新产业。几千年的文明传承为民族地区积淀了宝贵的物质和精神财富，民族地区应因地制宜，通过产业特色优化城乡布局，提升经济发展水平。

曾有学者提过"就地城镇化"的概念，即"农民不向城市迁移，而是在现有的居住地，通过生产方式和生活方式的根本转变，实现与城市人（市民）一样的生产和生活的过程"。[①] 民族地区的新型城镇化，更适宜采取就地城镇化发展战略。空间布局上，就地城镇化以城镇、村落小镇为主体，构建点状布局的规划体系。以小城镇或小村落为点，以点带面，形成完整的市镇体系，开阔田园和山川水系衬托其中。在规划布局上遵循"城乡结合、产城一体"的思路，尽量保留村镇原始风貌，少砍树、少填湖、少拆房，最大限度地保持原有环境的自然形态，在此基础上创造就业机会，就地改善居民的生活条件，实现生产空间集约高效、生活空间宜居适度、生态空间山清水秀，这种城镇化模式让少数民族更有归属感，更容易实现可持续发展目标。

（二）立足资源禀赋，因势利导发展产业

处于不同地理位置的民族地区，由于资源禀赋不同，需要构建不

---

① 刘云喜：《中国农村经济转型条件下的农民就地城市化问题研究》，博士学位论文，中央民族大学，2012年。

同的产业结构。因此在选择民族地区城镇化路径时，应充分考虑民族地区的资源特点，选择与当地资源禀赋和社会发展水平相适应的城镇化道路。新型城镇化建设离不开产业结构调整，政府应该在财政、税收等政策上发挥因势利导作用，鼓励和扶持创新模式，同时引入市场竞争机制，双管齐下提升发展质量和发展水平。

目前中国的城乡二元化问题凸显，改变这种失衡的局面，仅靠传统产业的升级再造，很难快速取得成效。在新时代背景下，唯有融入云计算、大数据、物联网等新型信息化技术的内陆省份，才具备弯道超车的可能性。越是产业结构失衡、城乡差异大、民族文化与历史地理多样化的地区，创新的动力和潜力就越强，在新一轮的技术革命的大潮中，民族地区更具以创新驱动城市发展的优势。在民族地区产业创新升级中，贵州被喻为"凤凰涅槃的创新之地"。贵州于近年建立了基于大数据的物联网产业协同创新平台，借力大数据深化产业协同，以个性化和智能化为特点，构建"云上贵州"平台，打造中国创客联盟总部基地。为此，贵州加大财税和税收扶持，把研发、设计、孵化、认证等第三产业纳入重点扶持范围，为民族地区的产业转型创新提供了很好的成功案例。

民族地区的自然风光、名胜古迹别具特色，是不容忽视的中华瑰宝。以旅游业为龙头，带动服务业及相关产业是民族地区实现可持续发展的重要路径。"他山之石，可以攻玉。"美国印第安人聚居区的大峡谷、澳大利亚的黄金海岸等，以其独一无二的旅游业为龙头，相关服务产业为支撑，采取休闲地产为主，商务配套为辅的综合开发模式，不仅解决了当地居民的就业问题，也提升了地区经济发展水平，成为近年来城镇化的主流模式之一。发展旅游业能够吸引大量国内外游客，为当地诸多产业带来巨大商机，直接带动酒店、餐饮、购物、交通等服务业的同时，间接带动广告、印刷、投资、地产等相关产业，已经成为民族地区经济发展的新增长点。

**（三）配套社会保障，推进城镇化体制建设**

亚里士多德曾说，人们来到城市是为了追求更美好的生活。民族地区在城镇化进程中不仅要大力发展经济，提高吸纳就业的能力，更要加强基础设施建设，完善公共服务和社区服务功能，提供良好的人文居住环境。如果农民进城后发现养老、医疗等保障依然与城市居民有差别，城市并非他们的"安居之所"，那么他们可能因缺乏安全感而逃离城市。反之，如果农民能享受与城市居民同等的教育机会、医疗待遇、社会保障等公共服务，城市切实从各个方面解决民生问题，将能吸引更多农民进城并安居乐业。因此，新型城镇化的重点不能单纯看GDP增长和投资增加，更要看农民的就业率、农民享受的公共服务质量、纳入社会保障的比例等民生指标，这些都是人本城镇化的具体体现。唯有如此，"人口城镇化"才不会变成一句空话。

由于历史文化和生活差异，民族地区城镇化的任务令人担忧，少数民族农民进城是一个更复杂的进程，让他们放弃世代相承的生产、生活方式，全盘接受城市的生活，需要思想上的根本转变。不同性别、不同年龄的农民对于城市生活的感受是不一样的，尤其是五六十年代生人，对城市的抵触情绪更为强烈，相比之下，八九十年代生人更容易接受新生事物。以内蒙古的鄂温克族为例，一些老人不愿意下山进城，他们已经适应了以打猎为生的森林生活，不愿意离开赖以生存的森林、土地，在他们很多人的惯性思维中，进城对他们意味着"种田无地、就业无岗、社保无份"。民族地区的城镇化建设要重视农民的心理转变，因为一旦处理不当将引发民族之间的冲突。社会保障制度是现代社会的"安全阀"和"减震器"，能够缓解社会矛盾，使城镇化进程更平稳，城镇化状态更持久，城镇化效果更突出。

城镇化建设必须与提供就业和社会保障相匹配，解除进城农民的后顾之忧，在保持经济繁荣的同时构建更公正公平的社会，对全体居民的健康和幸福负责，提升城市的可持续发展能力。政府应制定优惠条件，让一些具备在城市谋生的农民及其家属转变为城市居民，积极引导他们参加医疗保险、失业保险和养老保险，彻底解决进城农民对土地、对子女的过度依赖问题。通过不断完善社会保障体系和改善民生服务，确保农民享受同等的市民待遇，从而营造农民进城的良好环境，积极推动城镇化的健康可持续发展。

（四）"绿色"城镇化，强化生态环境保护

资源丰富是民族地区的重要优势，但利用不好也会变成劣势。一直以来，民族地区的资源型产业大部分是外嵌入式的，只生产初级产品，不仅没有解决当地就业问题、税收问题，没有增加当地的财富，更没有提升当地人民的生活水平，却破坏了当地的生态环境，反而没有相应的生态补偿措施。一些城镇盲目追求高、大、上的形象工程，沿袭先污染后治理、先规模后效益、先建设后规划的野蛮发展方式，生态环境的约束已成为民族地区经济可持续发展的重要制约条件。多年来，民族地区经济增长模式粗放、产业结构不合理，能源资源消耗过度，环境污染严重，生态系统脆弱，经济发展与生态环境之间的矛盾日益突出。内蒙古经济引领的四大要素"羊、煤、土、气"，都是以牺牲当地资源为代价，资源的过度开采造成了土地沙漠化、污染加重、水土流失等严重的生态问题，而这些破坏是不可逆转的。显而易见，若继续以这样的粗放模式使用资源，我国的城镇化建设将难以为继。

民族地区要树立经济发展与环境保护相统一的理念，鼓励引导循环利用资源，节约使用能源，推动新能源的普及应用，使城镇化走上集约、绿色、低碳的健康发展之路。首先，要解决自然资源的产权归属问题，明确产权责任，加强自然资源的保护监管。其次，严格生态环境损害赔偿制度，对于情节严重的破坏行为追究刑事责任，完善生态管理、生态补偿、生态绩效问责等制度建设。最后，在城镇化建设中，贯彻智能集约、绿色环保的生态文明理念，强化城市生态规划，处理好城镇化建设中局部与整体、短期与长期、效率与公平等关系，优先发展环境友好型产业。在"节源"的同时还要"治污"，对于生态环境已被严重破坏的地区专项拨款进行治理恢复，加强环保基础设施建设，对于城市垃圾、水污染、土壤污染、大气污染等进行综合治理，让资源保护的理念贯穿经济发展始终。

## 四 结语

民族地区的新型城镇化与少数民族群众的生活息息相关，事关我国现代化建设大业，容不得半点马虎。徒有其表、没有人气的房地产城镇化是毫无意义的，被动上楼、产业空心的伪城镇化是不可持续的。推动民族地区人口城镇化的战略，重点是如何吸引和容纳更多的少数民族农民变为市民，让他们从"被城镇化"和"伪城镇化"转变为"主动城镇化"和"真城镇化"，这就需要真正提升城市的内在吸引力。

　　中国国土面积辽阔，东、中、西部地区经济基础差异较大，因此在城镇化建设上不宜"一刀切"，而应根据民族地区情况因地制宜地选择城镇化道路。民族地区有着地理区位、历史传统及民族文化等独特性，新型城镇化建设应以民族地区资源、文化、生态特点为基础进行规划，立足民族地区实际，兼顾经济效益、社会效益和生态效益，与民族文化的保护、开发和利用良性互动，根据民族地区的资源禀赋制定均衡发展战略，走出一条既具有民族特色又具有市场竞争力的可持续发展之路。

# 内蒙古新型城镇化发展路径与对策

贾晓华

城镇化深刻影响经济社会发展的历史过程。中国的城镇化是影响21世纪人类发展进程的两件大事之一。我国地域辽阔、人口众多、国情独特、类型多元，在这样一个历史悠久的农业人口大国和发展极不平衡的多民族国家推进城镇化，理论需要不断深化，实践需要在探索中完善。当前我国已进入了城镇化关键时期，探索不以牺牲生态和环境为代价的新型城镇化模式，是中国实现转型发展的必由之路。在国家实施西部大开发战略之后，国家沿边开放和以基础设施互联互通、经济发展一体化为主要内容的新丝绸之路经济带建设，给民族地区带来发展机遇。而民族地区在城镇化进程中所具有的特殊问题，为城镇化可持续发展带来巨大挑战。

## 一 内蒙古城镇化发展基础

### （一）基本概况

内蒙古自治区是全国5个少数民族自治区之一，位于北部边疆，北部同蒙古国和俄罗斯联邦接壤，国境线长4221千米，国土总面积118.3万平方公里，约占我国国土总面积的12.3%，居全国第3位。全区辖9个地级市，3个盟，22个市辖区，11个县级市，49个旗，3个自治旗。2013年常住人口为2497.6万人，有蒙古、汉、达斡尔、鄂温克、鄂伦春、朝鲜、回、满等55个民族，其中汉族人口约占79.5%，蒙古族占17.1%，其他少数民族人口占3.4%。近十年来，内蒙古经济高速增长，高于全国平均增速，2002—2012年年均增长

19.02%，2013年全区实现生产总值16832.38亿元，按可比价格计算，增长9%，生产总值中第一、第二、第三次产业比例为9.5∶54.0∶36.5。全区城镇居民人均可支配收入25497元，农牧民人均纯收入8596元。

（二）城镇化发展现状

改革开放以来，内蒙古经济和社会快速发展，城镇化进程加速推进。2013年内蒙古自治区城镇化率为58.7%，在全国各省、自治区、直辖市中排名第九，在西部地区排在首位。

1. 城镇化水平不断提高，城镇化率高出全国平均水平。2013年城镇户籍人口达到975.4万人，2000年以来一直高于全国同期平均水平（见表1）。

表1　　　　　2000—2013年内蒙古自治区城镇化率情况　　单位：万人、%

| 指标 | 2000 | 2005 | 2006 | 2007 | 2008 | 2009 | 2010 | 2011 | 2012 | 2013 |
| --- | --- | --- | --- | --- | --- | --- | --- | --- | --- | --- |
| 城镇人口 | 1001.1 | 1126.4 | 1163.64 | 1206.1 | 1248.3 | 1293.45 | 1372.9 | 1405.24 | 1437.64 | 1466.35 |
| 总人口 | 2372.4 | 2386.4 | 2392.35 | 2402.59 | 2413.7 | 2422.07 | 2470.6 | 2481.71 | 2489.85 | 2497.61 |
| 自治区城镇化率 | 42.2 | 47.2 | 48.64 | 50.2 | 51.7 | 53.4 | 55.5 | 56.6 | 57.7 | 58.7 |
| 全国城镇化率 | 36.09 | 42.99 | 43.9 | 44.94 | 45.68 | 46.59 | 49.68 | 51.27 | 52.57 | 53.7 |

资料来源：历年《内蒙古统计年鉴》、《中国统计年鉴》。

2. 城市建成区发展较快，城镇经济实力快速增长。2013年底，12个盟市城市面积达到147095.8平方公里，建成区面积达到1206.21平方公里，比2010年增加167.9平方公里；每万人建成区面积为0.48平方公里。在城市68.44万平方公里的土地面积上，创造了9270亿元的生产总值，人均生产总值达到4.16万元。

3. 城乡差距相对缩小。2013年内蒙古城乡收入比由2010年的3.2∶1缩小为2.97∶1，城镇居民消费支出是农牧民的2.65倍，与

2010年的3.14倍的差距显著缩小。近年实施农村牧区"十个全覆盖"工程,使城乡基本公共服务均等化水平稳步提高。

## 二 内蒙古城镇化面临的问题与成因

### (一) 内蒙古城镇化面临的问题

(1) 地区间发展不平衡,区域经济联动发展水平不高。主要表现在东西部两个区域发展不平衡,沿黄沿线工业发达地带与少数民族聚居区、边境地区、革命老区发展不平衡等方面。目前,呼包鄂三市人口和国土面积分别占全区的三分之一和十分之一左右,而经济总量和财政收入却均占全区的一半以上,东部五个盟市面积占全区的56.2%,人口占全区的52.6%,但经济总量只占全区的36.5%,城镇家庭人均可支配收入比全区平均水平低6233元。

(2) 城镇产业支撑能力弱,影响城镇化可持续发展。根据国内外发展经验,通常城镇化与工业化率相适应的比值在1.4—2.5之间,城镇化与第三产业比重的比值在0.8—1.5之间是适度协调的发展模式。内蒙古2013年城镇化与工业化率比值和城镇化与第三产业比重的比值分别为1.08和1.61,表明产业支撑发展不充分问题比较突出,城镇产业聚集带动社会分工深化、细化不够,致使转移农牧民"进得来、留不住",城镇发展缺乏必要的财力支持。

(3) 城镇化率"虚高",市民化程度和城镇化质量较低。2013年内蒙古城镇化率为58.7%,但若剔除在城市而没有享受到同城化待遇的400多万农牧民工和生活在矿区、林区、垦区的150万城镇户籍人口,实际人口城镇化率只有35.6%。进城农牧民工在教育、医疗、社会保障、保障性住房等公共服务以及政治权益等方面很难得到与城镇居民同等的待遇,难以从心理上融入城镇环境。

内蒙古城镇设施和全国平均水平相比有很大差距,城镇设施和公用事业水平的9项主要指标中有6项指标低于全国平均水平(见表2、表3)。

表2 　　　　2010年和2013年内蒙古与全国城镇设施水平情况

| 项目 | 城市人口用水普及率（%） | | 城市燃气普及率（%） | | 人均城市道路面积（平方米） | | 人均公园绿地面积（平方米） | | 每万人拥有公共厕所（座） | |
|---|---|---|---|---|---|---|---|---|---|---|
| 年度 | 2010 | 2013 | 2010 | 2013 | 2010 | 2013 | 2010 | 2013 | 2010 | 2013 |
| 内蒙古 | 87.97 | 96.23 | 79.26 | 87.93 | 14.89 | 19.69 | 12.36 | 16.9 | 4.45 | 4.85 |
| 全国 | 96.68 | 97.56 | 92.04 | 94.25 | 13.21 | 14.87 | 11.18 | 12.64 | 3.02 | 2.83 |

资料来源：《2011年内蒙古统计年鉴》、《2014年内蒙古统计年鉴》、《2011年全国统计年鉴》、《2010年中国城市建设统计年鉴》、《2013年中国城市建设统计年鉴》。

表3 　　　　2010年和2013年内蒙古与全国城镇公用事业情况

| 项目 | 人均日生活用水量（升） | | 建成区供水管道密度（公里/平方公里） | | 建成区排水管道密度（公里/平方公里） | | 污水日处理率（%） | |
|---|---|---|---|---|---|---|---|---|
| 年度 | 2010 | 2013 | 2010 | 2013 | 2010 | 2013 | 2010 | 2013 |
| 内蒙古 | 88.49 | 97.47 | 8.25 | 8.53 | 8.20 | 9.29 | 80.55 | 88.21 |
| 全国 | 171.4 | 173.51 | 13.47 | 13.51 | 9 | 9.71 | 82.31 | 89.34 |

资料来源：《2011年内蒙古统计年鉴》、《2011年全国统计年鉴》、《2010年中国城乡建设统计年鉴》、《2013年中国城乡建设统计年鉴》。

（4）基本建设投资增长过快，与地方财政支付能力矛盾突出。城市建成区面积由2010年的1038.32平方公里提高到2013年的1206.21平方公里，城镇城区盲目扩张导致建成区市政基础设施建设规模大幅增长，使用效率下降，大量城镇基础设施和公共服务设施建设投资的浪费，加剧了地方财政紧张的状况，积累了地方政府债务风险。过快的土地城镇化引发城镇住房价格的非理性上涨，抬高了农牧民进入城镇的门槛。

（5）县域城镇化水平较低，不利于县域人口就近集聚。内蒙古2000—2013年县域城镇化率累计提高3.4个百分点，年均提高0.3个百分点，分别低于全区平均水平11个百分点和1个百分点。2013年80个旗县（市）中约有2/3的旗县城镇化率低于全区58.7%的平均水平，服务业发展不足，农牧民转移进城的就业支撑力弱。

（6）城乡差距依然较大。2013年城乡收入绝对差达到16901元，比2010年的12168元差距扩大了4733元，城乡居民消费支出绝对差达到11981元。在社会保障、入学教育、职业培训、就业、医疗、公共服务等方面，城乡之间仍存在较大差异。交通、供水电气、信息网络等基础设施方面农牧区欠账很多，一些地区的嘎查还没有通水泥路，农牧区安全饮水等问题依然存在。

（7）城镇化使农村牧区发展面临新问题。随着城镇化的迅速推进，农村牧区大批青壮劳力和初高中毕业生进城打工，越来越多的人长期离开土地，向非农领域转移流动就业，农村牧区人口老化弱化现象日益明显，一些地理位置和自然环境条件较差的贫困嘎查村"空心化"问题日益突出，随着人口的减少，出现逐渐没落趋向。

**（二）内蒙古城镇化问题的成因分析**

（1）自然生态环境的脆弱性和特殊性使城镇化发展空间受到限制。在国家主体功能区规划中，以草原、荒漠生态系统为主的生态脆弱区域面积较大，中度以上生态脆弱区域占全区国土总面积的62.5%，其中较重度和重度脆弱区域占36.7%，相当一部分国土空间不适宜工业化城镇化开发。最突出的是内蒙古水资源承载力低，目前年用水总量已达184.35亿立方米，西部盟市现有水资源特别是地表水资源开发已经接近极限。

（2）地域广阔，生产力水平的差异性和计划经济体制的遗留问题导致了城镇化水平和质量的不均衡性。包括区域之间的差异和林区垦区城镇化质量的差异两个方面。在区域间的差异方面，主要城市集中分布于中西部，东部地区人口相对分散，没有孕育出具有较强辐射能力的中心城市；历史形成的林区、垦区与地方发展"两张皮"体制机制使企业办社会负担沉重，林区、垦区职工享受城镇化政策被边缘化。

（3）"产业低端化、产品初级化"型结构和开放型经济水平较低，导致城镇化发展后劲不足。内蒙古悠久的农牧业历史、良好的资源条件，为内蒙古农牧业经济奠定了基础，但在快速发展的同时，出现了生态环境恶化、水资源紧缺、自然灾害多发等问题，农牧业生产经营方式一直比较粗放；工业化处于产业层次较低的阶段，重型化特征明显，缺乏高加工度、高技术含量、高附加值、高竞争力；而服务业作为稳定城镇化发展的"蓄水池"，在内蒙古始终处于发展滞后的状态，其服务业结构层次较低，主要以生活型服务业为主导，生产型服务业和社会服务业比重较小，缺乏支柱型的服务业企业，商贸、旅游业有一定基础，却存在"大而不强"的问题。

（4）企业主体培育和科技创新能力不强，城镇化发展的拉动作用不能有效发挥。受地理区位偏远、对外开放不充分等因素影响，内蒙古市场主体发育不充分，规模以上工业企业仅有4244户，仅占全国的1.3%；个体工商户虽然突破100万户，但大多数资金少、实力弱，进出市场频率较高。企业产品只有煤炭、电力、有色金属、牛奶、羊绒、肉类、载重汽车等产品在全国市场占有一定份额，旅游、农畜产品加工等特色产业目前仍缺乏具有竞争力的企业。

（5）城乡二元结构长期存在，阻碍新型城镇化和城乡一体化发展。内蒙古作为传统的农牧业基地，一直以来在城乡分割的"二元经济社会结构"体制下，农村牧区没有得到城市一样平等的发展机会，城乡各种资源要素不能实现合理流动和优化配置，农村牧区的交通、卫生、医疗、社会保障等公共服务远远落后于城市。

（6）民族多元和游牧文化的风俗习惯，使城镇化发展受到传统观念的挑战。内蒙古自治区少数民族人口占较大比例，少数民族在城镇化过程中对城镇化存在误解和疑虑，认为生活方式的改变会带来生活习惯和民族文化的改变，长期自由的游牧生活使牧民比较排斥这种固定的进城居住。

## 三　内蒙古新型城镇化发展路径与对策

内蒙古作为边疆少数民族地区，其繁荣稳定发展关系到我国全局的安定团结；内蒙古地处干旱地区，横跨三北，是我国重要的生态安全屏障，区域的可持续发展关系到国家生态文明建设的总体格局；内蒙古在国家"一带一路"和沿边开放格局中占有重要地位。内蒙古的城镇化发展，关系到民族地区全面建成小康社会目标的实现和国家新型城镇化战略的实施。目前，关键在于针对传统城镇化道路的弊端进行纠正，积极推进新型城镇化。

**（一）内蒙古新型城镇化发展路径**

内蒙古新型城镇化要实现"四个转变"，即在指导理念上由重物向重人转变，在区域协调上由城乡分割向城乡一体转变，在发展方式上由粗放低端向集约创新转变，在城镇建设上由扩空间向注重提功能转变。针对生态安全问题，走集约、智能、绿色、低碳的新型城镇化道路；针对产业支撑问题，走产业优化升级、可持续发展的新型城镇化道路；针对地区发展不平衡问题，走优化布局、完善功能的新型城镇化道路；针对城镇化质量问题，走"以人为本"、实现人口市民化的新型城镇化道路；针对城乡差距和农村牧区的新问题，走统筹城乡、以工促农、以城带乡、融合发展的新型城镇化道路；针对民族文化传承问题，走彰显地域特色、民族和谐共荣的新型城镇化道路。

**（二）内蒙古新型城镇化发展的对策建议**

（1）转变经济发展方式。立足内蒙古自然特点和重点开发区、限制开发区和禁止开发区的功能定位和发展方向，充分发挥各区域比较优势，促进生产力空间的集约高效利用，形成合理区域分工，实现错位发展，达到区域经济非均衡条件下的协调发展。城镇产业发展要兼顾经济增长与就业，发展资本密集、技术密集、劳动密集型产业，对中小企业，文化旅游、文化创意、养老服务、社区服务等就业潜力大的服务业予以支持和促进；积极参与国家丝绸之路经济带建设，主动融入"中亚区域经济合作计划"，推进满洲里、二连浩特国家重点开发开放试验区和呼伦贝尔中俄蒙合作先导区建设，构建中俄、中蒙边境自贸区，加速发展陆港经济、空港经济。

（2）以信息化带动其他产业发展。由于区位偏远、地域广阔，金融、市场、交通等要素是制约内蒙古产业升级的短板，也是制约内蒙古城镇化发展的瓶颈。未来内蒙古若能抓住互联网思维、云计算、社交网络、电子商务、电子政务等信息化新领域的发展机遇，推动互联网与各行业的深度融合，把信息产业打造成为全区第四大战略支撑产业，以信息化带动新型工业化、新型城镇化、农牧业现代化，才能培育新的经济增长点、增强持续发展能力，全面推进内蒙古新型城镇化发展。

（3）优化城镇空间布局。基于城镇化发展和人口分布不均衡的现状,要以保护自然生态为前提,以资源环境的承载能力为基础优化城镇形态,引导人口与经济在国土空间合理、均衡分布。由于城镇联系不紧密,城镇体系需要由现代化的交通来连接,必须加大交通基础设施的投入,构建连接内外的交通运输体系。重点以"呼包鄂"城市群为核心推进城市群和区域中心城市建设,以生态安全格局为底线据点式发展小城镇,依托重点城镇和发展轴线加强要素流动和集聚。

(4) 统筹城乡协调发展。既要统筹城乡发展思路,还要推进城乡公共服务均等化,其中最重要的是加快建立促进农村牧区教育、文化、卫生等各项社会事业的公共财政体制,改变农村牧区公共财政缺位的现象,运用转移支付制度改善农村牧区特别是落后地区的生存条件和发展条件,推动城镇基础设施向农村牧区延伸。

(5) 提高城镇化质量。推进内蒙古新型城镇化,一方面要解决目前公共服务布局与人口布局不匹配的矛盾。以覆盖常住人口为目标,以缩小常住居民的实际福利差距为原则,根据人口密度和产业布局将住房、就业、交通、公共服务建设叠加推进,就近匹配,提高资源配置效率和设施共享度。另一方面要建立覆盖城镇常住人口的基本公共服务体系。在城乡对接上,应以城市社会保障覆盖农牧民工为突破口,对有长期稳定就业归属意愿强烈的农牧民工,尽快纳入城镇居民社保体系;对流动性强的农牧民工,建立低缴费、低水平、广覆盖的社会保障制度,制定一定范围内不同档次的个人和单位缴费率标准供农牧民工自愿选择。改革现行基本公共服务供给决策程序,畅通居民尤其是农村牧区居民、农牧民工的需求表达渠道,扩大农牧民工对公共服务供给的参与权、监督权。

(6) 传承地域民族文化。内蒙古自治区是少数民族聚居区,城镇化是各民族交往、交流、交融的过程,城镇发展一方面要注重民族特色的保护和传承,另一方面要特别注重少数民族融入城市问题。在保护和传承地域文化方面,要尊重民族历史和地方传统,对历史文化名城、名镇予以保护;对旅游型城镇,要以生态景观为基地,以城镇特色人文景观为节点,根据旅游需求和城镇可接待能力,完善旅游基础设施,促进文化产业和旅游业的发展。在少数民族融入城市方面,要加强少数民族流动人口创业、就业的培训,提高其职业技能和文化素质，保护少数民族独具特色的建筑、服饰、民族餐饮和民族手工业等传统产业，发挥其独特的经济价值，在民族特色产业的政策、立法、资金方面予以倾斜和扶持。依法维护少数民族的合法权益，主动为进城的少数民族特困家庭提供援助救助。加强城镇少数民族事务管理，特别是加强民族社区、流动人口聚居、杂散居社区建设，增强社区参与程度，建立社区归属感。依托社区构建服务管理平台，为少数民族流动人口在创业就业、子女入托入学、法律援助、特困救助等方面提供均等化服务。

# 新型城镇化中政府协作机制的整体性治理视角
## ——以廊坊燕郊镇发展为例

李 晶

近年来，随着快速的经济发展和社会进步，我国的城镇化率提高很快，2014年，我国的城镇化率已经超过了54.77%[①]，我国的城镇人口数已经和欧洲人口数相当，社会已经进入以城市为主的新阶段，而河北省的城镇化率截至2011年也已经达到了45.60%，城镇化率提高速度加快，其中，廊坊地区在河北省城镇化水平上居于较为靠前的位置，截至2014年，廊坊地区的城镇化率达到了50%以上[②]，廊坊地区的发展得益于其区位优势，由于和京津两个直辖市接壤，廊坊地区发展出了一大批特色突出、产业成熟、经济发展快、辐射带动作用强的城镇。廊坊市的燕郊镇和胜芳镇分别受到京津的辐射带动，成为高新技术产业和现代金属玻璃家具产业基地，香河县淑阳镇是我国北方最大的家居产品集散地，同时随着近几年北京市人口数量的增加，部分北京市人口向外转移到燕郊、固安和香河等地区，大量的住宅区被建立起来，随着人口的聚集效应，带动了当地的城镇化进程。

燕郊是廊坊地区一个非常典型的受京津经济辐射的城镇化样本，燕郊隶属于河北省三河市，与天安门的直线距离约30公里，西北距首都国际机场25公里，南距天津港120公里，处在京津冀都市圈核心地带，同时也是全国离天安门最近的产业开发区。过去的燕郊镇，辖区内只有8个村庄，3.3万人口，是一个以农业生产为主的京东小

---

① 根据2014年《中国统计年鉴》整理而得。
② 根据2014年《河北城镇化发展报告》整理而得。

镇。自1992年建立省级开发区以来，燕郊的规模不断扩大，截至2012年，燕郊镇已经建成区面积50平方公里，总人口50万[1]，燕郊镇的发展得益于北京经济的辐射，它的发展也给北京地区的发展提供了支持，而燕郊的城镇化过程离不开双方政府的相互协作，其发展和存在的问题很具有代表性，能够反映出河北省和京津接壤地区小城镇发展的现状和问题。

## 一 京津冀政府间协作机制的现状

京津冀地方政府之间的关系经历了从早期的以竞争为主，到后来的相互合作，再到现在的深化合作的历程。地方政府间的合作产生了积极的作用，促进了河北临近京津地区小城镇的发展。

近年来，京津冀地方政府在彼此的合作共赢上已经达成了很多共识，并开展了积极的合作，2004年，国家发改委召开京津冀经济发展战略研讨会，达成了廊坊共识。2006年，京津冀区域发展问题被写入"十一五"规划，同年京津冀区域发展合作研究联席会议在廊坊举行，标志着京津冀政府区域发展合作研究全面启动，同年，国家发改委开始编制《京津冀都市圈区域综合规划》。2010年，《京津冀都市圈区域规划》上报国务院，京津冀都市圈也被列入了国家"十二五"规划，京津冀区域间的发展离不开政府间的相互协作，而随着京冀政府间的相互协作的加深，在交通、生态和水资源的共享和保护、能源开发和协作等方面取得了诸多阶段性的成果，也带动了河北省临近北京地区小城镇的发展和建设。

京津冀地区的发展离不开政府间的合作，尤其是毗邻北京的小城镇发展更是离不开京冀双方政府的相互协作，以燕郊的城镇化为例，燕郊的城镇化进程离不开北京的经济辐射，同时燕郊地区也为北京地区的发展提供了重要支持，双方是一种合作共赢的关系，河北省和北京市政府之间进行了比较密切的相互合作，在经济和产业结构调整、

---

[1] 根据历年《燕郊开发区政府工作报告》整理而得。

交通基础建设、生态和水资源的共享和保护、能源开发和协作以及社会医疗和保障等方面取得了诸多阶段性的成果，促进了北京周边小城镇的发展。

## 二 当前京津冀政府间协作机制对新型城镇化的制约

由于较好的区位优势和较低的综合生产和生活成本，河北接近京津地区具备了发展小城镇的可能性，再通过政府间的协作，在诸如产业发展、基础设施建设、资源配置方面对该地区的城镇化发展起到了极大的促进作用，从而河北省在接近京津的地区发展出了一批具有一定规模的城镇，但是由于当前政府间的协作机制的不完善，从而抑制了这些城镇的进一步发展。

在以往的城镇化发展中，主要是以农村人口不断向城镇转移，第二、第三产业不断向城镇聚集为主，重点在于使城镇数量增加，城镇规模扩大。但是，随着城镇的发展，一些新的问题涌现出来，诸如由于城镇化过程中过于偏重工业发展，同时城镇人口规模的过快增长，出现了基础设施供应不足、环境污染、社会医疗和保障滞后等一系列问题，影响了人们在城镇化的过程中生活质量和幸福水平的提高，这也是我国提出新型城镇化的最主要原因，新型城镇化的"新"就是要由过去片面注重追求城市规模扩大、空间扩张，改变为以提升城市的文化、公共服务等内涵为中心，真正使我们的城镇成为具有较高品质的宜居之所。

河北省临近北京的这些城镇当前也面临着由过去的简单追求规模向追求内涵的新型城镇化转型的问题。以燕郊地区为例，首先，一个最突出的问题就是燕郊地区很大一部分人口的工作和居住地分离，他们居住在燕郊、工作在北京，每天早晚上万人奔波于北京和燕郊之间，人们的时间和精力都耗费在了每天来回奔波的路上，造成了巨大的浪费，同时也降低了人们的生活品质。其次，虽然京津冀地区通过政府间的协作进行着产业转移，但是产业转移过于片面，转移的产业多以第二产业为主，而且部分产业存在落后和污染等问题，这些产业的劳动力吸纳能力较差，给当地提供的就业岗位少，也造成了人们不得不居住在燕郊、工作在北京的状况。再次，由于地方政府间协作的不完善，燕郊地区后继的建设跟不上，城镇发展的配合措施和服务跟不上，由于经济发展的差异，燕郊地区的基础设施建设远远滞后于北京地区，而由于行政区划所导致的利益取向不同，北京政府在基础设施建设方面不愿意进一步追加向燕郊地区的投资，教育和医疗资源也面临同样的问题，北京周边的城镇都有类似情况。同时，部分北京户籍的人口退休后在燕郊居住和生活，但是医疗和社会保障却在北京，无法享受医疗和各项其他服务，造成了生活上的极大不便。最后，城镇规模的扩大也导致过去的区域间资源分配面临挑战，以水资源为例，由于华北地区的水资源比较紧缺，河北省承担着为北京和天津供应生产和生活用水的任务，在保障京津两地水源供应和水环境安全的同时，河北省部分地区却面临着水资源供需紧张、水土流失和水源污染等一系列问题，为了向北京市提供饮用水，流经燕郊的潮白河在上游建立了密云水库，每年向北京城区提供饮用水，因此潮白河燕郊段已经完全干涸，无水可用，在过去城镇规模还不大的时候，影响并不明显，但是随着燕郊城镇规模的扩大，这些问题就对当地的城镇发展造成巨大制约。

以上问题反映出当前的区域政府间协作机制的不完善，归结起来有以下几点：

第一，由于我国行政区划的存在，各政府利益取向不同，同时存在职能交叉、机构重叠等诸多问题。地方政府在处理跨界事务中虽然有区域的整体目标，但是由于各个地方政府有自己的利益取向，所以在具体规划的指定和实施上存在着较多的不一致性。比如在解决水资源的分配和调用上，在环境治理和保护上，缺乏共同的目标和规划。同时由于政府间的职能交叉，机构重叠，导致政策实施效果差，这就要求在新的政府合作中要尽量打破行政区划分割所造成的障碍。

第二，政府间的协作机制不完善，缺乏长期性、系统性和固定性。区域内各个地方政府在跨界公共事务治理方面的现有合作协调机制不完善。当前的京津冀政府协作主要停留在不定期的双边高层协商上，缺乏一个长期固定的协调机制，协作框架没有形成制度化，而过分松散的合作机制降低了合作效率，同时很难就重大问题通过深入磋商达成共识，更难以进入到实质性的问题解决层面。

第三，缺乏正式的区域合作组织和法律法规。由于京津冀地区所面临的各种需要解决的跨区域问题都牵扯到各个地方政府的利益，为了避免各个政府在处理问题时因为利益冲突而不能实现合作，就需要建立一个区域内共有的合作组织，由该组织代表各方共同利益，制定区域内的公共行政政策和执行区域规划，该组织机构必须要保证长期稳定存在，参与方还应包含各地方的基层政府。同时，为了保障该地区的整体发展，各地方政府还应该通过协商出台一些配套的法律法规，用来规范各参与方的权利和责任。

第四，政府间缺少资源共享平台，缺少区域间的医疗、教育和社会保障体系的合作。政府间的相互合作需要建立一个人力资源、信息资源、技术资源共享的平台。并且通过互相间的协调，实现资源的共同培养和分享，同时实现医疗、教育和社会保障体系相互之间的合作。但是，京津冀政府之间的这项工作发展滞后，推进缓慢。京津冀地区在实现人才的互认与衔接，实现教育、医疗和社会保障体的统一方面，也都还没有提上地方政府的议事日程。

第五，京津冀当前的政府间协作主要都是省市政府之间的协商合作，缺少基层政府的参与，这使得很多区域内规划在实施时缺少可行性，同时在执行时也会缺少基层政府的配合。规划的实施往往不尽如人意。规划落实后的结果也经常和基层的真实需求相脱节。同时，当前的政府间合作机制也缺少民间企业和居民的参与，而很多政策的出台应考虑民间的诉求，考虑企业和居民的需求，所以在政府合作机制中现阶段还没有引入企业和居民需求，也是一个需要完善和改进的地方。

# 三　以整体性治理模式完善京津冀政府间协作机制，促进新型城镇化建设

过去，政府间的协作促进了河北在京津接壤地区的城镇发展，但是通过分析，可以看到新的城镇化发展面临许多问题，而这些问题发生的一个重要原因就是政府间协作机制不完善，在此，我们可以使用整体性治理模式推进京津冀地区的政府间协作。

整体性治理理论最早出现在20世纪90年代末，由英国学者佩里·希克斯提出，进入21世纪以后得到了不断发展和完善，并且一些国家和地区开始使用该理论进行政府间协作实践。整体性治理理论强调在组织结构上建立协调与整合的连接性机制，该理论强调多元主体间通过网络状连接进行充分沟通与合作，达成有效协调与整合，使彼此的政策目标连续一致，政策执行手段相互强化，达到合作无间的目标的治理行动。随着理论的演进，整体性治理理论不仅仅关注政府间的协作，包括同级政府和不同级政府，而且主要指向为公众需求服务，简化和变革政府机构与其客户之间的整个关系，为顾客提供无缝隙而非分离的服务。

造成京津冀地区新型城镇化诸多障碍的原因主要还是三地政府间的协作分散化，行政区划导致的政府间利益诉求不一致，同时形成了在公共事务治理中出现的"碎片化"问题。就此问题的解决，我们可以引入整体性治理模式，在这个方面，日本的东京都经济圈和美国的华盛顿大都市区都引入了整体性治理模式来解决曾经存在的问题，我们也可以予以借鉴。

（一）建构整体性区域治理模式的框架

为了解决京津冀地区政府间合作存在的问题，我们可以引入整理性治理模式，其中包含了组织设置、政策制定和实施以及治理网络形成等方面。

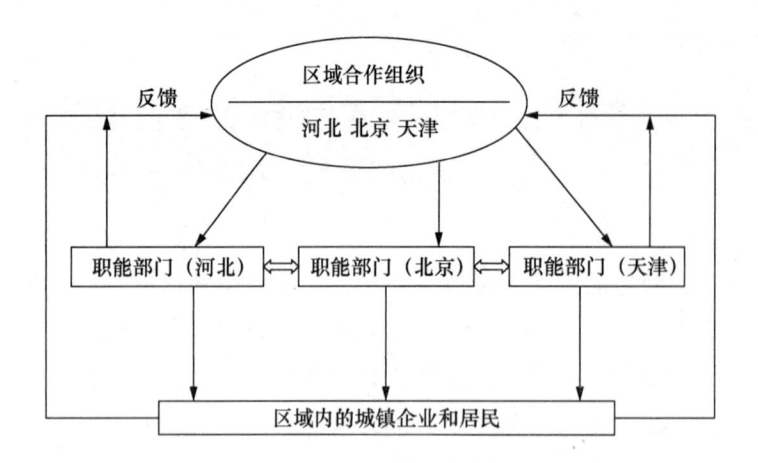

**图 1 整体性区域治理模式框架**

整体性区域治理模式如图1所示。首先，要建立一个区域内的整体性合作组织，形成整体性治理的组织形式，该组织要具有合法性和一定的权威性，同时还要在立法上给予认可，同时具有一定的财政分配和人事管理的协调权，该组织要有常设机构，同时依照自愿的原则吸纳各地方政府，组织人员要包含有地方主要行政官员和部分基层官员，同时还应该吸纳一些专家学者以及企业和居民代表，但主要还是以政府行政官员为主。

其次，要实现区域内部的行政关系的重新整合，形成京津冀内部较为统一的行政关系体系，在区域内形成统一的人事、行政和财政支出网络，不同政府内的同级机构建立多边协调体系，同时建立统一的信息网络，以此来避免地方政府职能交叉带来的区域内共有问题无法治理的情况，诸如在水资源的利用和污染防治方面，三方政府的水利和环境保护部门一起协商，承担共同的责任和义务，形成统一治理的局面。

最后，形成整体性治理的协作运转机制，先由区域性合作组织牵头，由各地方行政长官、具体职能部门、专家学者共同拟定区域性规划和具体方案，并积极听取企业和社会群体代表意见，出台最终方案。然后通过具体职能部门实施，在实施过程中由三个地区的同级职能部门统一完成，在实施过程中形成的反馈及时上报给区域性合作组织，反馈包括两个部分，一部分为区域内的企事业单位和个人，另外一部分为地方职能部门的反馈，这些反馈上交给区域性合作组织以后，由区域性合作组织再进行修改和协调，最终完成区域性的战略规划。

（二）整体性区域治理对新型城镇化发展的作用

建立整体性区域治理模式，可以解决区域间政府合作中出现的协同性问题，通过建立共同组织把各地区间的利益重新整合为整体利益，同时，通过地区政府同级部门间的相互协调，也解决了区域间机构重叠、职能交叉等问题，这样河北地区和北京地区接壤的城镇发展所面临的一系列问题也就能得以解决。以燕郊为例，和北京之间的医疗、教育等实现了资源的共有共享，北京也就会加大向燕郊的医疗和教育资源投入，同时燕郊的人才做出的贡献也会直接纳入到区域整体利益中；在产业结构和经济发展方面，以区域组织的形式牵头，北京和河北在进行产业结构调整和经济发展中会建立长久而稳定的联系，燕郊地区的产业结构也会出现更合理的变化，北京地区的一部分优质产业转移到燕郊，也会减轻"居住在燕郊，生活在北京"，数万人每天来回奔波的情况；在资源配置和利用方面，通过整体性治理模式的建立，燕郊地区的生态环境保护、水资源利用等会被同时纳入北京和河北地区共同的考虑范围。

综上所述，通过整体性治理可以改进政府间的合作，河北省和北京、天津接壤的城镇会从中获益，这样不仅城镇的规模和人口会增加，城镇的生产生活质量也会提高，从而使新型城镇化发展目标得以尽快完成。

# 县域城乡一体化实施路径研究
## ——以北戴河区为例

赵启伟

加快推进城乡发展一体化，是党的十八大提出的战略任务，也是落实"四个全面"战略布局的必然要求。推进城乡发展一体化要努力在统筹城乡关系上取得突破，特别是要在破解城乡二元结构、推进城乡要素平等交换和公共资源均衡配置上取得突破，给农村发展注入新的动力，让广大农民平等参与改革发展进程、共同享受改革发展成果。本文以秦皇岛北戴河区为例，通过深入剖析，来梳理城乡一体化建设的基本路径，为城乡一体化建设提供有益的借鉴。

## 一 关于城乡一体化概念

城乡一体化是中国现代化和城市化发展的一个新阶段，城乡一体化就是要把工业与农业、城市与乡村、城镇居民与农村村民作为一个整体，统筹谋划、综合研究，通过体制改革和政策调整，促进城乡在规划建设、产业发展、市场信息、政策措施、生态环境保护、社会事业发展的一体化，改变长期形成的城乡二元经济结构，实现城乡在政策上的平等、产业发展上的互补、国民待遇上的一致，让农民享受到与城镇居民同样的文明和实惠，使整个城乡经济社会全面、协调、可持续发展。城乡一体化是随着生产力的发展而促进城乡居民生产方式、生活方式和居住方式变化的过程，使城乡人口、技术、资本、资源等要素相互融合、互为资源、互为市场、互相服务，逐步达到城乡之间在经济、社会、文化、生态、空间、政策（制度）上协调发展的过程。城乡一体化是一项重大而深刻的社会变革，不仅是思想观念的更新，也是政策措施的变化；不仅是发展思路和增长方式的转变，也是产业布局和利益关系的调整；不仅是体制和机制的创新，也是政府工作方法的改进。

城乡一体化的概念在20世纪就已产生。我国在改革开放后，特别是在80年代末期，由于历史上形成的城乡之间隔离发展，各种经济社会矛盾出现，城乡一体化思想逐渐受到重视。进入21世纪后，我国工业化城市化的进程明显加快，我国的财政收入规模迅速扩大，农业基础设施和社会事业发展加快，我国逐步总体上进入工业支持农业、城市反哺农村的发展阶段。特别是近年来，我国不断加大强农惠农富农政策力度，农业基础地位得到显著加强，农村社会事业得到明显改善，统筹城乡发展、城乡关系调整取得重大进展。城乡发展一体化，是工业化、城镇化、农业现代化发展到一定阶段的必然要求，是国家现代化的重要标志。

城乡一体化的理论来源是国外的二元经济结构理论。中国与其他发展中国家一样，也存在非常明显的二元经济结构。城镇居民人均可支配收入与农民人均收入比2009年为3.33，2010年为3.23，2011年为3.13，2012年为3.10，2013年为3.03。[①] 但与其他仅存在城乡二元经济结构的国家不同，中国还有特殊的城乡分割的二元社会结构，集中体现在城市和农村在户籍制度、教育制度、医疗制度、养老保险制度、就业制度、住房保障制度等方面的差别。

《中国共产党十八届三中全会公报》指出：城乡二元结构是制约城乡发展一体化的主要障碍。必须健全体制机制，形成以工促农、以城带乡、工农互惠、城乡一体的新型城乡关系，让广大农民平等参与现代化进程、共同分享现代化成果。要加快构建新型农业经营体系，赋予农民更多财产权利，推进城乡要素平等交换和公共资源均衡配置，完善城镇化健康发展体制。从上述表述中可以看出，我国在解决城乡差别的过程中，经历了从"城镇化"、"新型城镇化"到"城乡一体化"的转变，十八届三中全会有关城镇化的新表述凸显出城镇化

---

[①] 《国务院统筹城乡发展工作资料选编》。

发展模式与思路的重大转变。其核心点在于通过创造以"权力公平、机会公平、规则公平"为代表的社会公平体系，盘活"劳动、土地、资本、技术"四大供给要素，在发展的过程中消除城乡差别，实现城乡一体化。

## 二 北戴河城乡一体化工作分析

北戴河区2013年实现国内生产总值38.92亿元，增速为5.5%。从经济体量上看，北戴河区在同行政级别区域中是比较小的。但是从人均GDP来看，北戴河区2013年人均GDP为56406元，远高于全国41908元、全省38716元的平均水平。第三产业发达是高度城市化的象征。从三产结构看，2013年北戴河三产所占GDP比重高达78.6%，而同期石家庄为43%、北京为76.9%，北戴河区第三产业占比已经达到发达区域水平。从城乡居民收入及消费对比看，北戴河区经过多年的发展，特别是旅游业的兴旺，让农民的生活水平有了较大幅度的提高。农村居民与城镇居民的收入差距已经大大缩小，远远低于全国平均水平。全国城镇居民人均可支配收入与农民人均收入比2013年为3.03，而同期北戴河为2.27。从城镇化率与全国对比看，北戴河区城镇化率2013年达到97.8%，大大高于53.7%的全国水平。[①] 从城镇化进程的一般规律看，通常当一个地区人均GDP达到5000美元，城市化率达到40%时，将步入城乡融合的轨道，并最终走向一体化，北戴河区已经完全具备这一条件。

**（一）城乡一体化体系分析**

城乡一体化组织体系。北戴河区已经建立了自上而下的城乡一体化组织体系，成立了北戴河区城乡一体化建设领导小组；完善了工作机制，常委会不定期听取城乡一体化工作进展，定期召开城乡一体化推进调度会议。但也存在一些中层领导重视不够、理解不深，个别单位组织虚设、视野狭窄、存在畏难情绪的现象。

---

① 《北戴河区国民经济和社会发展统计资料》（2009年至2013年）。

城乡一体化规划体系。城乡一体化规划体系包括空间规划、土地规划、产业规划、人口规划等。近年来，北戴河区制定了大量的与此相关的规划，如：《北戴河区国民经济和社会发展"十二五"规划》、《北戴河养生休闲旅游发展规划》、《北戴河战略性城市设计》、《北戴河区农村环境综合整治规划》、《北戴河区规划建设用地范围控制性详细规划》、《北戴河区土地整治规划》、《西五村欧洲风情小镇规划》、《北戴河区海水水质保护三年总体规划》、《北戴河生态区建设规划》……但是缺少一个全面系统指导城乡一体化建设的纲领性规划，另外，现有的各项规划多聚焦于局部，相互之间的衔接不够紧密。

城乡一体化评价体系。北戴河区在制定城乡一体化实施方案时，确定了规划、产业、城乡基础设施等方面的30项具体工作，并进行了责任分解，明确时限，挂图作战，有效推进了工作开展。但是还缺乏横向评价比较体系。

（二）新型城镇化分析

近年来，北戴河区在城镇化建设方面重点围绕基础设施改造做了大量工作，取得了非常好的效果。交通方面，每村的路况都达到了国标，村村通公交车。供电方面，实现全域保障，能力可以满足未来发展需要。通信方面，2015年底已实现城乡通信一体化。城乡环卫方面，达到了城乡统筹。供水方面，6个村接入城市自来水管网，另外19个村自供自来水，水质达到国标。教育方面也达到了城乡统筹。其他各项基础设施也日臻完善，在周边县区处于较大的领先优势。未来在城镇化建设的过程中，规划限制将是北戴河区面临的最大瓶颈。我国的土地调控政策需要根据城市人口规模对用地进行审批管理，北戴河常驻人口虽然只有不到7万，建成区面积只有22平方公里，高峰期却要承载七八百万的游客，建设用地指标与实际需要严重不匹配。由于规划的限制，基础设施条件难以满足暑期游客涌入的需要；为了生态保护的需要，北戴河区按照近海、中海、远海区域对建筑容积率、层高等进行严格限制，城镇化建设过程中市场化手段难以运用，严重制约了城市改造进程。

（三）产业融合化分析

北戴河区由于受到生态环境和政策的严格限制，很难按照通常的第一、第二、第三产业顺次发展的路径进行产业培育。近年来，全力发展高端旅游、总部经济、文化创意和高新技术四大产业，初步形成了具有地方特色的产业体系。在旅游业方面，近年来，北戴河区在四季旅游、智慧旅游以及打造北戴河民宿旅游品牌等方面下大力气，取得了良好的效果，2013年旅游人数突破了700万人，塑造了以"百年胜地，美丽之冠"为核心的城市品牌，以及"运动之春、浪漫之夏、时尚之秋、休闲之冬"为代表的四季旅游品牌。旅游业存在的问题主要是：满足高端旅游需求的业态还很不完善，破解淡季的方法不多。在其他三大产业方面，总部经济、创意文化产业、高新技术产业经过多年培育也都有不同程度发展，其中总部经济和文化创意产业税收占财政收入的比重达到39.6%，但存在总体规模偏小的问题。在产业融合方面，第一产业劳动生产率明显偏低，远远低于全国、全省平均水平，一产、二产、三产的融合度不够。产业的空间分布不合理。北戴河区目前实质上形成了南、中、北三条产业带。南、北产业带有着基本相似的产业结构，即以总部经济和文化创意产业为共同点。但是中部产业带以民宿旅游和农业为主，割裂了南北产业带之间的联系。为此，推进城乡一体化中的产业发展问题，不能仅仅局限于农村范围内的产业，而是应着眼于城乡产业的提高与融合，在产业精准定位的基础上，从产业定位、空间梯次分布与转移等多角度进行筹划。

### （四）农业现代化分析

北戴河区按照"一退①、三种②、四转化③、四特色④"的总体思路指导农业生产，取得了明显成效。大田作物逐步退出、农业产业化初见成效、观光农业稳步发展、培育特色农业步伐加快。旅游成为北戴河区现代农业发展的有利推动因素，促进了生态观光、设施蔬菜等

---

① 退出传统大田作物种植。
② 种植高效无公害绿色蔬菜、种植优质林木果品、种植特色花卉。
③ 由大田作物向高效特色经济作物转化、由林木果品生产向休闲采摘和苗木基地转化、由露地蔬菜栽培向优质高效节能的设施蔬菜栽培转化、由初级农产品向深加工产品转化。
④ 建设特供型食品供应基地、旅游型生态观光基地、设施型种植基地和深加工型产业化基地。

特色农业的发展。

### (五) 制度创新分析

近年来，北戴河区在国家政策框架内，结合自身实际，通过统一户口登记管理制度、"村改居"、推动土地流转和扶持农村合作组织等手段进行了有益的制度创新探索。户籍制度创新方面，统一户口登记管理制度，在全市率先打破了城乡分割的农业、非农业二元户口结构，统一登记为"居住户口"。土地制度创新方面，推动土地流转，开展土地承包经营权登记试点工作，筹建土地流转管理网络平台。社会管理创新方面，实施村改居，推动农村"两委"班子改革，支持完成改造的村子率先挂牌。社会组织创新方面，现有农村合作社11家，积极打造市级、省级示范社，制定出台《农民专业合作社扶持资金奖补办法》。在未来的城乡一体化建设过程中，北戴河区需要在现有制度创新的基础上狠抓落实，重点做好配套措施的跟进和执行规则的细化。

### (六) 社会服务均等化分析

北戴河区在推进社会服务一体化方面，主要包含：基础教育一体化，实现了学生入学统一条件、教师待遇统一安排、师资力量统一调配、学校布局统一规划、教育资金统一拨付、硬件设备统一投入。医疗服务一体化，北戴河区已经形成了区、镇、村三级医疗体系，可满足全区的基本医疗需求。在社会福利方面，将新型农村社会养老保险和城镇居民社会养老保险合并为北戴河区城乡居民社会养老保险，基本养老保险制度实现了城乡一体化，城乡居民养老保险参保率达98.4%。在社会救助方面，对农村五保户和城市三无人员进行集中供养。社会救助设施充足，有申请可随时入住。农村五保户的医疗救助实现一站式结算，并为五保户建立健康档案，实行一户一档精细化管理。在就业保障方面，全区两镇、两街、9个社区分别建立了劳动保障事务所和劳动保障服务站，25个行政村的劳动保障服务站正在建设中。

# 三 推进城乡一体化的具体路径

推进城乡发展一体化要坚持从国情出发，从我国城乡发展不平衡不协调和二元结构的现实出发，从我国的自然禀赋、历史文化传统、制度体制出发，既要遵循普遍规律，又不能墨守成规；既要借鉴国际先进经验，又不能照抄照搬。北戴河区城乡一体化下一步的工作重点是通过建立城乡融合的体制机制，形成以工促农、以城带乡、工农互惠、城乡一体的新型城乡关系，目标是逐步实现城乡居民基本权益平等化、城乡公共服务均等化、城乡居民收入均衡化、城乡要素配置合理化，以及城乡产业发展融合化。

## （一）城乡一体化需要明确的三点认识

第一，城乡一体化不是城乡平均化，也不是低水平的一体化。没有发展的一体化不是最优选择，也难以持续。只有在发展和高城镇化率的前提下实现城乡一体化，才符合城乡一体化的本意。第二，城乡一体化不是单纯的"惠农工程"。城乡一体化的根本目的在于通过构建社会公平体系，盘活劳动、土地、资本、技术等要素，融合发展，实现城乡互动和更好更快的发展。第三，城乡一体化不是城乡同质化。城乡一体化既是消除城乡差别的途径，也是突破空间限制、寻求经济发展最佳路径的载体。但城乡一体化不是城乡同质化，不是要把农村变成城市，而是要城、乡显现出各自不同的风格和特点。

## （二）城乡一体化需要寻求的四个突破

第一，认识上要有突破。要让各级领导和党员干部认识到，城乡一体化是一项艰巨、系统而复杂的经济社会工程，与每个人都息息相关。必须高度重视，并在工作中加以体现。第二，政策上要有突破。各地要借当前深化改革的有利时机，大胆先行先试，在利用政策上寻求突破，以早动促主动。第三，发展模式上要有突破。各地都有自己的特殊性，任何一个地区的成功经验都很难简单套用。各地推进城乡一体化，必须在充分挖掘本地实际情况的基础上，创出一条有自身特色的发展模式。第四，统筹上要有突破。要统筹考虑本地实际和已经取得的成果，在新型城镇化、产业融合化、农业现代化、社会服务均等化、制度创新和生态保护等路径中寻找最佳突破口，通过重点的突破，以点带面，确保城乡一体化建设高效有序推进。

### (三) 城乡一体化需要坚持的五项原则

第一，统一规划原则。城乡一体化规划是一套复杂的系统，涉及诸多规划的集成和统一。只有各总、分规划之间紧密衔接、系统配套，才能有效指导城乡一体化建设的顺利实施。为此要高起点、高标准、高质量地编制空间、土地、产业、人口等各项规划，明确城乡一体化的发展方向和重点，统筹规划各村要素资源，促进城乡经济社会协调可持续发展。第二，市场运作原则。积极引入市场运作机制，充分发挥市场在推进城乡一体化进程中的作用，推动城市基础设施向农村延伸，城市公共服务向农村覆盖，城市现代文明向农村辐射。第三，产业支撑原则。依托区位、资源优势和现有产业基础，加大项目引进力度，形成产业聚集区，为农村特色化发展提供产业支撑。第四，以人为本原则。坚持依法行政，确保各项政策措施与上级政策相符，与人民群众的根本利益相符，努力让广大群众得到更多的实惠。第五，机制创新原则。创新思维方式、发展思路和工作方法，创造性地开展工作。尊重群众的首创精神，使推进城乡一体化真正成为广大群众的自觉行动。

### (四) 城乡一体化的六项重点工作

城乡一体化工作涉及各方利益、众多部门，情况复杂，任务繁多。但梳理其基本路径，重点要牢牢把握以下六项：第一，城乡规划布局一体化。研究制定发展战略、调整完善城乡一体化发展规划。注重各规划间有效衔接。第二，城乡产业发展一体化。发展特色农业，提高农业经济效益和农民增收致富能力。推进农业产业化经营。通过政策、资金、税收支持等措施，以项目建设为载体，壮大龙头企业，提高农业产业化经营率。发展农民合作组织，提高合作社的辐射带动能力。同时大力推进一二三产的融合发展，实现城乡良性互动。第三，城乡基础设施一体化。完善农村道路建设、加快农村自来水管网、气、热、电、信息网络、环卫设施建设、大力实施河道治理和城乡绿化等工程，推进土地有序流转、加强农村环境综合整治等，使农村基础设施不断完善。第四，城乡公共服务一体化。统筹城乡教育事业。统筹城乡医疗事业，加快镇、村三级卫生服务机构标准化建设。统筹城乡文体事业，实现城乡文化资源均质。加强农村平安建设，建立健全社会服务管理体系。统筹城乡社会服务，加强各行政村社会保障服务平台建设。统筹城乡基层党建和社会管理。第五，城乡社会保障一体化。完善最低生活保障制度，基本实现城乡公共服务的均等化。完善农村养老保险制度，进一步提高城乡居民参保率和缴费率。完善新型农村合作医疗。完善城乡一体化的社会救助机制。第六，城乡政策机制一体化。完善农村土地管理制度，进一步加强土地流转网络化、信息化管理，健全和完善农村土地承包经营权流转制度。深化农村金融制度改革，探索建立金融支持和服务"三农"的长效机制。深化城乡户籍制度改革。

【金融研究】

# 作为货币本质的信用与货币形式的发展

韩宗坡

传统货币理论认为货币的本质是一般等价物或任何被普遍接受的东西。本文认为货币的本质是信用,利用这一观念能较好地描述各种货币形式的内在特征,并对实物货币、金属货币、代用货币、信用货币这几种形式进行了分析。

## 一 几种常见的货币本质论

在远古文明之前,开放市场是从物换物进化过来的。在不同的国度,甚至在不同的村庄,市场交易的媒介是不同的。在阿比西尼亚,盐是交易的介质;在纽芬兰是鳕鱼干;在弗吉尼亚是烟草;在西印度的殖民地是糖,甚至苏格兰的一个村庄,工人去面包房或者酒馆,随身携带的是钉子而不是钱。这些在今天看起来很奇怪的交易媒介,却支撑了当时区域市场的发展。

一直以来,我们长期接受的货币定义都是:长期的物物交换活动分离出了一般等价物,最后固定为金银,这就是货币。货币是充当一般等价物的特殊商品。这种传统货币观点固化在大众读者的大脑,只有极少数接受过金融学教育的读者才对货币有充分的认识。

关于货币的本质,在西方货币学说史上曾存在两种不同的观点:一是货币金属论,二是货币名目论。货币金属论者从货币的价值尺度、储藏手段和世界货币的职能出发,认为货币与贵金属等同,货币必须具有金属内容和实质价值,货币的价值取决于贵金属的价值。货币名目论者从货币的流通手段、支付手段等职能出发,否定货币的实质价值,认为货币只是一种符号,一种名义上的存在。货币金属论是货币金、银本位制的产物,随着20世纪初金本位制度的崩溃,其影响力正日益减弱。目前在西方货币学说中,占统治地位的是货币名目论,这从西方经济学教科书对货币的定义中可见一斑。美国著名经济学家米什金的《货币金融学》(第九版)将货币定义为:"货币是指在商品或服务支付以及债务偿还中被普遍接受的东西。"①

但是,这些定义和观点并没有涉及货币的本质,只不过是对货币职能的概括。

## 二 货币的本质是信用

那么,货币的本质究竟是什么?

1903年,身为名门之后的威廉·福内斯在雅浦岛上逗留了两个月,几年后发表了一篇当地自然环境与社会构成的详细报告。他惊奇地发现,在封闭市场中,雅浦岛有一套与物物交换不同的高度发达的货币体系。人们以又大又厚的石轮作为交易媒介,由于笨重,几乎不会发生盗窃货币的行为。当一宗很大的交易结束,受重量所限,这些费(当地人称这种石币为费)并不用搬离前所有者的家,而是在费上作标记表示所有权已经易手。只要大家认可这费的所有权谁属,便承认了财富的转移。在福内斯发表这篇报告不久,著名英国经济学家凯恩斯从这篇不起眼的报告中发现了这一神奇现象,随后更多的学者就货币不是物物交换的本质达成一致。

凯恩斯和弗里德曼指出,"货币是一种特殊类型的信用,货币交换是信用记录的清算,而且通货仅仅是基础信用关系的表征"。②

---

① [美] 米什金:《货币金融学》(第九版),郑艳文、荆国勇译,中国人民大学出版社2010年版,第53页。

② 转引自谢祥《货币本质就是"信用"》,新华网,2015年2月27日,http://news.xinhuanet.com/local/2015-02/27/c_127522560.htm。

英国菲利克斯·马汀在《货币野史》一书中说：货币不是一种作为交易媒介的商品，而是由三种基本要素组成的一套社会型技术。第一，是用来衡量货币价值的抽象价值单位；第二，是信用记录体系，它可以在个人或机构从事与他人的贸易时，跟踪记录他们的信用或债务；第三，是原始债权人可以将债务人的义务转移到第三方，来结清某些无关的债务。虽然所有的货币都是信用，但并非所有的信用都是货币：差别在于转移的可能性。一张借据永远都是两方之间的一纸合约，它只是一笔贷款。这是信用，但不是货币。只有当借据能够被传递到第三方——用金融术语来说，也就是当它可以被"议付"或经"背书"的时候——信用才活跃起来，开始发挥货币的作用。换言之，货币不只是信用，还是可转让的信用。正如19世纪的经济学家、律师亨利·邓宁·麦克劳德所指出的那样：这些简单的思考立刻显示出货币的基本性质。非常明显，它的基本用途就是衡量和记录债务，并促使其从一个人的手中转让到另一个人手中；只要是为了这个目的，不管采用何种手段，也不管它是金、银、纸或是别的东西，它就是一种货币。因此我们可以定下这样一个基础概念，即货币和可转让债务是可以互用的两个词；任何代表可转让债务的东西都是货币；而且货币可以由任意材料构成，它代表的是可转让债务，并且只代表这种东西。[①]

## 三 货币形式发展的四个历史阶段

杰出的美国经济史学家查尔斯·金德伯格在1993年出版的《西欧金融史》第二版中写道："经济史学家时不时就会维护这样一个观点，即经济交互的进化是从一种天然的，或者说以物易物的经济发展到货币经济，最终发展到信用经济。"[②] 与之相应，货币随着经济交互

---

[①] 菲利克斯·马汀：《货币野史》，邓峰译，中信出版集团股份有限公司2014年版，第52—54页。

[②] 同上书，第26页。

的进化也不断发生着变化，其形式也不是一成不变的，而是随着信用范围的扩大而不断发展的。

在以物易物的经济发展阶段，货币以实物商品的形式表现出来，从表面上看货币是有价值的商品。但是，人们出卖商品换取实物货币，其需要的不是实物货币本身，而是实物货币交换其他商品的能力，即购买力。换句话说，人们之所以能接受实物货币，本质上并不是因为实物货币是有价值的商品，而是因为其相信实物货币提供了一种一般购买力的信用，即拥有货币就证明了你曾为他人（不确定的他人，实际上就是社会）创造了一定的价值，拥有一定的债权，并且这种债权又被他人（社会）所承认，并可以转让，通过交换获得其他商品。

理论上说，如果一种实物货币能提供一般购买力信用，即使其本身不是有价值的商品也能为人们所接受；反之，如果一种商品不能提供一般购买力信用，即使其有价值也不能为人们所普遍接受。由此可见，即使是实物货币，更能反映其货币本质特征的是一种购买力信用，而非商品。当然，原始社会的信用水平极其低下，货币购买力信用的表现形式通常只能通过等价交换以实物价值作为信用担保来实现，即一个人出卖商品而获得一般购买力信用，这种信用需要对方提供同等价值的、常见的、容易被他人接受的商品作为担保，作为这种信用担保的载体即是实物货币。所以，从实物货币的发展过程来看，一开始人们通常选择牲畜、粮食、布匹等生活必需品作为实物货币，因为这些实物货币在以物易物经济阶段为人们提供了良好的购买力信用。因此，实物货币的流通过程，既是商品间等价交换的过程，又是购买力信用的转让过程。从这一点上讲，实物货币流通与商业票据、债券、股票等信用工具的转让没有什么区别，都是关于信用的交易。尽管是实物货币，但它仍具有交换媒介、价值尺度、支付手段、价值储藏的职能。

在以金属货币为特点的经济发展阶段，因为金属货币与实物货币本质上没有区别，因而我们在实物货币下提出的观点在金属货币条件下一样能成立。即卖出商品的人之所以能接受金属货币，并不是其真正需要贵金属，而是其相信贵金属具有一般购买力，即贵金属是一般购买力信用的担保物，充当一般购买力信用的载体。正因为如此，当金属铸币变得不足值时，只要其提供同样的购买力信用，也就能作为足值货币被人们所接受了。实际上，从不足值的金属货币使用开始，商品与货币之间等价交换的关系已被破坏，货币已经不能用一般等价物的商品去解释了，而只能用信用去解释。在实物货币向金属货币转化的过程中，人们通常是用交易成本理论来作解释的，即金属货币因为其价值高、不易腐烂、容易携带和分割，因而作为交易媒介比实物货币具有更低的交易成本，从而金属货币代替了实物货币成为一种主流货币。我们认为：这种解释无疑是有力的，但这只是事物的一个方面。从信用的角度看，实物货币向金属货币的转化既是交易成本的下降过程，同时又是货币购买力信用的扩大过程。随着社会经济的发展，商品交易的范围和地域不断扩大，实物货币原有在小范围内提供的且易变的购买力信用已不能满足经济发展的需要。即在一个区域内能提供购买力信用的实物货币，在另一个区域并不一定得到承认（尽管其价值可能得到承认），这样就阻碍了两个区域之间的经济交往，客观上要求产生一种能为两个区域同时提供购买力信用的货币。由于金属货币比实物货币具有更稳定的内在价值，因而可以在较广的范围内提供更好的购买力信用，所以实物货币最终被金属货币所替代。在金属称量货币向金属铸币的转化过程中，信用同样起了重要的作用。由于贵金属的称量、分割和检查成色是一项技术性很强的工作，贵金属货币所代表的购买力信用有时会受到技术上的限制，因此一些有实力的商人开始在贵金属块上刻上自己的标记，形成最初的金属铸币，这样做无疑增强了金属货币的购买力信用。当然，商人信誉的影响力总是有限的，其铸造的金属货币提供的购买力信用只能在一定的范围内起作用。为进一步增强金属货币的购买力信用，由国家金属铸币替代商人金属铸币就成为自然而然的事了，国家金属铸币在全国范围内提供了货币的购买力信用。由此可见，信用与交易成本一样，在金属货币的演化过程中始终起着重要的作用，金属货币是一种能提供或证明货币购买力信用的良好形式。金属货币具有交换媒介、价值尺度、支付手段、价值储藏和世界货币的职能。

在代用货币阶段，代用货币与金属货币同时流通，彼此等价，它代表金属货币提供着货币的购买力信用。但是，代用货币与金属货币毕竟不同，金属货币以其自身的价值通过等价交换来提供购买力信用，而代用货币是借助于金属货币来提供购买力信用的，金属货币的购买力信用是直接的，而代用货币的购买力信用是间接的。事实上，代用货币的典型形式是银行券，人们之所以能接受银行券是人们相信这种银行券在发行银行能随时兑换成金属货币。因此，代用因为货币提供的购买力信用有两个层次，一是银行提供的兑换成金属货币的信用，二是金属货币以其自身价值提供的购买力信用，两种信用的结合即是代用货币。如果说金属货币的购买力信用是暗含的，那么代用货币中包含的信用因素已首次明确无误地被表达出来，代用货币离开了信用因素就不能存在。所以，我们认为：代用货币尽管依然可以用一般等价物的观点去解释，但与信用的观点是不矛盾的，甚至在信用的观点下能得到更统一的解释。代用货币具有交换媒介、价值尺度、支付手段的职能。

信用货币是不能兑换成金属货币的纸币，其本身没有价值，不是一种凝结着人类一般劳动的商品，这是不容否认的客观现实。信用货币虽然可以购买到一定的商品，但这并不表示信用货币本身具有价值，或代表一定的价值。在信用货币的条件下甚至就根本没有金属货币。因此，有人认为信用货币依然是金属货币的代表，或者说有一定的含金量是没有依据的，实际上其抹杀了代用货币与信用货币之间的根本区别。诚然，信用货币能购买到黄金，但这并不能说信用货币就有一定的含金量，正如信用货币能购买到粮食、布匹等物品，而不能说货币就有一定的含粮量、含布量一样。只有当纸币能随时兑换成金属货币时，纸币的含金量才有意义。否则，贵金属就如同其他商品一样，与信用货币没有什么特殊的联系。另外，代用货币有一定的含金量，是因为当代用货币发行过多时，一旦其购买力下降就会还原成金属货币，从而自动减少代用货币量，使其代表的价值始终等于一定的金属货币，即有一定的含金量。但是，信用货币发行过多时，其不能自动退出流通，购买力随之下降，信用货币不存在一种机制能保证它稳定地代表一定的金属货币或一定的价值，20世纪信用货币盛行以来，几乎所有国家都发生过通货膨胀即是例证。事实上，在中央银行的货币政策目标中，物价稳定也只是四大目标之一，当经济增长、特别是充分就业受到威胁时，物价稳定目标往往就让位于其他目标，此时就无所谓币值稳定。既然信用货币缺乏稳定的价值基础，因而除去历史习惯的影响外，就没有理由说信用货币代表一定的价值。笔者认为：称信用货币是一种信用，显然更加直接、简单和合理。实际上，信用货币就是一种由国家政权强制提供的购买力信用。《中国人民银行法》(1995)第三章"人民币"明确规定："人民币由中国人民银行统一印制、发行"，"任何单位和个人不得印制、发售代币票券，以代替人民币在市场上流通"，"以人民币支付中华人民共和国境内的一切公共的和私人的债务，任何单位和个人不得拒收"[①]。在中央银行的资产负债表上，货币的发行也表达为对公众的一种负债，即一种信用。信用货币的关键还是在于信用，在本质上与货币的发行量也无关。在某些极端情况下，如果国家政权摇摇欲坠，或无节制发行的纸币充斥社会，那么这种货币的信用就会丧失殆尽，也就不能再充当货币了。这时，人们在经济交往中就会恢复使用能提供购买力信用的实物货币、金属货币或外国货币，这为信用货币是信用提供了一种反面的证明。因此，支持信用货币的基础是信用，而不是价值，如果没有信用就无所谓信用货币，信用货币的本质已不能用代表一定的贵金属或价值去说明，而只能用信用去解释。信用货币具有交换媒介、价值尺度、支付手段、价值储藏和世界货币的职能。

　　用一般等价物的特殊商品的观点不能对各种形式的货币做出完整的解释，而用货币是信用的观点能较好地解释迄今为止的各种货币现象，因而货币是一种能提供一般购买力的信用。货币由实物货币向金属货币、代用货币和信用货币的演变，实际上是对货币购买力信用的保证由实物商品向贵金属商品、银行信用和国家信用的转化，在货币是信用这一本质的问题上没有变化。

---

① 中国人大网：《中华人民共和国中国人民银行法释义》，2004－10－26，http：//www.npc.gov.cn/npc/flsyywd/jingji/2004－10/26/content_ 337723.htm。

# 关于民族地区自然资源开发融资模式的探析

刘俊峰

虽然我国民族地区是各种自然资源的富集地区，其资源的潜在优势很突出，但是其资源开发成本很高，以至于资源的比较优势难以发挥出来；同时由于过度开发导致民族地区资源和生态恶化。为了提高民族地区自然资源开发效率，必须对自然资源开发的融资渠道进行创新。

## 一 民族地区自然资源开发中存在的问题

尽管民族地区有着丰富的、优质的自然资源，但由于粗放型经营模式和过度开发，民族地区资源和生态整体在恶化，并呈现新的特点。主要表现在以下几个方面：

（一）森林和草原生态系统失衡

据有关资料统计，长江上游原有森林总面积为 3250 万公顷，而如今仅剩 463 万公顷，比原有面积减少了 85%。森林覆盖率则由新中国成立初期的 30%—40% 减少到现在的不足 20%。由于森林等植被的不断减少，水土也大量流失。[①]

我国天然草原主要分布在青海、内蒙古和青藏高原等地区，但由于过度放牧、水资源短缺，加之气候干旱，造成草原大面积退化。如

---

① 张小兰、肖韵：《资源环境约束下民族地区资源优势与低碳经济结合的研究》，《延边大学学报》（社会科学版）2014 年第 7 期。

若尔盖草原，遍野的牛羊加速了这块草原的贫瘠。草场退化、湿地萎缩、生态失衡给高原鼠无节制繁殖提供了条件。高原鼠啃吃草根、消耗牧草、破坏土层结构，以至于荒漠化日益严重，沙尘暴频繁发生，形成恶性循环。

### （二）土地沙化日趋严重

民族地区沙化土地面积大、分布广、治理难度大，而且土壤沙漠化的速度在不断加快。石羊河下游、塔克拉玛干沙漠周边等地区土地沙化面积仍在增加。沙区过度开采、放牧，水资源不合理利用等问题较为严重，特别是全球气候变暖，给防沙治沙增加了更大的困难和压力。如青海省荒漠化土地总面积达到 19.17 万公顷，其中沙漠化土地面积占 12.56 万公顷。青海沙化土地以每年 9.7 万公顷的速度扩展，其面积比东部的平安县总面积还要大 2 万公顷。在东起民和县、西至茫崖、北起祁连山、南至昆仑山北麓的广大区域内均有荒漠化土地，已形成东西长 1100 多公里、南北宽 640 公里的荒漠带，土地沙化每年给青海省造成的直接经济损失达 12 亿元。

### （三）水资源污染和短缺

民族地区生活废水、工业废水、农业污水等的排放使得民族地区水资源受到污染，造成民族地区水量减少、水位下降、水资源污染以及植被枯死、草场退化、土地沙化等生态恶化问题。另外，民族地区还存在着水生态平衡失调问题。新疆、宁夏等民族地区是我国的干旱和半干旱地区，自然降雨量小，常年缺水。近些年来，由于生态破坏，民族地区江河断流、湖泊枯竭等现象频繁出现。如新疆艾比湖的水面，从原有的 1200 平方公里萎缩到现在的 500 余平方公里。据调查资料显示，民族地区人均水资源为 6500.4 立方米，并且水资源分布极不均衡，西藏水资源拥有量比较丰富，而宁夏水资源拥有量最低。

### （四）环境污染严重

在粗放型经济增长方式的主导下，民族地区经济得到快速发展，但同时也给民族地区的生态环境带来了严重的后果。2011 年民族地区工业废水排放量达到 692331 万吨，占国内工业废水排放总量的 10.5%。其中广西工业废水排放量从 2000 年的 81571 万吨增加到

2010年的222439万吨。2009年，新疆、青海、内蒙古、宁夏的城市颗粒物年均浓度超过国家空气质量三级标准，贵州、广西和内蒙古的部分地区二氧化硫年均浓度超过国家空气质量三级标准。从表1工业二氧化硫排放量可以看出，2001—2006年，民族地区二氧化硫排放量出现快速增加，2006—2010年民族地区排放强度呈现下降趋势，但排放量依然很大。

表1　　　　　　民族地区工业二氧化硫排放量　　　　　单位：万吨

| 年份<br>地区 | 2001 | 2002 | 2003 | 2004 | 2005 | 2006 | 2007 | 2008 | 2009 | 2010 |
|---|---|---|---|---|---|---|---|---|---|---|
| 内蒙古 | 64.6 | 73.1 | 128.8 | 117.9 | 145.6 | 155.7 | 145.6 | 143.1 | 139.9 | 139.4 |
| 广西 | 69.7 | 68.3 | 87.4 | 94.4 | 102.3 | 99.4 | 97.4 | 92.5 | 89.0 | 90.4 |
| 贵州 | 138.1 | 132.5 | 132.3 | 131.5 | 135.8 | 146.5 | 137.5 | 123.6 | 117.5 | 114.9 |
| 云南 | 35.7 | 36.4 | 45.3 | 47.8 | 52.2 | 55.1 | 53.4 | 50.2 | 49.9 | 50.1 |
| 青海 | 3.5 | 3.2 | 6.0 | 7.4 | 12.4 | 13.0 | 13.4 | 13.5 | 13.6 | 14.3 |
| 宁夏 | 20.0 | 22.2 | 29.3 | 29.3 | 34.3 | 38.3 | 37.0 | 34.8 | 31.4 | 31.1 |
| 新疆 | 30.0 | 29.6 | 33.1 | 48.0 | 51.9 | 54.9 | 58.0 | 58.5 | 59.0 | 58.8 |

资料来源：根据2001—2011年中国统计年鉴收集整理（注：西藏未统计）

从工业废水中化学需氧量排放量看（见表2），2002—2010年民族地区一直都呈现居高不下的态势。虽然近几年有下降趋势，但形势依然很严峻。2010年广西工业废水中化学需氧量排放量在民族地区最高，为93.7万吨，其次为新疆、内蒙古和云南。

表2　　　　民族地区工业废水中化学需氧量排放量　　　单位：万吨

| 年份<br>地区 | 2002 | 2003 | 2004 | 2005 | 2006 | 2007 | 2008 | 2009 | 2010 |
|---|---|---|---|---|---|---|---|---|---|
| 内蒙古 | 23.8 | 27.4 | 27.5 | 29.7 | 29.8 | 28.8 | 28.0 | 27.9 | 27.5 |
| 广西 | 84.6 | 92.7 | 99.4 | 107.0 | 111.9 | 106.3 | 101.3 | 97.6 | 93.7 |
| 贵州 | 20.5 | 22.0 | 22.3 | 22.6 | 22.9 | 22.7 | 22.2 | 21.6 | 20.8 |
| 云南 | 30.1 | 28.5 | 29.0 | 28.5 | 29.4 | 29.0 | 28.1 | 27.3 | 26.8 |
| 青海 | 3.3 | 3.2 | 3.9 | 7.2 | 7.5 | 7.6 | 7.5 | 7.6 | 8.3 |
| 宁夏 | 11.1 | 10.2 | 6.6 | 14.3 | 14.0 | 13.7 | 13.2 | 12.6 | 12.2 |
| 新疆 | 20.5 | 22.9 | 26.2 | 27.1 | 28.8 | 29.0 | 28.7 | 28.7 | 29.6 |

资料来源：根据2001—2011年中国统计年鉴收集整理（注：西藏未统计）

## 二 民族地区资源与生态环境恶化的原因分析

### (一) 经济落后的制约

改革开放以来,民族地区经济虽然持续增长,但从民族地区人均GDP来看,经济差距还很大,并且我国民族地区与东部地区人均GDP差距呈扩大趋势,经济落后的局面还没有从根本上得到改观。

经济发展普遍相对落后,使民族地区成为贫困人口集中地区。其中青海贫困发生率为10.9%;内蒙古、贵州、云南、甘肃4个省份贫困发生率在5%—10%之间,并且贫困与环境紧密相连,互为因果,形成恶性循环。一方面,民族地区相当一部分人生活在生态环境恶劣的高原和山区,使得民族地区收入增长缓慢,生活贫困;另一方面,贫困又加剧了生态恶化,贫困人口为了生存,又不断向赖以生存的土地索取,导致资源枯竭和生态恶化。[1]

### (二) 民族地区生产方式不合理

民族地区基本处于经济发展的初期和中期的阶段。民族地区生态环境的恶化,其中一个原因是长期以来民族地区的产业结构以生产能源和原材料等初级产品为主,如煤炭、电力、天然气、石油化工、有色金属、盐化工和磷化工等产业大都是污染密集型产业,附加值低,加之生产技术和工艺水平的限制,使得民族地区生态日趋恶化。另外一个原因是民族地区粗放型生产方式,使得资源利用率低,严重浪费了资源。

从表3可见,民族地区能源消耗普遍较高,如宁夏为4.099吨标准煤/万元,而2010年北京市是0.76吨标准煤/万元,宁夏是北京市的5.39倍。民族地区能源利用率低,是造成资源与环境污染的重要原因。

---

[1] 张小兰、肖韵:《资源环境约束下民族地区资源优势与低碳经济结合的研究》,《延边大学学报》(社会科学版)2014年第7期。

表3　　　　　　　　2010年民族地区省市区单位产值能耗

| 民族地区 | 单位地区生产总值能耗（吨标准煤/万元） | 单位工业增加能耗（规模以上）（吨标准煤/万元） | 单位地区生产总值电耗（千瓦小时/万元） |
| --- | --- | --- | --- |
| 内蒙古 | 2.413 | 5.37 | 1913.1 |
| 广西 | 1.191 | 2.88 | 1252 |
| 贵州 | 3.188 | 5.21 | 2633.8 |
| 云南 | 1.708 | 3.4 | 1660.8 |
| 青海 | 3.121 | 3.64 | 4007.9 |
| 宁夏 | 4.099 | 8.68 | 5528.2 |
| 新疆 | 2.092 | 2.91 | 1232.3 |

注：1. 地区生产总值和工业增加值按2009年价格计算；2. 西藏未统计。
资料来源：《中国统计年鉴（2011）》，中国统计出版社2011年版。

### （三）落后产业的迁入

随着东部地区产业结构调整，民族地区成为东部地区和世界高耗能产业转移的地区，如江苏、浙江、广东等省份的许多高消耗、高污染企业纷纷到民族地区落户。而民族地区为实现经济快速发展，往往有急功近利、盲目招商引资等短视行为，甚至还有民族地区把降低环保要求当作招商引资的优惠条件之一。这使得民族地区引进东部以及国外资金的过程同时成为引进污染、破坏生态环境的过程。

### （四）传统考核方式的制约

现行对民族地区各级地方政府和领导干部的政绩考核内容也主要着重于经济指标，而对环境等公共资源基本没有涉及，这就难免产生误导，使部分民族地区地方政府和一些领导干部片面追求经济增长，只顾眼前利益和局部利益。只要GDP，不管环境承受能力，是造成民族地区生态和资源恶化的重要原因之一。

总之，民族地区资源开发存在的诸多问题，究其主要原因，还是在于资源开发的融资渠道过于单一，导致资源开发过于粗放经营和过度开发。

## 三 改进民族地区自然资源开发的措施

为了解决民族地区自然资源开发融资瓶颈和过度开发问题，需要在规范融资主体和明确融资职能的基础上，挖掘新的融资渠道。

### （一）特许经营权的项目融资模式

1. BOT 融资模式的概念

BOT 是政府通过特许协议，引入国内外资金对专属于政府的基础设施项目进行投资、融资、建设、经营与维护，在约定的期限内对该项目进行经营管理，并通过项目经营收入来回收项目的各项成本，获取合理的回报，约定期满后，项目设施无偿移交给政府，运行程序如图1所示。①

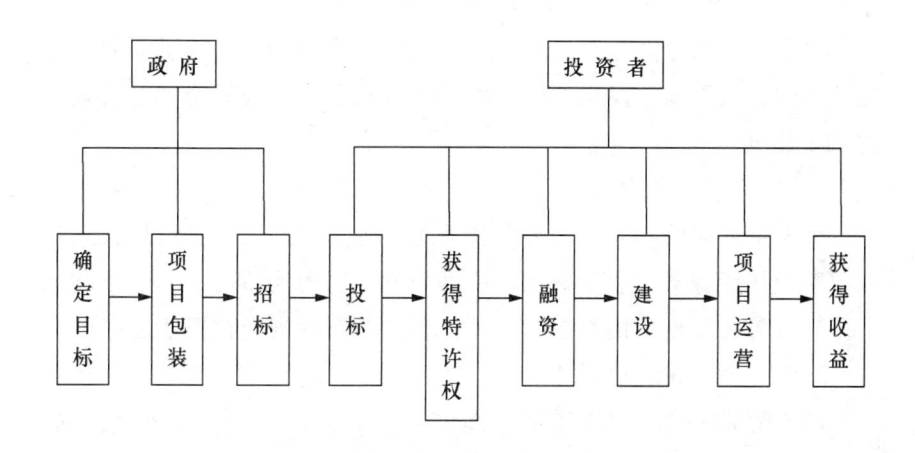

**图1 BOT 项目融资模式运行程序图**

2. 对 BOT 项目融资模式的分析

BOT 融资模式出现时间较短、相对复杂、涉及面多，在我国相关法律体系不够健全、专业人才缺乏的情况下，这种融资模式在目前行

---

① 高立昕、王松江：《BOT 项目融资模式问题及对策措施》，《项目管理技术》2010 年第 12 期。

业环境中会遇到不少问题。

（1）发起人面临的问题。不规范的招投标会使很多 BOT 项目在发起时就存在隐患；一些 BOT 项目发起人给予了外商高昂的承诺回报，增加了运营成本。

（2）政府面临的问题。很多地方政府负责 BOT 项目的官员对相关法律和政策认识不足，没有专门机构对 BOT 融资项目进行管理，且缺乏相应的政策和法规来规范、指导 BOT 项目的实施。

（3）风险防范对策问题。如何最大限度地避免以上问题在投资行业与 BOT 项目融资的结合中出现，需要选择合适的项目、项目公司和合作模式。应和投资方谈妥合理的回报率，将投资方的资金转化为股权，与投资方共担风险。还可通过延长工程使用年限和技术入股的方式消化吸收先进技术，保证投资安全。而且应尽快建立健全适合我国有关项目融资方面的法律法规，引入国际上通用的风险管理机制。

**（二）政府、私人企业参与的项目融资模式**

政府、私人企业参与的项目融资模式主要有两种，一种是私人主动融资的模式即 PFI 模式；另一种是政府和私人企业联合的合作模式即 PPP 模式。

1. PFI 融资模式特点

私人主动融资模式，主要是由私营企业进行项目的建设与运营，从政府或接受服务方收取费用以收回成本。这种融资方式是市场化城市基础设施建设融资的高级形式，但其目前在我国尚在探索之中。

2. PPP 融资模式特点

PPP 投融资模式的本质是以提供优良的公共产品或服务为目的；公私合作，双方共担风险、共享收益；优势互补，项目社会效益最大化。

从宏观角度讲，开展政府和社会资本合作，有利于创新投融资机制，拓宽社会资本投资渠道，增强经济增长内生动力；有利于推动各类资本相互融合、优势互补，促进投资主体多元化，发展混合所有制经济；有利于理顺政府与市场关系，加快政府职能转变，充分发挥市场配置资源的决定性作用。

从微观角度讲，PPP 模式自问世以来之所以受到许多国家和地区政府的密切关注，主要原因在于：PPP 模式能够提高运行效率和服务质量，引入先进的管理理念和治理结构，引入适度竞争，促进市场透明，缓解政府的财政压力，提高资金的使用效率，公私双方互利合作，发挥各自优势，实现公共项目融资风险的转移和合理分担，促进政府职能转变，推进投融资体制改革。

PPP 投融资模式的运作流程。PPP 融资模式运作流程包括项目确立、框架招标、项目公司组建、融资、建设、运营、移交等环节。政府通过框架招标，授予投资建设合作人对项目建设和资源开发建设合作特许权，双方签订《投资建设合作协议》。政府和投资建设合作人合作成立项目公司（SPC），项目资金来源主要是合作方出资以及项目融资。项目公司根据项目的预期收益、资产以及政府扶持措施（如税收优惠、贷款担保、沿线土地优先开发权等）的力度来安排融资。项目公司根据政府赋予的特许开发经营权限代替政府进行项目的开发建设。项目建成后，政府和合作人根据《投资建设合作协议》进行特许经营或者股权转让。

实施 PPP 投融资模式的必要条件：（1）有良好的政府环境，保持良好的政企合作关系。良好的政府环境是实现 PPP 投融资模式的基本条件。（2）合理的风险分担。PPP 项目投资工期长、金额大，不确定因素多，需要面对很大的风险。将项目风险在参与方之间进行合理、公平的分担，这是保证 PPP 项目运营成功的基础。[1]（3）健全的投融资中介服务体系。建立健全投融资中介服务体系是成功实现 PPP 项目的技术保障。

### （三）自然资源证券化融资模式

1. 自然资源证券化的概念

资产证券化的过程就是把一组流动性差、有可回收现金流的非标准资产组合在一起成为一个资产池，并以该资产池产生的现金流为支持发行标准化证券。通过这个过程使原本难以流通的资产可以便捷地在市场流通，也对原有资产的风险收益特征进行了重组。非标准资产一般只能被特定的贷款者所持有，如银行，难以流通。而在证券化的

---

[1] 高伟：《风险分担：PPP 模式的核心》，《中国城乡金融报》2014 年第 4 期。

过程中，标准化的证券可以吸引广大的投资者，在分散风险的同时提高了流动性，降低了交易成本。

自然资源资产证券化是自然资源与经济发展相结合的重要途径。通过资产证券化融资模式，通过把自然资源未来现金流折现，在自然资源待开发的状态下也能带来资本收益，将民族地区的自然资源优势转化为资本优势。有了资本就可以推动民族地区的投资、技术创新和人力资源的积累。

2. 自然资源证券化的运行机制

在实践操作过程中，资产证券化会采用各种不同的方式，但不管采用哪种方式，其核心机制都是一样的，即资产组合、风险隔离和信用增级。一般情况下，完成一次资产证券化交易，需进行以下运作步骤：

资产组合：发起人确定证券化的资产，组建资产池。设立特殊目的实体（SPV）：SPV是资产证券化的关键主体，它是专为隔离风险而设立的特殊实体。资产转移（风险隔离）：证券化资产完成从发起人到SPV的转移。信用增级：所谓信用增级，是指通过额外的现金流来源对可预见的损失进行弥补，以降低可预见的风险。信用评级：信用评级机构负责对特定目的主体发行的资产支持证券进行评级，以增强投资机构信心。证券发售与管理：信用评级之后，需要将评级结果向投资者公告，然后由证券承销商负责向投资者销售资产支撑证券。特定信托机构售出证券，从证券承销商那里获取证券发行收入，再按资产买卖合同规定的购买价格，把发行收入的大部分支付给原始权益人。至此，原始权益人的筹资目的就已达到。

3. 自然资源证券化融资模式的特点

（1）操作简单、融资成本低。融资方式的运作相对简单，在它的运作中只涉及原始权益人、特殊目的公司、投资者、证券承销商等几个主体，无须政府的许可、授权及外汇担保等环节，是一种主要通过民间的非政府的途径，按照市场经济规则运作的融资方式，它既实现了操作的简单化，又最大限度地减少了酬金、差价等间接费用，降低了融资成本。

（2）投资风险较小。自然资源证券化项目的投资者数量众多，这就极大地分散了投资的风险，使每个投资者承担的风险相对较小，这种债券还可以在二级市场上转让，变现能力强，使投资风险减少。而且债券经过信用增级，在资本市场上具有较高的资信等级，使投资者省去了分析研究该证券风险收益的成本，提高了其自身的资产总体质量，降低了自身的经营风险。这对于投资者特别是金融机构投资者尤其具有吸引力。

（3）提高了金融市场的效率。证券化将融资过程分解，将融资过程的不同阶段的风险分散，并由能够冲抵和管理这些风险的机构承担，从而降低了系统风险，提高了金融市场的效率。

从长期来看，由于民族地区资源开发单纯依靠政府投资的融资模式有其缺陷，必须对其融资渠道进行创新。通过 BOT 项目融资，政府、私人企业参与的 PPP 融资模式以及资产证券化融资模式，可以扩展民族地区自然资源开发的融资渠道。

# 新疆金融业发展问题与策略分析

任广斌

近年来,随着新疆经济的平稳较快增长,新疆金融业稳步发展,金融改革持续推进,农村金融机构实力不断增强,对经济薄弱环节的支持力度不断加大。与此同时,新疆也面临着整体金融生态环境、经济主体金融意识和信用意识有待提升,金融体系发展尚不完善等困难。在"一带一路"、丝路基金等战略机遇期,新疆需要继续深化金融体制改革,加快地方金融体系建设。本文分析新疆金融业发展的现状与问题,并针对问题探讨其产生的根源与如何突破金融发展的瓶颈,寻求创新之路,为新疆金融业发展提供相关建议,从而促进地区经济发展。

## 一 新疆金融业的发展成就

金融是经济发展的助推器,在"一带一路"国家战略加快推进的重要机遇期,促进新疆金融发展,能让新疆更快地抓住时机,实现经济发展目标。为此,更加全面地了解新疆金融状况,找出实际问题,从而为金融发展提供切入点显得十分重要。目前,新疆的金融发展取得了一定的成绩,主要表现在以下几个方面:

### (一)银行业稳健经营,货币信贷平稳运行

金融组织体系日渐完善,已经形成银行业、证券业和保险业为主体的金融格局。2014年末,新疆银行业金融机构资产总额2.2万亿元,增长9.2%。银行业金融机构数量、从业人员持续增长,机构数已经达到3604个,从业人员数量达到58567人。目前已有国有银

行、股份制银行、政策性银行 20 余家。地方性法人机构超过 100 家。①

**表 1　　2014 年新疆维吾尔自治区银行业金融机构情况**

| 机构类别 | 营业网点 机构数（个） | 营业网点 从业人数（人） | 营业网点 资产总额（万亿元） | 法人机构（个） |
|---|---|---|---|---|
| 大型商业银行 | 1391 | 30595 | 8759 | |
| 国家开发银行和政策性银行 | 94 | 2270 | 3289 | |
| 股份制商业银行 | 85 | 2543 | 1618 | |
| 城市商业银行 | 214 | 5020 | 3773 | 5 |
| 城市信用社 | | | | |
| 信托公司 | 358 | 59 | 2 | |
| 外资银行 | 2 | 70 | 27 | |
| 小型农村金融机构 | 1079 | 12202 | 3060 | 83 |
| 财务公司 | 1 | 15 | 19 | |
| 邮政储蓄 | 663 | 3794 | 776 | |
| 新型农村金融机构 | 75 | 1606 | 169 | 19 |
| 其他 | 94 | 434 | 1 | |
| 合计 | 3604 | 58567 | 21982 | 110 |

资料来源：中国人民银行乌鲁木齐中心支行，新疆银监局

**（二）证券业平稳发展，业务品种有所丰富**

证券业机构改进业务模式，积极扩大收入来源。2014 年末，新疆共有法人证券公司 1 家，证券营业部 65 家。上市公司发展势头良好，经营规模进一步扩大。2014 年末，新疆共有 A 股上市公司 40 家，总市值 3102.45 亿元，H 股上市公司 2 家。2014 年末，新疆股权交易中心挂牌企业达 481 家，企业总市值 97.8 亿元，同比分别增长 229% 和 80.2%。当年实现融资 5.9 亿元，增长近 29 倍；股权转让 9.51 亿股，增长 38%。

---

① 《2014 年新疆维吾尔自治区金融运行报告》。

表2　　　　　　2014年新疆维吾尔自治区证券业基本情况

| 项目 | 数量 |
| --- | --- |
| 年末国内上市公司数（家） | 40 |
| 总部设在辖区内的证券公司数（家） | 1 |
| 总部设在辖区内的基金公司数（家） | 0 |
| 总部设在辖区内的期货公司数（家） | 2 |
| 当年国内股票（A股）筹资（亿元） | 114 |
| 当年发行H股筹资（亿元） | 0 |
| 当年国内债券筹资（亿元） | 613 |
| 短期融资券筹资额（亿元） | 250 |
| 中期票据筹资额（亿元） | 181 |

注：当年国内股票（A股）筹资额指非金融企业境内股票融资。

资料来源：新疆证监局。

## （三）保险业经营稳健，保障功能不断完善

保险业平稳发展。2014年末，新疆保险市场主体30家，包括产险、寿险、专业健康险、养老险和自保公司。保险收入增长16.1%，累计支付赔款和给付增长13.7%，财产险赔款增长较多，保险密度和深度均有所提高。

表3　　　　　　2014年新疆维吾尔自治区保险业基本情况

| 项目 | 数量 |
| --- | --- |
| 总部设在辖内的保险公司数（家） | 1 |
| 财产险经营主体（家） | 1 |
| 人身险经营主体（家） | 0 |
| 保险公司分支机构（家） | 29 |
| 财产险公司分支机构（家） | 16 |
| 人身险公司分支机构（家） | 13 |
| 保费收入（中外资，亿元） | 317 |
| 财产险保费收入（中外资，亿元） | 132 |
| 人身险保费收入（中外资，亿元） | 186 |
| 各类赔款给付（中外资，亿元） | 121 |
| 保险密度（元/人） | 1381 |
| 保险深度（%） | 3 |

资料来源：新疆保监局。

## 二 存在的主要问题

金融业在取得发展成绩的同时,也存在一些主要问题,对新疆金融的平稳发展造成不利影响,这些问题主要有:

### (一)银行金融机构欠缺,企业与个人融资难度大

经济决定金融,由于新疆广大农村地区金融信贷对象分散、信贷规模小,对商业银行来说,信息收集和监督成本都比较高。近几年来,在资本逐利性和规避风险的作用下,商业银行大量信贷资金集中投向城市重点行业或产业以及大客户,资金流向回报率更高的区域、行业和企业,诸多金融机构大量撤并,尤其是农村金融市场,造成农民贷款渠道狭小。由于经济基础差,许多股份制商业银行和外资银行在新疆的数量稀少,这也导致新疆金融机构的欠缺,金融信贷渠道狭窄,加剧了新疆主要信贷群体面临的信贷困难。

### (二)行业企业发展乏力,直接融资进程缓慢

新疆上市公司在产业结构上以传统制造业、农牧业、建筑业等周期性行业为主,新兴行业匮乏;受制于产能过剩的持续存在以及激烈的市场竞争,钢铁、水泥、煤焦化、铝业行业经营状况持续下滑;涉农行业产品市场持续低迷,行业性亏损问题较为突出;行业结构的单调性,造成新疆上市公司发展的不均衡和市场稳定性较差,抗周期经营能力不强。2014年IPO开闸至今,全国共有58家企业在交易所上市,其中新疆仅麦趣尔1家,虽然证监会承诺给予新疆企业上市融资"绿色通道",但截至目前未落实可操作政策,新疆企业上市和融资难度较大。

### (三)地区金融发展不平衡,制约经济协调发展

一是南北疆不平衡,北疆经济金融发展明显高于南疆四地州。改革开放以来,新疆各地都有很大发展,但地区间发展的差距也在不断扩大。如2014年乌鲁木齐市的人均GDP已经达到72543.35元,而和田地区的人均GDP只有10027.80元,二者相差7.2倍。经济基础差异造成南北疆金融机构数量和人员上的巨大差异,在整体水平上南疆

的金融状况落后于北疆地区。二是城乡不平衡，城市金融发展高于农村地区。主要表现为农村地区的金融服务明显不足，农村金融机构单一且创新能力差。金融的不协调发展也进一步制约了经济的发展，不利于新疆的区域协调发展。

**（四）普惠金融和创新金融业态发展迟缓，影响金融服务广度与深度**

普惠性金融体系框架认同的是将包括穷人在内的金融服务有机地融入于微观、中观和宏观三个金融体系，利用该体系才可以使大规模客户群体获益，并且该种体系能够使金融市场对更贫困和偏远地区的客户开放。普惠金融具有明显的反贫困功能，最近国家也大力支持发展普惠金融，但新疆并没有提升到应有的高度。相关普惠金融的方针政策还没有落实，具体银行的金融措施还没有开发应用。同时，互联网金融、生态金融、城市金融、公司金融等创新不明显。普惠金融扩大服务广度，创新金融延伸服务深度。但是，目前新疆的金融业态还是没能很好地进行创新发展，金融制度和模式固化现象仍然很严重。

## 三 新疆金融业发展水平落后的主要成因

**（一）新疆经济发展水平较低，制约了大规模多样化的金融服务需求**

从近几年新疆经济发展现状来看，增长的速度虽然很快，整体规模也日益膨胀，但是新疆经济发展的起点还较低，2014年新疆地区人均生产总值为40648元，低于全国其他发达地区的人均消费水平。因此，从需求带动发展方面来说，新疆产业结构难以为其提供强劲的市场需求，由此可以看出其产业结构不利于金融业发展。

**（二）新疆经济外向度较低，区域金融市场难以获得国际资本的推动**

我国东部地区，自从对外开放后走出了一条高速发展的道路，但是地处祖国西北部的新疆，由于受到地理、政府政策、经济基础、人文水平等方面不利条件的影响，外向型经济发展缓慢，并且经济的外向度一直都较低。统计表明，20世纪90年代以来，新疆在将经济融入到国际生产体系及世界市场方面一直比较低，因此不利于新疆资本与国际市场的交融，以及新疆市场制度的完善、高效经济运行机制和外向型经济集群的形成。

**（三）新疆金融生态的外部环境较差，阻碍了新疆金融机构的业务拓展**

首先，新疆在社会信用体系完善、企业和个人信用方面的意识还很淡薄，新疆内借助虚假信息骗贷的现象日趋严重。其次，对金融机构经营活动的干预现象在新疆地方政府较为普遍。政府往往会要求银行提供信贷支持，用以促进一个新的项目上马或者挽救濒临破产的大中型企业。基层政府的越权行为比较多，此种情况必将加剧新疆银行不良贷款状况居高不下的现象。再次，新疆的金融法制建设不够完善，金融机构胜诉案件执行难，企业逃废银行债务的行为时有发生。

## 四 新疆金融业发展的政策建议

面对新疆金融业发展的诸多问题，需要对其进行有针对性的调整改革，增强对新疆中小企业和农民群体的信贷支持，加大对朝阳产业资本投放力度，促进南北疆金融协调发展，明确新疆的定位，促进金融体制改革。如此，新疆金融业将与其经济发展相适应，从而起到金融资本流转对经济的调节和促进作用。

**（一）促进资本市场发展，丰富融资渠道**

一是积极支持企业进入沪深交易所市场、全国中小企业股份转让系统（新三板）和新疆股权交易中心挂牌融资。二是支持新疆股权交易中心创新融资方式，丰富融资品种，满足中小微企业融资需求。三是充分发挥新疆能源产业基金等股权投资基金作用，促进股权融资发展。四是积极发挥新疆交易市场投资建设集团作用，促进各类要素市场及互联网金融服务平台引领带动新疆实体经济发展，推进新疆和田玉交易中心建设、棉花现货交易中心、棉花期货交割中转库等特色商品交易平台建设，为新疆特色产品流通提供有效的服务平台。

**（二）建立多元化的金融服务体系，确立金融区域中心**

一是为克服中小企业和民营经济得到信贷支持较为困难这一现状，必须发展为中小企业和民营经济服务的地方性银行，积极做好新疆银行筹建相关工作。二是试办民营银行和民营贷款公司。新疆的金融市场要针对全国进行开放，鼓励当地和发达地区的民间资本到当地投资建设民营银行和贷款公司。积极推动在南疆设立民营银行、国家开发银行和进出口银行在南疆设立二级分行。三是引进外资银行和外地金融机构投资。充分利用各种优惠政策，为外资银行和外地金融机构到新疆投资创造一个宽松和谐的外部环境。四是开办农村乡镇银行、小额贷款公司、农村资金互助组织，通过改变税收政策来刺激各类金融机构重新回到农村金融市场。有效推进农村信用社等金融机构改革工作，支持其做优做强。五是人民银行要进一步利用货币政策，调整信贷结构，加大贫困山区的资金支持，切实推动金融组织体系建设。六是鼓励各类金融机构在疆设立分支机构。新疆可以以乌鲁木齐市为基础建立金融中心。可参照迪拜模式，并结合新疆及中亚区情制定优惠政策。

**（三）加强南疆金融发展，促进金融和谐共进**

继续加大小微企业担保贷款贴息、农村金融机构税收优惠、县域金融机构涉农贷款增量奖励、农村金融机构定向费用补贴等政策支持力度，引导各类银行业机构加大对南疆的信贷投放。进一步完善保险政策，加大对南疆农业保险的政策支持。发挥民贸民品优惠利率贷款贴息、扶贫贷款贴息政策引导作用，完善贷款政策。积极引导银行业加大对新疆特别是南疆四地州信贷投放力度。充分发挥再贷款、再贴现等货币政策工具的正向激励作用，缓解"三农"、小微企业信贷投放资金压力，加大对薄弱环节的信贷支持。拓展保险工作领域，推动南疆政策性农业保险工作。结合新疆政策性农业保险发展情况，推动落实将南疆特色林果业、畜牧业、设施农业纳入中央政策性农业保险范围。

**（四）加快金融改革创新，建立新型金融业态**

互联网、物联网的发展与新的商业模式、政府融资创新等会带来新的金融形态。为提升新疆的金融实力，应该强化新疆的加工能力、技术水平、知识创新和物流集散效果。为此，应从体制机制上有所突破。新疆长期以来都是边远落后的少数民族地区，金融体系的设置多是以东部为基地，新疆的金融也处在边缘地带，尽管有地缘优势，但很难发挥对中亚地区的辐射作用。随着"一路一带"战略的实施，新疆的重要性立即显现，在金融设计上应打破传统，高屋建瓴。如设立中央银行第三总部、改现存金融分支机构为法人以及改变金融监管体制、成立金融管理委员会等。

# 宁夏银行业金融机构的效率及影响因素研究

兰文娟

作为西部开发的重点省份,宁夏经济总量小,资金和人才的匮乏直接制约着宁夏的经济发展,同西部其他民族地区一样,因资本市场发育不健全,宁夏金融的支撑为银行类金融机构,各级政府也将引入埠外银行类金融机构作为工作重点。2014 年,宁夏银行业金融机构的资产总额为 6718 亿元,金融机构人民币存款余额为 4209 亿元,同比增长 8.8%;金融机构人民币贷款余额为 4578 亿元,同比增长 17.1%。宁夏银行类金融机构包括大型商业银行、国家开发银行和政策性银行、股份制商业银行、城市商业银行、小型农村金融机构、邮政储蓄和新型农村金融机构七大类。其中大型商业银行的资产总额为 2354 亿元,占银行业金融机构资产总额的比重为 35%,城市商业银行和小型农村金融机构资产总额分别为 1388 亿元和 1306 亿元,分别占银行业金融机构资产总额的比重为 20.7% 和 19.4%,此三类银行业金融机构构成宁夏银行业金融机构的主体类型。本文用银行的效率来衡量宁夏银行业的发展,并实证分析影响银行效率的主要因素。

## 一 国内外研究现状

效率,一般是指在给定投入和技术的条件下,经济资源没有浪费,或对经济资源做了能带来最大可能性的满足程度的利用。效率衡量的是投入与产出之比,在投入一定的条件下,产出最大的则为最有效率的;反之,在产出一定的条件下,投入最小的则为最有效率的。

没有效率的企业，即意味着存在着帕累托改进，并未达到帕累托效率最优。银行作为企业的一种特殊形式，不外乎资金的流入和流出，这就涉及资金的流入和流出之比，抑或是产出和投入之比的问题。因此银行效率定义也应该回归到本源，即考虑到银行所有的投入和产出，以最小的投入获得最大的产出。

Subal C. Kumbhaker 和 Efthymios G. Tsionas（2008）使用了局部最大似然法估计随机前沿函数，估计了美国3691家商业银行的成本效率，得出了成本效率的大小取决于投入、产出的选取，以及所采用的测算方法。在此研究的基础上，Alexander，Krasnikow，Satish Jayachandran 和 V. Kumar（2009）用SFA测算了美国商业银行的成本效率和利润效率，用可变成本、利润、劳动力价格、贷款总量、贷款价格等作为衡量成本和利润的方程。并且引入了客户关系管理，实证了客户关系管理对成本效率会产生不利的影响，但对利润效率产生的是积极的影响。一些学者用同样的方法测算不同类型的银行，试图比较分析不同银行之间的效率差异，Ram Pratap Sonhas（2011）使用DEA研究了印度的28家国有银行和12家私有银行2001年2月至2005年6月的效率，实证结果表明在样本期间银行普遍无效率，而两种银行的效率差别很小。国内学者对银行效率的研究始于规模效率和范围效率，刘琛、宋蔚兰（2004）用SFA对我国商业银行的规模效率进行了分析，发现中国银行业存在着轻微的规模不经济，国有银行显著规模不经济，股份制银行存在规模经济，陈敬学、别双枝也得出相同的结论。齐树天（2008）测度了商业银行的规模效率和X-效率，却得出了与前面学者不同的研究结论。他认为国有银行在规模经济上具有显著优势，而股份制银行的X-效率高于国有银行。紧接着学者们剔除了规模和范围对银行效率的研究，将研究重点集中在了X-效率上：谢朝华、卿杨（2011）用DEA测度了2001—2009年我国13家银行的X-效率，研究发现在2003年以后，股份制银行的X-效率明显高于国有商业银行。但邱兆祥、张爱武（2009）用FDH方法测算得出了相反的结论，即国有商业银行的平均效率水平在所有X-效率指标上都高于其他商业银行的结论，并且认为造成结论不同的原因在于生产技术凸性假设对商业银行效率的评价结果具有显著影响。

在研究银行效率方面，学者们采取不同的研究方法，由最初单一的随机边界法（SFA）、数据包络分析法（DEA），逐步演变到了三阶段的 DEA 或是多种方法的结合，试图找出更加接近银行实际的研究方法。但究竟哪种研究方法更能准确地测算出银行效率，目前为止并无定论。

## 二 宁夏银行业金融机构效率的实证分析

数据包络分析（Date Envelopment Analysis）是处理多投入多产出的线性规划方法，是研究效率时最常用的方法。DEA 分析涉及两个变量，即投入和产出。对于银行业而言，投入与产出的界限并不像一般企业那样明显。首先，银行所提供的金融服务以及产品难以得到具体的量化；其次，银行从社会各个方面筹集资金，资金流入很难量化。常见的银行投入产出指标选取的方法有生产法、中介值法和增加值法。

学者们根据研究目的的不用，用不同的方法选取投入产出指标，但是这三种方法在选取指标时，哪个更加接近于实际情况并没有一个统一的认识，多数学者对三种方法进行改进，表1罗列了学者们在进行银行效率研究时，常用的投入变量和产出变量的选取。

表1　　　　　　　　　投入、产出变量选取

| 作者 | 投入变量 | 产出变量 | 所作的改进 |
| --- | --- | --- | --- |
| 魏煜、王丽 | 劳动力（银行的全职职工人数）、固定资产净值、可贷资金（各类存款和发放债券） | 利息收入、非利息收入 | 简化了产出 |
| 张健华 | 股本、固定资产净值、各项支出（损益表中各项支出之和） | 存款总额、贷款总额、税前利润总额 | 数据更容易获得，中介法和生产法相结合 |
| 周逢民、张会元、周海等 | 第一阶段：平均人数、固定资产净额、营业费用 | 第二阶段：净利息收入和非利息收入 | 分阶段选取，使指标选取更加全面 |

续表

| 作者 | 投入变量 | 产出变量 | 所作的改进 |
|---|---|---|---|
| 陈晓卫 | 基本投入（职工人数、机构总数、总资产、股东权益、存款、营业费用）、主营业务投入（存款规模和机构） | 基本产出（贷款、利息收入、手续费和佣金收入、总利润、净利润）、风险因子（资本充足率和流动比率） | 用因子分析法选取了投入和产出指标 |

### （一）样本的选取

参照学者的变量选取，本文选取了固定资产净值、存款总额、相关费用支出作为银行的投入指标，贷款总额、税前利润作为银行的产出指标。在宁夏七类银行业金融机构中，因国家开发银行和政策性银行要担当国家政策性导向作用，效率对此类银行衡量并无意义，因此只涉及大型商业银行、股份制商业银行、城市商业银行、小型农村金融机构、邮政储蓄和新型农村金融机构六类银行业金融机构的效率衡量。

### （二）银行效率测算结果及分析

基于 DEA 的银行效率评价，用 DEAP 2.1 分别对 2012—2014 年宁夏银行业金融机构的投入产出指标进行测算，测算结果如表 2—表 4 所示：

表 2　　　　2012 年宁夏银行业金融机构效率测算结果

| 银行类型 | 技术效率 | 纯技术效率 | 规模效率 | 规模效益变动 |
|---|---|---|---|---|
| 大型商业银行 | 0.628 | 0.786 | 0.799 | drs |
| 股份制商业银行 | 1 | 1 | 1 | — |
| 城市商业银行 | 0.389 | 0.854 | 0.456 | irs |
| 小型农村金融机构 | 0.254 | 0.783 | 0.324 | irs |
| 邮政储蓄 | 0.205 | 0.632 | 0.324 | drs |
| 新型农村金融机构 | 0.251 | 0.546 | 0.459 | drs |

表3　　　　2013年宁夏银行业金融机构效率测算结果

| 银行类型 | 技术效率 | 纯技术效率 | 规模效率 | 规模效益变动 |
| --- | --- | --- | --- | --- |
| 大型商业银行 | 0.677 | 0.851 | 0.795 | drs |
| 股份制商业银行 | 0.789 | 0.789 | 1 | — |
| 城市商业银行 | 0.424 | 0.783 | 0.542 | irs |
| 小型农村金融机构 | 0.456 | 0.697 | 0.654 | irs |
| 邮政储蓄 | 0.167 | 0.542 | 0.309 | drs |
| 新型农村金融机构 | 0.177 | 0.498 | 0.356 | drs |

表4　　　　2014年宁夏银行业金融机构效率测算结果

| 银行类型 | 技术效率 | 纯技术效率 | 规模效率 | 规模效益变动 |
| --- | --- | --- | --- | --- |
| 大型商业银行 | 0.486 | 0.743 | 0.654 | drs |
| 股份制商业银行 | 0.863 | 0.865 | 0.998 | drs |
| 城市商业银行 | 0.338 | 0.658 | 0.513 | drs |
| 小型农村金融机构 | 0.109 | 0.426 | 0.256 | drs |
| 邮政储蓄 | 0.277 | 0.782 | 0.354 | irs |
| 新型农村金融机构 | 0.325 | 0.562 | 0.579 | irs |

资料来源：中国人民银行银川中心支行《宁夏银行业金融机构月度报表》

从上表可以看出，除股份制商业银行在2012年有效率之外，在样本期间，其余的银行均无效率。在2012—2014年期间，大型商业银行、城市商业银行、小型农村金融机构、邮政储蓄和新型农村金融机构均无效率，各类型银行之间的效率差异性较大。

## 三　宁夏银行业金融机构效率影响因素研究

银行的经营离不开安全性、流动性和盈利性，在分析宁夏银行业金融机构效率的影响因素时，首先选取代表"三性"的指标。本文首先选取了不良贷款率、存贷比和资产收益率分别反映银行的安全性、流动性和盈利性。其次应将银行的规模也考虑在内，比如新引进的中信银行迅速增设分支机构，这种外延式规模的扩大是否可以提高银行的效率。若规模扩大可以提高银行的效率，那银行便可以利用扩大规模提高效率，同时也就意味着大银行将比小银行更有效率。除此之外，银行的收入比也被考虑在内，随着市场化利率改革的推进，银行的创新越来越受到了重视，提高银行中间业务的收入，增加银行的创新性是否会在一定程度上影响到银行的利润也值得考虑。非利息收入的提高是否意味着银行在一定程度上更加有效地利用了资源，是否会进一步刺激银行效率的提高，也是值得关注的一个问题。同样，不良贷款率作为衡量银行资产质量的一个指标也应该被考虑进去。

综上所述，本文选取了以下因素进行 Tobit 回归分析：安全性（$X_1$）、盈利性（$X_2$）、流动性（$X_3$）、银行规模（$X_4$）、收入构成（$X_5$）。建立了如下的回归方程 $Y = aX_1 + bX_2 + cX_3 + dX_4 + eX_5 + C$。用 Eviews6.0 进行 Tobit 回归，回归结果如表5所示：

表5　　　　　　　　　　　回归结果

|  | Coefficient | Std. Error | z – Statistic | Prob. |
| --- | --- | --- | --- | --- |
| $X_1$ | -4.35674 | 0.18953 | -4.685214 | 0.04685 |
| $X_2$ | 2.00365 | 7.56824 | 3.56817 | 0.03695 |
| $X_3$ | 2.14589 | 0.59861 | 0.023581 | 0.5692 |
| $X_4$ | 0.02568 | 0.05689 | 0.99852 | 0.68951 |
| $X_5$ | 1.47853 | 0.45685 | 0.86852 | 0.57892 |
| $C$ | 0.356821 | 0.879862 | 0.345682 | 0.70325 |

从以上的回归结果中可以看出，在对变量进行 Tobit 回归时，除了银行规模、存贷比和收入构成不显著外，其余的两个变量在95%的置信水平下都比较显著，下面对5个影响因素逐一进行分析。

第一，安全性对银行效率的影响力最大。在银行的"三性"中，商业银行必须保证银行的安全性。假使一个银行安全性不高，"挤兑"足以让银行遭受灭顶之灾。《巴塞尔协议》规定了资本充足率和最低资本要求，将市场风险、操作风险考虑在内，保证各个银行的安全性。同国有银行和股份制银行相比，安全性是储户面对城市商业银行时考虑的首要问题。不良贷款率与银行的效率呈负相关。资产质量同银行经营风险水平息息相关，资产质量高则银行的信贷资金可以正常地运转，资金循环链条不会中断，使得银行的竞争力大大提升。反之，如果不良贷款率过高，将直接导致银行的优质资产流失，银行整体资产质量大幅度下降，银行效率相应也会下降。

第二，盈利性同银行效率显著正相关。盈利性越高的银行，越能有效地利用资金。银行的利润高，资金实力雄厚，更容易研发出新型理财产品，吸引客户，以高薪聘请高技术性综合性人才，吸引高级管理人员，增加ATM的数量。银行的利润来源于存贷利差，如今每个商业银行都有自己每年的存款任务，城商行的存款压力更是巨大，甚至有些地方会出现存款返现金的怪异现象。储户对银行之间的取舍会考虑到多种因素，上面所说的安全性是一方面，除此以外还有银行的存款利率。在存款利率相等的情况下，储户更愿意选择盈利性高、服务态度好、硬件设施完善的银行。盈利性高的企业因为投入高，吸引到更多的储户，这就产生了良性的循环，提高了银行的经营效率。

第三，存贷比同银行效率并没有显著的关系。我国央行规定存贷比不得超过75%。一方面，存贷比直接影响着银行的流动性，若银行存贷比过高，则会导致银行的流动性风险加剧，银行的清偿能力降低，加剧银行的经营风险。另一方面，存贷比过高反映了银行最大限度地将资金放贷了出去，获得了更高的收益，对于银行效率来说是正向的影响。鉴于以上两方面的综合影响，存贷比对银行效率的影响具有不确定性。

第四，银行规模对宁夏银行业金融机构的效率并没有显著的影响，即总资产绝对量的大小对银行效率没有绝对的影响，不能简单地认为资产大的银行效率一定高于资产小的银行，银行单纯决定扩大规模并不是明智的选择。在企业的生产过程中，平均成本先升后降，随着企业规模的增加，规模效应逐渐地显现出来，在一定的产量范围内，随着产量的增加，成本呈下降趋势，在这个产量范围内，达到了规模经济。若在达到规模经济的那一点，继续扩大生产，则平均成本开始由下降转为上升。对于银行来讲，在异地设立分支机构，推出新型理财产品，都会加大银行的成本投入。

第五，非利息收入同利息的比值对银行的效率并没有显著的影响。同国外的银行相比，我国银行的主要利润来源于利息收入，中间业务的收益仅占银行收益很小的一部分，虽然中间业务的经营成本小、风险低、收益高，但是对于宁夏银行业金融机构而言，非利息收入同利息收入的比值占很小的一部分，平均比值仅占 16.32%，利润绝大多数来源于利息收入。由此可知，提高非利息收入并不能提高宁夏银行业金融机构的效率。

## 四　结　论

随着金融深化改革，宁夏银行业金融机构在发展过程中面对的机遇和挑战不同，通过用 Tobit 回归实证检验，盈利性同银行效率显著正相关，而不良贷款率同银行效率显著负相关，银行规模、收入构成以及存贷比对银行效率没有显著的影响。宁夏银行业金融机构整体效率偏低，在宁夏地区，各类银行业金融机构应在发展中注重提高银行的盈利性，同时减少银行的不良贷款率，提升宁夏银行业金融机构的效率。

【国际经济】

# 哈萨克斯坦在"一带一路"战略中的地位与中哈战略合作研究

李 剑

在"一带一路"战略中,作为世界上最大的内陆国家和亚洲的中心腹地国家,哈萨克斯坦无疑在中线具有特殊的意义和地位,用"中亚枢纽"这个词语来概括最恰当。在丝绸之路经济带所涉及的世界空间区域中,哈萨克斯坦正处于整个经济带的中间段区位,是我国连接西亚和欧洲的关键和必经区域。在整个"一带一路"战略中,哈萨克斯坦在理论和实践上都必然成为"中亚枢纽国"的关键角色。

## 一 哈萨克斯坦是亚欧中心腹地与丝绸之路中继站

哈萨克斯坦与俄罗斯、中国、吉尔吉斯斯坦、乌兹别克斯坦、土库曼斯坦等国接壤,并与伊朗、阿塞拜疆隔里海相望。它东南连接中国新疆,北邻俄罗斯,西部毗邻里海,南面则与乌兹别克斯坦、土库曼斯坦和吉尔吉斯斯坦接壤。在国际地理版图上,哈萨克斯坦通过里海可以到达阿塞拜疆和伊朗,通过伏尔加河、顿河运河可以到达亚速海和黑海。被称为"当代丝绸之路"的"欧亚大陆桥"横贯哈萨克斯坦全境。从国际地理区位可以看出,哈萨克斯坦是名副其实的亚欧中心腹地,从空间角度来说是整个亚欧大陆的心脏位置也不为过。这样的地缘地理,使得哈萨克斯坦在国际上的军事、经济和政治意义异乎寻常,可谓是"兵家必争之地"。它既是各国展开各领域合作的理想伙伴，同时也是各国开展各种竞争的不二对象。对于欧洲各国尤其是欧盟成员国，哈萨克斯坦既是它们意识形态、价值观念和对外贸易输出的对象，同时又是陆上连通东亚、南亚以及俄罗斯的要道。而对于俄罗斯来说，哈萨克斯坦不仅仅是它传统的势力范围，也是其监察东亚和西亚、欧洲各国的前方"岗哨"。对于中国，哈萨克斯坦既是我国连接西亚与欧洲的陆上交通要道，也是我国西部国家安全的"大门"。尤其是对于我国当前所处的国际形势，在整个国家战略的西部大纵深和国际战略的西部大转移之际，哈萨克斯坦应该成为我国开展各领域战略合作的重要伙伴和盟友，这对于构建我国安全稳定的周边环境和经济发展具有极大的战略价值。

哈萨克斯坦正好处于丝绸之路经济带的"中继站"位置。这个"中继站"有多层含义。首先，它是各种资源要素、商品流通和信息流通的中间枢纽，由于亚欧中心腹地的特殊地理区位，它起着辐射中心点的作用，通过它就可以实现产品、信息、资源、投资等要素的四面八方扩散效应。其次，它应该成为"一带一路"战略效应的示范窗口，"一带一路"所阐释的发展理念和战略构想，能否成为由中国主导的区别于其他国际区域组织的新型合作发展形态，并且展示出与众不同的卓越性并且被各国所认同和接受，由一点绽放到多点开花，哈萨克斯坦无疑起着天然的示范作用。

## 二 "一带一路"蕴含的中哈战略合作契机

### （一）自然条件契机

复杂奇特的地理环境使得哈萨克斯坦的基础设施建设水平由于建设成本的高昂以及投资的匮乏而处于一个相对较低的水平。它的低地与平原多为荒漠或半荒漠，而高山与水流等地形因素以及恶劣的气候因素又加大了资源开发的难度，因此尤其是在资源开发相关基础设施建设方面，哈萨克斯坦整体建设水平相对较低，再加上脱离苏联之后失去了工业扶持的相关资金与技术，本国国际融资能力的限制，就更加剧了基础设施建设的难度。但从另一个角度上来说，正因为如此，哈萨克斯坦在基础设施建设方面的投资潜力巨大，而"一带一路"战略所蕴含的各国在基础设施建设与合作方面的众多投资机会，正符合该国利益诉求。所以，"一带一路"战略对于哈萨克斯坦的意义也是不言而喻的。丰富的油气自然资源和金属矿产资源是哈萨克斯坦经济和生存在这片土地上的人民赖以生存和发展的天然基础。但是由于资源开采技术和资源利用技术不高，资源输出的相关设施不健全，导致这些深埋在地下或掩藏在高山里的至宝并没有得到最优化的配置。因此也导致了哈萨克斯坦经济发展模式的落后和经济发展水平的滞后，形成了资源输出型的外部依赖型经济形态。但是也同时说明了蕴含在该国巨大的在基础设施建设领域的国际战略合作潜力。

### （二）政治外交契机

首先，执政党以及领导者发展理念中对"一带一路"战略的内在需求。"祖国之光"人民民主党在总统纳扎尔巴耶夫的影响下，形成了务实的行政风格，致力于落实实际改革措施，解决哈萨克斯坦发展道路上的实际问题。他本人对于国际形势以及哈萨克斯坦在其中所处的位置，以及哈萨克斯坦未来所要坚持走的发展之路拥有深刻的卓见。而这些卓见与"一带一路"思想提出的国际背景具有惊人的相似度，说明两国对于各自国家所面临的外围环境以及本国的自身国情的认知是比较吻合的。"一带一路"战略合作对于涉及的国家的意义是不言而喻的，而纳扎尔巴耶夫和他的人民民主党对此是高度赞同的。而对于哈萨克斯坦这个中亚最大的国家来说，"一带一路"战略能够给其带来的经济上的转型机遇和民生上的改善是不可估量的。而这些正符合哈萨克斯坦人民民主党和纳扎尔巴耶夫目前的务实作风，也符合其提出的"哈萨克斯坦道路"的根本内涵。

其次，务实平衡的外交政策中蕴含的关系助推契机。在哈萨克斯坦的外交格局定位中，俄罗斯、美国、中国、欧盟、穆斯林以及其他中亚国家是其外交的优先对象。那么这些国家除了美国之外，均在"一带一路"战略所涉及的国家范围内。"一带一路"战略虽由中国提出，但是所有参与其中的国家均享有平等参与和平等合作的权利。所有参与其中的国家都会明确意识到这对于改善自身国家的周边关系，加强在基础设施互联互通、产业投资、资源开发、经贸合作、金融合作、人文交流、生态保护、海上合作等领域的交流与合作，构建安全稳定的周边环境具有深刻的未来价值。而对于哈萨克斯坦这个亚欧大陆的中心腹地国家来说，其在外交上产生的助推作用异常明显。只有将各国的战略合作推向更高层次，通过合作开发才是优化经济结构、促进经济转型的必由之路。

(三) 经济发展契机

第一，哈萨克斯坦的经济增长迫切需要"一带一路"。从哈萨克斯坦独立以来至今的经济增长路径和现实情况得出，导致经济增长放缓的原因有很多，但经济结构和外贸结构不合理，尤其是能源产业和能源输出为经济增长的核心动力，以及对国际市场的依赖是主要原因。单一的能源产业结构造成完全依赖资源输出以获取财富的增长方式，资源的利用效率低下，产品的附加价值极低和拥有自主知识产权的产品极少。这样的状况在能源丰富的阶段可以暂时维持经济的高速增长，但是除了极其容易受到国际市场的波动影响以外，这样的经济结构和出口结构会导致在国际市场上竞争力低下，并且在国际分工中始终处于依附地位，这绝对不是长久之道。另外，受制于本国特殊的地理环境以及资金和技术的短缺，就算是能源产业和能源输出，哈萨克斯坦在交通运输、管道建设、物流仓储等方面的基础设施建设水平仍然处于较为低级的水平。改变过分依赖能源产业和能源输出的单一经济结构，提高本国资源利用效率，并且提升本国输出产品的技术含量和附加值是哈萨克斯坦解决经济增长的根本出路。而这些问题的解决，对于哈萨克斯坦这个中亚国家来说，闭门造车是行不通的，只有充分抓住"一带一路"带来的合作契机，才能或吸引外资、引进技术，或更大范围地拓展其国际市场。在优化本国经济结构的同时，优化外贸出口结构，实现其发展目标。

第二，"一带一路"战略的推进非常需要哈萨克斯坦的"枢纽"作用。"一带一路"要发挥功能，承担起三大使命，需要借助哈萨克斯坦的"枢纽"作用。哈萨克斯坦处于亚欧大陆的中心腹地，从地理区位来说，它是"一带一路"道路连通和贸易畅通的中间关节点，用交通和贸易的"枢纽"来形容最为恰当。作为中线的枢纽点，哈萨克斯坦不仅可以成为各国产品货物的集散点，更是保证道路畅通的关键点。尤其是能源传送所必需的各种管道设施和物流运输设施,哈萨克斯坦这一枢纽点可以实现从点到线再向四面八方的扩散。它的地位和功能就像海上的"马六甲海峡",成为陆上的要素中转地。在货币流通、政策沟通、人心相通方面,这些元素的沟通具有一定的无形性,但是依然泯灭不了哈萨克斯坦在这几个要素沟通中的枢纽地位。哈萨克斯坦由于其在中亚地区的特殊地位,使其具有天然的示范点效应。货币流通的效果,政策沟通的范式以及人心沟通的和睦能否在哈萨克斯坦取得举世瞩目的结果,都对"一带一路"战略构想在中亚地区的进一步推进和传播起到非常关键的示范作用。哈萨克斯坦在这个意义上可以说是一个天然的"窗口"或展示平台,因为在地缘关系上,哈萨克斯坦与周边中亚国家具有一定的相似性。

**(四)历史渊源契机**

从游牧民族突厥建立突厥汗国至今天纳扎尔巴耶夫多次连任该国总统,哈萨克斯坦在整个历史延续中始终保持着与我们中华民族千丝万缕、永不断续的关系。自西汉时期古代丝绸之路初起时,哈萨克斯坦就是汉朝西域都护府的重要管辖范围。两国在历史的演进中始终保持了千丝万缕的或邻邦或依附或管辖或亲情的复杂关系,这充分说明了两国在民族发展中的相互依存和相互帮助。而这种历史渊源正是今日两国开展战略合作的良好情谊基础,以及不需要太多语言就可以达成的共识和信任。这种情谊的历史蓄积正成为当今"一带一路"战略合作的情感基础。

# 三 中哈战略合作在"一带一路"中的特殊地位

**(一)哈萨克斯坦是"一带一路"中线的中亚枢纽**

哈萨克斯坦地处亚欧大陆心脏位置,是自古以来天然的交通要道。而对于当前的"一带一路"构想的推进,哈萨克斯坦绝对是实现道路连通、贸易畅通、货币流通、政策沟通、人心相通的战略枢纽。其枢纽地位不仅表现在它是横贯亚欧大陆东西、连接亚欧大陆南北的心脏，是实现亚欧大陆陆路畅通的中心段，是实现"一带一路"中的各国产品流转、货物集散、信息流通、能源传送、货币与资金流动等的关键纽带，更表现在这个世界上最大的内陆国和中亚最大的国家因地缘关系所起到的"中心效应"。这个"中心效应"不是地理概念，而是实际效应概念，是指哈萨克斯坦在推进"一带一路"的核心发展理念与合作范式中因地缘关系所起到的辐射效应。这个辐射效应必然会对哈萨克斯坦周边国家尤其是中亚国家起到非常好的推动作用，促进"一带一路"核心发展理念和合作范式的广泛传播与不断认同，使更多的国家逐渐参与进来，将合作发展理念推向更深层次。

## （二）中哈产能合作对"一带一路"建设具有示范作用

哈萨克斯坦是中国"丝绸之路经济带"建设的关键一环，中哈两国在产能合作上取得了重大进展。全国政协委员、外交部副部长程国平评价称，中哈产能合作在推进"一带一路"建设中具有示范意义。[1] 中国与中亚国家都面临着经济转型，双方在经济合作上具有互补性，在"一带一路"建设中，中亚国家能够成为主动的参与者。当前，中国作为世界第二大经济体，正处于深度转型、结构调整期，中国经济快速发展到一定阶段后产生的富余产能，如平板玻璃、钢铁、水泥、高铁技术等，转移到"一带一路"沿线国家，不仅能带动中国经济转型，还能促进其他国家经济发展，实现优势互补。中亚国家百废待兴，尤其像哈萨克斯坦这样的新兴市场国家。哈萨克斯坦独立20多年来，基础设施建设等还不完善，需要建立全面的经济工业体系。同时在当前整个世界经济下行压力很大的情况下，该国并不能独善其身，尤其是乌克兰危机，西方对俄罗斯进行经济制裁，对该国经济也造成冲击。哈萨克斯坦迫切希望打开新市场，拓展新的融资途径，同中国开展全方位合作。因此，引进中国先进的产能不仅能促进该国经济转型，且有利于该国建立独立完整的民族工业。中亚地区历来是大国博弈之地。程国平认为，相对于美俄在中亚地区的战略部署，"一带一路"更具经济性，更易让中亚国家参与其中，中亚不再是经济发

---

[1] 程国平：《中哈产能合作对"一带一路"建设具示范意义》，环球网，http://finance.huanqiu.com/roll/2015-03/5885193.html，2015-03-11。

展中被忽略的中间地带。"一带一路"在推动中国中西部地区发展的同时，又可带动沿线国家的经济发展。

**（三）哈萨克斯坦是我国在西部最大最广阔的经济腹地**

我国自古以来就将经济发展的重心放在了中部内陆地区和东部沿海地区，而且一直将大洋彼岸的西方国家视为经济发展最重要的贸易和合作区域。而当今复杂的国际新形势和国内的现时国情逐渐使我们的战略眼光西移——向我们忽视了许久但其地位作用一直都存在的我国西部边疆地区转移，也就是另外一个经济战略腹地——亚欧大陆的中西部地区。从某种意义上说，这片经济腹地是我国实现经济可持续发展的另一关键地区。而在这片腹地中，哈萨克斯坦这个中亚最大的国家无疑是我国西部最大最广阔的经济腹地。这并不仅仅是从国土面积上来说是最广阔的，更是从两国能够进行合作的领域来说也是最广阔的。哈萨克斯坦当下的国情尤其是经济方面的现状与我国目前的基本经济状况具有高度契合性，两者具有天然的优势互补特征。中方面临产能过剩，需要开拓更广阔的市场需求以输出过剩的产能，而哈方则面临能源输出、基础设施建设、资金技术引入等现实需求，双方的合作领域极为广泛。因此这片经济腹地对于我国实现经济的改革和增长具有极其现实的意义。

**（四）在构建我国西部安全周边环境中哈萨克斯坦意义重大**

作为经济腹地的哈萨克斯坦也是我国西部周边环境在国家安全方面的天然屏障。因此保持睦邻友好甚至是战略安全协作，以及共同发展、共同繁荣才是构建彼此安全稳定的周边环境的重要内容。哈萨克斯坦是上海合作组织重要成员国，也认识到中国同样是其东部最重要的经济腹地和安全屏障。这对于双方的意义是相同的。因此，在"一带一路"战略中，哈萨克斯坦能否保持社会稳定和民生繁荣，是"一带一路"战略能否顺利实施的重要环节，也是中国西部周边环境保持稳定的关键。

**（五）悠久的历史渊源是新兴合作发展理念取得成效的厚重基础**

哈萨克斯坦在"一带一路"中的特殊地位也取决于中哈两国历史积淀下来的长期交往中形成的深厚友谊。这种情感基础不仅仅是两国开展全方位深层次合作的促进因素，更是其战略地位的重要表现。不需要太多的时间就可以达到默契与信任，本身就是两国开展合作的独有的优势，彼此之间的相互了解也是实现"一带一路"战略构想本质内涵的关键基础。因此，"一带一路"在哈萨克斯坦的提出，以及哈萨克斯坦在"一带一路"中的关键地位并不是偶然的现象，而是具有内在深刻逻辑的展现。

# 中国与哈萨克斯坦的双边贸易关系研究

莲 花[①]

哈萨克斯坦是"中亚五国"最大的经济体。据世界银行统计，2014年"中亚五国"GDP总量为3394.7亿美元，其中哈萨克斯坦为2122.48亿美元，占"中亚五国"GDP总量的63%。哈萨克斯坦的对外贸易伙伴呈现多元化，俄罗斯、欧盟和中国是其传统的贸易伙伴。2014年，中国是哈萨克斯坦的第二大出口贸易伙伴，第一大进口贸易伙伴。

自1992年1月3日中哈建交以来双边贸易呈现快速增长势头，对两国的经济发展起到了推动作用。近年来，中哈两国全面战略合作伙伴关系不断发展。双边贸易从1992年的3.68亿美元到2014年的172.55亿美元。由中国发起的"丝绸之路经济带"进一步拓展了中哈双边贸易，中国与哈萨克斯坦的经贸关系前景一片光明。

## 一 中国与哈萨克斯坦的双边贸易的发展历程

2013年9月7日，中国国家主席习近平在哈萨克斯坦纳扎尔巴耶夫大学发表题为《弘扬人民友谊 共创美好未来》的重要演讲，全面阐述中国对中亚国家睦邻友好合作政策，倡议用创新的合作模式，共同建设"丝绸之路经济带"。哈萨克斯坦总统努尔苏丹·纳扎尔巴耶

---

① 作者为中央民族大学经济学院2015级博士，现就职于呼和浩特民族学院经济系。

夫于 2014 年 5 月 19 日至 21 日对中华人民共和国进行国事访问期间两国签署了《中哈联合宣言》，进一步扩展双边贸易。

下面，我们根据中国海关总署官方网站统计数据，制作了中哈两国贸易额走势，分阶段分析中哈贸易往来。从图中可以看出，中哈贸易额由 1992 年的 3.68 亿美元，发展至 2012 年的 239.82 亿美元，当年首次超过俄罗斯的 238.6 亿美元，成为第一大贸易伙伴国家。根据历年中哈贸易额发展变化，我们可分为四个阶段来分析中哈经贸额发展历程。

第一阶段：1992—1998 年，该阶段两国双边贸易总额在 10 亿美元以下，双边贸易始终为贸易顺差。哈萨克斯坦独立初期，由于经济未进入正轨，经济以负增长为主。通过图 1 可以看出，对中国出口和自中国进口差距较大，尤其是 1995 年至 1997 年顺差更为明显，双边贸易额除 1994 年有所下降以外，其余年份都有缓慢上升趋势。

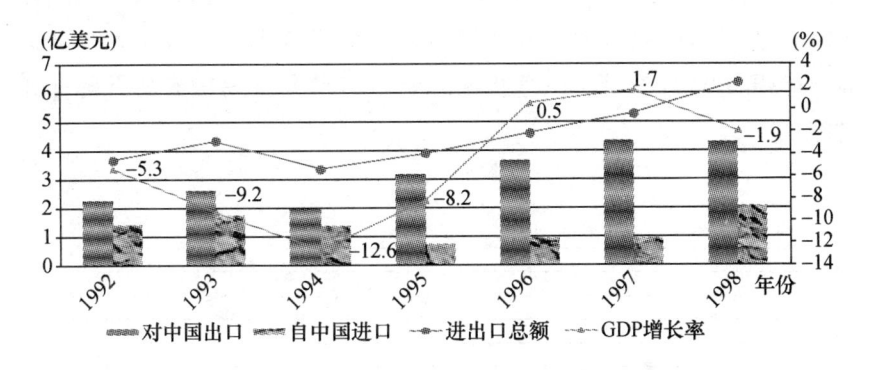

**图 1　中哈自建交以来双边贸易走势第一阶段**

第二阶段：1999—2004 年，该阶段两国双边贸易总额在 10 亿美元至 50 亿美元之间，进出口差额逐步减少，但始终是贸易顺差。随着哈萨克斯坦经济逐步好转，并保持较高的增速，双边贸易迎来崭新的发展势头，2001 年有小幅度的下降，从 2002 年开始进出口贸易额快速上升，详见图 2。通过图 2 可以看出，2003 年和 2004 年进出口贸易差额几乎相等。

·博视经济·

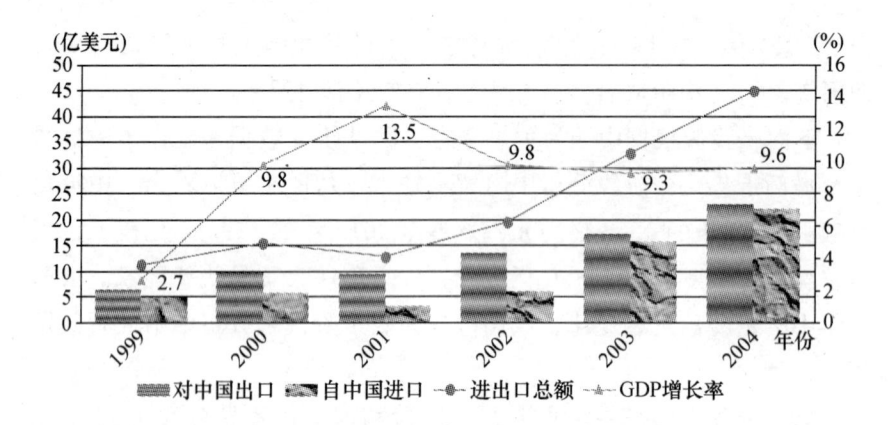

**图2　中哈建交以来双边贸易走势第二阶段**

第三阶段：2005—2009年，该阶段两国双边贸易总额在60亿美元至180亿美元之间，双边贸易首次呈现逆差。由于中国经济的快速崛起，不仅带来了中国对哈萨克斯坦原材料需求的增加，同时中国加工制造业等领域竞争力的提高使哈萨克斯坦自中国进口额大幅度提高，但受2008年全球金融危机的影响，2009年贸易额有所下降，详见图3。

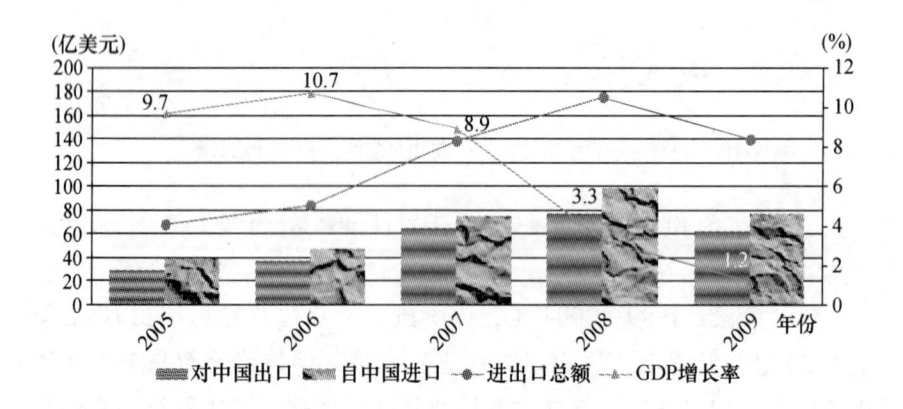

**图3　中哈自建交以来双边贸易走势第三阶段**

第四阶段：2010—2014年，该阶段两国双边贸易总额在200亿美元以上，双边贸易呈现总体顺差。由于哈萨克斯坦出口商品的单一和进口商品的多元化进一步加剧,另受中国经济发展增速放缓以及钢铁等行业产能过剩的影响,中国对哈萨克斯坦矿产品需求下降导致贸易额增长缓慢,详见图4。

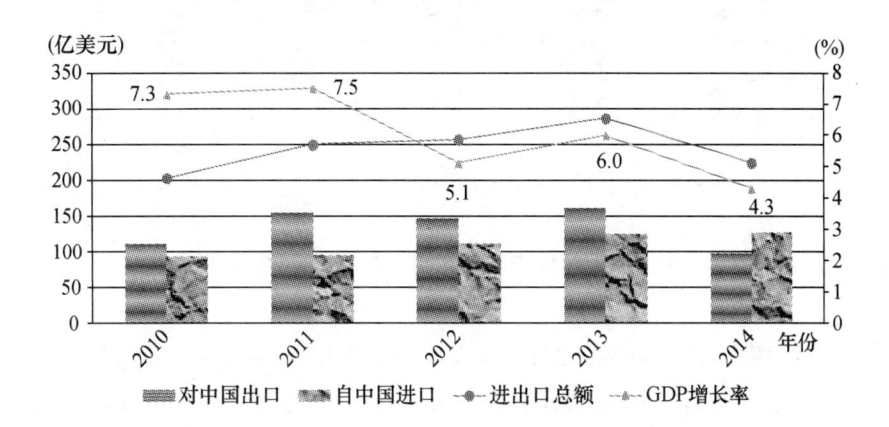

**图4 中哈自建交以来双边贸易走势第四阶段**

通过中国商务部官方网站提供的对外贸易——国别报告(哈萨克斯坦)数据,2012年中哈进出口额为239.82亿美元,为历史最高,当年对中国出口额也是历史最高,为164.84亿美元,自中国进口额历史最高出现在2013年,为81.93亿美元,2010—2014年中哈贸易关系中,哈萨克斯坦一直保持贸易顺差。详见表1和图5。

表1 　　　　　　　中国与哈萨克斯坦进出口贸易

| 年份 | 进出口额 金额(亿美元) | 进出口额 增长率(%) | 自中国进口 金额(亿美元) | 自中国进口 增长率(%) | 对中国出口 金额(亿美元) | 对中国出口 增长率(%) | 贸易差额 (+/-) |
|---|---|---|---|---|---|---|---|
| 2010年 | 140.86 |  | 39.64 |  | 101.22 |  | +62 |
| 2011年 | 208.75 | 48.2 | 50.08 | 26.3 | 158.67 | 56.8 | +109 |
| 2012年 | 239.82 | 14.9 | 74.98 | 49.7 | 164.84 | 3.9 | +90 |
| 2013年 | 223.61 | -6.8 | 81.93 | 9.3 | 141.68 | -14.0 | +60 |
| 2014年 | 172.55 | -22.83 | 74.40 | -9.2 | 98.15 | -30.7 | +24 |

资料来源:《中国商务部国别贸易报告——哈萨克斯坦》。

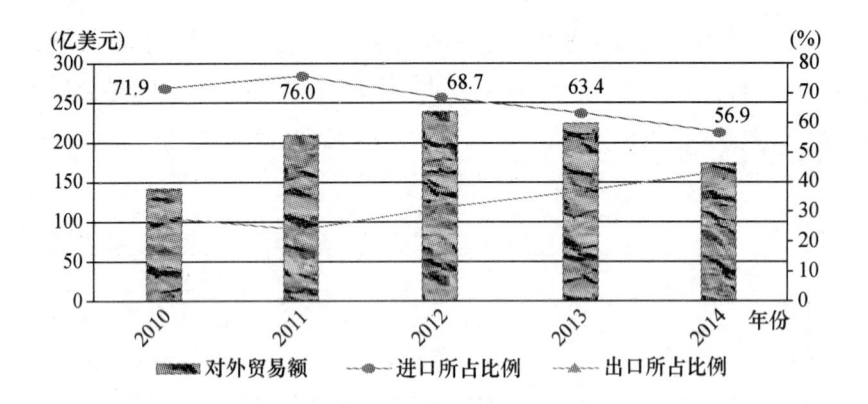

图 5  2010 年至 2014 年中哈进出口贸易发展和进出口比例

通过图 5 可以看出,2011 年为进出口额比例的拐点,即出口额所占比例下降和进口额所占比例提高的拐点,从 2012 年起进口额所占比例逐年下降,出口额所占比例逐年上升。2010—2014 年中哈两国的对外贸易总体上呈现出上升趋势。

## 二 中国与哈萨克斯坦双边贸易的商品结构

近年来,中国是哈萨克斯坦的第二大出口贸易伙伴国家,哈萨克斯坦是中国在独联体地区的第二大贸易伙伴。哈萨克斯坦 2010 年至 2014 年 5 年累计对中国出口额达到 664 亿美元,其中矿产品占总出口额的 70%,贱金属及制品和化工产品分别占 19.5% 和 9.3%。哈萨克斯坦出口商品结构以原料性商品为主,另外,目前哈萨克斯坦产品附加值低,自身商品的国际竞争力较弱,因此哈萨克斯坦高出口商品类别非常集中,对中国出口而言,矿产品、贱金属及制品和化工产品出口累计占比为 98.8%,详见表 2。

从表 3 中可以看出,自中国进口的商品类别出现多元化,哈萨克斯坦目前工业发展处于起步阶段,对进口商品的需求主要体现在机电产品、贱金属及制品和运输设备上,该三种商品类别 2010 年至 2014 年 5 年累计自中国进口额占进口额的 42.3%、13.9% 和 9.2%。

表2　　　　　　　哈萨克斯坦对中国出口主要商品类别 单位：百万美元、%

| 商品类别 | 2010年 | 2011年 | 2012年 | 2013年 | 2014年 | 5年累计 | 占比 |
|---|---|---|---|---|---|---|---|
| 总值 | 10122 | 15867 | 16484 | 14168 | 9815 | 66456 | 100 |
| 矿产品 | 6948 | 11596 | 11575 | 10063 | 6366 | 46548 | 70.0 |
| 贱金属及制品 | 2164 | 2871 | 3407 | 2559 | 1952 | 12953 | 19.5 |
| 化工产品 | 944 | 1337 | 1380 | 1331 | 1195 | 6187 | 9.3 |
| 植物产品 | 13 | 8 | 57 | 59 | 103 | 240 | 0.36 |
| 运输设备 | 0 | 2 | 0 | 61 | 61 | 124 | 0.19 |
| 机电产品 | 2 | 5 | 2 | 36 | 75 | 120 | 0.18 |
| 塑料、橡胶 | 15 | 23 | 42 | 17 | 18 | 115 | 0.17 |
| 皮革制品、箱包 | 20 | 4 | 10 | 19 | 15 | 68 | 0.10 |
| 纺织品及原料 | 11 | 16 | 7 | 12 | 6 | 52 | 0.078 |
| 食品、饮料、烟草 | 1 | 1 | 2 | 5 | 7 | 16 | 0.024 |
| 活动物、动物产品 | 1 | 1 | 1 | 3 | 4 | 10 | 0.015 |
| 贵金属及制品 | 0 | 0 | 1 | 3 | 3 | 7 | 0.011 |
| 其他 | 3 | 3 | 0 | 0 | 10 | 16 | 0.024 |

资料来源：《中国商务部国别贸易报告——哈萨克斯坦》。

表3　　　　　　　哈萨克斯坦自中国进口主要商品类别 单位：百万美元、%

| 商品类别 | 2010年 | 2011年 | 2012年 | 2013年 | 2014年 | 5年累计 | 占比 |
|---|---|---|---|---|---|---|---|
| 总值 | 3964 | 5008 | 7498 | 8193 | 7440 | 32103 | 100 |
| 机电产品 | 1746 | 2212 | 3071 | 3401 | 3163 | 13593 | 42.3 |
| 贱金属及制品 | 608 | 599 | 1095 | 1323 | 850 | 4475 | 13.9 |
| 运输设备 | 300 | 545 | 1045 | 646 | 428 | 2964 | 9.2 |
| 塑料、橡胶 | 227 | 288 | 414 | 519 | 490 | 1938 | 6.0 |
| 纺织品及原料 | 108 | 190 | 433 | 600 | 599 | 1930 | 6.0 |
| 鞋靴、伞等轻工产品 | 24 | 111 | 240 | 401 | 486 | 1262 | 3.9 |
| 化工产品 | 188 | 227 | 238 | 272 | 240 | 1165 | 3.6 |
| 陶瓷、玻璃 | 205 | 207 | 225 | 198 | 188 | 1023 | 3.2 |
| 家具、玩具、杂项制品 | 129 | 158 | 218 | 211 | 263 | 979 | 3.0 |
| 光学、钟表、医疗设备 | 125 | 110 | 112 | 151 | 174 | 672 | 2.1 |
| 植物产品 | 93 | 110 | 138 | 136 | 158 | 635 | 2.0 |
| 纤维素浆、纸张 | 51 | 45 | 50 | 73 | 164 | 383 | 1.2 |
| 矿产品 | 80 | 102 | 64 | 53 | 48 | 347 | 1.1 |
| 其他 | 80 | 104 | 155 | 209 | 189 | 737 | 2.3 |

资料来源：《中国商务部国别贸易报告——哈萨克斯坦》。

表4、表5、表6分别列出了哈萨克斯坦机电产品、贱金属及制品和运输设备三大进口国别构成。

表4　　　　　哈萨克斯坦机电产品三大进口国别构成　　单位：百万美元

| 国别 | 2010年 | 2011年 | 2012年 | 2013年 | 2014年 | 5年累计 |
|---|---|---|---|---|---|---|
| 中国 | 1746 | 2212 | 3071 | 3401 | 3163 | 13593 |
| 德国 | 676 | 815 | 918 | 881 | 918 | 4208 |
| 美国 | 523 | 628 | 625 | 676 | 721 | 3173 |

资料来源：《中国商务部国别贸易报告——哈萨克斯坦》。

表5　　　　哈萨克斯坦贱金属及制品三大进口国别构成　单位：百万美元

| 国别 | 2010年 | 2011年 | 2012年 | 2013年 | 2014年 | 5年累计 |
|---|---|---|---|---|---|---|
| 中国 | 608 | 599 | 1095 | 1323 | 850 | 4475 |
| 乌克兰 | 182 | 270 | 861 | 747 | 206 | 2266 |
| 德国 | 140 | 157 | 199 | 176 | 190 | 862 |

资料来源：《中国商务部国别贸易报告——哈萨克斯坦》。

表6　　　　哈萨克斯坦运输设备三大进口国别构成　　单位：百万美元

| 国别 | 2010年 | 2011年 | 2012年 | 2013年 | 2014年 | 5年累计 |
|---|---|---|---|---|---|---|
| 中国 | 300 | 545 | 1045 | 646 | 428 | 2964 |
| 日本 | 265 | 313 | 548 | 528 | 517 | 2171 |
| 德国 | 319 | 240 | 284 | 338 | 349 | 1530 |

资料来源：《中国商务部国别贸易报告——哈萨克斯坦》。

通过表中数据可以看出，中国同类产品竞争对手主要来自德国、美国、乌克兰和日本。尤其是德国和日本在运输设备上的数额几乎与中国相同，中国没有明显的竞争优势，而在机电产品和贱金属及制品上的数额大幅度领先其他国家，说明竞争优势较为明显。

## 三　中国与哈萨克斯坦的双边贸易的前景展望

自 1992 年建交以来 20 余年，中哈领导频繁互访，签订了一系列经贸合作协议，这使得中哈经贸合作发展前景乐观、两国进出口商品结构将日趋合理。

### （一）中哈两国经贸合作发展前景较为乐观

哈萨克斯坦 1991 年独立以来，国民经济发展整体上稳步上升，据世界银行公布的数据计算，哈萨克斯坦 1991 年至 2014 年 GDP 平均增长率为 3.03%，2008 年对外贸易依存度高达 81.7%，因此，2008 年受到全球金融危机的冲击较大，2008 年和 2009 年 GDP 增速下滑至 3.3% 和 1.2%。哈萨克斯坦 2012 年对外贸易依存度降至 68.2%，因此，受到大宗商品价格下降的影响程度比 2008 年全球金融危机小，2012 年和 2013 年 GDP 增速分别为 5.11% 和 6%。在哈萨克斯坦经济迅速发展的背景下，两国的经贸合作将日益扩大。究其原因，首先，哈萨克斯坦是"一带一路"中连接欧洲与亚洲的陆路关口，哈萨克斯坦可以通过与世界第二大经济体中国紧密合作来牵制俄罗斯，降低对俄罗斯的对外贸易依赖性。通过"一带一路"计划建成的货运铁路线，哈萨克斯坦将扩大对中国的稀有金属、肥料、小麦等的出口，从而强化自身的经济基础。其次，中哈两国资源上互补，地理位置上又相临，这有助于推进中哈两国经贸合作。最后，哈萨克斯坦制定的至 2030 年的发展纲领将释放中哈两国经贸合作潜力，中哈经贸合作前景一片光明。

### （二）中哈两国进出口商品结构将日趋合理

从上述中哈对外贸易商品结构分析中得出，哈萨克斯坦出口商品类别单一、进口商品类别呈现出多样化趋势。从表 2 和表 3 可以看出，哈萨克斯坦对中国出口中，能源、矿产和原材料占比为 90% 以上，自中国进口主要以机电产品、机械和轻工业制成品为主。近年来，哈萨克斯坦日益重视基础设施建设和能源矿产行业技术，这给中国的能源企业带来了更大的投资空间。

【经济史】

# 民国时期(1912—1937)内蒙古地区的灾荒救济
## ——基于《大公报》报道的历史考察

顾元吉

在民国时期社会动荡不安的大背景下,内蒙古地区的自然灾害频发且种类繁多,灾害的种类主要包括水、旱、风、雪、霜冻、地震、虫、鼠疫等,尤其以旱、风、雪、水灾为甚,内蒙古地区地域辽阔,各种灾害种类繁多。《大公报》作为当时很有影响力的报纸,对于该时期内蒙古地区每次发生的重大灾荒救济方法进行了详细的披露,而且《大公报》作为新闻媒介在灾荒救济中也起到了积极促进作用。

## 一 政府救济与防灾

政府的主要职能之一就是荒政,即处理灾荒的政务。由于当时国民政府没有强有力的执行力,军阀混战之中地方政府更是各自为政,其职能更是难以发挥,但政府在救荒方面并不是毫无建树,而是以报纸为媒介,告知外界本地区的灾况。《大公报》作为当时十分有影响力的报刊承担了这一使命,这也与《大公报》本身"以民为本"的思想相契合。虽然其他各大报刊也报道灾况,但是不如《大公报》报道的灾况详细、系统。所以在《大公报》各版面看见政府通电乞赈的消息就不足为奇了,同时《大公报》报道灾况时十分关注政府的救济行动,并且在救灾过程中加以帮助和监督。

·民国时期（1912—1937）内蒙古地区的灾荒救济·

### （一）政府通电乞赈

《大公报》在刊登政府乞赈消息时，首先标明是哪个地区政府乞赈，表明缘由并且描述受灾的范围，为更好地宣传灾情，正标题后都附一个醒目的副标题，让读者一目了然。例如正标题是"绥远乞赈"，副标题即是"兵灾之后继以大旱，粮食已无、秋禾又枯"："绥远本贫瘠之区，连年灾祸频仍，元气托竭，而自十五年以后，兵灾、旱灾以及匪害年甚一年，……亢旱不阴，田禾尤枯，秋收绝望，已处于绝粮之地，今又遇此大旱之年，若不及时救援，百万生灵，势必同归于尽"。① 或是"绥省党委会通电求赈"正标题附副标题"连年荒旱，颗粒无收，天灾人祸，纷至沓来"。② 政府在调查中，对于灾区的灾况有一定的了解，特别是对于灾区的受灾面积及受灾人数，政府在勘察的过程中还是有一定优势的。另外，《大公报》积极帮助灾区筹集赈款，1929年大旱灾时政府统计"仅察、绥两地的灾民就有2181790口，需要赈款43635820元，当地政府无法筹集如此巨大款项，发表乞赈通电，向外地求援"。③ 可以看出政府以《大公报》为媒介，向四方积极筹措赈款。由于政府一时并不能完全掌握灾情，赈款和救济物资一时难以到达。连电请赈、再度请赈的情况时有发生。例如察哈尔、绥远特大水灾时，傅作义电京请赈，特电汪院长请赈，仅过9天，傅作义以灾为重连电中央请赈，并再电汪院长，请饬发款项，以便急赈。又过20天再电南京赈务会乞赈，形势危急已达顶点。

### （二）政府实际赈灾救济工作

内蒙古地区的灾荒发生时伴随相应成立的机构，《大公报》十分关注并予以积极的报道：

这些救灾机构都是政府主导成立的机构，并且相应地颁布了一系列的救济法规，指导进行救灾。在报道灾荒的过程中，首先要解决的是灾民的粮食问题，政府需要大量地购入赈粮，赈粮如何分配的问题及发放的办法及数目《大公报》都作了详细的记录："1930年绥远被

---

① 《绥远乞赈》，天津《大公报》，1928年7月16日。
② 《绥省党委会通电乞赈》，天津《大公报》，1929年1月16日。
③ 《乞赈通电》，天津《大公报》，1929年2月3日。

灾的面积甚大,其赈粮的分配现依据调查结果按灾情轻重分配多寡,不得再似前按平均支配,各县分配赈粮的数目。"①

表1　　　　　　　内蒙古针对灾情成立的政府机构统计表

| 年份 | 灾况 | 成立政府救济机构 |
|---|---|---|
| 1916年 | 疫灾 | 防疫委员会 |
| 1926年 | 旱灾 | 绥远赈务处 |
| 1928年11月 | 旱灾 | 晋察绥赈务会 |
| 1928年12月 | 旱灾 | 绥远赈务会 |
| 1931年 | 水灾 | 辽、陕、绥水灾急赈会 |
| 1936年 | 雪灾 | 蒙、绥赈务会 |

资料来源:据1916—1936年天津《大公报》整理

表2　　　　　　　绥远省各地赈粮分配表　　　　　　单位:石

| 地区 | 分配赈粮数 | 地区 | 分配赈粮数 |
|---|---|---|---|
| 归绥 | 592.5 | 东胜 | 5.5 |
| 托克托县 | 243.2 | 凉城 | 465.2 |
| 萨县 | 404.3 | 陶林 | 144 |
| 武川 | 271.3 | 大余太 | 22.1 |
| 和林 | 83.1 | 兴和 | 237.8 |
| 包头 | 238.1 | 归绥市 | 28 |
| 固阳 | 60.9 | 包头市 | 28 |

资料来源:《绥省赈粮分配》,天津《大公报》1930年1月13日

若以当时绥远全省被灾人数1498819人计算,3700石粮食约合132200斤粮食,可以推算出平均每个灾民可以分配到赈粮8.89斤,

---

① 《绥省赈粮分配》,天津《大公报》,1930年1月13日。

·民国时期（1912—1937）内蒙古地区的灾荒救济·

灾民得到的赈粮无异于杯水车薪。由于赈粮一时无法满足灾民的需要，政府又临时设立粥厂，"热河冻灾时热河议会会员白光壁等，提议咨请任何都统，迅予恢复粥厂，克日施放"。①绥地旱灾时绥远赈济会也在关帝庙设粥厂，"每日每人发稠粥两次，约计6000余名灾民"。②

内蒙古地区气候多寒冷，灾荒发生以后灾民往往无衣过冬，很多灾民被冻死，施赈棉衣也成为赈济工作中很重要的环节，《大公报》也给予详细关注："热河遭灾，鉴于塞北严寒，急需棉衣，分两次共支配棉衣开鲁二千五百套，八仙筒（奈曼旗东部）一千八百二十套，大沁他拉（奈曼旗中部）一千套，下洼（敖汉旗）七百套。"③派专员进行分配，从一定程度上缓解了灾情。

《大公报》对于赈款的拨付更是详细地刊载。如民国初年内蒙古发生自然灾害，总统府核准拨付赈款："据奉张锡銮两次来电报告内蒙古各盟旗财产损失一切情形，请速拨款赈抚，袁以蒙民生计艰难，自应格外体恤，已核准由府垫拨二十万元"。④赈济款项中包括救济款和工赈款两大类。政府十分注重赈款的分配，"察哈尔主席宋哲元在华北地区救济委员会请领赈款二十万元，经决议以十万元办工赈，以十万元办急赈，急赈十万元内以四万元办冬赈，以六万元办春赈矣"。⑤无论是政府的赈款、赈粮，还是过冬棉衣、临时粥厂都只是用作一时之需要，恢复农业生产才是政府工作的重心。恢复农业生产最需要的就是籽种，在《大公报》刊登急需籽种的信息："对于春赈，尤以救济籽种最为重要，计全区除播种小麦、糜子、荞麦地区，以及无须散种之地外，约需种粮五万石。"⑥随后《大公报》报道政府采购大量籽种发放情况。

---

① 《提议恢复热河粥厂》，天津《大公报》，1922年12月19日。
② 《绥远灾情》，天津《大公报》，1929年2月23日。
③ 《热河难民》，天津《大公报》，1933年2月13日。
④ 《总统府核准赈抚内蒙古灾民》，天津《大公报》，1913年6月10日。
⑤ 《察省分配赈款》，天津《大公报》，1933年11月26日。
⑥ 《绥省救死事业》，天津《大公报》，1929年2月23日。

表3　　　　　　　　籽种发放地区及数目统计表　　　　　　单位：吨

| 地区 | 发放吨数 | 地区 | 发放吨数 | 地区 | 发放吨数 |
| --- | --- | --- | --- | --- | --- |
| 归绥 | 144 | 萨拉齐 | 260 | 固阳 | 80 |
| 托克托县 | 160 | 集宁 | 27 | 大余太 | 15 |
| 清水河 | 48 | 陶林 | 13 | 兴和 | 17 |
| 和林 | 100 | 包头 | 120 | 凉城 | 36 |
| 武川 | 96 | 东胜 | 26 | 丰镇 | 58 |

资料来源：《采购种子筹划春耕》，天津《大公报》，1929年3月8日。

为了保证不误农时及春耕的顺利进行，政府实行补助春耕，并且制定借贷款粮办法，"除五原临河灾情甚轻外，共分配归绥等十五县局十八万六千余两及之前运到蘗子三千余石、谷子一百石一并配借，此借贷标准，已责成县长确查民户被灾之轻重，以定借款之寡多，不得再如往日平均分配各区村，但为符合补助籽种原意，及保证债还起见，仍以有地户为限"。①

此外以工代赈也是《大公报》报道政府实际救灾工作很重要的措施，包括兴修铁路、兴建水利工程等。"绥远主席徐永昌向阎锡山乞赈，希望可以把工赈修铁路的款项从中抽取一部分用于救济蒙旗灾民，而阎锡山复电，平绥路按票价附收一成绥远赈捐，议储作开办包宁铁路之用，……如铁路恢复运行，此次约计每月五万元上下，尚不抵此，对于绥远大有裨益"。② 无论阎锡山出于什么样的考虑，但是铁路修建对于地方是有益的。

（三）政府防疫防灾

"大荒之后，必有大疫"，政府在救济的同时，开始推行防疫防灾政策，《大公报》十分重视内蒙古地区防范疫情的工作，自身也投入到科学介绍防疫良方及改善社会卫生事业中去，在舆论上积极宣传防疫工作。内蒙古地区经历了1917年那次特大疫灾之后，很大程度上

---

① 《绥远实行补助春耕》，天津《大公报》，1930年4月4日。
② 《陕绥灾报》，天津《大公报》，1929年6月9日。

改善了社会卫生事业的环境："拟添医院，检查租界，检查各区，检查灾民，改良监狱，检验囚犯，组卫生队。"① 察哈尔、绥远地区总结一套防疫措施，例如设立检验所、检查所、隔离所或是阻断交通等。

《大公报》刊载这些措施的实施对于内蒙古地区的疫灾起到了很好的推动作用，也对1929年绥远因灾荒引发鼠疫的防治提供了借鉴意义，防疫知识的宣传，"防疫工具疫苗、卫生球及石碳酸也被广泛的应用于防疫"。② 绥远地区更是制定了详细的防灾计划，《大公报》登载了《绥远赈灾及防灾计划》："一对应于农务，秋收后一律组设社仓，以防灾年，如年年丰收，则逐年增加，一遇凶年便可资以自救也。……六禁止米粮出口，以防后患。"③ 内蒙古地区各级政府对预防灾荒都积极献策。在1935年，甚至设立内政部卫生署直属的蒙绥防疫处，并公布组织条例十项。④ 但是由于外部环境不稳定，加之政府执行力不足，致使预防计划很难取得预期效果。

## 二 民间社会团体救济及个人自救

由于当时没有强有力的中央政府，政府在救济灾荒时往往难堪重任，内蒙古地区当时又属于偏远贫困少数民族地区，中央政府难以触及，地方政府更是陷入军阀纷争，无暇顾及百姓生计，政府财政也是捉襟见肘。所以在赈灾过程中，华洋义赈会、中国红十字会、在华教会等地方民间社会救济团体深入到灾区发挥了重要的作用，《大公报》给予了详细的报道且积极参与其中。

### （一）民间社会团体救济

民间社会团体救济方式和政府类似，也设立一些救济机构，筹措赈款、赈粮、赈品，设立粥厂等。作为当时很有影响力的《大公报》

---

① 《西医士调查时疫之报告》，天津《大公报》，1918年1月12日。
② 《绥远灾情之一斑》，天津《大公报》，1929年12月21日。
③ 《绥远赈灾及防灾计划》，天津《大公报》，1929年2月23日。
④ 《内蒙防疫问题》，天津《大公报》，1935年6月17日。

非常钦佩他们的救灾活动，积极宣传报道并对他们的活动给予大力支持。影响较大的是1921年成立的华洋义赈总会，其主张："以工代赈，为唯一良规，……且使赈款不能虞费，人无废材，凡乞丐为生及无业游民，均不能粘及毫末，有碍真正灾黎。"① 华洋义赈会凭借自身的影响力，进行大规模的赈济活动，一度成为全国最大的民间国际性慈善组织，对于赈济内蒙古地区发挥了重要的作用。华洋义赈会不但派人亲自深入灾区调查灾情，而且联合国外救济团体联合救济灾民。"赈务会接北平华洋义赈会电告，美国近日寄来捐款三万五千元，指绥远以一万五千元赈济集宁一县，共余两万元尽工赈、平粜及急赈，尚未普及之各县办理相当赈务。"②《大公报》特别指出，以以工代赈为原则的华洋义赈会为内蒙古地区的水利工程建设做了大量工作。内蒙古灾荒期间联合政府投入大量财力物力修建民生渠，修建过程十分艰辛，但是由于工程本身片面追求速度，又充分考虑教堂的利益，致使民生渠并没达到预期效果，在1934年8月26日"民生渠决口"。但是《大公报》对于华洋义赈会赈济工作的努力是予以肯定的。

　　内蒙古灾荒肆虐期间，世界红十字会及中国各地分会参与赈济救灾工作，积极筹集赈款、赈粮及生活必备品。同时要求"以工代赈，速修包宁路"。③《大公报》报道这些有影响力的慈善组织参与赈济工作，很大程度上推动了救灾工作的开展。红十字会救灾防灾的事宜《大公报》也给予了充分的报道："对于灾民临时安置饮食、药品及死亡之掩埋等事，均能仓促间办理妥善，而事后复为灾民筹划生计。兹将某办理情形略志云，一临时灾民安栖所二设立施粥厂……六散放米粟。"④ 除红十字会内蒙古各地区分会救济以外，中国其他地区的红十字会也参与内蒙古地区灾荒的救济，上海红十字会捐助绥远地区过冬棉衣计一万件，详见表4。

---

① 《中国华洋义赈会救灾》，天津《大公报》，1924年8月1日。
② 《绥远赈讯》，天津《大公报》，1929年10月6日。
③ 《绥远党部及各团体请愿速筑包宁路》，天津《大公报》，1929年10月23日。
④ 《红十字会办理察区救灾情形》，天津《大公报》，1924年8月15日。

表4　　　　　　　上海红十字会捐助绥远棉衣分配表　　　　　单位：件

| 地区 | 分配件数 | 地区 | 分配件数 | 地区 | 分配件数 |
|---|---|---|---|---|---|
| 兴和 | 740 | 集宁 | 1500 | 固阳 | 170 |
| 和林 | 210 | 武川 | 700 | 萨县 | 1050 |
| 陶林 | 740 | 归绥 | 1650 | 丰镇 | 1300 |
| 凉城 | 600 | 包头 | 600 | 托克托县 | 250 |
| 归绥市 | 250 | 包头市 | 160 | | |

资料来源：《绥赈近讯》，天津《大公报》1930年2月1日

由表4可知，红十字会深知灾区灾民生活困苦，关心灾民生活，对灾民度过灾荒有很大的帮助作用。灾荒过后，人口拐卖问题成为当地严重的社会问题，红十字会对失散儿童及无助的儿童进行救助，为了避免难童被买卖，"自难童中挑选百余名，专收男子或女子，遣往各地收容、务农、学工，以业生活云"。[①]

内蒙古地区在华教会也参与救灾贡献自己一份微薄之力，耶稣堂设立"萨拉齐粥厂，日济灾民3000余名"。[②] 救世军设立集宁粥厂，可容纳3000余人。救世军与耶稣堂合作设立粥厂，"每日每人发放稠粥两次，可救济灾民6000余名"。[③] 教会通过悬壶济世方式，可以吸引更多的人入会，扩大其影响力。在华教会的救济行为是值得肯定的。

此外，《大公报》广告栏中时常可见地方赈济机构刊登本地受灾信息，希望在外地的同乡人得知家乡受灾伸出援助之手加以救济。例如蒙旗雪灾，"蒙政会主任即为救济蒙古雪灾，在中山公园邀请旅平蒙古同乡计议一切，到八十余人，决定成立旅平蒙古同乡蒙灾赈济委员会"，[④] 积极参与募捐为家乡尽绵薄之力。《大公报》始终坚持只有

---

[①]《绥省防疫与赈灾》，天津《大公报》，1929年2月1日。
[②]《绥远政闻记》，天津《大公报》，1929年3月15日。
[③]《绥远灾情》，天津《大公报》，1929年3月7日。
[④]《蒙古旅平同乡昨会议救雪灾》，天津《大公报》，1936年4月13日。

社会各团体统一合作,才能真正为灾民提供帮助,帮助灾民渡过难关,给灾荒中的灾民带来生存的希望。

**(二) 灾民自救**

除了有限的政府赈济及社会救助以外,内蒙古各地灾民通过采取自救的方式度过特大灾荒,食物问题是头等大事,灾民为得到救命之粮食,"房架门窗及家具用品等俱经售以膳食"①。待家中已无物可卖,便四处寻找可食之物,尤其在报道察哈尔、绥远特大旱灾时,以插图的形式展现了"灾民食猪食、草根、秸秆、老鼠、泥饼以充饥等画面",②若野菜不生,人民尽食牛马粪内草籽,《大公报》这样形容灾后灾民情形:"民食草木,灾民鬻售子女,弱者沦为饿殍,强者转为盗匪,绑票夺财,抢粮掠杀"③。为了生存大部分灾民选择逃荒,特大灾荒过后基本十室九空,大量难民逃荒,"每日均有大帮车辆经过,车载尽是妇女老幼等人,亦有在地下徒步随车而行者,询之皆云故土难过前赴逃荒"④。冰心、郑振铎等人也在《平绥铁路沿线一周视察记》中提到"远处看见三五成群的人,衣衫褴褛,拄着木棍,询之前往五原逃荒"⑤。灾民的这种自救行为是在大灾荒的背景下发生的,也从侧面说明政府及社会的救济做得远远不够,但是这种自救的方式从一定程度上缓解了灾民灾情,能够争取自己和家人活下去。

## 三 《大公报》自身救济行动

《大公报》一直以来主张"以民为本",对民众生活极为关切,因为灾民的生活甚至是国家稳定都与救济工作的好坏有着密切的关系,若救济不力,将对民众乃至社会的政治和经济生活都造成严重的影响。《大公报》作为很有正义感的报刊,在积极发挥其舆论作用的

---

① 《绥远灾情》,天津《大公报》,1928年12月21日。
② 《晋察绥筹赈》,天津《大公报》,1928年11月17日。
③ 《绥西饥馑》,天津《大公报》,1934年5月8日。
④ 《难民逃荒》,天津《大公报》,1927年3月26日。
⑤ 《平绥铁路沿线一周视察记》,天津《大公报》,1933年12月22日。

民国时期（1912—1937）内蒙古地区的灾荒救济

同时，自身也完全投入到救济事业中去。

《大公报》利用新闻媒体的优势，报道各地灾情的严重呼吁社会各界救灾，以极其严厉的措辞刺激着读者的眼球，让读者深切地体会到灾区情况的危急。如1915年内蒙古地区那拉不流水灾，《大公报》以连载的方式大版面详细地记录下每笔捐款："交通银行三十元，……赵品清十元，……王子平一元，……赵子德铜子三枚。"① 不遗漏任何捐款人的信息，激发了每位读者的同情心。在救荒的过程中，《大公报》对于普通个人的救灾行为始终持大为赞扬的态度，甚至也大篇幅地刊登了个人救灾的英勇事迹："1924年热河奇灾，热民杨裕文将备荒陈米京师斗一千石，尽数捐输，以济穷黎。……正是裕文向善之心也。"② 不但国人积极参与救济活动，国外友人也伸出援助之手参与救济内蒙古地区灾荒，1918年的大疫灾，西医伍连德、柯可林及日本鹤见博士都积极参与了救济活动，《大公报》积极报道个人英勇事迹激励了更多的人参与到救灾的队伍中去，推动了灾区救济工作的积极开展。

《大公报》除了呼吁社会各界救济灾荒外，严厉地批评了政府救灾工作的不足，以新闻媒介监督政府的赈济工作，推动救灾工作开展。《大公报》认为"迟一日赈济，即不知有若干人辗转沟壑以尽"，③ 可见救济工作的急迫性。而政府对于赈务工作一贯漠视，无视最紧迫的任务，致使一些灾民因政府救济工作的滞后而丧命。《大公报》报道内蒙古地区有些地方政府赈务工作不作为："各县局近来对于赈务日久玩生，颇有疏懈情形，省府特通令申斥十七县局，……托县一县灾区，面积有九千五百万方里之多，逐经考核，谬误情形不一而足，……查赈务属于救死事业，调查灾情，关系何等重要，各县局长身系民生，应认真办理，已尽职责，乃竟存玩忽，殊为不合"。④《大公报》始终认为救灾如救火，民众的生命安全应是救荒工作最先考虑的，也是一切事宜之前提。《大公报》作为"以民为本"思想的

---

① 《那拉不流水灾捐款衔名捐数》，天津《大公报》，1915年11月8日。
② 《热民杨裕文捐米助赈电》，天津《大公报》，1924年8月28日。
③ 《办赈与信用》，天津《大公报》，1920年12月27日。
④ 《绥远省申斥各县玩视赈务》，天津《大公报》，1929年8月16日。

一份颇有影响力报刊,希望政府赈济部门承担起应有的责任,民间社会团体之间加强交流和协作,政府与社会各界竭尽所能来帮助灾区人民,"以我之心,感人之心,潜移默化",达到抗灾与救灾的目的。

# 旅蒙商对外蒙古经济影响的探析

褚继辉

旅蒙商，泛指明清时期由中原内地往返蒙古地区从事边疆民族贸易的商人、商号和商帮的总称。"拓居漠北，殖营买卖城，巧取豪夺，流通蒙古"，这十七个字基本能够廓清旅蒙商在明清历史上的商业文明形态。"肩挑背驮"类似行商形态的旅蒙商是早期内地商人进入蒙古地区的主要群体，继而在"开中法""随军贸易"和"多伦诺尔会盟"等历史节点中逐渐形成规模。旅蒙商的商业活动对外蒙古的经济产生了深远的影响。

## 一 旅蒙商在外蒙古产生的历史背景

### （一）开中法

由于蒙古人"逐水草而牧"的游牧生产方式，决定了其专喜游牧、不谙农耕生产的民族习性。明初，明王朝与北元政权之间的隔阂造成了蒙古族人民生活的困顿，部落日常所需的生活日用品日益匮乏，而明朝统治者为了防御边疆蒙古部落的侵袭，又实行了"边禁"政策，并在明初设置辽东、宣府、大同、延绥四镇，继又设宁夏、甘肃、蓟州、偏头关、固原五镇，合称"九边"重镇。明王朝为解决边镇士兵对军需的需要，200多年间，采取了多种措施，其中开中法是较为有效的方法之一。

开中法是明朝政府为供给北方重镇的军事消费而困于"囊中羞涩"的无奈之举，它的出台是当时明朝政府在权衡利弊、多方斟酌下制定的，所以，开中法是为政府逐利的，以利润高的盐业吸引商人的广泛参与。囿于运输条件的恶劣，每次的交易量会非常大，而这又与明初开中纳粮的门槛较低相矛盾。但从后来在开中制度中崛起的晋商、徽商致富现象中可以推测，少数商人在长期"路径依赖"的效应中，必是勾结地方官绅，大幅提高运粮门槛，使中小商人望而却步。这也就促成了开中制逐步转变为纲运法。无论是在盐业运输中继续获取丰厚利润的盐业寡头，还是在纲运法出台之后成功转型的各路商人，他们都在开中制度期间积累了原始资本，这就为旅蒙商人在清朝的崛起奠定了基础。

（二）随军贸易

满族入关后，清朝政府为了通过贸易来达到制驭蒙古王公贵族的政治目的，间或也派遣商队到蒙古地区进行交易。清圣祖玄烨平叛准噶尔部首领噶尔丹侵扰漠北喀尔喀部时，曾派遣组织一部分山西商人，随军深入到漠北喀尔喀腹地，贩运粮草、战马等战时补给，并沿途与喀尔喀蒙古人交换贸易，以其所带绸缎、布匹、缯絮、缎莽、茶叶换取马匹、皮张等，这些随军贸易的商人被称为旅蒙商。由是，旅蒙商的产生是与明清统治者的蒙古政略密切相关的，他们不仅承载战时的后勤补给供应，更兼与沿途的蒙古人建立贸易关系，此一举不仅在军事上可以沉重地打击北疆蒙古政权，更可在经济上羁縻笼络蒙古各部落人民。

（三）多伦诺尔会盟

康熙三十年（公元1691年），清朝政府召集漠北喀尔喀三部和漠南蒙古49旗的蒙古王公和寺院上层呼图克图喇嘛，在多伦诺尔会盟。会盟时，蒙古王公和上层喇嘛等一致向康熙皇帝要求放宽中原与蒙古地区的经济交流限制，要求清朝政府允许中原的内地商人到蒙古地区进行贸易。清朝政府鉴于平定噶尔丹骚乱后，漠北喀尔喀三部已归降清朝，为了笼络蒙古各部的封建主，巩固对北部边疆地区的统治，康熙皇帝遂下令准许中原内地的旅蒙商，到蒙古各地进行交易。

旅蒙商在申请登记领取"部票"执照时，被限定必须在一年内返还。必须注明在哪个城市注册的商号名称、商号掌柜姓名、赴蒙经商人数、货物品种、数量、贸易活动地点、入蒙和返还的日期等。① 旅蒙商运载货物到蒙古地区贸易，到达指定经商活动的蒙旗后，须向当地官府声明，并在允许贸易的活动地区，由当地官吏监督进行贸易。同时，清朝政府明确规定：旅蒙商不准在蒙古地区建筑固定店铺、房舍留居；不得携带家眷；不准与蒙古妇女结婚；不准任意闯入未经指定的蒙旗进行贸易活动；凡经允许出塞贸易的商人，务于一年内返还；严格禁止向蒙古人贷放白银或用金银铸币交易等。

多伦诺尔会盟使喀尔喀蒙古与清朝政府的辖属关系更为紧密，其间准许旅蒙商人入蒙贸易，对恢复和发展喀尔喀农牧业起了积极的作用。自此，喀尔喀蒙古与内地满汉人民之间的关系更加紧密了，相互往来，买卖货物，佣工招佃，对开发漠北喀尔喀广大地区，做出了重要的贡献。②

## 二 旅蒙商贸易的积极影响

随着交易规模的不断增加，旅蒙商队伍逐渐扩大，从清朝中叶到近代，旅蒙商由行商逐渐发展为定居漠北坐贾店铺的坐商，并形成了巨大的商业网络。同时，旅蒙商的商业活动也对漠北蒙古地区的经济产生了积极的影响。

### （一）促进游牧经济的发展

清朝统一漠北蒙古后，随着清朝政府的限制性开禁，大量的游商正式或非正式地涌入了漠北蒙古地区，逐渐聚集在以库伦为中心的几座蒙古城镇。库伦、乌里雅苏台、科布多、恰克图逐渐成为旅蒙商对蒙、俄贸易的买卖城。旅蒙商针对外蒙古牧民的生产迁徙特点，组织大量的流动贸易组织，以驼队为畜力的货房子，过蒙旗，串蒙古包，牧民用自给剩余的牲畜与之交换所需的日用品。这种"以物易物"

---

① 卢明辉、刘衍坤：《旅蒙商——17世纪至20世纪中原与蒙古地区的贸易关系》，中国商业出版社1995年版，第32页。
② 杨学琛：《清代民族史》，四川民族出版社1996年版，第181页。

"送货上门"的交换方式,刺激了牧民扩大再生产的积极性,自是,畜牧产品出现了商品化的趋势。身居漠北蒙古腹地的牧民意识到,只有让用于交换的牲畜比例大于自给自足的比例后,才能得到更多的生活必需品,进而可以改善他们的游牧生活。

在旅蒙贸易的刺激下,漠北牧民逐水草而牧的传统游牧生产方式逐渐被围网休养、挖井圈养等生产率较高的生产方式所替代,牲畜的产量逐渐增长,牲畜的商品化程度大大提高,牧民的生活品质有所提高。1836年,漠北喀尔喀车臣汗部盟务处呈报库伦办事大臣的统计称:"车臣汗部全部牲畜有四十三万余只,土谢图汗部有二十余万,赛音诺颜部有十七万余,札萨克图汗部有八万余。"[1] 但这个统计数字并不确切,喀尔喀还有其他地区的牲畜头数没有计入。从喀尔喀蒙古哲布尊丹巴呼图克图所属的大沙毕纳尔的牧户及牲畜数目保存的数量就可以推断出当时的喀尔喀地区畜牧业发展的一般状况。

表1 哲布尊丹巴呼图克图所属的大沙毕纳尔的牧户及牲畜数目列表

| 年份 | 户(户) | 人口(人) | 驼(头) | 马(匹) | 牛(头) | 羊(只) | 牲畜总数 |
| --- | --- | --- | --- | --- | --- | --- | --- |
| 1764 | 8513 | 61286 | 11117 | 102013 | 203201 | 117533 | 433864 |
| 1782 | | | | | | | 2395182 |
| 1785 | | | | | | | 1872941 |
| 1788 | 14670 | 77654 | 29747 | 289896 | 309484 | 1377734 | 2006861 |
| 1800 | 15630 | 82403 | 34743 | 268365 | 29482 | 1235644 | 1808234 |
| 1821 | 16195 | 82224 | 33788 | 202837 | 197991 | 1076811 | 1511427 |
| 1825 | 16653 | 83687 | 34630 | 204179 | 118530 | 1092379 | 1446718 |
| 1852 | 14424 | 76041 | 15993 | 120527 | 167770 | 537869 | 842159 |

资料来源:《蒙古民族通史》(第四卷),内蒙古大学出版社2007年版

另外,喀尔喀车臣汗部的户数、人口和牲畜数目也有如下记载:

---

[1] 《蒙古人民共和国历史》第二册(上),内蒙古人民出版社1986年版,第1156页。

表2　　喀尔喀车臣汗部户数、人口和牲畜数目三个年份的列表

| 年份 | 户（户） | 人口（人） | 马（匹） | 驼（头） | 牛（头） | 羊（只） | 牲畜总数 |
| --- | --- | --- | --- | --- | --- | --- | --- |
| 1828 |  | 103119 | 254589 | 33102 | 179469 | 1078660 | 1545998 |
| 1835 | 28510 | 129871 | 172415 | 25009 | 227299 | 894305 | 1319028 |
| 1841 |  | 157327 | 26479 | 203790 | 837145 | 1224741 |

资料来源：《蒙古民族通史》（第四卷），内蒙古大学出版社2007年版

**（二）促进农耕经济的发展**

旅蒙商常年在蒙旗草原流动贸易，习蒙语，行蒙俗，知蒙情，往返内地的时候，会将蒙古地区地广人稀、买卖好做的情况告知乡间，以后便形成了旅蒙商做向导的奔赴蒙地的农业大军。他们"在乌里雅苏台附近的小村子里的汉人也是买卖城的正式居民，是属于这座城市的。这些汉人以耕种庄稼为生……租种土地的全部是汉人，而且大都不是一个人租种，而是合伙租种。田地里从来没有闲着的时候，也从来不休耕——年年都有作物。由于农活频繁，农户们无论冬夏都必须在田里居住，因此，他们在这里都有房屋，各种农具一应俱全……他们种的全是小麦。播下的种子不过十至十一袋，每袋重约一百五十市斤；平均的收成，按同样大小的袋子计算，为一百至一百二十袋面粉"[①]。

漠北地区的土地开垦后，大大方便了蒙古市场粮食的供应，蒙古人民谷物膳食也开始多样化了，进而逐渐明白了农耕的好处，有的蒙古人也开始经营起农业。迨至道光元年（公元1821年），仅科布多农业区的仓米储量就达到了2.87万石。

**（三）促进手工业的发展**

蒙古族的手工业是游牧经济条件下的门类单一的传统手工业，生产的产品主要满足游牧经济所需的简单的产品门类。

17世纪末，汉族手工业者开始进入漠北喀尔喀蒙古地区。他们一部分是驻防八旗兵带来的匠役，主要负责制作和修理兵器；另外一部

---

[①] 阿·马·波兹德涅耶夫：《蒙古及蒙古人》（第一卷），内蒙古人民出版社1989年版，第290页。

分是跟随"下嫁"满族公主来的各种工匠；还有一部分是雇来兴建昭庙和王公府邸的各种工匠，建筑竣工后，他们便在漠北地区定居下来。

俄国人波兹德涅耶夫在旅行至外蒙库伦买卖城时，发现"木匠铺，在呼勒总共有四十家。它们是很容易认出来的，因为它们的院子里堆满了木板和原木。他们每天都在干活，因为除了完成订货之外，他们还要制作蒙古式小桌子和条凳，供喇嘛装书用的小箱子、小匣子、木箱子、盛香灰的木盘等。汉人木匠多半是从张家口来到库伦的"[①]。除此以外，还有铜匠，他们在库伦主要的营生是制作佛像，其余的产品都只是根据订货而生产。大部分的铜匠都是从漠南多伦诺尔来的。画匠，主要是从山西来的，尤其从五台县和应州县来的居多。他们在布上画佛像，给各种木雕、泥塑和纸浆胎的佛像着色和涂金。毛皮匠，他们的祖籍都是山西人，按收入来讲，他们可能是很富裕的，因为每家作坊的买卖不下五六千卢布。毛皮匠把加工出来的毛皮作为原料出售的数量是极少的，他们经常把它裁制成皮桶子和皮袄。

旅蒙商人的贸易所拉动的手工业者推动了漠北喀尔喀地区的城镇原有手工业的发展。随着贸易规模的扩大，从内地省份迁来的手工业者和手工业作坊也逐渐增加，同时也培养和造就了一大批蒙古族手工业者。进而在喀尔喀地区的库伦、乌里雅苏台及科布多等地，都有蒙古族工匠的出现。他们能够娴熟地操作铁、石、泥、木、磨面、榨油、鞣制皮革、擀毡、造佛像、制作银器等产品生产的工艺流程。库伦的蒙古族工匠制作的马鞍、木车、蒙古刀、靴子等产品受到当地人的喜爱。土谢图汗部、车臣汗部及赛音诺颜部的手工业者的技术也较为著名。

**（四）促进商业贸易的发展**

旅蒙商深入蒙古腹地后，"以车载杂货，周游蒙境"，丹门庆（蒙语卖货郎）的身份直接与各阶层的游牧民进行交易。这种交易形式适

---

① 阿·马·波兹德涅耶夫：《蒙古及蒙古人》（第一卷），内蒙古人民出版社1989年版，第114页。

应了游牧民生产生活的形式,方便了游牧民对于生活必需品的需求,并改变了其生活消费的方式,让更多的牧民参与到了商业贸易中。以大盛魁商号为例,它在漠北喀尔喀地区的库伦、乌里雅苏台、科布多等地的买卖城都有分号,但是其铺面并不是主要的销售门面,而是以驼队为畜力的流动贸易组织。牧民生活所需的日用品全都储存在驼队扛架的货房子中,"一个房子要管理14峰驼队。一支驼队有14峰骆驼,这样总共有196峰骆驼。再加上掌柜乘骑所用马匹,有200峰骆驼和马。到达喀尔喀后,把一支骆驼队编为一个房子,派往各旗进行交易"①,它们入蒙旗、串蒙古包,直接与牧民交换产品,方便了牧民的生活。随着旅蒙商人在漠北地区贸易时间的延长,商人大部分逐渐由行商演变为坐商,他们相继在市场周边筑建店铺,这便促进了漠北蒙古地区商业城镇的形成和发展。

## 三 旅蒙商贸易的消极影响

事物的发展总是一体两面的。除了积极影响,旅蒙商的商业活动还对漠北蒙古地区的经济产生了如下的消极影响。

### (一)不等价交换的影响

漠北蒙古地区远离内地经济、文化、商业中心,生产知识匮乏,土地观念淡薄,对于财富的认识也模糊不清。旅蒙商利用牧民不能直接获得生活必需品的困窘情况,将在内地贱买的茶、烟、生丝、斜纹布等生活用品贵卖给经济意识淡薄的牧民们。由于当时蒙古地区没有广泛使用流通货币的载体金银金属等的缘故,茶叶、羊等承担着货币的职能,"以其所有,易其所无",以物物交换的简易方式成为低价收购再高价卖出的不等价交换的根源。

旅蒙商所获取的利润主要是通过贱买贵卖和地区差价而形成的,即在漠北地区贱买当地游牧民的羊、马、骆驼等牲畜,将牲畜群赶往归化城、张家口,再贵卖给内地客商。清朝时期,商品经济得到了一

---

① 额斯日格仓、包·赛吉拉夫:《蒙古族商业发展史》,2007年版,第269页。

定程度的发展，国家释放了更多的流动性。在归化城市场上，来自外蒙地区的货物价格相对稳定，其他地区的货物价格有渐长趋势，故随着时间的延长，这种差价出现增大的趋势。当整个市场的流动性加快周转时，工业品的价格增长率要高于畜产品的增长率。这是长期以来把牲畜当作自然产品而将其约束在商品经济发展的圈子外的结果，当然，这对漠北蒙古地区商业的发展是沉重的打击。

这种竭泽而渔的不等价交换方式导致了漠北地区的游牧民的极端贫困。畜牧经济生产周期时间较农耕经济时间长，一只成年可供交换和使用的大牲畜需要四五年的时间才能成熟，由于不等价交换的盛行，往往成年牲畜没有殖产幼崽就被用于对旅蒙商的交换，这使得漠北地区游牧民的牲畜数量急剧减少，严重地打击了以畜牧业为主要产业的蒙古族经济。

（二）放"印票"账的影响

旅蒙商充分利用了蒙古社会经济没有货币概念这一弱点，通过赊账来牟取暴利，因为通过赊账攫取的利润要比现金买卖丰厚得多。旅蒙商在蒙古地区放"印票"账的机理就是赊账。放"印票"账主要分为三种形式，即银两放贷、赊销货物和支差放贷。

银两放贷是针对开销用度较大的蒙古王公、台吉、札萨克而设置的，是指协理包办外蒙古封建主朝贡和进京值年班的各项费用。各部王公们千里跋涉至北京，耗费过度，必须有大量的银两作为支撑。银两是实物金属，数额过大携带不便，且短期内不能自行筹措，所以，有放票业务的旅蒙商号就主动满足他们的需要，利用这样的机会进行放贷。

这种贷款，由各旗按人丁分摊，经营票账业务的旅蒙商号向蒙古王公放贷的银两转嫁给了其所属的广大游牧民，由此加剧了游牧民的经济负担，严重制约了外蒙古地区经济的发展。

赊销货物是放"印票"账的第二种形式，此种形式主要通过三种途径同时实现：高价售货，高利率计息，低价格收购。即在赊购的利润上，加上出放借贷的利息，再加上用牲畜还账的利润。[①] 总结来说，

---

① 《旅蒙商大盛魁》（第十二辑），第 70 页。

就是在一次交易中取得了三重利润。以大盛魁为例，其进行赊贷货物而放"印票"账的时候，是以乌里雅苏台、科布多分号为中心，设定通往外蒙古各部、旗的路线，每条路线配备几个伙计，并由一个掌柜领导。他们率领驼队，驮着牧民所需的日用品到各部、蒙旗赊销货物。赊销完成后，将账目折成银两，由王公开具"印票"，任务就算完成了。大盛魁同蒙古王公订立的借贷合同中规定：行息期限设为三十三个月，到期停息。行息时间短，且利息的总额只达到上限99%。于此，可以广开借贷之门，用度开销较大的蒙古王公贵族乐于向其借贷，大盛魁的预期目标就达到了。这样做的另一个目的是在较短的时间内实现资本周转额的增大，因为大盛魁的资本既是商业资本，也是借贷资本。对于毫无赊账经验的牧民来说，他们很容易被赊账时的商品所满足，但是却陷入了旅蒙商的高利息陷阱中，由此便背上了倾家荡产、家徒四壁的命运。

支差放贷是放"印票"账的第三种形式。清朝政府派驻外蒙古的军政人员的一切用品，由清朝军政部署于外蒙古的差徭开支，以及各部、蒙旗派驻乌里雅苏台、科布多的值班人员和应差兵员的开支等一切开销用度均取给于旅蒙商。各旅蒙商所支垫的款项，最后由札萨克在票据上加盖官印，转为"票账"。清朝派驻在乌里雅苏台和科布多的将军衙门和参赞大臣衙门，除了官俸兵饷按照规定由户部支派外，其他的办公、杂费、伙食、车驼、旅运、燃料和器具以及其他一切由地方支应的人工、物品和款项，都由旅蒙商号支垫。在外蒙古地区，军政部门的开销用度主要由大盛魁、元盛德、天义德先予以垫支，然后按地方七成商号三成或地方八成商号二成分别担负。这些旅蒙商号一方面代地方办理军政生活供应，另一方面，也利用这个契机开展生意。例如大盛魁，凡是摊派到地方的部分，其就在收"印票"的时候，同时收讨。如若当时不能收清，就转为"印票"账，按月行息。

## 四　总　结

明清五百年间，"以物易物"的度量机制让旅蒙商赚得盆满钵满，却加重了广大底层游牧民生活的贫困程度，而接下来的"寅吃卯粮"的放"印票"账的手段更是让蒙古地区的游牧业濒临崩溃。但同时旅蒙商的贸易队伍也使蒙古地区的市场逐渐与中国内地和俄国衔接起来，迨至清朝中后期，基本贯通了恰克图、乌里雅苏台、库伦、科布多、北京、山西、福建等省份和买卖城，加强了商业资本的流动性，尤其是促进了外蒙古地区各买卖城的畜牧业、农业、手工业和商业的发展，为外蒙古地区经济的发展做出了相当大的贡献。

随着与旅蒙商交换经验的长期积累，广大的游牧民开始有了基本的商品价值观，商业意识逐渐提升，而且在外蒙古地区还出现了许多蒙古族商人。他们或零散经营，或入股汉人的店铺到期分红，或请擅长经营买卖的汉人代理自己的投资。蒙古商人阶层的崛起标志着蒙古地区商品经济有了一定程度的发展，商品流通促进了蒙古地区经济的发展，并使蒙古地区逐渐融入到了内地市场。总而言之，旅蒙商为汉—蒙—满三族的紧密联系以及中华民族的凝聚做出了重要的历史贡献。